重庆市人文社会科学重点基地：武陵山区特色资源开发与利用研究中心
重庆市协同创新中心：武陵山片区绿色发展协同创新中心

中国武陵文化

ZHONGGUO
WULING WENHUA

戴楚洲　熊正贤／著

西南交通大学出版社

图书在版编目（CIP）数据

中国武陵文化/戴楚洲，熊正贤著. —成都：西南交通大学出版社，2018.5
ISBN 978-7-5643-6214-0

Ⅰ.①中⋯ Ⅱ.①戴⋯ ②熊⋯ Ⅲ.①山脉–地方文化–中国 Ⅳ.①K928.3

中国版本图书馆CIP数据核字（2018）第111718号

中国武陵文化

戴楚洲　熊正贤　著

责 任 编 辑	郭发仔
助 理 编 辑	罗俊亮
封 面 设 计	墨创文化
出 版 发 行	西南交通大学出版社 （四川省成都市二环路北一段111号 西南交通大学创新大厦21楼）
发行部电话	028-87600564　028-87600533
邮 政 编 码	610031
网　　　址	http://www.xnjdcbs.com
印　　　刷	四川煤田地质制图印刷厂
成 品 尺 寸	170 mm × 230 mm
印　　　张	21.5
字　　　数	341千
版　　　次	2018年5月第1版
印　　　次	2018年5月第1次
书　　　号	ISBN 978-7-5643-6214-0
定　　　价	68.00元

图书如有印装质量问题　本社负责退换
版权所有　盗版必究　举报电话：028-87600562

目 录
CONTENTS

绪　论　/001

第一章　武陵文化简史　/017
第一节　武陵文化的发生　/017

第二节　武陵文化的发展　/070

第二章　武陵文化内容　/100
第一节　民族文化　/100

第二节　民俗文化　/182

第三节　宗教文化　/218

第四节　红色文化　/228

第五节　旅游文化　/244

第六节　城镇文化　/257

第七节　医药文化　/272

第三章　武陵文化利用　/280
第一节　合力打造旅游文化　/280

第二节　科学开发民族文化　/292

第三节　合理利用宗教文化　/299

第四节　努力繁荣城镇文化　/302

参考文献　/307

附　录　/310

　　附录一　武陵山片区市州和县区名单　/310

　　附录二　武陵山片区民族乡名单　/312

　　附录三　武陵地区茶文化源流考述　/317

　　附录四　武陵山片区民族文化产业发展研究　/329

后　记　/339

绪　论

地球自从有了人类就有了历史文化，人是有文化的高等动物。近代以来，"文化"成为世界各国专家探讨的一门学问，德国诺贝尔奖得主奥斯特瓦尔德最先提出建立独立的"文化学"。文化是民族的血脉，是人民的精神家园，是国家强盛的重要支撑。中华人民共和国建立初期，出现中国文化复兴之势。二十世纪八十年代以来，党中央纠正"文化大革命"的失误。随着思想解放深化，中国学术界兴起了"文化热"，尤其是对中国优秀传统文化的现代价值和区域文化研究热潮居高不下。中国文化界和旅游界专家持续多年的文化研究与讨论热潮，致使"文化学"这门学问成为显学，进而对社会主义文化建设起到了推动作用。因此，文化也受到各级党委、政府领导重视。文化是一个国家、一个民族的灵魂。党的十七届六中全会通过的《中共中央关于深化文化体制改革、推动社会主义文化大发展大繁荣若干重大问题的决定》指出："增强国家文化软实力，弘扬中华文化，努力建设社会主义文化强国。"2014年2月，中共中央总书记、国家主席、中央军委主席习近平在中央政治局第十三次集体学习时强调："要讲清楚中华优秀传统文化的历史渊源、发展脉络、基本走向，讲清楚中华文化的独特创造、价值理念、鲜明特色，增强文化自信和价值观自信。"党的十九大报告指出："深入挖掘中华优秀传统文化蕴含的思想观念、人文精神、道德规范，结合时代要求继承创新，让中华文化展现出永久魅力和时代风采。"

一、武陵文化基本概念

（一）"文化"概念的界定

"文化"这个概念内涵丰富，凡是人类有意识地作用于自然界和人类社会的一切活动及其结果都属于文化。古今中外专家、学者关于"文化"的定义达300多种,不胜枚举。西方国家通用的"文化"译自英语culture,有耕作、栽培、培养、教养之意。英国文化人类学家爱德华·泰勒第一次给文化下完整的定义:"人类所创造的精神和物质财富之总和叫做文化……是一个复杂的整体,它包括知识、信仰、艺术、道德、法律、风俗。""文化"是中国语言系统中古已有之的词语,西汉刘向的《说苑》最早出现"文化"一词:"凡武之兴,为不服也;文化不改,然后加诛。"此处"文化"意谓"教化"。南朝梁代萧统主编的《昭明文选》亦载:"文化内辑,武功外悠。"中国近代学者对文化的解释以《辞海》为代表:"文化,从广义来说,指人类社会历史实践过程中所创造的物质财富和精神财富的总和。从狭义来说,指社会的意识形态以及与之相适应的制度和组织机构。"《现代汉语词典》关于"文化"的释义是:"人类在社会历史发展过程中所创造的物质财富和精神财富的总和。"《中国大百科全书》认为:"广义的文化是指人类创造的一切物质产品和精神产品的总和。狭义的文化专指语言、文学、艺术及一切意识形态内在的精神产品。"总之,"文化是个筐,什么都可往里装。"

"文化"这个概念的外延十分广泛,其范围是"与人有关的一切"。文化是大系统,有关文化结构中子系统的划分,学术界存在许多意见。根据文化形态,可把文化分为物质文化、精神文化、制度文化和行为文化四类。文化涵盖文学、音乐、舞蹈、戏剧、曲艺、杂技、影视、话剧、书法、绘画、雕塑、篆刻、工艺、农耕文化、思想文化、法律乡规、哲学观念、宗教信仰、语言文字、伦理道德、历史文化、图籍文博、名胜古迹、军事文化、教育文化、科技文化、学术文化、医药文化、体育文化、民族文化、民俗文化、礼仪文化、服饰文化、饮食文化、建筑文化、交通文化、节会文化、旅游文化、生态文化、山水文化、园林文化、娱乐文化、市井文化、城镇文化、群众文化、商业文化、企业文化等。

"中国(华)文化"是指中华民族长期以来在中华大地上创造的文化整体。"中国文化"并非汉族单独创造,而是由中华民族共同创造。"中国文化多元发生说"是具有说服力的观点,中国文化起源于中国本土。越来越多的考古成果证明,黄河流域、长江流域和珠江流域均有各具特色的土著文化。经过数千年的民族融合,生活在中国境内的56个民族共同组成"中华民族"。

"区域文化"是指在特定的自然和地理环境中创造出的带有很深地方特色、民族特色烙印的文化,经过千百年的兼容并蓄、传承与发展形成的区域文明。不同区域由于地理环境和自然条件不同,又经过长期的历史过程,导致文化背景产生差异,从而形成明显与地理位置有关的文化特征,这种文化就是"区域文化"。200万年以来,居住在中国境内的各个民族在特定的地理环境和自然条件下创造出了各具特色的"区域文化",包括关东文化、晋中文化、陕北文化、中原文化、徽州文化、西域文化、秦陇文化、敦煌文化、热贡文化、巴楚文化、巴渝文化、湖湘文化、黔贵文化、闽台文化、闽南文化、岭南文化、大理文化、青藏文化和武陵文化等。春秋战国时期,濮文化、楚文化、巴文化、蜀文化、三秦文化、三晋文化、燕赵文化、齐鲁文化、吴越文化等共同构成纷繁多姿的华夏文化。岁月沧桑,朝代更替,多样性的区域文化世代传承,为中国提供取之不尽、用之不竭的"区域文化"旅游资源。

(二)"武陵"名称的来历

在中国辽阔的大地上,有座绵延在湘鄂渝黔交界地区的山脉,那就是巍峨的武陵山脉。武陵山脉呈北东向延伸,面积约为10万平方公里。武陵山脉是地质史上"地壳运动"造成的,是内、外力共同作用的结果。约在3.8亿年前,神秘的地球北纬30°附近,地壳沉降,武陵山脉位于浅海近岸地带,从河流冲下的泥砂沉入海底。经过若干万年积累,积成厚达千米以上的石英砂岩峰林地貌。

武陵地区是人类起源地之一,是中华文化发祥地之一。武陵地区七处远古时代人类化石揭开人文历史的神圣面纱。原始社会时期,武陵地区原始人群过着渔猎生活,留下许多石器。武陵地区是栽培水稻发源地,还有中国最早的古城"城头山古文化遗址"。

人类语言形成以后,苗族祖先蚩尤后裔和土家族祖先廪君后裔均把共同杂居的巍巍群山称为"武陵山脉"。龙山县里耶镇秦简已有"武陵"一词,指武陵山脉。武陵地区在夏、商、西周和春秋时期尚无政治实体,居民处在以血缘为纽带的家族社会中。秦昭王三十年(前277),蜀郡太守张若攻取楚国巫郡以及江南地区以后设置秦国"黔中郡"。西汉初年,朝廷因武陵山脉而把黔中郡改名为武陵郡,故《后汉书》载:"武陵郡,秦昭王置,名黔中郡;〔汉〕高帝五年更名。"汉代设置武陵郡以后,武陵山区成为世外桃源。三国时期，武陵郡治所设在临沅县，初属蜀国，后属吴国。吴景帝永安六年（263），分武陵郡西部零阳、充县地设置溇中县，又新建天门郡。武陵郡所辖只剩沅水流域的临沅、吴寿、龙阳、沅南、沅陵、辰阳、黔阳、迁陵、镡城、酉阳等县。西晋时期，武陵郡建置及其所辖地区无大变化。东吴时期，吴寿县恢复汉寿县旧名。东晋著名作家陶渊明创作名篇《桃花源记》以后，诗文大家竞相吟咏桃花源式的武陵源。唐代诗人李白写道："功成拂衣去，归入武陵源。"唐代诗人王维也说："居人共住武陵源，还从物外起田园。"宋代文学家王安石在《径暖》中写道："归来向人说，疑是武陵源。"他们笔下的"武陵源"就是超凡脱俗的世外桃源的代名词。

改革开放以来，澧水流域的有识之士科学开发旅游资源。1984年，著名画家黄永玉最早将张家界国家森林公园和索溪峪、天子山省级自然保护区命名为"武陵源"。1985年，时任中共中央总书记的胡耀邦题写"武陵源"三个字。1988年，国务院将武陵源列为第二批国家重点风景名胜区。1992年，联合国教科文组织将武陵源风景名胜区列入《世界遗产名录》。2007年，武陵源风景区获得国家旅游局颁发的5A国家级旅游景区证书。现在，武陵源风景名胜区已被打造成为"国际旅游休闲度假区。"

（三）"武陵地区"的区域范围

"武陵地区"是个泛区域概念，是指以武陵山脉为主线的湘鄂渝黔边境邻近地区构成的一个地理区域。武陵地区地处中国腹地，具有承东启西、连接南北的作用。既是自然地理概念，又是人文地理概念。据班固《汉书》载：汉朝初年，朝廷改黔中郡为武陵郡，共辖临沅县、沅陵县、义陵县、辰阳县、无阳县、镡成县、迁陵县、酉阳县、零阳县和充县等13个县，即今常德市、张家界市、湘西土家族苗族自治州、怀化市、邵阳市、恩施土家族苗族自治州、宜昌市、黔江区、武隆区、酉阳县、秀山县、彭水县、石柱县、丰都县和铜仁市、遵义市等市（州）的80多个区（县）。2011年10月，国务院国函〔2011〕125号文件《关于武陵山片区区域发展与扶贫攻坚规划的批复》明确指出："武陵山片区集革命老区、民族地区和贫困地区于一体，是跨省交界面大、少数民族聚集多、贫困人口分布广的连片特困地区，也是重要的跨省经济协作区。"2011年11月，武陵山片区区域发展与扶贫攻坚试点启动会议在湘西土家族苗族自治州举行，标志以集中连片特困地区为主战场的国家新一轮扶贫开发战略正式实施。武陵山片区包括湖南、湖北、重庆、贵州四个省市交界地区的71个县（市、区）。其中，湖南37个县市区（包括湘西土家族苗族自治州，张家界市，怀化市以及邵阳市的城步苗族自治县、新邵县、邵阳县、隆回县、洞口县、绥宁县、新宁县、武冈市，常德市的石门县，益阳市的安化县，娄底市的新化县、涟源市、冷水江市）、湖北11个县市（包括恩施土家族苗族自治州以及宜昌市的长阳土家族自治县、五峰土家族自治县、秭归县）、重庆市7个县区（包括黔江区、武隆区、西阳土家族自治县、秀山土家族苗族自治县、彭水苗族土家族自治县、石柱土家族自治县、丰都县）、贵州16个县市（包括铜仁市及遵义市的道真仡佬族苗族自治县、务川仡佬族苗族自治县、正安县、凤冈县、湄潭县、余庆县）。武陵山片区国土总面积为17.18万平方公里。71个县中有42个国家扶贫开发工作重点县、13个省级扶贫重点县；有34个民族自治地方县。71个县共有1 376个乡（镇）。2010年末，总人口达3 645万人。武陵山片区30多个少数民族人口总计1 234万多人，约占全国少数民族总人口的1/8。境内有土家族、苗族、侗族、瑶族、白族、回族和仡佬族等9个世居少数民族。

中国著名文化史专家张正明指出："北起大巴山，中经巫山，南过武陵山，止于南岭，是一条文化沉积带。古代的许多文化事象，在其他地方已经绝迹或濒临绝迹，在这个地方尚有遗踪可寻。"武陵地区是人类起源地之一。早在远古时代，巍峨雄伟的武陵山脉聚居着"建始人""巫山人""长阳人"和"石门人"等人类祖先。先秦时期，武陵地区为濮人、巴人、苗人、楚人和越人等古代民族融合之地。此后千百年来，历朝历代土家、苗家、侗家、瑶家和"民家"祖先留下长达千里、蕴藏"武陵文化"的文化沉积带。

（四）"武陵文化"的区域定位

提出一种区域文化必须考察它存在的时间，必须界定其区域范围。"武陵文化"是起源于武陵地区的传统文化，是多元一体的民族文化。"武陵地区"是指以武陵山脉为中心的湘鄂渝黔边境邻近地区。既是历史上的行政区划概念，又是一个自然地理概念，其名称来历有三个方面。

首先，从自然地理看，"武陵"一词源于武陵山脉，是自然地理概念。

武陵山脉是地质史上"地壳运动"造成的，是内外力共同作用的结果。武陵山脉是横亘于中国中部的重要山脉，是中国自然区划由第二阶梯云贵高原向第三阶梯东南丘陵过渡地区。《辞海》说："武陵山，在湖南省西北部及湖北、贵州两省边境。东北—西南走向，乌江和沅江、澧水分水岭。海拔1 000米左右，主峰梵净山（2 494米）在贵州省江口县北，富林、矿资源。"1982年，商务印书馆出版的《中国古今地名大辞典》载："武陵山，自贵州苗岭分支，行乌、沅二江间，蔓延于湖南省西北境沅、澧二江间，高度达六千余尺，至常德西境之平山（又名武陵山）止，通称武陵山脉。"从现在的中国地形图看，武陵山发脉于贵州省东北部印江、江口、松桃三县交界的梵净山，从西南向东北行，穿过渝东南，主脉成为湘鄂界山。武陵山脉北行过清江、长江，到长江北为荆山；南支经湘西北，余脉延至洞庭湖西。可见，武陵地区地域范围为：湖南省常德市、张家界市、湘西土家族苗族自治州、怀化市，湖北省恩施土家族苗族自治州、宜昌市，重庆市酉阳、秀山、黔江、彭水、石柱等区（县），贵州省铜仁市等地。宜昌市自古以来就是巴人、楚人活动地区，不仅包括长阳、五峰两个土家族自治县，而且包括世界闻名的长江三峡部分景点。

其次，从历史地理看，武陵是历史发展过程中的行政区划概念。龙山县里耶镇出土的秦简中已有"武陵"一词。汉朝初年设置武陵郡后，"武陵"一词成为行政区划名称。据《中国古今地名大辞典》载："武陵郡，汉置，治义陵，在今湖南溆浦县南三里。后汉移至临沅，在今湖南常德县西。隋初废，寻复置，移今常德县治。唐置朗州，寻仍曰武陵郡，后又为朗州。"《辞海·地理分册》对武陵郡管辖范围作了界定："武陵，郡名，汉高帝置。治所在义陵（今湖南溆浦南）。辖境相当今湖北长阳、五峰、鹤峰、来凤等县，湖南沅江流域以西，贵州东部及广西三江、龙胜等地。东汉移治临沅（今湖南常德市西）。其后，辖境逐渐缩小。隋开皇九年（公元589年）废，大业及唐天宝、至德时又曾改朗州为武陵郡。"由此可知，武陵郡始于汉代，废于唐代。从汉代设置武陵郡起，武陵地区一直是完整而稳定的历史地理单元。

最后，从经济地理看，学术界、旅游界和政界、商界已把"武陵地区"作为经济整体。早在20世纪80年代，党中央、国务院按照区域经济的同类性把武陵地区划为全国十八大集中连片贫困地区之一。此后多年，武陵地区多次召开湘鄂渝黔四省武陵地区县（市）政府经济技术协作会议、湘鄂渝黔毗邻地区民委民族工作协作会议和旅游局构建"武陵山旅游圈"研讨会议。全国政协民族和宗教委员会会同湖南省、湖北省、重庆市、贵州省政协从 2004 年至 2007 年、连续 4 年共同举办 4 次"中国武陵山民族地区经济社会发展座谈会"。2009 年，国家民委在黔江区主持武陵民族文化论坛，举办首届中国武陵山民族文化节，湘鄂渝黔毗邻地区政府、民委、文化局等部门领导参加会议。开展这些活动的目的，就是为了寻求资源的共同开发利用。在学术研究方面，为了促进这一地区发展，湖北民族学院出版武陵地区民族教育研究丛书，黄柏权提出湘鄂渝黔边区全面合作的工作思路，张英提出构建湘鄂渝黔旅游协作区的旅游开发战略。专家、学者的研究和呼吁不仅为地方政府的合作提供智力支持，而且为形成共识起了催化剂作用。

综上所述："武陵"是历史悠久的历史地理概念，至今已有 2 200 多年历史。"武陵地区"是以武陵山脉为主线，多民族聚居的湘鄂渝黔四个省（市）毗邻地区，在地理环境、历史文化、民族文化、宗教文化、生态文化等方面有其共同特点。

（五）"武陵文化"概念的内涵和外延

"武陵文化"内涵丰富。"武陵文化"是指历代居住在武陵地区土家族、苗族、侗族、瑶族、白族、回族、仡佬族和汉族等世居民族共同创造的具有独特个性的物质文化、精神文化、制度文化和行为文化的总和，是"多元一体"的区域文化，其来源是多元的和多根系的，包括本土文化和外来文化。武陵文化历史悠久，源远流长。武陵地区各族祖先在人类历史发展长河中，共同创造出内容丰富多彩、颇有地方特色的武陵文化，为"中国文化"增添华章。"武陵文化"内容丰富，浩如烟海。"武陵文化"与"中国文化"具有共性的有渔猎文化、农耕文化、制度文化、行为文化、科技文化、工艺文化、建筑文化、教育文化、语言文化、体育文化、宗祠文化、隐逸文化、地名文化、旅游文化、节会文化、康养文化和茶文化、酒文化、凤文化、虎文化等文化。

"武陵文化"外延宽泛。武陵地区独具个性的文化包括历史文化、红色文化、民族文化、民俗文化、宗教文化、旅游文化、城镇文化、医药文化等八大系列。武陵文化的内容以"八大系列"为主体，积淀大量的文物古迹、民族文化和生态文化等旅游资源。既是旅游发展的助推器，又是经济发展的增长极。

"武陵文化"的基本精神是：包纳百川、勤劳朴素、崇文尚武、自强不息。

文化是经济的先导，是旅游的灵魂。打造"武陵山旅游圈"，必须开发利用"武陵文化"旅游资源，使其成为具有旅游功能的吸引物。

按照全国政协民宗委从 2004 年来连续四届牵头组织的"中国武陵山民族地区经济社会发展座谈会"形成的共识，武陵地区有五个明显的共同点：

一是山同脉。这一地区以武陵山脉为中心，北有长江的巫山山脉，西接云贵高原，南靠雪峰山脉，东临长江中下游平原，是一个完整的自然地理单元。

二是水同源。这一地区主要水系是沅水、澧水、清江、乌江四大水系，均发源于武陵山脉。

三是民同俗。2010 年末，武陵地区聚居土家族、苗族、侗族、瑶族、白族、回族、仡佬族、蒙古族和维吾尔族等 30 多个少数民族，少数民族人口总计 1 234 万多人，约占武陵地区总人口的 40%，是典型的少数民族聚居区。定居在这里的少数民族交往交流，民风民俗相互影响，相互渗透。

四是经济同类。这里环境相对封闭，与国内发达地区相比，生产方式相对原始，经济发展相对落后，生活水平相对贫困，是全国十八大集中连片的贫困地区之一。

五是文化同质。按照民族学研究专家张正明的说法，这一带是中国一条独特的"文化沉积带"。据《汉书》记载，汉朝初年，朝廷改黔中郡为武陵郡。此后，历代朝廷都把这里作为一个完整的历史地理单元进行统治，使这一地区形成了一种独特的地域文化。

基于武陵地区山同脉、水同源、民同俗、经济同类、文化同质的特点，20 世纪 90 年代，曾有不少学者借海南建省和重庆设市之机，呼吁建立"武陵省"。

总之，"武陵文化"是独具个性的区域文化，具有中国其他区域文化不可替代的特质和价值。

二、武陵文化生成机制

"文化生态"由自然场与社会场交织而成。武陵文化的生成与武陵山脉所处的地理环境以及周边民族文化的影响密不可分。考察武陵文化生成机制，应从地理环境、经济基础、社会结构三个方面加以整合。

（一）地理环境

地理环境是人类居住地区各种自然因素的总和，包括自然地理环境和人文地理环境。自然地理环境主要指地形、地貌、气候、水文、植被等。人文地理环境主要指疆域、经济环境、民族、人口等。地理环境为人类文化提供物质基础，人类只能在顺应自然规律的情况下创造文化。每一个社会都处在特定的地理环境之中，每一种文化的发生、发展都受到一定的自然条件的制约。地理环境直接或者间接地影响文化。只有把武陵文化放在地理环境中进行考察，才能准确地认识其发生、发展的过程及其特征。

地理环境对文化的生成和发展有着重要影响，并从多方面表现出来。武陵山脉地处云贵高原向湘西丘陵过渡的大斜坡上，是地质史上的燕山运动造成的一系列褶皱山中的一支。武陵山脉长420公里，海拔500至2 000多米，最高峰梵净山海拔2 572米。主峰周围多是大山，兼有盆地、丘陵和峡谷。武陵山脉及其周围山系构成华夏腹地逶迤延绵、峰峦起伏的山区，即我们常说的武陵地区。这里崇山环绕，山高坡陡，峡谷幽深，溶洞众多，海拔多在800~2 000米之间。这里河流纵横，土地潮湿，有沅水、澧水、清江、乌江四条大河以及数以千计的溪流。这里气候湿润，降水丰富，气候垂直变化明显，属于亚热带季风湿润气候，年均气温在12~17 ℃之间，年降水量为1 100~1 600毫米，无霜期3~8个月，适宜动植物繁殖生长。这里地形多样，地貌奇特，旅游资源天下闻名。这里植被丰富，动植物种类多，数量大。武陵文化的生长和传承与武陵地区的地理位置有关。武陵地区位于中国腹心地带，不仅与中原地区相邻，而且又是进入西南地区的通道。所以，武陵地区历代就是各种文化的交汇点。武陵地区地理环境对武陵文化的生成及发展有着重大而深远的影响。民族学专家张正明在《土家族研究丛书》总序中指出："中国的地形，从西到东，从高到低，大致可分为三级阶梯。长江上游与长江中游的交接地带，位于第二阶梯中段的东缘和第三阶梯中段的西缘。这里是连山叠岭和险峡急流，地僻民贫，易守难攻，历史的节拍比外围地区舒缓。北起大巴山，中经巫山，南过武陵山，止于南岭，是一条文化沉积带。"

武陵地区是这条文化沉积带的核心区,是历史文化的聚宝盆。武陵文化是多种文化的总称,文化的多样性、包容性是它的主要特点。武陵地区是个相对封闭的孤岛,又是我国东部和中原通往西南或者巴蜀通往东南地区的中介地,这种地理位置和交通地位给武陵地区历史发展留下烙印。武陵文化既是传统文化又是现代文化,包括名胜文化、红色文化、服饰文化、饮食文化、建筑文化和歌舞文化等含有现代文化因子的特色文化。

(二)经济基础

地理环境影响文化发展,这种影响是通过人类的物质生产实践这个中介得以实现的。中国文化植根于农耕与游牧两种经济生活的土壤之中。农耕文化与游牧文化之间的冲突与融合是中国古代历史的主题。古代中国的农耕经济有中原定居农耕方式与南方山地游耕方式两种类型。中国南方亚热带山地民族,直到近古甚至近代,仍然采用刀耕火种、采集渔猎的生产方式,他们迁徙不定。据《史记·货殖列传》载:"楚越之地,地广人稀,饭稻羹鱼,或火耕而水耨……无积聚而多贫。"《汉书·地理志》亦载:"江南地广,或火耕水耨,民食鱼稻,以渔猎山伐为业。"但是,他们的移动范围局限在武陵地区及其周边等南方山地,受汉族文化影响较大,故这两种经济方式不像游牧与农耕那样彼此争战不休。历代统治者对武陵地区少数民族设官治理,推行柔远政策,在唐宋时期设置羁縻州,在元明清时期设置土司机构和卫所机构,偶尔以武力镇压农民起义。

(三)社会结构

武陵文化的形成与发展受到社会历史环境影响。文化是一种人类现象,而人类只有组成一定的社会结构,才能创造并且发展文化。人类社会组织的演变趋势是由血缘政治向地缘政治进化。中国社会结构虽发生过诸多变迁,但由血缘纽带维系的宗法制度及其遗存长期保留,这与中国人的主体从事聚族而居的农耕生活有关,使得中国跨入文明门槛以后,氏族社会血缘纽带解体很不充分。

宗法制度源于氏族社会父权家长制公社成员间的亲族血缘联系。宗法制孕育于商代,定型于西周。王位由嫡长子继承,世代保持强宗地位。嫡长子继承制和宗庙祭祀制度共同构成宗法制的基本内容。秦灭巴后,武陵地区虽然纳入中央王朝统治，但因其大山阻隔，交通闭塞，不过羁縻而已。秦汉至唐宋时期，实际统治者仍是本地土家祖先向氏、覃氏、田氏、冉氏、彭氏、唐氏等强宗大姓的部落酋长，即《明史》所载："历代以来，自相君长……大姓相擅，世积咸约。"由血缘纽带维系的宗法组织——宗族，长盛不衰，成为超越朝代更迭的社会细胞。酉水流域土家宗族的分支是以"房"为较大的单位。各大宗族有私田，也有以"房"为单位由祖先传下来的公田。公田的收益供同"房"族人公共活动之用。各个村寨在强宗大姓族长率领下，自成系统，组成社会团体，共同防卫村寨，维护地方秩序。武陵地区苗族经历过漫长的原始社会。唐宋年间，苗族逐步进入阶级社会。元明清时期，苗族地区封建领主经济已有发展。但是腊尔山区、锦江流域等地仍然处于农村公社末期，仍由"椰"和"款"的首领管理，集一村为小款、数十村为大款，有公众制定的"椰规"或者"款约"。各级首领皆由公众推举产生，拥有处理纠纷、指导生产、主持祭祀和指挥作战等职能。武陵地区侗族的"联款"或者"合款"是以血缘和地域为纽带的民间组织，是神圣庄严的盛会，大款为侗族的民族立法，小款为一村一寨的约法。这种社会宗法组织是魏晋时期以来由原始氏族转为农村公社产生的。

中国社会组织的特色，与宗法制度紧密相连的是君主专制政体，这一政体长期存在，直到辛亥革命推翻清王朝。元明清时期，武陵地区建立 70 多个大、小土司。各级土司王实行专制制度，集政权、财权、兵权、司法权等诸权于一身，用政治控摄文化，维护中央王朝的封建专制统治。

"宗法—专制"社会结构与农业自然经济相辅相成，形成"伦理—政治"型文化范式，延绵久远，直至近代方有解体之势，然其深层结构继续传承不辍。

三、武陵文化基本特征

（一）武陵文化是历史悠久的文化

武陵文化源远流长。从旧石器时代起，武陵地区考古文化序列清晰可辨，如石门县燕儿洞遗址出土旧石器、泸溪县白沙村田溪口遗址出土旧石器。新石器时代文化更为密集，城背溪文化、大溪文化、屈家岭文化、石家河文化在武陵地区都有分布。夏商周三代文化已达较高水准。

清江流域香炉石文化堆积共有7层,第7层距今4 090(±100)年,第6层距今3 520(±130)年,第5层为商代中期,第4层为商末至西周,第3层为东周时期。香炉石巴文化遗物包括石、骨、陶质的生产生活用具、兵器和装饰品,总计达9 240件。其中,出土的甲骨、卜骨在长江以南最为丰富,特别是以鱼的鳃盖骨作材料,是前所未有的。出土的兽骨和鱼骨、陶网坠在我国文物界是罕见的。澧水流域发现商周时期文化遗址40多处。酉水流域发现商周文化遗址20多处。三峡库区发现夏商周时期巴人遗址168处。春秋战国以后,武陵地区考古文化出现土著文化与楚文化、巴文化交融现象。鄂西南"相当于春秋战国阶段的文化遗址数量是很丰富的,其遗址中的文化内涵总体上仍是以陶器为主线","其物质文化的特征与主体当是以楚文化为主"。湘西州出土许多春秋战国时期古墓,舒向今认为这批墓葬为战国晚期土著民族墓葬,属于土著文化,绳纹圜底罐、平底罐、簋形器、圜底钵、假圈足壶便是这一时期土著陶文化代表,青铜文化代表是青铜短剑和铜镦。武陵山区发现许多战国古城。里耶古城震惊学术界,保存完好的凤凰古城表明武陵文化高度发达。

  武陵地区不仅考古文化历史悠久,而且民间文化同样发达。土家和苗族都有语言而无文字,历史文化都用民族语言口耳相传。苗族的《古老话》和土家族的《梯玛歌》《摆手舞》反映人类起源、民族迁徙和社会生活情况,堪称创世史诗。另外,用民族语言传承的神话、故事和民歌构成武陵文化云蒸霞蔚的景观;民族艺术丰富多彩,傩愿戏、茅谷斯、摆手舞、跳马舞等记录了武陵先民生产生活,具有活化石价值;民间工艺精湛,土家族的雕刻、织锦、挑花、刺绣和苗族的蜡染、服饰、银饰及侗族的侗锦都是民族文化瑰宝;科技文化发达,采丹砂历史悠久,很早就用植物和矿物作染料;干栏建筑、鼓楼和风雨桥被誉为中国古建筑杰作;苗医、苗药声播海外;文人文学也很发达,诗人屈原的《九歌》《橘颂》等作品得益于武陵文化熏染,刘禹锡创作的竹枝词受到武陵民歌影响。明清时期,武陵山区更是人才辈出,容美(今鹤峰)连续出现八代文人群体,这在中华文坛上是罕见的。彭秋潭、彭勇功、彭勇行、唐仁汇、彭施铎、吴愈材等人的竹枝词既有浓厚的生活气息,也有很高的艺术水平。近代文人田星六、向乃祺、庹悲亚、田名瑜、袁吉六、吴恭亨、田金楠及当代文人沈从文、黄永玉、孙健忠、丁玲、邵华、汪承栋、胡柯、吴明仁、田岚、蔡测海、颜家文、杨盛龙和歌唱家宋祖英、付辽源、龙仙娥、陈春茸、杨娟等人都是武陵文化哺育出的佼佼者。

所以说，虽然武陵地区交通闭塞，但它养育的文化辉煌灿烂，可与中华其他地域文化相媲美。

（二）武陵文化是山地丘陵的文化

武陵山脉是云贵高原过渡到江汉平原的桥梁，境内群山起伏，峡谷幽深，是典型的山区。这种自然环境铸造的文化是独具特色的山地丘陵文化。武陵经济是以山地农业为主的复合经济。宋代，引进牛耕。明代，引进玉米、红薯、马铃薯。但是，这里耕作方式落后，"刀耕火种，日食杂粮"。除种植旱地作物外，采集山货、特产和牲畜喂养是生活的补充。武陵山区森林资源、药材资源和土特产品十分丰富。早在唐代，武陵山区土产已经成为贡品。明代，进贡的楠木不计其数。鸦片战争以后，武陵山区桐油、生漆、五倍子等特产远销海外，促进武陵经济发展。直到现在，武陵山区优势仍是山地的生物多样性和丰富的旅游资源。山地丘陵特征不仅表现在经济生活上，而且融入人们的精神生活中。由于盘瓠和廪君出生在山洞，所以武陵人对山有特殊情感。武陵地区世居民族有崇拜山石的习惯，他们崇拜梅山神、飞山公、山鬼等山神。武陵人建房依山面水，讲究向山和靠山；死后，坟墓坐山和向山。民间文化少不了山的内容，故有山歌唱到："高山山高高上天，山上宝贝寻不完；永生永世和山恋，死也埋进山凹凹。"他们"不唱山歌不开怀""不唱山歌不说爱"。土家梯玛请神之时，要请山神；甚至土家族摆手舞、苗族鼓舞也颇具山地丘陵民族风格。

（三）武陵文化是神秘浪漫的文化

武陵地区是巫傩文化发源地，《山海经·大荒经》第一次记载作巫的"巫咸"。据蒙文通考证，《大荒经》是古代巴国作品。先秦时期，巴人流入五溪以后，传播"巫鬼文化"。《汉书·地理志》说："信巫鬼，重淫祀。而汉中淫失枝柱，与巴、蜀同俗。"王逸在《楚辞章句·九歌序》中写道："《九歌》者，屈原之所作也。昔楚国南郢之邑、沅湘之间，其俗信鬼而好祠。每祠必作歌乐、鼓乐以乐诸神。屈原放逐，窜伏其域，怀忧苦毒，愁思沸郁。出见俗人祭祀之礼、歌舞之乐，其词鄙陋，因作《九歌》之曲。"屈原的《九歌》《山鬼》等篇受到"巫鬼文化"影响。《魏书·南蛮传》记："其俗畏鬼神，尤尚淫祀，所杀之人，美鬓髯者必剥其面皮，笼之于竹，及燥，号之曰'鬼'，鼓舞祀之，以求福利。"信巫尚鬼、以歌舞乐诸神成为精神生活的组成部分。顾炎武在《天下郡国利病书》中写道："湘楚之俗尚鬼，自古以然……岁晚用巫者鸣锣击鼓，男作女妆。始则两人执手而舞，终则数人牵手而舞……随口唱歌，黎明时起，竟日通宵而散。"这种祭神之舞仍然流行在武陵山区，傩愿戏和摆手舞就是印证。明清时期，地方志对武陵山区"崇巫尚鬼"习俗作了记载。明代《嘉靖思南府志·风俗》卷一载："蛮獠杂居，音语各异……渐被华风，汉民尚朴，信巫屏医，击鼓迎客。"清代《同治酉阳直隶州总志·风俗志》卷十九载："州属多男巫，其女巫则谓之师娘。"清代《乾隆辰州府志·风俗》卷十四载："信巫重鬼，所在皆然。"由此可知，明清时期，武陵地区巫风盛行。直到现在，武陵地区"巫鬼文化"仍有市场，仍然渗透在精神生活中。富于神秘性的傩文化存留在武陵山区，如土家族、苗族的还傩愿，黔东北的傩堂戏，凤凰县等地的傩愿戏，恩施市三岔等地的还坛神，土家族的梯玛活动，古丈县等地的"跳马舞"，仍是喜闻乐见的活动，有的地方还为游客表演。武陵山区出现道士蔓延趋势，有的道士成为宗教职业者。

　　武陵地区"信巫尚鬼"的信念为巫师提供土壤，巫师进行的还愿、解结、超度、择地、问吉凶等活动推动巫鬼文化进一步盛行。武陵地区巫鬼文化长盛不衰，巫师地位不断加强，既使巫鬼文化代代相传，又使巫鬼文化更加神秘。无论是人生礼仪，还是生产生活都离不开巫术。武陵山区神秘色彩致使外地人对武陵地区闻而生畏。对武陵文化的向往，可从屈原、顾彩、沈从文、黄永玉等大家作品中领略武陵文化的神秘意蕴。如沈从文所说："与人生活不可分，却又杂糅神性和魔性。湘西的传说与神话，无不古艳动人。同样差不多的还有很多。湘西的神秘和民族性的特殊大有关系。历史上（楚）人的幻想情绪，必然孕育在这种环境中，方能滋长成为动人的诗歌。想保存它，同样需要这种环境。"这种神秘性正是武陵文化的特征之一。

　　与神秘性密不可分的是武陵文化的浪漫色彩。武陵文化的浪漫是武陵人在特殊的地理环境和人文环境中孕育起来的，武陵文化的浪漫可从多方面表现出来：首先是对自然的顺应。武陵人热爱大自然，陶渊明描写的桃花源是武陵人追寻的乐土。武陵文化深受道教影响，道家"天人合一"的思想与武陵人观念结合,使武陵人把追求自由自在的逍遥生活作为人生最高境界。他们遵循人生于自然而回归自然的生存法则。武陵土家人去世是"归山",是走"顺头路"。所以,给老人办丧事叫"白喜事",远乡亲邻或跳丧,或坐丧,悲伤气氛不浓。

(四)武陵文化是崇尚武勇的文化

武陵文化崇尚武勇的文化因子源远流长,"武陵蛮"祖先盘瓠因勇猛赢得高辛氏女儿的爱情。土家始祖巴务相"投剑独中",战胜盐神部落。在历史发展进程中,崇尚武勇成为武陵人的优良传统。土家族和苗族民间文化中,歌颂勇敢的民族精神成为主线,贯穿在史诗、歌谣、传说、故事里,如土家族的《摆手歌》、苗族的《古老话》都有许多对勇敢行为的颂扬。民间故事里可寻武陵人反抗压迫以及与大自然做斗争的场景。武陵人崇拜的神灵有相当一部分是勇敢者,如苗族人敬奉的"阿普苟尤""奶滚妈苟"及土家族人敬奉的八部大王、田好汉、向老官人、四官神、白帝天王等。武陵人的武勇表现在历次军事斗争中。从蚩尤与炎黄大战、巴人参加武王伐纣,到明朝土家赴东南沿海抗倭,取得王江泾等战役的胜利。清朝,苗族将士与清军英勇作战。直到近现代史上,武陵地区各族人民为红军创建、发展及取得中国革命胜利做出了牺牲和贡献。在方志中,对武陵人"悍而直"的评价随处可见。历史文献评价巴人:"刚悍生其方,风谣尚其武,奋之则渝舞。"清代《乾隆贵州通志·地理》卷七载:"蛮人,惰耕作,喜渔猎,性犷悍,出入必带刀弩。"尚武文化铸就武陵好汉,英勇善战的武陵人传承了崇尚武勇的文化。

(五)武陵文化是多元融合的文化

武陵地区处于中国东南西北的交汇点上,是各种文化聚焦之地,加之多民族散杂居,使得武陵文化在五方杂处中实现融合,呈现出多姿多彩的风貌。武陵文化在孕育时期具备多元融合的特性,奠定多元共存的基础。春秋战国时期,由于楚国、秦国势力向南方扩张,巴人、楚人、三苗、百越先后进入武陵山区。这些民族带入各自的文化成分,与土著的濮文化融合,形成武陵文化雏形。秦汉统一以后,武陵地区纳入朝廷统治版图,设置武陵郡、南郡。武陵郡内除"武陵蛮"外,还有"廪君蛮""板楯蛮"、濮、僚等民族,这也说明其文化仍然呈多元性。魏晋南北朝时期，在民族同化潮流中，武陵地区人口也有流动。唐朝末期，"乌蛮"的一支迁入武陵地区，融入当地民族之中。宋代以后，汉族文化对武陵地区的影响力增强，武陵文化中的汉文化因子十分明显，如使用汉语，接受儒家思想，饮食、服饰、建筑、器具使用汉族技艺，道教、佛教文化广泛传播。尽管如此，武陵文化的地方特色与民族特色依然突出。以土家族、苗族、侗族为主体的武陵文化对传统的濮文化、巴文化、楚文化、越文化、三苗文化有选择地吸收，在保持其神秘浪漫、崇尚武勇等特征的前提下，又显示出文化的多元性、包容性特征。这些文化特征正是武陵文化以强大的生命力保留在武陵山区的重要原因，以至成为中国的文化沉积带和历史文化冰箱。

第一章 武陵文化简史

"历史文化"是指人类社会在发展过程中展现出的文化风貌的总和,包括政治、经济、军事、民族、文艺以及社会生活的各个方面。"武陵历史文化"是指武陵地区历史发展过程中展现出的具有独特内质的文化风貌的总和。早在远古时期,中原地区聚居炎黄部落,四周蕃息"异族"原始群体。约在公元前 2070 年,夏禹建立奴隶制的夏朝后,分中国为"九州",武陵地区属于"荆州"之地。故《尚书·禹贡》载:"荆及衡阳惟荆州。"商周之际,中国南部出现"荆蛮",即指分布在荆州地域的"蛮夷"。西周时期,周族自称"华夏",对其边境民族统称为东夷、南蛮、西戎、北狄。"南蛮"称谓最早记载来自周代,是中国南部诸多部落的统称。

第一节 武陵文化的发生

"文化发生学"是文化人类学的分支。瑞士认知心理学家、认知发展理论创立者皮亚杰在《发生认识论原理》中指出:发生认识论的第一个特点是研究各种认识的起源,发生认识论的特有问题是认识的成长问题。武陵文化的发生学,就是把武陵文化的发生看作一个过程。不仅研究武陵文化产生过程中的各种因素起源,而且探讨这些因素的相互关系。原始社会是武陵文化的创始时期,武陵文化走过漫长的发生历程。

一、武陵地区远古时代遗迹

文化起源与人类起源是联系在一起的,"文化"起源是许多因素合力生成的。"文化"是在特定时间和空间中发生、发展的,既具有历时的时代性,又具有共同的地域性。200万年前至今,武陵地区一直有人居住。早在旧石器时代,武陵地区就有"远古人类"过着采集、渔猎生活,打制大量石器,"原始文化"得以产生。武陵地区"原始人群"生产、生活实践是远古时代创造原始文化的推动力,原始社会时期的"远古文化"是武陵文化的最早源头。

(一)武陵地区人类起源

人类如何起源,自古以来争论很多。经过人类学家和考古学家共同探索,人类起源之谜初露端倪。许多人类学家认为人类和猿猴有共同祖先,人类是由古猿进化来的,在约400万年前形成。最早提出"人猿共祖"思想的是法国人类学家布丰。英国生物学家达尔文在《物种起源》一书中提出"进化理论",阐明生物从低级到高级的发展规律。恩格斯在《劳动在从猿到人转变过程中的作用》一文提出"劳动创造了人本身"的著名论断。恩格斯把能够制造工具的人称作"完全形成的人"。随着人类化石不断发现,测定年代方法不断改进,人们对人类起源的认识不断深化。尽管存在很多问题,但是可以勾画人类起源和发展的线索。人类学家把"完全形成的人"分为早期猿人(南方古猿)、晚期猿人(直立人)、早期智人和晚期智人四个进化阶段。人科成员包括南方古猿属和人属,南方古猿属是人科早期成员,能够直立行走并且制作简单的砾石工具,生活在约400万年前至300万年前,南方古猿之后出现"能人"。人属包括直立人和智人。在考古学上,旧石器时代早期相当于早期猿人和晚期猿人的阶段。

人类历史始于人类出现。地球自从有了人类就有社会历史,人类最初经历的社会是原始社会。世界一切民族在其历史发展初期都经历过原始社会这一阶段。随着生产力发展和社会进步,氏族开始出现,数个氏族组成部落。远古时代,中国境内居住着许多不同祖先的氏族和部落,他们在各自居住的土地上发展自己的文化。他们之间常有冲突,常有经济、文化的相互影响以至部分融合,这在民间传说和出土文物中保留着不少痕迹。根据考古学材料,中国在8 000年前已经进入母系氏族社会。

关于人类起源地,学术界有几种说法,"多元说"(亦称"多地区进化说")认为人类起源于多个地方。中国武陵地区是人类起源地之一,是人类起源的摇篮。武陵地区及其周边地带是中华远古人类活动最为密集之地，呈现连续完整的进化链条和远古文化滋生地区的显著特征，是中华人类以及中华远古文化主要起源地之一。武陵地区七处远古人类化石揭开人类历史序幕，为人类起源"多元论"提供有力佐证。武陵地区人类起源就已出土远古人类化石来说，可以追溯到200万年前。

1. 直立人（晚期猿人）

晚期猿人的学名是"直立（猿）人"，包括"早期直立人"和"晚期直立人"。生活在300万年前—150万年前的"早期直立人"指的是最早能够制造、使用工具的原始人类，后来演化成为"晚期直立人"。云南省元谋县的"元谋猿人"属于早期直立人。"晚期直立人"脑容量逐渐增大，懂得用火、狩猎，生活在150万年前—30万年前。陕西省蓝田县的"蓝田猿人"和北京市周口店的"北京猿人"属于晚期直立人。

（1）"建始直立人"遗址。

1969年，中国科学院古脊椎动物与古人类研究所某野外科考队员在广州中药铺拣选化石，发现许多巨猿牙化石，并且得知化石是从湖北省调来的。科考队员赶往湖北省建始县高坪镇麻家坪村龙骨洞。通过观察洞内堆积物，科考队员认为这是更新式洞穴堆积。次年7月，古人类学家裴文中到这里进行第一次科学发掘，又得两枚属于200万年前的"南方古猿"的古人牙化石。从那时直至1998年的20年间，中科院、湖北省文物考古研究所在建始县高坪镇龙骨洞进行8次发掘。1998年，由国家科委、国家自然科学基金会和中国科学院策划"九五"国家攀登项目《早期人类起源及其环境背景研究》，组建《鄂西早期人类及其近亲研究》课题组。该课题组选定建始县高坪镇龙骨洞为发掘点，于1999年和2000年进行两次发掘，又发现不同个体的远古时代"魁人"牙齿化石4枚和有人为加工痕迹的石制品632件、骨制品65件。经过古地磁测年，测定此化石为215万年前—195万年前的产物，佐证人类由古猿到直立到能够制造工具的演化历程。课题组确认该处发现的古人牙齿化石为"早期直立人"，是中国也是亚洲目前发现的最早人类，被命名为"建始直立人"。2006年，"建始直立人遗址"被国务院确定为全国重点文物保护单位。

（2）"巫山直立人"遗址。

自1984年以来，重庆市巫山县大庙镇龙坪村龙骨坡引来国内外多家科考队。1985年，中国科学院古人类学家黄万波在一个装满探方土的竹筐里发现人类左侧下颌骨,上面带有两枚牙齿;此外,发现直立人右上侧门齿一枚。1986年,在巫山县大庙镇龙坪村龙骨坡一处洞穴堆积中,发现巨猿化石和人类化石近20件。1992年10月,巫山县会同有关科研单位建起"巫山猿人"陈列馆,展出化石100多种。1995年,北京大学考古系年代研究专家陈铁梅教授用电子自旋共振法测定龙骨坡古人类牙齿化石距今时间为204万年。在此后发掘中,科学家还发现大量化石标本和石制品20多件。龙骨坡新型石器组合代表204万年前混沌初开的石器工业,学术界将其称为"龙骨坡文化"。1996年底,巫山人遗址被公布为第四批全国重点文物保护单位。2007年11月,在中科院古脊椎所等主办的"巫山龙骨坡远祖之谜"研讨会上,巫山县龙骨坡发现的古人类化石经过古地磁测定,测定为距今204万年,为"早期直立人"。"巫山直立人"把中国最早人类历史推到204万年前。巫山县龙骨坡是长江流域人类化石出土最多的点,为人类起源于亚洲这一学说提供了新证据。

2. 智人

在"晚期直立人"之后出现的人属是"智人"。"智人"原称"智慧的人",分为"早期智人"和"晚期智人"。"早期智人"又称"古人",已会人工取火。生活在25万年前—5万年前,在考古学上属于旧石器时代中期。中国的"早期智人"有湖北省"长阳人"、贵州省"桐梓人"和山西省"丁村人"等。"晚期智人"又称"新人",是指"解剖学上的现代人",已会渔猎、制衣、雕刻和绘画。生活在5万年前—1万年前,在考古学上属于旧石器时代晚期。中国的"晚期智人"有湖南省"石门人"、重庆市"河梁人"和北京市"山顶洞人"。关于"解剖学上的现代人"起源,人类学家大多数人持"多地区起源说"(亦称"多元说"):普遍认为现代人类祖先是从分散在世界各地的直立人、早期智人演化而来,世界各地现代人种都有遗传根源,现代人起源于多个地方。"现代人多地区起源说"主要以"中国远古人类连续进化说"为论据。中华人民共和国成立以来,中国境内发现许多旧石器时代遗址出土的"晚期智人"人类化石,以长江流域和黄河流域为中华人类主发源地。在武陵地区这个地理环境内,武陵"古人"进化成为"解剖学上的现代人",成为中华人类及其远古文化重要发源地之一。

(1)"长阳人"遗址。

1956年9月,在湖北省长阳县大堰乡钟家湾村龙骨洞发现一件人类左上颌骨连同两枚牙齿化石。1957年，中国科学院考古泰斗贾兰坡前往该地进行挖掘，在一岩洞又发现一颗"长阳人"的左下第二前臼齿化石。北京大学考古系专家用铀系法测定"长阳人"距今大约20万年，属于"早期智人"，为旧石器时代中期人类。"长阳人"化石是中国长江流域以南特别是武陵地区首次发现的远古人类，它的发现证明长江流域也是中华民族诞生的摇篮，是中国远古文化的发祥地。1956年，"长阳人"化石洞被列入湖北省第一批重点文物保护单位。

（2）"桐梓人"遗址。

1972年，中国科学院和贵州省博物馆考古专家对贵州省桐梓县九坝乡白盐井村岩灰洞进行发掘，出土远古人类牙齿化石两枚，并且发现用火烧过的动物骨骼和旧石器12件。1983年，再次考查现场，又获人牙化石4枚。经过考古专家鉴定，认为"桐梓人"属于"早期智人"，年代距今20万年以上。

（3）"石门人"遗址。

湖南省文物考古研究所所长袁家荣于1993年在石门县阳泉乡邢家桥村燕儿洞洞穴发现距今约3万年的"晚期智人"化石，有人类左腿股骨一段、下颌骨一块以及人类完整牙齿三颗，被考古学界命名为"石门人"。2006年，燕耳洞又出土人类完整牙齿三颗。石门县燕耳洞人类化石是湖南省首次发现的远古人类化石点，填补了湖南省石器时代人类化石的空白，在考古学界产生重大影响，对研究武陵地区人类起源及其进化有着重要文物价值。

（4）"河梁人"遗址。

1999年—2000年，考古学家在重庆市巫山县河梁镇迷宫洞发现两件人类顶骨化石。这两件人类顶骨化石可以拼合，为同一个体人类顶骨。该人类化石被确定为"晚期智人"，距今1.2万~7万年。因巫山县已发现204万年前的古人类化石被命名为"巫山人"，所以，巫山县河梁镇发现的人类化石被命名为"河梁人"。

（5）"官渡人"遗址。

2004年，重庆市巫山县官渡镇村民在雷坪洞挖砂时，挖出一颗人类头骨化石，保留有1块枕骨和左、右侧颞骨的乳突部分。是年10月，中国科学院古脊椎动物与古人类研究所黄万波前往雷坪洞调查，发现一枚上门齿以及人类顶骨残片、一段股骨、几段残肢骨和一块儿童额骨。这些化石定为"智人"。

(二)武陵地区文化萌芽

人类脱离动物界的标志是能够制造和使用劳动工具。原始社会时期，远古人类以各种类型石器为主要劳动工具，考古学称之为"石器时代"。石器时代分为旧石器时代和新石器时代。武陵地区人类历史源头可以追溯到远古的石器时代。武陵地区石器时代遗址发现的原始人类遗存遗物是研究武陵地区远古时代土著先民历史文化的实物证据，这些证据证明武陵地区确为中华文化重要发祥地。

1. 旧石器时代遗址

旧石器时代在考古学上是指人类在早期使用比较粗糙的打制石器，器形有砍砸器、刮削器、尖状器、石锤和石砧；在社会发展史上相当于人类从原始人群到母系氏族社会出现的阶段。从猿人阶段到母系氏族社会初期，属于旧石器时代。以打制石器为主要工具的旧石器时代为180万年前至10万年前，是人类历史的最早阶段。

据考古发掘资料证实，远在旧石器时代，武陵地区早有远古人类活动，沅水和澧水流域共发现200多处旧石器地点。20世纪80年代以来，武陵地区津市市、安乡县、澧县、临澧县、石门县、慈利县、桑植县、辰溪县、洪江市和新晃县等市（县）已经发现旧石器时代遗址数十处，采集打制石器数百件，多数发现在溪河阶地上，证明远古人类择水而居，时间分别距今1万年至20万年不等。旧石器时代澧水流域石器的特点是大三棱尖状器，早期器物体量较大，至中晚期开始出现细小石器，此类石器在澧水流域的临澧县看花庙、临澧县文家下湾、临澧县看花山、临澧县尖峰村、临澧县望城、澧县乌鸦山等遗址均有出土。据《湖南史话》载：1988年，在湖南省津市市窑坡渡乡董家村虎爪山遗址发现石核、石片、砾石、石珠、石锤、石球、砍砸器、刮削器、尖状器等打制石器，是湖南省首次发现的旧石器时代早期遗址。经北京大学考古专家吕遵锷教授鉴定，这些石器距今约10万年。常德市武陵区德山乡樟木桥旧石器时代遗址地处沅水右岸，采集到的石器有砍砸器、石球、石核，石料多为硅质岩，次为石英砂岩，均为河床砾石，为旧石器时代早期遗址，距今约10万年。1988年，在澧县澧南乡栗木村鸡公垱遗址发现了石核、石片、石球、石锤、砍砸器、刮削器、尖状器等打制石器200多件。经中国社会科学院考古研究所专家鉴定，距今5万年至20万年。具有独自特点的鸡公垱遗址是长江中游重要的旧石器时代中期遗址。澧县乌鸦山出土砍砸器、尖状器、刮削器和手斧等石器，为旧石器时代晚期遗址，距今约1万年。临澧县竹马村出土的旧石器时代晚期的"T"字形"高台式建筑"，经鉴定建造于1.8万年前，是世界最早的"T"形高台式建筑。1987年，石门县易家渡镇枧桥村王家山遗址出土砍砸器5件、尖状器3件、石核6件。经考古专家实地鉴定，为旧石器时代中期遗址，距今约15万年。1987年，石门县新铺乡青狮岭遗址出土砍砸器、尖状器、石核等石制品，为旧石器时代中期遗址。1988年，石门县新关镇青山河村瓦窑堡遗址出土砍砸器3件、尖状器2件、盘状器2件，为旧石器时代中期遗址。1990年以后，湖南省考古研究所在石门县皂石镇燕儿洞1号、2号洞穴发现砍砸器、刮削器、石锤、石核等打制石器50余件，为旧石器时代晚期遗址。1986年，慈利县蒋家坪乡金台村出土砍砸器、盘状器、尖状器、石片、石核等打制石器108件，经中国社会科学院等单位专家现场鉴定，为旧石器时代中期遗址，证明距今约5万年至20万年已有远古人类在澧水流域繁衍生息。1988年，在桑植县澧源镇朱家台村包子堡采集到砍砸器、石斧和石片等打制石器。据考古专家实地鉴定，该遗址为距今3万年至10万年的旧石器时代遗址。1991年，泸溪县上堡乡白沙村田溪口发现砍砸器和刮削器等打制石器13件，以河滩砾石为原料，为旧石器时代中期遗址。1987年，保靖县拔茅乡东洛村东洛遗址出土1件刮削器，属于旧石器时代晚期文化遗址，距今约1万年至5万年。1987年，湖南省文物考古研究所专家在新晃侗族自治县兴隆乡柏树林村大桥溪和曹家溪十家坪和沙湾等八处旧石器时代中期遗址发掘砍砸器、刮削器、尖状器、石核、石片等打制石器100多件，距今5万年至10万年。芷江县岩桥乡小河口旧石器时代遗址出土砍砸器、尖状器、石锤、石核、石砧等石器，为旧石器时代晚期遗址，距今1至5万年。1995年，恩施市凤凰山发现2件砍砸器，经湖北省考古研究所专家鉴定，属于旧石器时代晚期遗址文化遗物。1985年，黔江县（今黔江区）冯家坝镇茶花村红土湾老屋基旧石器时代晚期遗址出土石斧等打制石器800多件，距今1万多年，是渝东南旧石器时代遗址的首次发现。贵州省沿河土家族自治县和平镇旧石器时代遗址发现打制石器，距今1万年。

2. 新石器时代遗址

距今大约 1 万年，人类进入新石器时代。新石器时代在考古学上是指人类使用磨制石器，产生原始的农业、林业、渔业、畜牧业和制陶、纺织、皮作、玉作等手工业，并且进入原始人类开始定居生活、产生氏族和部落时期。武陵地区是世界栽培水稻的发源地。1988 年，在澧县大坪乡孟坪村发现"彭头山文化"遗址，在其出土的陶片中发现掺和大量的稻谷和稻壳，经研究确定为早期形态的栽培稻，鉴定为距今约 9 000 年，是世界上已知最早的"稻作文化"发源地。"彭头山文化"遗址还曾发现世界上已知年代最早的稻田、田埂和灌溉系统（中国国家博物馆编、中华书局出版的《文物史前史》第 121 页）。1993 年，在澧县梦溪乡五福村发现八十垱遗址，距今 8 000 年左右。在数平方米范围内出土人工种植的稻谷 1.5 万粒以上，数量超过国内已经发现的稻谷总和。在澧县车溪乡城头山遗址发现三丘有灌溉系统、保存完好的水稻田遗址，其中面积最大的为 0.3 亩，距今 6 500 年，为世界上发现的最早水稻田遗址，反映澧水流域 6000 年前已经进入稻作农业经济阶段。安乡县汤家岗遗址中发现 6800—6300 年前的栽培稻谷遗存。2011 年 11 月，湖南省文物考古研究所、北京大学、美国哈佛大学和波士顿大学联合对常德市临澧县新安镇杉龙岗遗址进行考古发掘，发现六粒炭化稻谷，经鉴定为 8 000 年前—9 000 年前的产物。哈佛大学教授巴约瑟夫表示："澧阳平原是世界稻作文化的起源地。"在怀化市洪江市发现的 12 处新石器时代遗址中有栽培稻谷遗存，洪江高庙遗址中最早的稻谷遗存为 7 800 年前。武陵地区远古人类于 9 000 年前开始在彭头山种植水稻，在华夏大地上率先从食物采集者成为食物生产者。随着地理环境与气候变化，武陵地区远古人类将其文明成就逐步向中华大地广泛传播。

新石器时代，母系氏族社会充分发展，并且在距今五千年左右进入父系氏族社会。武陵地区已经发现新石器时代遗址数百处，保存丰富多彩的文化遗物，这是各族祖先在远古时代开发武陵地区的有力证据。从前期到后期，新石器时代遗址发展序列分为彭头山文化、高庙文化、大溪文化、屈家岭文化和龙山文化五大发展阶段。

（1）彭头山文化。

新石器时代前期，湖南省有彭头山文化，湖北省有城背溪文化。1988

年，在澧县大坪乡孟坪村彭头山，湖南省文物考古研究所主持、发掘一处新石器时代前期遗址，距今 8 250～9 100 年，是长江流域迄今发现的最早的新石器时代遗址，被考古学界定名为"彭头山文化"。这次发掘发现地面建筑一处、柱洞九个、灰坑十五个、墓葬十八座，证明新石器时代前期的人类已经开始建筑房屋。出土锛、凿、珠、管和石斧等磨制精细的石器。发现罐、钵、盆、碗、碟、釜、盘等陶器，陶器胎壁较厚，是采用泥片贴塑法一片一片贴塑成的，是中国发现的一批早期陶器。"彭头山文化遗址"出土器物器形以圜底器为主体，陶质以夹粗砂为主。可见，至新石器时代前期，长江中游地区出现以彭头山文化为代表的一批最早的定居聚落。2001 年，彭头山文化遗址被国务院公布为"全国重点文物保护单位"。

位于澧阳平原北部的澧县梦溪镇五福村的八十垱新石器时代前期遗址有土筑围墙和围沟的居住房址，是中国南部最早的聚落遗址。出土陶器以夹炭红陶为主，器物有罐、盘、钵、三足器等，这些特征与彭头山文化遗址出土陶器相似，距今约 8 000 年。"八十垱遗址"出土成批木耒、木铲等木制农具，是在中华大地上发现的最早木制农具。八十垱遗址的河道中发现数万枚炭化水稻以及一些菱角。其中出土的水稻已经具备现代粳稻的特点，而菱角的淀粉含量相当高，完全可以作为当时人的食物来源。2001 年，"八十垱遗址"被国务院公布为全国重点文物保护单位。

湖北省宜都市"城背溪文化遗址"出土的陶器以圜底器为主，源于彭头山文化，距今 7 420 多年。1979 年和 1981 年，在石门县皂市遗址下层发现新石器时代文化遗存。出土石斧、石锛、石凿、石片、石核、网坠、砺石、盘状器和刮削器等磨制精细的石器；发现陶钵、陶罐、陶豆、陶盘、陶盆、陶釜、陶鬲等泥质夹砂红陶。经碳十四测定其年代距今 6 900（±140）年。参考树轮校正，距今 7 200～7 900 年，这是武陵地区发现的新石器时代前期遗址，被考古学界命名为"皂市下层文化"。

距今 6 500～7 000 年的安乡县安全乡汤家岗村"汤家岗遗址"出土陶器的特点是白陶器上有很多戳印纹和篦点纹。汤家岗遗址出土的红陶盘、陶豆、陶鼎、陶纺轮和日常生活器皿中，呈现史前文明的脉络，特别是由湖南省考古研究所于 2007 年 10 月开始，历时 3 个月进行的第三次深度发掘，取得重大突破：一是墓葬区发现原始人的头骨和用于"活人祭"的坛装婴儿遗骸；二是发现初具城堡雏形的土围环壕聚落；三是发现部落首领居住的宫殿式建筑群遗址；四是发现动物残骸和栽培稻米；

五是发现彩色白陶器皿和用于制作的白膏泥。2013年,"汤家岗遗址"被国务院公布为全国重点文物保护单位。

(2)高庙文化。

洪江市安江镇高庙文化遗址为新石器时代中期遗址,距今7 000~8 000年。在高庙文化遗址中,第一次以陶器图案为载体向人们显示出来,成为武陵地区传统精神的源头。器物多为圜底器和圈足器,少见平底器。器形有斜高领深腹罐、圈足盘、圜底钵,有少量碗类器。不仅有由篦点纹构成的几何形纹样,而且有由篦点组成的凤鸟纹、太阳纹和兽面神徽图像。高庙遗址发掘出的祭祀场是中国已发掘的规模最大、年代最早的祭祀场。面积约1 000平方米,由三部分组成:正面有由4个主柱组成两两对称的"双阙"式建筑的"司仪场";南面有39个排列有序的"祭祀坑";西侧有"两室一厅"结构面积宽达40平方米的"会客议事馆"并附设有窖穴式的"仓库"。"祭祀坑"有"人祭坑"和"牲祭坑",在"人祭坑"内有人体骨架,两具遗骸头部均有被利器猛烈击打迹象,经鉴定其年代为7 400年前。高庙遗址出土中国目前所见年代最早的白陶罐片,所处年代不晚于距今7 800年。高庙遗址发现一件陶簋底部刻有"凤凰产子图案"。古人为这一图案涂上朱砂。这种朱砂涂料不但是世界最早的丹砂,而且还是世界最早的朱砂彩色工艺。目前发现的这类文化遗址有辰溪县征溪口、吉首市河溪和花垣县茶峒等处。2016年8月,湘西州泸溪县浦市镇下湾遗址出土石斧、石铲和石锛等石器和几块陶片,陶片有凤鸟纹、波浪纹,属于8 000年前的高庙文化范畴。

(3)大溪文化。

大溪文化是在重庆市巫山县大溪遗址发现的新石器文化,分布在武陵地区的长江三峡、鄂西南、湘西北,距今7 000年至6 000年,陶器以手制的红陶为主,器型有直领罐、曲腹杯、圈足盘等。大溪文化时期,湖北省有桅杆坪、中堡岛等遗址,湖南省有三元宫、城头山、丁家岗、划城岗、皂市等遗址。

1970年,湖北省长阳县渔峡口镇赵家湾村桅杆坪发现打制石器5件、磨制石器5件、石祖1件,磨制石器有釜、斧、锛等。陶片以夹砂灰陶为主,器型有碗、罐、盘、釜等。桅杆坪新石器时代遗址文化类型属于大溪文化。

1987年,长阳县龙舟坪镇西寺坪大溪文化遗址出土斧、锛、铲、杂、凿、锤等石器和罐、釜、碗、盘、钵等陶器以及骨针。

1974年，湖南省博物馆主持在澧县梦溪乡三元村发掘的三元宫属于大溪文化遗址，分居住址和墓葬区两部分。生产工具有石斧、石锛、石凿、砺石等，陶器有碗、锅、钵、盆、瓶、鼎、平底罐、陶纺轮等。

1979年，湖南省博物馆专家对澧县涔南乡东田村丁家岗遗址进行试掘。根据地层堆积分为三期遗存。丁家岗遗址第一期遗存是目前所见最早的属于大溪文化阶段的新石器时代遗址。发现的石器有磨制石斧和打击石片，出土的陶器有釜、碗、钵、罐、盘、盆等。

1991年至1996年，湖南省文物考古研究所专家对澧阳平原澧县车溪乡南岳村"城头山古文化遗址"进行发掘，确认这座原始社会古城"有先后四次筑造的地层叠压关系，最早一次筑造为大溪文化早期，距今约6 000年，是中国目前发现的最早的古城"。城头山古文化遗址占地18.7公顷，是长江流域"城镇文化"遗存保留得最完整、最系统的城址，具备我国早期城址内涵丰富的古城布局，从而成为国际知名的"中国第一古城"。在城东还发现我国最早的水稻田。当水稻田废弃之后，祭坛出现。城头山遗址还出土罐、豆、碗、盉和鼎等陶器。城头山遗址出土6 000年前的中国最早的有艄木船，艄长2米，有艄木船是能够掌握方向的远行木船，这是中国大地上已经发现的最早的水运工具。城头山遗址出土的滤酒"漏斗形澄滤器"是世界最早的酿酒工艺的见证。1992年，"城头山古文化遗址"被评为年度"中国十大考古新发现"之一。1996年，被国务院公布为"全国重点文物保护单位"。2002年，被评为"中国二十世纪100项考古大发现"之一。安乡县划城岗大溪文化遗址出土长颈壶、直壁瓶、腹部压印弦纹鼎，以泥质红陶为主，流行彩陶。泸溪县浦市大溪文化遗址出土石斧、石锛、石镰、石凿等石器和盆、钵、釜、盘、罐、鼎等陶器。麻阳县火车站新石器时代遗址出土石斧、石锛、石锄、石锤、石凿等石器和釜、罐、盆等陶器。张家界市城区古城堤出土石锛、刮削器、石片等新石器时代的石器，距今约7 000年。古城堤遗址还出土陶罐、陶钵、陶鬲、陶豆等陶器，铁镰、铁刀等铁器，铜刀、铜钱等铜器以及银珠等战国时期文物。慈利县苗市镇小沙村屋场田新石器时代遗址出土石斧和陶片，属于大溪文化遗址。湖北省宜昌市中堡岛和宜都市红花套也是属于大溪文化的新石器时代遗址。

（4）屈家岭文化。

1954年，湖北省京山县发现了屈家岭文化遗址。屈家岭文化是长江中游父系氏族社会形成时期的文化遗存，分布在长江中游地区，距今约4 600年至5 000年。屈家岭文化的陶器多为黑陶或灰陶，圈足器和凹底器较发达，器形有圈足碗、圈足壶、圈足杯等。屈家岭文化是农耕民族文化，它的族属至今尚未判明。1979年，湖南省博物馆在安乡县安障乡沙湖口村发掘划城岗遗址。该遗址第三期属于屈家岭文化早期，出土的生产工具有石铲、石锛、石凿等；陶器有罐、瓮、盆、碗、鼎等。2006年，澧县涔南乡复兴村鸡叫城遗址发掘的土城墙高约3米。鸡叫城遗址属于屈家岭文化晚期古城，是澧阳平原史前遗址群中环壕聚落遗址。2013年，鸡叫城遗址被国务院公布为全国重点文物保护单位。澧县宋家台遗址发掘属于屈家岭文化的红烧土房基面和数十座同期墓葬。从房屋建筑的施工看，这组房屋是一个家族住宅。墓葬随葬品有石凿、陶、鼎、罐、杯、甑、碗等。怀化市新建乡高坎垅遗址出土石斧、石刀、石铲和石凿等石器，出土釜、钵、罐、壶、曲腹杯、圈足碗等陶器，属于屈家岭文化遗址。高坎垅是"三苗"进入武陵地区的先声，其出土的狗头陶塑是苗族盘瓠图腾崇拜的最早形态。慈利县溪口镇桃坪村璞榔岗新石器时代遗址出土钵、杯等陶片，亦属屈家岭文化遗址。武陵地区屈家岭文化遗址具有濮人的一些文化因素。

（5）龙山文化。

龙山文化是我国新石器时代晚期的一种文化，因首先发现于山东省章丘区龙山镇而得名。石器出现石镰等，陶器以黑陶和灰陶为主，属于父系氏族社会时期。长江中游龙山文化"石家河文化"分布在武陵地区及其南部，距今4 000年至5 000年。1980年，湖南省博物馆专家在泸溪县浦市镇第二中学校园内发掘浦市新石器时代遗址。上层出土石斧、石刀、石凿等石器；陶器有钵、罐、缸和盆等，属于龙山文化遗址，与古代濮人的原始文化有一定的关系。靖州县新石器时代后期遗址出土的陶器以圈足器和圜底体居多，是土著文化遗存。麻阳县步云坪遗址出土的陶器有圈足器、釜形器、三足器、高足杯和罐等，与长江中游龙山文化已有相似之处，证明与夏禹征伐"三苗"及"华夏文化"向南推移有关。临澧县已发现龙山文化遗址40多处，出土斧、锛、凿等石器和长颈壶、绳纹罐、圈足盘等陶器。1981年，澧县文化馆干部在道河乡高堰村发掘道河遗址。出土的石器有斧、锛、铲、矛、凿，出土陶片以夹砂红陶最多，器形有盘口平底缸、大圈足盘、扁平足鼎、平唇罐等。澧县道河遗址是澧水流域发现的第一个长江中游龙山文化遗址。慈利县苗市镇洞湾村新石器时代遗址出土钵、鼎等陶器，属于龙山文化遗址。

二、武陵文化直接源头

民族是与国家同时形成的。我国最早形成的国家是夏朝。随着夏朝形成，夏代以前的部落形成我国最早的民族。武陵地区处于洞庭湖平原与四川盆地两个文化中心之间的边缘地带，武陵文化的发生、发展具有独特的发展脉络。上古时代，武陵地区聚居文化系统不同以及所奉祖先不同的濮、巴、楚、越、三苗和群蛮等古代民族。夏商时代考古文化在武陵地区时有发现，为土著人所创造的本土文化，但也可以看出外来中原文化的影响。湖北省长阳土家族自治县渔峡口镇香炉石遗址第七层年代为4 090（±100）年前，相当于夏代，陶器组合是罐、釜、钵、豆、瓮等，具有特色的陶器是鼓腹罐和圜底釜。香炉石遗址土著文化遗物属于早期巴人文化。宜昌市中堡岛出土夏商时代的文化遗物罐、釜、缸、钵等。

商朝建立初期，由于商王成汤征伐，武陵地区"三苗""荆蛮"、濮人、巴人、越人等民族和方国归附商朝。商周时期，武陵地区濮人、巴人、楚人、越人、三苗等各族居民进入"文明时代"。商代，武陵地区始有信史，出现文字、城邑和青铜器。长阳县渔峡口镇香炉石遗址第六层年代为3 520（±130）年，相当于商代早期，陶器组合是罐、釜、盆、钵、豆、瓮、杯、盘等，还出土3件甲骨。具有特色的陶器是圜底釜和尖底杯。商代中期，青铜冶铸技术传到武陵地区。武陵地区桃源县、鹤峰县、桑植县、永定区、慈利县、石门县、澧县和津市市等县发现的商代遗址已达数百处。1922年，桃源县漆家河发现青铜器方彝。1964年，考古工作者在石门县皂市镇石坪村发掘到商代中期文化遗址，这是湖南省境内最早发现的殷商遗址，出土本地特有的直口碗形盘、花边圈足碗、喇叭形柄豆和铜镞、鱼钩等青铜器。鹤峰县刘家河商周遗址出土鼎、豆、罐、钵等陶器。桑植县澧源镇朱家台村庙湾商代遗址出土罐、壶等陶器。永定区二家河乡二家河村骡子岗商代遗址出土杯、钵等陶器。慈利县零阳镇北岗村商代遗址出土釜、罐、盆等陶器。澧县斑竹遗址下层出土短足陶鼎等商代中期陶器。永顺县艾坪乡宝塔村庙门商代遗址出土鼎、钵、鬲、罐等陶器。保靖县迁陵镇喜鹊溪商代遗址出土罐、釜、钵、壶、鬲等陶器。

保靖县拔茅乡驼背村柳树坪商代遗址出土缸、鼎、罐等陶器。保靖县拔茅乡东洛村瓦场商代遗址出土缸、罐、釜、钵、杯、碟、盆、缸等陶器。辰溪县下湾商周遗址发现陶窑 2 座，是制陶技术的重要发现。长阳县香炉石早期巴人墓葬出土早商的卜骨和陶釜、陶罐、陶钵、陶杯等陶器。秭归县朝天嘴夏商遗址中出土平底器缸和圈足器、灯座形器等巴人陶器。

西周王朝对中原周边少数民族不再停留在单一的个体概念上，而是上升为整体概念，统称为东夷、西戎、南蛮、北狄。对"蛮夷"采取的民族压迫政策是"要服"，明确规定"要服者贡"。聚居在我国南方的土著人被统称为"南蛮"，包括濮族、巴族、楚族、越族、三苗和群蛮等古代民族。西周时期考古材料多数与商代或者春秋战国有些瓜葛。对它们之间较为明确的文化关系，考古界发现不少有价值的材料。武陵地区发现的属于西周时期文化遗址的考古材料尚不丰富。长江三峡一带的三斗坪、黄土包、官庄坪、乔家坝和下溪口遗址已被考古学家们确认。澧县车溪乡宝宁桥西周遗址出土矮圈足豆、高领陶罐和陶瓮等陶器，为西周早期遗物。澧县大坪乡周家湾西周遗址出土鬲、豆、盆等细砂泥质红陶。澧县的文家山和周家湾等处西周晚期遗址出土的"楚式鬲"以及楚戈说明西周晚期楚人已经迁至澧水流域。慈利县零阳镇太平村主任堤西周遗址出土罐、豆等陶器。龙山县里耶镇里耶村溪口商周遗址出土壶、罐、鬲等陶器。长阳县香炉石遗址第四层出土陶器、铜器、贝币和甲骨等西周文化遗物 2 480 多件，铜器有锥、镞、钩、凿等，贝币的发现为了解武陵地区货币史提供实物依据，陶玺印的出土为我国玺印历史的第一次实物例证，为西周时期巴人较早的玺印。清江流域隔河岩工程坝区湾潭周代墓葬中出土 70 具人骨，随葬品有圜底罐、楚式鬲以及玉、蚌饰品等。1981 年，湖北省博物馆主持试掘秭归县官庄坪遗址，出土铜斧、铜削等青铜器；第六层中陶鬲等器类属于西周晚期遗物。官庄坪遗址中典型的陶器釜、鼎为巴人遗物。巴东县下溪口遗址出土鬲、罐、鼎足、豆柄等周代陶器。

春秋时期，楚人逐步南移，武陵地区原有濮人、巴人、越人、三苗与楚人不断融合，成为多民族杂居区。战国时期，秦军攻取楚国城堡里耶，占领黔中地区。武陵文化直接源头是先秦时期武陵地区古代民族共同创造的"南蛮文化"，包括濮文化、巴文化、楚文化、越文化、三苗文化，在汉代融合成为"武陵文化"。濮文化、巴文化、楚文化、越文化和三苗文化都曾渗透武陵文化，致使武陵文化具有多样性。武陵文化是以濮文化为潜流、以巴文化为干流、以楚文化为主流的多元一体的区域文化。汉晋时期，"武陵文化"形成，其标志是武陵郡的建立以及《桃花源记》的问世。

（一）濮文化的源流

考古学上的"濮文化"是先秦时期濮人创造的具有自身特征的文化遗存。关于古代濮人居住以及活动地区，历史要籍虽无明确记载，但其地理区域是清楚的，地望在江汉之南，分布在今湖南省、湖北省、重庆市、贵州省等省市部分地方，包括许多濮族部落。春秋战国时期，巴人从西边、楚人从北边分别进入沅澧流域，与本地土著的濮人杂居，形成土家先民共同体。沅澧流域土家下层居民是土著濮人及其后裔。秦汉魏晋时期，演变成为"武陵蛮""五溪蛮""酉溪蛮""天门蛮""零阳蛮""澧中蛮"和"溇中蛮"等少数民族，成为武陵地区土家族族源之一。

1. 濮人起源

"濮"字最早见于殷商甲骨文。濮人是起源于汉水与长江之间沮漳流域的土著民族，最早居住在长江中游江汉地区，故《尚书》载："濮在江汉之南。"濮族是商代属于"南蛮"的少数民族，势力比较强大。商代早期，濮人聚居在今湖北省西南部和湖南省西北部，创造了以釜和鼎为代表的考古学文化，即《逸周书》载：濮人在"商之正南"。濮人"无君长总统，各以邑落自聚"，生产力比较落后。濮人没有建立统一的国家，社会组织是互不统属的松散部落，支系众多，故被史学家统称为"百濮"。商人向南掠夺铜矿资源，多次伐濮，与濮人存在矛盾。濮人与周人结盟，成为与周武王讨伐商纣王的友邦之一。周王朝建立以后，濮人向周王朝称臣纳贡，周人、濮人关系融洽。春期时期，濮人迁至楚国西南部。秦汉时期，濮人散居中国西南部。西汉扬雄在《蜀都赋》中写道："东有巴賨，绵延百濮。"

考古学发掘成果表明：商周时期，武陵地区有支以桑植县朱家台文化为代表的土著民族，留下以陶罐、陶釜、陶豆、陶鼎和矮粗颈壶为代表的濮人遗存，朱家台土著文化遗址类型和石门县皂市濮人文化遗址类型即是佐证。武陵地区商周时期考古文化分为两类：一类是没有受到中原地区商周文化影响而独立发展的土著文化，即朱家台文化遗存类型；另一类是受到中原地区商代文化强烈影响的土著文化，即皂市文化遗存类型。

目前，已经发掘的朱家台文化遗址类型有桑植县朱家台遗址、永顺县不二门遗址和龙山县坝嘴遗址，其共性是出土的商代陶器以夹砂褐陶、平底罐为主要器物，纹饰主要为刻在罐类颈部的水波纹。桑植县澧源镇朱家台遗址出土的陶器以夹砂褐陶为主，少量为红陶和黑陶；器形以平底罐为主，其次是釜、豆和缸残片。陶罐腹部刻蚕纹一周，以弦纹、水波纹饰于平底罐的领部是其特色。尖足陶鬲与楚文化有显著区别，在国内并不多见，是地道的土著民族文化。经中国社会科学院人类学家安志敏和北京大学考古系邹衡教授鉴定，这一文化属于夏代晚期至商代早期代表土著民族的全国独有的一种文化类型，两位学者建议命名为"朱家台文化"。慈利县龙潭湾乡柳枝坪村柳枝遗址出土的商代陶器以及沿河县小河口遗址出土的商代夹砂褐陶均属朱家台文化范畴。湖南省文物考古研究所专家柴焕波在《湘西古文化钩沉》中明确写道："朱家台文化的族属是濮人。"永顺县城南不二门商周遗址形态包括洞穴、山坡、岩下与岩间平地等遗址群，共有22处，发掘面积达3万平方米。陶器以夹砂褐陶为主，其次为泥质黑陶，器形有鼎、鬲、罐、钵、豆等炊器、食器。富有特征的是刻划纹陶片，制造粗糙，反映商周时期土著民族制陶水平。出土铜器有剑、斧、凿、钺、镞、凿、鱼标等。石器有石斧、石刀、石锛、石锤、石球、石针等。不二门商周遗址文化性质单纯，是一处人群活动稳定、自成一体的文化类型。不二门文化类型的主人应是土著濮人，这一文化类型的渊源可能是高庙、征溪口、汤家岗这一类的新石器时代文化。不二门类型濮文化遗址还有永顺县杨公桥遗址、保靖县喜鹊溪遗址、桑植县楠木岗遗址、永定区三兜丘遗址、慈利县桥头遗址、新晃县朱木山遗址、龙山县刘家堡遗址等20多处。龙山县苗市镇坝嘴遗址出土陶器属于不二门文化范畴。陶器以夹砂褐陶为主，纹饰有绳纹、方格纹和刻划纹，器形有平底罐、圜底罐、高领罐、大口缸、矮柄豆、釜、杯等；铜器有铜镞、铜片等。柴焕波通过对商周时期永顺县不二门等一系列遗址的考察，结合历史文献有关濮人的记载，在《武陵山区古代文化概论》一书中指出："以不二门商周遗址为代表的文化类型是古代濮人的考古学文化……土家族是一个复合的民族，其底层土著居民可追溯到上古的濮人、中古的僚人。除此之外，该地区并不存在其他抽象的土著族群。其上层贵族来源于先后进入武陵地区的外来者，从先秦巴人、汉晋强宗大姓直到元明清时代的土司，在文化上也呈现出多元复合的印记。"

林时九在《湘西古代民族文化渊源探索》一文中说:"湘西这个地区在商周古文化的族属问题,我认为是濮。"舒向今在《试探考古学上的濮文化》一文中说明:"至迟在西周早期,五溪地区就成了濮人活动的主要地区之一,并一直延续到秦汉时期。"石门县皂市镇石坪村皂市土著文化遗址商代中期地层中出土箭镞、鱼钩、锥、凿等铜器和铜炉、铜渣等冶铜遗物以及铸造铜斧、铜锛的石范 2 件;还发现花边圈足碗、长颈平底罐、联档鬲等土著文化陶器,证明武陵地区在商代中期已经进入"铜器时代"。石门县二都乡宝塔商代遗址土著文化遗存出土圆锥足鬲、假腹豆和缸形鼎等陶器。澧县澧东乡斑竹商代晚期遗址出土的鼎、甑、鬲、缸等陶器与石门皂市商代遗址有着明显的承袭关系。龙山县里耶镇里耶村溪口商代遗址出土的罐、壶、鼎、缸、豆等陶器与石门皂市商代遗址遗物相似。

商周时代,武陵地区沅江流域、澧水流域的濮人与巴人、楚人、苗人、越人诸族交错杂居在周室王畿之南。据《尚书》载:武陵地区最早出现在历史文献的土著居民是商末参加武王伐纣和以后向周王朝进贡朱砂的濮人。公元前 1046 年,濮人与蜀人等八个民族参加武王克商的牧野之战。西汉司马迁撰的《史记·周本纪》记载参加武王伐纣的民族是"庸、蜀、羌、髳(苗)、微、卢、彭、濮人"。《左传》记载:周大夫詹桓伯曾说:"武王克商,巴、濮、楚、邓,吾南土也。"清代王鸣盛《尚书·后案》载:"湖南辰州(府)实古濮人地。"近代民族学家吕思勉在《中国民族史》一书说:"所谓黔中郡,疑亦濮族之地。"现代学者田曙岚在《论濮、僚与亿佬的相互关系》一文中明确指出:"湘西丘陵地实为古卜人或濮人宅住地。"

2. 濮人迁徙

公元前九世纪,楚人来到江汉地区,开始争夺濮人地盘。自此以后,楚人与濮人展开长期的军事斗争。西周宣王六年(前 822),楚国国君熊霜去世以后,他的三个弟弟争为楚国国君,熊霜之弟熊叔堪向南逃往其时楚人尚未征服的濮人地区避难而从"蛮俗"。《史记·楚世家》载:"叔堪亡,避难于濮。"《国语·郑语》亦载:"叔熊(堪)逃难于濮而蛮。"到春秋早期,楚国日益强大。公元前 757 年,蚡冒即楚国国君位后,开始征伐濮人,开拓南边鄂西南和湘西北疆域。《国语·郑语》曾载:"楚蚡冒于是乎始启濮。"公元前 704 年,楚武王熊通率兵向西进攻濮族,占有濮人之地。《史记·楚世家》载:"〔楚武王〕三十七年……于是始开濮地而有之。"当阳市磨盘山遗址、宜昌市曲溪口遗址和澧县丁家岗春秋楚墓等楚文化遗存就是春秋早期楚人占据濮人地盘以后留下的第一批楚文化遗存。这种征服战争历经很长时间。周匡王二年（前611），麇人与濮人趁楚人饥荒、叛乱进攻楚国。楚庄王熊旅率军迎战，消灭庸国。百濮因无屯聚，见难则散，各自逃回。《左传》曾载："楚大饥……庸人帅群蛮以叛楚；麇人率百濮聚于选，将伐楚……乃出师，旬有五日，百濮乃罢。"周景王二十二年（前523），"楚子为舟师以伐濮"。楚平王派出舟师在沅水流域打败濮人部落以后，修筑了采菱城。所以唐代刘伯庄《史记正义》云："濮在楚（国）西南。"湘西北出土的春秋晚期和战国早期的墓葬不是楚人墓葬，出土的以"绳纹圜底罐罐"为标志的墓葬是濮文化。以宽格青铜短剑为代表和墓葬遗址中不见三足器的现象等为濮文化的标志。慈利官地、临澧太山庙、保靖四方城、常德德山茅湾、沅陵窑头木马岭、辰溪米家滩、溆浦马田坪等地战国墓地中出土的宽格青铜短剑，主要特点是有可以活动的宽格，格上有繁复的几何图案，茎脊贯通，茎正中有一个或呈一直线的两个乃至数个穿孔。它是楚人在春秋晚期入主湘西北后仍在当地生活的濮族遗物。这些宽格青铜短剑或出于楚墓，或单独出土，反映楚、濮文化因素共存。这种现象反映濮人在楚人统治以后相当一段时间之内仍然保留自身的文化传统。之后，部分濮人融入楚人，后来随着秦灭楚，该地濮文化最终融于中华民族文化之中。

从考古学文化内涵看，湘西北出土的春秋时期土著文化"陶罐文化"以及濮人遗物宽格青铜短剑证明濮人曾经在此地居住过。辰溪县张家溜商代濮人文化遗址出土了大口尊、圈足碗、盆、缸等陶器。辰溪县潭湾濮人遗址的陶器以泥质红陶和夹砂红陶为主，器形有尊、豆、罐等。1973年至1982年，保靖县龙溪乡四方城战国墓发现9件濮人宽格青铜短剑和双耳矮颈壶，剑镡较宽，剑格上镂刻云雷纹、水波纹、贝纹、圆纹、三角形和折曲纹等纹饰，同类短剑见于慈利县官地2号墓等战国濮人墓中。1981年，慈利县官地战国墓中出土一把濮人特有的无首扁茎铜剑。2001年，张家界市文物局在市城区三角坪菜籽湾墓葬进行发掘，清理春秋墓1座、战国墓7座、西汉墓21座。部分墓葬文化遗物土著特色极强。其中，M12墓葬出土壶、钵、豆等陶器和铜剑、带钩、饰件等铜器，为战国早期土著濮人墓葬。该墓出土的1把宽格扁茎铜剑为本地濮人创造，是土著濮人的遗留，是土著濮文化的精髓。张家界市城区且住岗野猫沟战国墓、桑植县朱家台战国墓、慈利县石板战国墓、武陵区官山战国墓、桃源县祝家岗战国墓、临澧县太山庙、保靖县白鹤湾战国墓、泸溪县桐木垄战国墓等，龙山县麦茶战国墓、辰溪县米家山战国墓、沅陵县木马岭战国墓和溆浦县马田坪战国墓发掘普遍出土宽格扁茎青铜短剑和壶、豆、虎纹印章等文物。湖南省文物考古研究所考古专家何介钧在《湖南先秦考古学研究》一书中说："制造和使用宽格铜剑的主人为古代的濮人。"

春期初年以后，随着楚国崛起，濮族活动范围逐渐缩小，受到楚国镇压的濮人向其聚居区的西边、南边迁徙，进入今渝、黔等地。先秦时期，部分濮人与巴人融合，演变成为土家先民。何介钧在《从考古发现看先秦时期湖南境内的民族分布》一文中指出："先秦时期，在湖南地区居住和活动的主要有越、楚和濮三个大的族群，另外还有巴……关于湘西地区濮人的归宿，大体是：大部分成为楚的臣民，并且逐渐融合，形成秦汉时期汉族的一部分；少数与进入湘西地区、居住在山区的巴人相融合，成为现在土家族的先民。"吉首大学彭南均撰写的《源远流长、正本清源——关于土家族的几个主要问题》提出土家族的族源为多源说，但主源是濮人。湘西土家族苗族自治州文化局邢敏建强化这种说法，他运用最新考古资料，结合历史文献记载，对酉水流域古代文化进行系统清理。邢敏建在《从酉水流域考古发掘看楚文化与诸民族的关系》一文中说："春秋中期以前酉水流域地区为濮或'濮蛮'之地。"他认为，春秋战国时期，酉水流域地区主要分布楚、巴、濮三个民族。在楚人未进入湘西地区以前，这里居住的是当地土著民族"百濮"。春秋时期，楚国开始经营西南，使大量巴人进入湘西，形成"百濮""巴人"杂居的局面。到战国早期，大量楚人进入湘西地区，楚民族和楚文化成为融合濮民族、巴民族和其他民族文化的主体。邢敏建在主张濮人说时，又提出楚人为土家先民一部分的新观点。颜勇又把濮人说的地域范围扩大，他在《土家族族源新探》上说："土家族是湘鄂川（今为渝）黔接壤地带的土著居民和以后进入的巴人、汉人等融合而成，其主体部分是当地的土著居民——濮人"。邓华龙在《土家族：古代濮人的后裔》一文中说："土家族是由土著濮人留传下来的土著民族。"

3. 濮文化对土家文化的影响

土家族是由濮人、巴人、楚人与其他民族融合而成，其主体部分是濮人与巴人。从民族学文化内涵看，濮文化对土家文化有着深远影响，土家文化含有濮文化因子，主要表现在四个方面：

首先，濮人是我国最早开采朱砂的民族。朱砂的化学名是硫化汞，因产于辰州，故又称为辰砂，用于提炼黄金、装饰颜料、清毒药物等。开采朱砂是濮人的传统技术，早在公元前十一世纪，濮人向西周王朝进贡朱砂。所以，中原人把贩运、进贡丹砂的人称为"卜人"（卜即濮）。如《逸周书·王会解》载："〔周〕成王之会……卜人以丹砂。"晋代孔晁注："卜人，西南之蛮，丹砂所出。"唐代《通典》也载："辰州贡丹砂。"李吉甫的《元和郡县志》等古籍都有黔州总管府所辖五州黔州、辰州、溪州、锦州、思州出产、进贡朱砂和光明砂的记载，这五个州正是濮人及其后裔"僚人"世代生息之地。祝穆《方舆胜览》又载："辰砂本出自麻阳县及开山洞，今隶沅州。其地产丹砂，而砂井之名有九，皆在僚徭窟穴之中。"清代《乾隆永顺府志》也载永顺县猛洞河畔温泉附近出产丹砂。清代《光绪秀山县志》记载秀山县开采丹砂的各"厂户贩出境，岁利几万金"。直到现在，开采朱砂仍是土家地区人民的致富手段，万山区为中国汞都。罗勇在《铜仁地区土家族概况》一文中说："铜仁地区土家族也善于攻取朱砂和绩织细布。"

其次，濮人民居为"干栏"房屋。干栏建筑是南方少数民族的竹木住宅建筑，起源于"巢居"。唐代杜佑《通典》记载濮僚居住地区"山有毒草及沙蛩蝮蛇，人并楼居，登梯而上，号曰干栏"。北齐魏收《魏书》亦载："依树积木，以居其上，名曰干栏。干栏大小，随其家口之数。"现在，湘鄂渝黔土家地区仍然保存无数"干栏式"建筑转角楼民居，楼分上、下两层，人住楼上，下放杂物，并养猪、牛、羊、鸡、鸭、鹅等畜禽。

再次，濮人爱唱情歌。吕思勉在《中国民族史》一书中说：濮人之裔聚居地"俗多游荡，而喜讴歌"。元明清土司时期，土家先民盛行以歌为媒的婚恋习俗，清代《乾隆永顺府志》记载："土司地处万山之中，界连诸苗，男女服饰均皆一式，头裹刺花布帕，衣裙尽刺花边，与红苗无异。凡耕作出入，男女同行，无拘亲疏，道途相遇，不分男女，以歌声为奸淫之媒。"清代有首"竹枝词"记载了湘西北土家人"挑葱会"的习俗："映山红放女儿忙，岭上挑葱葱味香；歌唱相恋凭木叶，娇音吹断路人肠。"每年春天，土家姑娘、小伙到山上挑胡葱，相遇之后就唱歌、谈爱，俗称

"放敞"。鄂西南土家人每年农历七月十二日举行以歌为媒的"女儿会"。

最后，土家地区至今保留许多濮人悬棺葬崖墓。悬棺葬是土家先民濮人葬式，是将殓尸棺木置于依山面水的悬崖峭壁之山的葬俗。关于悬棺葬的起源，学术界有几种说法。唐嘉弘提出，悬棺葬起源于新石器时代的洞室墓，是祖先崇拜的原始宗教观念的反映。陈明芳在《中国悬棺葬》一书中认为，悬棺葬的突出特点是葬地（比如选择依山傍水的地理环境）和船形棺的使用。这两个特点反映出悬棺葬与居住在江河附近的民族密切相关，这种葬俗起源于滨水居住的民族之中。学术界围绕土家地区悬棺葬的年代及其族属一直争论不休。有些专家认为：悬棺葬最早者在战国时期，最迟在唐宋以后，其族属多为濮人及其后裔僚人。东晋常璩撰的《华阳国志·巴志》最早记载濮人悬棺葬："今有濮人家，冢不闭户，其穴多有碧珠。""悬棺"一词最早见于南朝梁人顾野王"地仙之宅，半崖有悬棺数千"一语。唐代张鷟在《朝野佥载》说过大湘西土家先民悬棺葬俗："五溪蛮父母死……于临江高山半肋凿龛以葬之。自山上悬索下柩，弥高者为至孝。"清代《乾隆永顺县志》记载："永顺仙人舟，在南渭州河岸石壁，空中悬船一支。"清代《同治龙山县志》记载："仙人棺，在县南一百八十里隆头镇，岩山壁立，下临大江，高百余丈。山腰一洞，洞口横木匣长数尺。"谢心宁在《从湘西酉水流域崖墓的族属看土家族源》一文中指出："土家族的先民是以濮人为主体，并融合巴、楚等其他民族成分而形成的。土家族是古代土著人的后裔，这个土著人就是古代的濮人……酉水流域有濮僚生息、活动，所以酉水流域崖墓的族属当是濮、僚。"濮人悬棺葬和土家先民"冢不闭户、其穴多有碧珠"葬俗存在内在联系。酉水流域是悬棺葬密集分布地区，共有乳香岩、磨鹰岩、盔甲洞、阔洞、三角滩、永和岩、箱子洞、龙山县仙人棺、永顺县南渭州和泸溪县白沙崖墓等 50 多处，曾清理出人骨、银器、铜器和铁器。桑植县龙潭坪、长潭坪和马合口等乡（镇）仍有土家族向姓祖先崖墓 33 座。慈利县龙潭河、高桥、洞溪、溪口、甘堰、阳和等乡（镇）仍有土家族祖先崖墓 30 多处，发现棺木、人骨和陶器、瓷器、铜器。永定区青安坪、大坪、王家坪等乡（镇）仍有土家族祖先崖墓多处，发现人骨和陶器。恩施自治州共有悬棺葬 40 多处，分布在清江流域的利川市七孔子、石板滩、大王坝，恩施市月亮崖、红岩、三岔，建始县长梁头坝堰，咸丰县黄金洞、甲马池柜子岩、龙潭司柜子峡，来凤县卯峒仙人洞，巴东县龙船崖、杨家洼等处。黔江区栅山柜子岩、彭水县黄金柜子岩、秀山县石堤箱子岩、酉阳县小河、石柱县龙河、松桃县仙人岭等地仍然保留数百个悬棺葬。

(二)巴文化的源流

"巴文化"是巴国王族和巴地各个民族共同创造的物质文化、精神文化的总和,源于新石器时代的大溪文化。巴族是中国西南地区古代少数民族,武陵地区土家族人与古代巴人有着直接的历史渊源关系。在历史文献中,"巴"既作为族名,又作为国名,还作为地名。在《山海经》《逸周书》《三巴记》和《左传》等史籍中就有许多关于巴人活动的记载。早在夏代初期,巴人已经活动在中国历史舞台上。东晋常璩《华阳国志·巴志》载:"禹会诸侯于会稽,执玉帛者万国,巴、蜀往焉。"巴族在殷墟甲骨文中被称"巴方",即巴人部落居住地。商代中期,巴族征服周边弱小部落,逐渐强大。商代后期,商王武丁夫人"妇好"率兵南伐巴方,巴人西迁枳城(在今重庆市涪陵区)。西周初期,巴人因随周武王伐纣有功被分封,建立巴国,成为南方大国。《逸周书·王会篇》记载:"〔周〕成王大会诸侯于东都,四方贡献方物……巴人以比翼鸟〔至〕。"说明巴人参加周成王的国都诸侯集会,并且贡献方物。国家民委《民族问题五种丛书》之一《土家族简史》(修订本)明确指出:"土家族来源于楚、秦灭巴后,定居在湘鄂渝黔接壤地区的巴人。但是,在有关巴人活动记载之前,这里就有(远)古人类活动,这个地区是我国早期人类活动发祥地之一。"

1. 巴人的传说

著名史学专家童恩正在《古代的巴蜀》一书中说:巴族祖先廪君生于石穴,而渝东南方言呼"石"为"巴"。巴人因其居住环境多石而得名。巴人起源于湖北省长阳县武落钟离山。西汉时期,刘向编辑的《世本》最早记载巴人始祖"廪君"的传说:

巴郡南郡蛮本有五姓:巴氏、樊氏、瞫氏、相氏、郑氏,皆出于武落钟离山。其山有赤、黑二穴。巴氏之子生于赤穴,四姓之子皆生黑穴。未有君长,俱事鬼神,乃共掷其剑于石,约能中者,奉以为君。巴氏子务相乃独中之,众皆叹。又令各乘土船,约能浮者,当以为君。余姓悉沉,惟务相独浮,因共立之,是为廪君。乃乘土船从夷水(今清江)至盐阳。盐水有神女，谓廪君曰："此地广大，鱼盐所出，愿留共居。"廪君不许，盐神暮辄来取宿，旦即化为飞虫，与诸虫群飞，掩蔽日光，天地晦冥，积十余日。廪君伺其便，因射杀之，天乃开明。廪君于是君乎夷城，四姓皆臣之。

宋代《太平御览》亦载：

廪君名曰务相，姓巴氏，即与樊氏、瞫氏、相氏、郑氏凡五姓争神，以土为船，雕文画之而浮水中。其船浮者，神以为君。他姓船不能浮，独廪君船浮，因立为君。

这个带有神话色彩的传说反映巴人的起源、迁徙及其经历的原始社会氏族公社概貌。"巴氏之子生于赤穴，四姓之子皆生黑穴。"说明巴人曾经历过穴居生活。到了廪君时代，已经进入父系氏族阶段。巴氏、樊氏、瞫氏、相氏、郑氏是逐渐繁衍而成的五个氏族。通过原始社会民主形式，生于武落钟离山赤穴的巴务相因为掷剑中石、夷水浮船而被立为"廪君"。据《水经注》载：

夷水自沙渠县入，水流浅狭，裁得通船。东迳难留城南，城即佷山也。独立峻绝，西面上里余，得石穴。把火行百许步，得二大石碛，并立穴中，相去一丈，俗名阴阳石。阴石堂湿，阳石常燥。每水旱不调，居民作威仪服饰，往入穴中，旱则鞭阴石，应时雨，多雨则鞭阳石，俄而天晴。相承所说，往往有效，但捉鞭者不寿，人颇恶之，故不为也。东北面又有石室，可容数百人。每乱，民入室避贼，无可攻理，因名难留城也。昔巴蛮有五姓，未有君长，俱事鬼神，乃共掷剑于石穴，约能中者奉以为君。巴氏子务相乃中之。又令各乘土舟，约浮者当以为君，惟务相独浮，因共立之，是为廪君。乃乘土舟，从夷水下，至盐阳。

北宋乐史在《太平寰宇记》中说得清楚："武落钟离山一名难留山，在长阳县西北七十八里，本廪君所出也。""廪君故里"武落钟离山就是难留山，它与佷山魁头峰相同，独立峻绝。有一石室，长几十米，高数米，宽数米，其下紧挨一个石室。这两处石室可供民众避难居留，故称"难留山"。著名史学专家童恩正在《古代的巴蜀》一书中说，古代巴人是廪君的后代，是清江的土著，是因巴人最早居住在武落钟离山。武落钟离山是土家语地名，汉语意思是"牛在钟离山玩"。土家祖先巴人发祥地武落钟离山在今湖北省长阳县。我国部分土家族研究学者认为，长阳县都镇湾镇佷山就是早期巴人居住的武落钟离山。长阳县都镇湾镇佷山犹存巴人遗迹，山上现有 5 个洞穴、向王庙、德济亭、石神台、盔头岩、白虎亭、白虎石、白虎堂、盐女岩等祭祀巴人祖先的遗迹。不仅供奉两个椭圆形神石，而且发现动物化石和土砖、碗、罐、铜镜、银镯、虎钮錞于等珍贵文物。

　　从夏代开始，巴人部落在盐阳（在今长阳县盐池河镇伴峡入口处盐池温泉一带）战胜盐水女神母系氏族。后溯清江而上，在夷城（在今长阳县渔峡口镇附近的香炉石遗址一带）修建第一个城邑，樊氏、瞫氏、相氏、郑氏四姓皆臣之，进入初兴时期。廪君建立夷城以后，其后裔一部分继续西迁，另一部分留居清江流域，或者南迁至澧水流域。童恩正在论述巴蜀社会性质时认为：从廪君传说来看，当时是在原始社会末期。廪君被拥戴为部落酋长以后，率领巴人溯清江西上至夷城。因最初部落首领是廪君，故鄂西南古代巴人被称为"廪君蛮"。现在，长阳土家族自治县仍然保留一些纪念廪君（巴务相）的传说、遗迹和 44 座向王庙，向王庙里供奉的就是巴务相。相传渔峡口镇白虎垄是廪君茔冢，所以覃姓土家族人仍然流传《廪君化白虎》故事。南朝宋代盛弘之在《荆州记》中说："昔廪君浮夷水，射盐神于阳石之上。按今施州清江县一名夷水，一名盐水。"清代长阳县土家诗人彭秋潭在《长阳竹枝词》中写道："土船夷水射盐神，巴姓君王有旧闻。向王何许称天子，务相当年号廪君。"并且自注"巴东、施南、长阳等处有向王天子庙，甚不经。按《水经注》引《世本》：廪君务相乘土船而王夷水，射杀盐神。巴人以为神，疑'向'为'相'之讹也。"清代《道光长阳县志》记载："向王者，古之廪君务相氏，有功夷水，故土人祀之。立庙于石墩上，故曰庙台。"清代《咸丰长乐县志》也载："向王庙在高尖子下，庙供廪君神像。按：廪君世为巴人主者，特以务相为阎闾之主，有功于民，故今施南、归州、巴东、长阳等地户而祝之。世俗相沿，但呼为向王天子，而不审所由来……向王即相王之讹也。"长阳县资丘镇《光绪刘氏宗谱》还载：清代康熙年间，为先祖创立向王庙，"向王者，古之廪君务相氏，有功夷水，故土人祀之"。长阳县流传着"向王天子吹牛角，吹出一条清江河"的民间故事，境内众多向王庙供奉廪君神像，还供奉盐水女神，俗称"德济娘娘"。

　　清江流域、三峡地区的考古发掘是弄清早期巴人文化的关键，长阳县巴文化遗址出土文物印证巴人起源于清江流域。中国社会科学院考古研究所所长刘庆柱在湖北省文物考古研究所王善才主编的《清江考古》

一书序言中写道:"根据历史文献记载,清江流域是我国巴人的发祥地。恰好在长阳香炉石遗址,考古工作者发现了早期巴文化的遗存。"中国第一处早期巴人遗址——长阳县渔峡口镇"香炉石文化遗址"的7个层位出土属于夏商周三代的石器(圜底釜和尖底杯)、骨器、铜器、陶器、甲骨、贝币和陶印章等1万多件早期巴人文物。香炉石遗址的第7层属于夏代的文化层,出土石器骨器、陶器14件。从第7层出土陶器的种类可以看出,以釜和罐为特征的早期巴文化自夏代晚期开始流行在清江流域。第4层出土的铜锥、铜凿、铜镞等铜器证明清江流域在西周时期已经进入青铜时代。第4层出土的两枚陶玺印为我国玺印历史中的文字记载找到了第一件实物例证,证明我国早在西周时期已有玺印。香炉石遗址东北面岩壁之下崖墓葬区发掘7座商代早期巴人崖墓,出土圜底罐、鼓腹釜等陶器和卜骨、骨匕,并且出土铜锥、铜凿、铜镞等西周时期铜器,证明清江流域在西周时期步入青铜时代。香炉石土著文化遗址主要特征是生活用具以夹砂褐陶为主,巴文化特点十分鲜明。王劲认为:使用釜、罐类型文化的人们与巴人祖先廪君有关系。王然也说:以夹砂陶釜为中心的陶器群在鄂西南地区始终是一种最稳定、最主要的文化因素,代表巴人的族体文化,圜底罐、圜底釜文化属于巴文化。长阳县渔峡口镇"二龙戏猪"崖墓遗址出土10多具商代早期巴人骨架残件,随葬器物47件,有陶釜、陶杯等23件陶器。长阳县渔峡口镇桅杆坪发现埋有1具人体骨架的商代早期巴人墓葬。长阳县津阳口镇习家湾村清潭湾遗址发现2处西周早期巴人贫民崖墓,出土巴人骨骼120多具和圜底陶釜、尖底陶杯、陶鬲、陶罐等巴人陶器。长阳县磨石镇南岸坪遗址发现商周时期早期巴人的陶罐、陶鬲、陶釜、陶鼎、陶钵、陶壶等陶器。巴东县水布垭坝区岩物顶西周时期巴人崖墓共有4座,出土巴人骨骼13具和夹砂褐色陶罐、陶釜等巴人陶器。香炉石巴人遗址、二龙戏猪商代早期巴人墓葬遗址、清潭湾巴人崖墓、桅杆坪巴人墓葬、南岸坪早期巴人遗址、崖物顶巴人崖墓证实巴人起源于清江流域长阳县,清江中游长阳县香炉石遗址至巴东县三里城都是早期巴人发祥地。

巴人溯至清江源头转入郁江,顺郁江而下至涪陵水(今郁江与乌江合流后之江名),再顺涪陵水而下至涪陵水与长江会合处枳(在今重庆市涪陵区),再溯长江,迁居两岸。管维良在《巴族史》一书中说:"地处乌江口的枳是白虎巴人进入四川①后的第一个立足之点和最初的政治中心，他们就是凭借枳和枳南广大地方，包括湘西北沅水流域在内，后来总称为巴黔中的自然条件，向东、西拓展，从而开创了巴王国。"

巴族是个以地缘为中心的少数民族，包括许多部族。《华阳国志·巴志》记载："其属有濮、賨、苴、共、奴、獽、夷、蜑之蛮。"属于"巴郡南郡蛮"的有"巴、樊、瞫、相、郑"五姓；属于"賨人"的有"罗、朴、昝、鄂、度、夕、龚"等七姓，"賨人（板楯蛮）"善于制造木盾牌。它们是以血缘关系为纽带的氏族，属于原始的社会组织形式。

2. 巴人的早期活动

公元前1046年，巴人参加武王姬发讨伐商纣王战争，以"勇锐"著称而被分封建立奴隶制巴子国。《华阳国志·巴志》载：

周武王伐纣，实得巴、蜀之师，著乎《尚书》。巴师勇锐，歌舞以凌殷人。殷人前徒倒戈，故世称之曰"武王伐纣，前歌后舞也"。武王既克殷，以其宗姬于巴，爵之以子。古者，远国虽大，爵不过子，故吴、楚及巴皆曰子。

从此，巴子国王由周朝亲族姬姓担任，巴子国与周王朝保持密切关系。周武王将其亲族姬姓分封于巴国，加强对巴人的控制，但是巴国贵族继续发挥统领作用。巴子国建立后，在江州（今重庆市渝中区）创建第一个都城。《汉书·地理志》载："巴郡故巴国。"《左传》杜注曰："巴国在巴郡江州县。"北宋欧阳忞撰的地理总志《舆地广记》说明："巴县，古巴子之都，本江州，古巴国也。"巴国建立以后，以江州为中心，在周边地区建立政治、军事、商贸、文化、宗教和王陵等重镇。巴国还在首都江州周边兴建别都垫江（在今重庆市合川区）、平都（在今重庆市丰都县）、阆中（在今四川省阆中市）等。《华阳国志》载："巴子时，虽都江州，或治垫江，或治平都，后治阆中。其先王陵墓多在枳，其畜牧在沮，今东突峡下蓄沮是也。"故《华阳国志》载："楚之西国庸为大，庸之西接于巴，巴接于蜀，此春秋时代西南之大校也。"《左传·昭公九年》也载："〔周景〕王使詹桓伯辞于晋曰：……巴、濮、楚、邓，吾南土也。"即巴、濮、楚、邓等族属地都成东周王朝南部国土。

巴国在西周初年建立以后，从原始社会后期的部落进入奴隶社会时

---

① 此指1997年重庆被设立为直辖市之前的四川，包括今天的重庆、四川地区。

期，发展成为奴隶制诸侯国，出现了阶级和阶级斗争，分化出了奴隶主和奴隶，出现了巴族语言，发明了巴族象形文字，形成了完整的国家机构和官僚制度，有国君，有军队。周武王分封巴子国为周朝宗藩强国以后，巴子国生产力水平仍然较低，出土文物仅有陶器。董其祥在《巴史新考》一书中论述巴国经济时说，巴族早有渔盐之利，物产丰富。东周时期，《华阳国志》记载："〔巴国〕土植五谷，牲具六畜。"巴地种植经济作物稻、黍、稷、豆、高粱、葵、橙、桑、麻、茶、漆较多，不仅出现粮仓，而且纳贡。巴国不仅有发达的农业和畜牧业，而且有手工业、酿造业、纺织业、商贸业和冶矿业，出现铁锄、铁镰、铁斧、铁锹等铁器和錞于、铜剑、铜钲、铜铎、编钟等巴人青铜器。所以，巴国虽然进入文明时代较晚，但是具有奴隶制社会性质。

巴国完成以江州为都城的战略屏障以及国家需要的军事、贸易、宗教等城镇体系构建以后，逐步向南、向西扩张领土，划分疆界，疆域随着与周边国家的争战而有所波动。战国早期，巴国东与楚国接壤，西与蜀国为邻，达到鼎盛时期，成为泱泱大国。《华阳国志》载："其地，东至鱼复，西至僰道，北接汉中，南极黔、涪。"鱼复在今重庆市奉节县一带。僰道在今四川省宜宾市一带。汉中在今陕西省汉中市一带。巴国南疆是民族学家关注的地方，黔指秦国黔中郡（郡治在今湖南省沅陵县）。涪指涪陵水（今郁江与乌江合流后之江名）流域。唐代颜师古注《汉书》时指出："黔中即今黔州也，其地本巴人也。""南极黔、涪"说明巴国南境到达今渝东南、黔东北、湘西北等武陵山区，发展成为土家先民聚居区。可见，巴国所辖疆域包括今重庆市、湘西北、鄂西南、黔东北、川东北和陕东南等六个省（市）部分地方。

春秋时期，巴国与秦国、楚国、邓国为邻，时和时战。巴王是巴国最高军事统帅，独揽军政大权。巴国在军队中设有将军，由将军统率军队对外作战。周桓王十七年（前703），巴国君主想与邓国（在今河南省邓州市）交往，楚国派遣道朔与之同行。使臣至邓国南郊，被鄾国（在今湖北省襄阳市北）杀害，钱物被劫。巴国与楚国联兵攻伐鄾国，邓国救鄾国，被打得大败。《华阳国志》载："《春秋》鲁桓公九年，巴子使韩服告楚，请与邓为好。楚子使道朔将巴客聘邓。邓南鄙鄾人攻而夺其币。巴子怒，伐邓，败之。"鲁庄公十八年（前676），楚文王派遣斗廉将军率兵与巴国军队共同讨伐申国（在今河南省南阳市），楚国将军阎敖无故辱杀巴国士兵，引起巴军将士愤慨，遂叛楚而去并长驱南下，攻打楚国那处（在今湖北省荆门市）城门，那处守将阎敖游水而逃。楚文王怒斩阎敖，引起阎敖亲族叛乱，与巴军将士联合，攻至楚国郢都郊区。第二年春，楚国在津设防，巴军攻势才被遏制，退军还巴。鲁文公十六年（前611），楚国出现饥荒，庸国和濮人乘机叛楚。楚国、秦国、巴国联军消灭庸国（在今鄂西北）之后，巴国因战功获得庸国鱼邑（在今重庆市奉节县）等三峡流域部分地方。鲁哀公十八年（前477），巴人讨伐楚国，败於鄾。战国早期，巴国"尝与楚婚，及七国称王，巴亦称王"。

学术界认为，巴国衰弱始于巴、蜀联军伐楚。公元前377年，巴人参加蜀国伐楚，攻取楚国兹方（今湖北省松滋市）。但是，楚国发动反攻，在松滋市捍关巴复（覆）村打败巴蜀联军。后来，巴、蜀经常发生战争，常常两败俱伤。公元前361年，楚国趁机占据巴国南疆。《史记·秦本纪》载："〔秦〕孝公元年（前361）……楚自汉中，南有巴、黔中。"黔中在今湘西北、鄂西北、渝东南、黔东北等地。清代《道光施南府志》载："施州，《禹贡》荆、梁二州之域，春秋为巴国界。"公元前360年，巴国内部发生叛乱，巴国将军巴蔓子遂向楚国求援借兵，请求楚国出兵平叛。约定内乱平定以后，给楚三城以作酬谢。楚国派兵到达巴国，平定内乱。后来，楚国派遣使者索取三城，巴蔓子不愿割地，愿以自己头颅答谢楚国，于是自刎。巴人将巴蔓子头颅交给楚国使者。楚使携巴蔓子头颅归楚复命，楚王佩服巴蔓子的爱国精神，把他的头颅礼葬在荆门山（今湖北省宜都市）之阳，不再索要巴城。巴人将巴蔓子的身体葬在今湖北省利川市都亭山。《华阳国志》详载爱国将军巴蔓子的英雄事迹：

周之季世，巴国有乱，将军巴蔓子请师于楚，许以三城。楚王救巴。巴国既宁，楚使请城。蔓子曰："藉楚之灵，克弭祸难。诚许楚王城，将吾头往谢之，城不可得也。"乃自刎，以头授楚使。〔楚〕王叹曰："使吾得臣若巴蔓子，用城何为！"乃以上卿礼葬其头；巴国葬其身，亦以上卿礼。

《大明一统志》载：

巴蔓子，都亭里人，周季为巴将军。巴国乱，蔓子请援师于楚，许以三城。楚人来援，国赖以安。楚使请城，蔓子……乃自刎，以头授楚使……楚葬其头于荆门山之阳，巴国葬其身于清江县西北都亭。

清代《利川县志》也载："周之季世，巴将军蔓子身葬清江源头都亭山。"今湖北省利川市都亭山一带仍然流传巴蔓子的故事。

据《太平寰宇记》考证：战国后期，楚、秦势力强大，巴人活动范围逐渐缩小，只有长江以南武陵地区仍有巴人活动。巴、楚之间经过多次战争，巴国势力逐渐削弱，逐步走向灭亡。公元前339年，楚威王派兵攻占巴国东部，设置巫郡，故苏秦说楚威王曰："楚地西有黔中、巫郡。"巫郡包括今重庆市巫山县和巫溪县等县。此后不久，楚国攻占巴国枳城，即指楚威王"使将军庄蹻将兵循江上，略巴、黔中以西。"接着，楚国攻下阳关，占领楚国巴国都城江州。巴国君臣北逃，迁都阆中（在今四川省阆中市）。唐代梁载言在《十道志》中说："楚子灭巴（指楚国攻占巴国都城江州），巴子兄弟五人流入黔中。汉有天下，名曰酉、辰、巫、武、沅等五溪，各为一溪之长，故号五溪蛮。"宋代罗泌还在《路史》中说："巴灭，巴子五季流于黔而君之。"由此可见，战国末期，部分巴人向南流亡到大湘西，"五溪蛮"中确有巴人。后来，大湘西巴人与濮人以及其他民族融合，逐渐演变成为土家先民。秦惠文王时，蜀国与巴国发生战争，巴国向秦国求救。于是，秦惠文王于公元前316年派遣大夫司马错率兵进攻蜀国。秦军灭掉蜀国以后，接着又攻巴国，俘虏巴国国王。巴国部分将士跟随秦军南征，后来留在武陵山区，成为当地土酋，留下巴人遗物。《华阳国志》记载了巴国灭亡过程：

周慎靓王五年，蜀王伐苴侯，苴侯奔巴，巴为求救于秦。秦惠文王遣张仪、司马错救苴、巴，遂伐蜀，灭之。〔张〕仪贪巴、苴之富，因取巴，执王以归。置巴、蜀及汉中郡，分其地为三十一县。〔张〕仪城江州，司马错自巴涪水取楚商于地为黔中郡。

该志还载：

秦既灭巴，率其人民，资工食粮，下取楚商于之地，改为黔中郡，终藉之以灭楚。

《明一统志》又载：

秦使司马错与张若伐楚黔中，相对各筑一垒，以扼五溪咽喉。

公元前314年，秦王改设巴郡，郡下设县。巴郡郡治设在江州（今重庆市）。仍让巴国原来大姓首领以"君长"之名继续统治巴人。巴郡百姓每年每户以幏布（又名賨布）代赋税。"秦惠王并巴中，以巴氏为蛮夷君长，世尚秦女，其民爵比不更，有罪得以爵除。其君长岁出赋二千一十六钱，三岁一出义赋千八百钱。其民户出幏布八丈二尺、鸡羽三十鏃。"秦昭王规定住在巴郡的秦人与巴人互相侵犯，都要受到惩罚："秦犯夷，输黄龙一双；夷犯秦，输清酒一钟"。秦国通过怀柔政策，加强对巴人的控制。秦人入楚是以巴地为基地的。公元前277年，秦将白起奉命率军攻取武陵地区，初置黔中郡。次年，楚国夺回黔中郡。公元前223年，秦国吞并楚国，南郡、巫郡和黔中郡巴人成为秦的编民。秦汉时期，仍有巴人及其后裔在南方活动，并对后世产生影响。

  墓葬是考古发掘的主要对象。中华人民共和国成立以来，巴族故里发掘一些战国早期巴人墓葬，出土大量巴人文物。1972年，涪陵市（今涪陵区）白涛镇小田溪巴王墓群发掘的3座巴人王墓出土巴人柳叶形铜剑10件、虎钮錞于1件、铜戈6件、铜矛4件、铜钺5件、编钟15件和铜钲2件等战国早期巴人文物。1980年，涪陵市小田溪发掘的4座巴人王墓出土巴人铜钺、铜壶、铜刀和铜釜等战国早期巴人文物。出土巴人文物之多、墓葬规格之高堪称巴墓之最。1993年，涪陵市小田溪发掘的1座巴人王墓出土巴人器物52件，以巴式柳叶铜剑、铜戈、铜矛、铜钺等铜器为主。巴国先王陵墓区枳（在今重庆市涪陵区）是巴人统治者较早的政治中心，涪陵小田溪巴人王墓出土虎钮錞于、铜钲和编钟的墓葬墓主是巴族酋长。1978年，在溆浦县马田坪发掘8座战国中期巴人墓葬，出土剑、戈、矛、镞等铜器26件，主要是巴人柳叶形铜剑。其中，有一剑格铸着一人首、两虎身组成的图案与巴人崇虎有关。1980年，溆浦县大江口镇发掘的1座战国早期巴人墓葬发现巴人青铜器虎钮錞于、铜钲和编钟各1件，这是巴人地区墓葬唯一发现的青铜乐器组合。此外，还有罐和豆等陶器组合。1984年，古丈县白鹤湾战国早期7座巴人墓葬出土柳叶形青铜剑4件、肖形白虎印章2件、巴式虎斑纹矛1件等巴人文物。保靖县四方城战国时期巴人墓葬出土柳叶形巴人铜剑。1995年，巴东县雷家坪发掘的1座战国时期巴人墓葬出土柳叶形巴人铜剑、巴式铜矛和绳纹陶罐。2003年，三峡兵书宝剑峡战国时期悬棺墓出土青铜巴式矛、巴式戈、巴式柳叶形铜剑、青铜刻刀、箭弓等数十件巴人珍贵文物，证明三峡悬棺葬墓主人为巴人。宜昌市葛洲坝4号巴人墓出土铜印1枚，有"瞫、偻"二字。据《后汉书·南蛮西南夷列传》载，"瞫"姓是巴人五大姓氏之一，这表明古代巴人曾在此生活过。宜昌市前坪战国墓出土巴式柳叶形铜矛、铜鼎、铜壶、铜盘、铜镜和铁剑等文物，具有明显的巴文化因素。1962年，贵州省松桃县甘龙区木树村汉墓出土虎钮錞于1件，虎钮高6厘米。

3. 定居在湘鄂渝黔接壤地区的巴人

先秦时期，湘鄂渝黔接壤地区曾是古代巴国疆域和巴人活动区域。秦国消灭巴国以后，定居在湘鄂渝黔接壤地区的巴人虽然经历王朝更迭和战争变乱，但是没有大的迁徙，一直在这一地区繁衍生息，子孙后代绵延不断。许多历史文献和大量的文物古迹充分证明定居在湘鄂渝黔边境邻近地区的巴人在长期历史发展过程中融合濮人、楚人等其他民族演变成为土家先民，具有多元一体特征，故许多民族学专家提出土家族族源的"多源说"。

"土家是古代巴人的后裔"是中央民族学院潘光旦教授在《湘西北的"土家"与古代的巴人》一文中最早提出来的。潘光旦从自称、信仰、语言、姓氏等方面论证古代巴人与"土家"的渊源关系，说明其共同特征。1958 年，彭武一在《舞蹈丛刊》发表了《湘西土家族摆手舞的历史来源和活动情况》，从"巴渝舞"与摆手舞的连续性论证了古代巴人是土家先民的观点。林奇在《江汉论坛》发表的《巴楚关系初探》中认为，巴最早见于文字记载是殷墟甲骨文。巴国灭亡以后，巴人聚居到湘鄂西一带生息，现在湘鄂渝黔边界的土家族即是巴人的后裔。陈启文在《鄂西土家族族源考略》中指出："鄂西土家族的族源确切地说是巴人的一支。"恩施州民委 2003 年编的《恩施土家族苗族自治州民族志》一书指出："鄂西南土家族的源头是一个以巴人为主体、包括以濮人为代表的其他部族在内的多元结构。定居于鄂西南的巴人逐步吸收、融合当地其他部族和迁入该地区的部分先住民族，进而形成土家族这个新的稳定的人们共同体。"鹤峰县出土了春秋战国时期的巴人剑、虎钮錞于、编钟和青铜兵器钺等巴人文物，还出土了东汉文物铜铣。彭武一在《唐宋年间土家族先民的族属问题》中指出："土家族就是以巴人为主体成分融合其他民族成分，经历漫长的岁月逐步形成的。"民族学家李绍明对酉水流域的土家族人进行实地考察以后，在《川东酉水土家》一书中提出："古代巴人与现今的土家族有族源上的关系，或可这样说：以古代巴人的一支后裔为主逐渐融合了周围的其他民族，在历史长河中形成了土家族。"陈国安对黔东北土家族进行调查研究以后，在《贵州土家族族源初探》一文中认为：第一，贵州土家族的先民主要来源于古代巴人。黔东北地区古为巴国南境，为古代巴人的活动地域。第二，板楯蛮一支应该说是有别于廪君苗裔的另一个人们共同体，也成为土家先民的一部分。第三，从众多关于土家族先民的历史文献中，不少时候都有"僚"的称呼，特别唐宋以后更是屡见不鲜。土家的先民中，应该说也融进了部分"僚人"。董珞认为：土家先民应为巴人，但北部方言区与南部方言区有差别，北部方言区的主体先民是廪君蛮，而南部方言区的主体先民是板楯蛮。白九江在《巴人寻根》书中指出：三峡地区悬棺葬的主人是巴人支系"蜑人"。中央民族大学人类学研究学者庄孔韶教授和潘守永教授从20世纪90年代利用DNA遗传技术对清江流域土家族人的血液和悬崖峭壁上的巴人骨骸进行基因对比实验，印证"土家族人就是古代巴人的后裔"观点。国家民委《民族问题五种丛书》之一《土家族简史》做了结论："土家族是由定居于湘鄂渝黔四省市接壤地区的巴人经过长期的发展，逐步形成为单一的民族。但是，土家族发展过程中也融合了与之邻近的部分其他民族，包括迁徙过去的少数汉人和其他少数民族成员在内。"中国土家族族称有两种：一种是土家语自称"毕兹卡"，意为"土著人"；另一种是汉语自称"土家"。

在历史文献中，不同历史时期用不同的称谓称呼土家族。秦汉时期，史籍对武陵山区土家祖先有多种称谓，有的以地域命族，有的以种属相称，如被称为"巴郡南郡蛮""武陵蛮""零阳蛮"和"澧中蛮"的向、覃、田、冉等姓首领活动载入史册。三国两晋时期，土家祖先又被称为"五溪蛮"和"天门蛮"。隋唐时期，以不同地域命族，如"施州蛮""高州蛮""溪州蛮""慈利蛮"等。宋代，史书首次出现区别于其他民族的"土兵"或者"土人"等称谓。明清时期，武陵山区设置土司机构和卫所机构，"土官"和"土民"等称谓在地方史志中层出不穷。"土家"作为族称是和汉族人迁入武陵山区直接相关的。清代"改土归流"以后，汉族人不断迁入，出现"土民"和"客民"之分。为了区别迁入的不同于本族类的外来汉族人，"土家"族称开始出现。土家人用汉语自称"土家"，尊称迁入汉族人为"客家"。《咸丰县志》记载："今就本县氏族列之，大致分土家、客家两种。土家者土司之裔。"《利川县志》也有"八姓土家"的记载。可见，土家族起源于先秦时期，发育于秦汉六朝时期，形成于两宋时期。

4. 巴文化对土家文化产生的影响

首先，土家族人信仰白虎神与古代巴人以白虎为崇拜神一脉相承。古代巴人图腾为白虎。古代巴人崇拜白虎神始于廪君时代，白虎神是古代巴人和土家族人宗教信仰的对象。《后汉书》记载:"廪君死,魂魄世为白虎。巴氏以虎饮人血,遂以人祠焉。"唐代樊绰《蛮书》也载:"巴中有大宗,廪君之后也……巴氏祭其祖,击鼓而祭,白虎之后也。"宋代朱熹在《楚辞集注》中说:"湖南北有杀人祭鬼者,即其遗俗也。"古代巴人以白虎神为其祖先化身,故有用人为祭品祭祀祖先的习俗。《宋史》记载:"富州向万通杀皮师胜父子七人,取五脏及首,以祀魔鬼。"元明清时期,武陵地区仍然存在巴人"人牲"遗风。明代陈继儒在《虎荟》又说:"房陵间有白虎神,好饮人血,每岁其民杀人祭之。"明代万历年间,永顺土司"杀人亦献首于其庙。"传说长阳县渔峡口白虎垅是廪君化为白虎的地方。清代《同治长阳县志》还载:"县西二百三十里,昔廪君死,精魂化为白虎。"长阳县至今流传《廪君化白虎》的民间故事。云阳县李家坝发掘的战国巴人墓葬的"人牲"均以人头埋于墓主脚下。巴人以人祭祀白虎神,后来演变成为以猪头、牛头祭祀,把"人头愿"改为"牛头愿"。清代《来凤县志·风俗》就载:"五六月,雨阳不时,虫或伤稼,农人共延僧道,设坛诵经,编草为龙,从以金鼓,遍舞田间以祀之,迹迎猪祭之,祭虎之遗风也。"现在,土家地区仍有白虎图腾信仰遗风。土家巫师在做法事时,以血祭白虎神,土家织锦"祖宗花"呈虎形。

土家先民有敬白虎和赶白虎同时存在的信仰,因为土家族人认为有两种白虎神:一种是"坐堂白虎",它是好神,每户都有白虎堂,都要敬奉白虎神,求其保佑。另一种是"过堂白虎",它是恶神,如它跑到哪户过堂,就得请土老司去其家赶过堂白虎,以解灾祸。这两种截然相反的白虎神都与定居在湘鄂渝黔接壤地区的巴人崇拜白虎的信仰有关。巴人"板楯蛮"在战国秦昭襄王时,见白虎伤害人命,遂作白竹之弩,登楼射杀白虎,为民除害,立下功劳。《华阳国志》载:

秦昭襄王时,白虎为害,自秦、蜀、巴、汉患之。秦王乃重募国中:有能杀虎者,邑万家,金帛称之。于是夷朐忍县廖仲药、何射虎、秦精等乃作白竹弩于高楼上,射虎,中头三节。白虎常从群虎,瞋恚,尽搏杀群虎,大吼而死。秦王嘉之曰:虎历四郡,害千二百人。一朝患除,功莫大焉。欲如要,王嫌其夷人;乃刻石为盟,要复夷人顷田不租、十妻不算,伤人者论,杀人雇死倓钱。盟曰:秦犯夷,输黄龙一双;夷犯秦,输清酒一锺。夷人安之。

西汉建立以后,"賨人"视白虎为仇敌,专门射杀白虎,被称为"白虎复夷"。故《华阳国志》载："汉兴，亦从高祖定秦有功。高祖因复之，专以射白虎为事，户岁出賨钱口四十，故世号白虎复夷，一曰板楯蛮，今所谓弜头虎子者也。"现在，土家族人传说白虎被杀死以后化为白虎神，时常作祟。所以，土家族人害怕白虎神，俗有"白虎当堂过，无灾必有祸"之说。湘西北土家族存在"赶白虎"习俗，每年腊月请土老司进屋驱赶白虎神。

　　武陵地区近年发现的从战国时期到秦汉时期的数百件巴人虎钮錞于、铜钲、编钟、虎纹戈、巴式钺、巴式矛和柳叶形巴式剑等青铜器上，不管是青铜兵器还是青铜乐器，大都有虎的图像或者纹饰，具有巴人崇虎图腾或者族徽的特殊意义。巴人进入武陵山区的考古证据是巴人打击乐器虎钮錞于，虎钮錞于是巴人独创。武陵山区出土虎钮錞于、铜钲和编钟以窖藏为多，被称为"錞于之国"。这是个非常独特的文化现象。武陵山区以湘西北发现的虎钮錞于为最多，伴出的还有巴人铜钲、铜铎、编钟等。从战国时期开始，两汉时期数量更多。战国虎钮錞于最早始于巴地，武陵山区虎钮錞于在巴国灭亡后才流行，与巴人流入黔中的史料吻合。1956年，黔江县（今黔江区）正谊乡出土虎钮錞于1件。1961年，龙山县洗车镇出土虎钮錞于1件。1976年，保靖县梅花乡出土虎钮錞于1件。1980年，桑植县南岔乡出土虎钮錞于1件。1980年，永定区兴隆乡出土虎钮錞于1件。1979年，慈利县蒋家坪乡长建村出土虎钮錞于1件。1983年，石门县新关镇安乐村出土战国虎钮錞于15件。1983年，永顺县城卡必枯出土虎钮錞于4件。1990年，保靖县拔茅乡水坝洞出土巴人柳叶形青铜剑1把。龙山县里耶镇出土的手心纹巴人剑长38.5厘米。1966年，建始县高坪谭子坝出土单虎錞于1件；1972年，建始县三里河水平出土单虎錞于1件；1977年，建始县革塘坝二台子出土双虎錞于1件，净重12.75公斤，其虎身刻有柳叶形花纹。1984年，建始县高坪青里坝石柱河出土桥形钮錞于1件；1986年，建始县高坪望坪出土虎钮錞于1件；1993年，建始县崔坝出土虎钮錞于1件。1980年，恩施市出土巴人铜钲1件。1984年，巴东县官渡口镇出土柳叶形铜剑和巴人矛各1件。1990年，来凤县红岩堡出土战国巴人编钟1件。1990年，巴东县大支坪出土战国巴人编钟3件。巴东县西瀼口巴人墓葬出土柳叶形铜剑2件。1982年，鹤峰县铁炉乡出土铜钺1件。1981年，秭归县归州镇出土柳叶形铜剑1件和巴人矛2件。1981年，秭归县战国巴人虎纹戈1件。

1983年，长阳县城郊出土战国巴人虎纹戈 1 件。秭归县归州镇发现巴式戈 1 件，两面援部皆有虎纹。秭归县天灯堡的 2 座战国墓中各出 1 件巴人甬钟、铜钲及虎钮錞于等文物。1992 年，彭水县猴里乡出土虎钮錞于和编钟各 1 件。酉阳县龙潭镇出土的曾侯乙钟是周代青铜制品。黔江区中塘乡出土的蚕纹铜钲和变形铜钲是春秋战国时期的军乐器。1990 年，黔江区濯西乡出土战国巴人编钟 1 件。松桃县一处窖藏出土虎钮錞于 5 件。铜仁市滑石乡一处窖藏出土虎钮錞于 1 件，虎钮长 18.5 厘米。武陵地区发现周代巴人打击乐器编钟 50 余件，小田溪巴王墓出土编钟 15 件。武陵地区发现周代巴人军用乐器铜钲 20 件。小田溪巴王墓、云阳县李家坝和巴县冬笋坝等巴人墓葬中出土战国时期的柳叶形巴式剑 30 多件。小田溪巴王墓和云阳县李家坝巴县冬笋坝等巴人墓葬中出土战国时期的巴式矛 28 件。武陵地区发现战国时期巴人典型兵器虎纹戈 20 件。武陵地区发现战国时期巴人兵器巴式钺 20 件。

其次，从文化表象看，土家族的摆手舞、跳丧舞与巴人的巴渝舞、踏蹄舞有着密不可分的联系，建筑、地名以及重祠祀、敬鬼神等文化和风俗都与巴人有着承袭关系。巴人在长期的生活中创造出了具有战斗特点的集体舞"巴渝舞"，是巴人独具特色的战舞。"巴渝舞"起源于秦汉时期巴郡渝水（在今嘉陵江）流域。晋代《华阳国志》记载：刘邦为汉王时，征募"賨人"攻打三秦，賨人"天性劲勇，初为汉前锋，陷阵，锐气喜舞。帝善之，曰：'此武王伐纣之歌也。'乃令乐人习学之，今所谓巴渝舞也。"唐代颜师古注《汉书》时亦云："巴渝之人，刚勇好舞。汉高祖用之克平三秦，美其功力。后使乐府习之，因名巴渝舞也。"刘邦建立汉朝以后，使"巴渝舞"成为宫廷舞，用以招待四夷使者，即《盐铁论》所谓"鸣鼓巴渝作于堂下"。唐代房玄龄在《晋书》中还说："汉高祖为汉王，募賨人平定三秦，既而求还乡里……俗性剽勇，又善歌舞。高祖爱其舞，诏乐府习之，今巴渝舞是也。"唐代《通典》又载："賨民多居水左右，天性劲勇，初为汉前锋，锐气喜舞，帝善之，曰：'此武王伐纣之歌也。'乃令乐人习学之，今所谓巴渝舞也。"《晋书》记载："巴渝舞曲"有《矛渝本歌曲》《安弩渝本歌曲》《安台本歌曲》《行辞本歌曲》四篇。唐宋时期的土家族"踏蹄舞"是巴渝舞的继承。唐代樊绰在《蛮书》中说："巴人俗传正月初夜，鸣鼓连腰以歌，为踏蹄之戏。"北宋晏殊在《晏公类要》也说："巴人好踏蹄……伐鼓以祭祀，叫啸以兴哀，故人号巴歌曰踏蹄。"宋人《夔府图经》记载："巴人尚武，击鼓踏歌以兴衰。"元明清时期，"巴渝舞"演变成为土家族摆手舞。摆手舞保留了古代"巴渝舞"的战舞、歌号、鼓乐和引牵连手等方面的特色，并且发展了"巴渝舞"。清代《乾隆永顺府志》还载："各寨有摆手堂，又名鬼堂，谓是已故土官阴署。每岁正月初三至十七日止，夜间鸣锣击鼓，男女聚集跳舞长歌，名曰摆手，此俗犹存。"现在，龙山县马蹄寨、永顺县双凤村、酉阳县龙头村和来凤县舍米湖仍然保存摆手堂。

《华阳国志》记载：巴郡"地势侧险，皆重屋垒居。"唐代元稹说："巴人多在山坡上架木为居，自号阁栏头也。"重庆市博物馆藏的一件巴人虎钮錞于上可以看到"干栏"房屋图案。直到现在，武陵地区仍然利用山坡修建土家族转角楼。

因为巴郡曾经居住着大量巴人，所以土家地区至今保留带巴字的地名。恩施市有巴公溪，巴东县有巴峡，长阳县有巴王沱、巴业山和巴山峡。

再次，土家族竹枝词与巴人民歌有历史渊源关系，是巴人民歌的继承和发展。"竹枝歌"源出巴人踏啼之歌。西汉扬雄所作《蜀志》称"讴歌"为巴人之歌。东汉何晏也说："巴子讴歌，相引牵连手而跳歌也。"

最后，古代巴人的姓氏和土家族的姓氏之间存在继承关系，巴人的巴氏、相氏、瞫氏、郑氏、樊氏演变成为土家族的向姓、覃姓、郑姓和田姓等姓氏。从西汉时期田强、东汉时期相单程开始，到清朝末期，活动在武陵地区的向姓、覃姓、郑姓和田姓等姓土家首领，皆见于历代史册，为土家强宗大姓。方志和谱书里有巴人姓氏演变成为土家姓氏的记载，如清代《同治咸丰县志》载："唐崖、金峒覃氏，为本地土人之最古。"咸丰县丁寨《覃氏族谱》亦载："我祖源出武略钟离峒，赤黑穴中，各俱姓氏。我祖姓覃为氏，确不异也。我祖源古代巴国之祖，从尧舜夏商，立国定州。我地原属荆、梁二州……兴秦灭巴，弟兄子孙四散。自汉有覃天然，唐有（覃）墨来送，宋有覃汝先、覃汝恒、〔覃〕伯坚、〔覃〕伯圭，时有出入。"

此外，巴人勇锐善战等民族性格在土家族人身上也有表现。明代，土家先民抗倭取得第一战功。近代，土家名将陈连升广东抗英，爱国将领刘明灯、孙开华和孙道元坐镇台湾，许多土家将士为抗击外国侵略者战死疆场。

(三）楚文化的源流

楚人历史源远流长，发祥于鄂西北荆山一带（在今湖北省保康县、南漳县等地）。"楚人"是五帝之一颛顼高阳的后裔。楚人远祖祝融时代，曾有祝融八姓。据《史记·楚世家》载："楚之先祖出自帝颛顼高阳。高阳者，黄帝之孙，昌意之子也。高阳生称，称生卷章，卷章生重黎。重黎为帝喾高辛居火正，甚有功，能光融天下，帝喾命曰祝融。共工氏作乱，帝喾使重黎诛之而不尽。帝乃以庚寅日诛重黎，而以其弟吴回为重黎后，复居火正，为祝融。吴回生陆终，陆终生子六人……六曰季连，芈姓，楚其后也。"商代，荆山一带始见土著部落"荆蛮"，如《诗经·商颂》载："维汝荆楚，居国南乡。"商王朝曾经派兵征伐"荆蛮"，据《竹书纪年》载："商师征有洛，克之。遂征荆，荆降。"到了商周之际，"荆蛮"发展成为地方势力。

商代晚期，季连后裔楚人从中原地区向南迁到豫西南的丹江流域，与土著部落"荆蛮"杂居。楚史研究专家张正明在其专著《楚史》中说：楚人信史时代是从鬻熊开始的。《史记·楚世家》记载："周文王之时，季连之苗裔曰鬻熊，鬻熊子事文王。"鬻熊避开暴虐的商纣王，依附周文王，成为火师。鬻熊肇业以后，其子孙居住在豫西南淅川县丹江之阳。鬻熊去世以后，为了纪念始祖基业，子孙遂以鬻熊之字"熊"为姓，称为熊丽和熊狂，此乃熊姓由来，鬻熊被熊姓后裔尊为熊氏得姓始祖。鬻熊之子熊丽继任酋长以后，又率部避难于湖北省南漳县西北部的睢山。

史学界专家普遍认为：西周成王之时，举文、武勤劳之后嗣，分封熊狂之子熊绎于土著部落"荆蛮"之地，始建"楚子诸侯之国"，建都丹阳（在今湖北省南漳县城附近），"楚"乃成为邦国之号，并为族名。楚国兵微将寡，国弱民贫，被周王室与诸侯国欺侮。楚统治者熊绎家族乃以丹阳为立足点，带领基层土著楚人开辟荆山，成为汉水流域最早开发者。如《史记·楚世家》载："昔我先王熊绎辟在荆山，筚路蓝缕，以处草莽；跋涉山林，以事天子。"虽然楚国建国者向周王室进贡"桃弧""棘矢"，但是由于楚人被周王朝视为"蛮夷"，因而不能参加中原岐阳诸侯盟会，故《史记·楚世家》载："我蛮夷也。"楚国在建国以后，熊绎子孙熊艾、熊䵣、熊胜、熊杨、熊渠五代国君，惨淡经营半个世纪，楚国疆域日扩，财富日增。周昭王率兵南征楚人，丧师于汉水。周王朝曾在汉水流域建立姬姓国家，楚之西北为庸国、北有邓国。面对周边各国威胁，楚国统治者振军经武，兼并谷、罗、权、鄀、轸和庸等蛮夷小国。周夷王时，楚国攻打庸、鄂等国，拓土江汉平原。《史记·楚世家》载："熊渠甚得江汉间民和，乃兴兵伐庸、杨粤，至于鄂。"

东周平王三十一年（前740），楚国国君熊通自称楚武王。公元前682年，楚武王之子楚文王熊赀，消灭申国，开始设县，派遣县尹治理，由楚国君主直接控制。楚文王由丹阳迁都至郊郢（在今湖北省宜城市南部）。公元前505年，楚昭王迁都至栽郢（在今湖北省荆州市江陵县城），国势更加强大。400多年间，曾有20多位楚王在郢执政，使之成为长江中游都会。楚成王即位时，楚国已有"楚地千里"。楚人走出荆山以后，发展成为"方城以为城、汉水以为池"的诸侯大国，并创造了独领风骚的南方地域文化"荆楚文化"。宋代《新校楚辞序》载："屈宋诸骚，皆书楚语，作楚声，纪楚地，名楚物，故可谓之楚辞。"荆楚文化有六大要素：一是青铜冶铸和铁器制造工艺，二是纺织工艺，三是髹漆工艺，四是老庄哲学，五是屈宋楚辞，六是歌舞和美术。楚国境内的蛮夷有东夷、西戎、南蛮、越族，"南蛮"又分苗蛮、濮、巴、庸、邓、卢戎等民族。楚国多数君臣对境内各民族采取"能联合者合之，能兼并者并之"的策略，有利于社会发展、民族融合。有些民族文化被兼并以后，在楚国民族政策影响下，长期保留下来，成为发展楚国文化的动力，成为中国传统文化的重要基因。春秋时期，楚人势力逐渐南移至武陵地区以后，武陵先民使用楚国文字。巴、楚之间交往关系见于历史文献。《左传·桓公九年（前704）》记载："巴子使韩服告于楚，请与邓为好……及文王继位，与巴人伐申。"巴、楚友好交往，证明两国是近邻、友邦，巴、楚长期交流文化，相处一地。所以，近年来，武陵地区发掘的楚墓中出土了巴人文物。1979年，在澧县丁家岗发掘了3座春秋中期楚墓，是湖南发现最早的楚墓，出土了陶罐、陶鬲、陶盂和陶鼎。1988年，湖南省考古专家在溆浦县马田坪发掘了一批春秋时代的墓葬，出土的文物有陶罐、陶鬲、陶钵和铜剑、铜矛、铜镞。秭归县庙坪已经发掘的1座春秋中期墓葬，墓制从楚俗，所出陶罐为楚式，所出铜剑、铜矛、铜镞却是巴式的。

"荆楚文化"是随楚人对武陵地区管辖而流入的。从出土文物看，荆楚文化是战国时期武陵文化的主体，并且形成具有地方特色的"巴楚文化"。战国时代的楚墓和古城遍及武陵地区，出土文物十分丰富。临澧县九澧乡有楚墓 20 多座。1980 年，临澧县九里乡发掘的大型战国楚墓是中华人民共和国成立以来湖南省发现的最大的一座古墓，出土了漆木器、铜器、铁器、玉器、玻璃器、乐器等文物 300 多件，还出土竹简百余枚，男性墓主是楚国封君。1987 年，慈利县石板村发掘了一批战国楚墓，出土文物铜器有鼎、勺、钲；陶器有敦、壶、勺；漆木器有瑟、杵、镇墓兽，还出土竹简约 1000 枚，共计 2 万多字，是湖南省发现楚国竹简数量最多的一批。秭归县天门堡发掘的 2 座战国中期墓，所出鼎、壶等陶器和剑、刀等铜器是楚式的，所出扁圆形甬钟、六棱形实柄钲、柳叶形铜剑和虎钮錞于却是巴式的。2012 年，湖南省文物考古研究所在洪江市大塘岭发掘战国时期楚墓 115 座，出土铜剑、铜壶等铜器和陶器，是湖南省位置最西的楚墓。

邢敏建在《从酉水流域考古发掘看楚文化与诸民族的关系》一文中指出：春秋战国时期，酉水流域地区主要分布着楚、巴、濮三个民族。在楚人未进入湘西之前，这里主要居住着当地的土著民族"百濮"。春秋时期，楚国开始经营西南，使大量巴人进入湘西，形成"百濮"和"巴人"杂居局面，也给这一地区带来了巴人的器物和习俗。到战国早期，楚人进入湘西，楚民族和楚文化成为融合濮民族、巴民族和其他民族文化的主体，形成了湘西楚文化的特点。邢敏建在主张"濮人说"时，又提出了"楚人为土家先民一部分"的新观点。戴楚洲在《张家界旅游指南》一书中提出了"多源说"，认为土家族族源不止一端，倾向于多源合一。从民族融合观点看，张家界土家族在历史发展过程中，是以巴人为主体，逐步融合濮人、楚人等其他民族而形成的。赵大富在《黔东地区土家族》一文中指出："土家族的族源只能是多源的，而不可能是单一的。应当说，在古巴人迁入五溪地区后，融合了原有土著以及后来迁入的其他民族，而逐渐形成为土家族。"《土家族简史》明确指出："土家族是由定居于湘鄂川（渝）黔四省接壤地区的巴人经过长期的发展，逐步形成为单一的民族。但是，在土家族发展过程中也融合了与之邻近的部分其他民族，包括迁徙进去的少数汉族和其他少数民族成员在内。"朱世学在《鄂西古建筑文化研究》一书中说：据目前学术界多数学者的研究成果看，"多源说"较为合理。土家族是湘鄂渝黔接壤地区的濮人、巴人和以后进入的其他民族融合而成，其主体部分则由濮人与巴人融合而成。

土家祖先聚居地区古属南楚疆域，亦为楚文化滥觞之域。因为巴国与楚国为邻，巴、楚文化交流频繁，楚都郢唱和"下里巴人"之歌者数千人即为一例。所以，土家文化带有楚文化色彩。在形成土家族的诸民族中也有部分楚人，楚文化对土家文化产生了深远的影响。土家族人聚居的武陵地区因为山势高峻、交通闭塞，仍然保留着楚文化遗风，楚文化的一些因子仍然保留在土家文化之中。首先，土家族保留了楚人崇火的信仰。《史记·楚世家》载："重黎为帝喾高辛居火正，甚有功，能光融天下，帝喾命曰祝融。"火正是半神职的火官，是当时社会上有很高威望的巫司。楚人始祖祝融死后之灵即为火神。楚人崇火的信仰在土家地区得以延续，并且演变为火神崇拜。土家地区保留着家设火塘、火把迎亲、以火驱疫等火神崇拜习俗。其次，土家人凤崇拜与楚人凤图腾有关。《山海经》载："南方……有鸾鸟自歌、凤鸟自舞……见则天下和。"这是说凤对楚人保护的功能。湖北江陵楚墓织锦所绘凤图像意味着楚人图腾。土家族人举行"摆手祭祖"的仪式中高举绣有龙、凤的旗帜，表明土家族人对远古图腾"巴蛇"和"楚凤"的追怀之意。再次，土家族人保留了楚人风俗。南朝梁人宗懔在《荆楚岁时记》一书中记载了荆楚"信巫觋重淫祀""信鬼而好祠""五月避邪""赛龙舟"和"以角黍沉江祭之"等风俗。这些民俗文化在土家地区得以传承，清代《同治直隶澧州志》载："五月端午，采艾悬于门，日攘毒……造龙舟竞渡，标分五色，其舟轻，亦谓之飞凫。俗为屈子投江，放以舟楫争拯之，又以粽子带五色丝投入祭之。"

（四）越文化的源流

越人与楚人有渊源关系，都是"祝融之后"。商周时代，"南蛮"包括越族。因其分布在长江以南的广大地区，故被《吕氏春秋》等历史文献称为"百越"。"百越"各部虽然相隔千里，互不统属，但有许多共同的文化特征，如农业的水田稻作、手工业的青铜器、造船、葛布、建筑的干栏、精神文化的鸟图腾、文身断发、椎髻跣足、凿牙、嚼槟榔、鸡卜及独特的语言等，被称为"越文化"。

"百越"分为东越、闽越、南越、骆越、杨越、于越等支系。商周时期，湖南境内的越人属于"杨越"这一支系。湘中和湘南属于越人活动地域，正如《史记·货殖列传》所载："九疑、苍梧以南至儋耳者，与江南同俗，而杨越多焉。"湘江流域、资水流域和沅水流域发现了具有越文化印纹硬陶等一系列因素的商周时代遗址。靖州县斗篷坡遗址二、三期的年代相当于夏商时期，文化特点突出。陶器器类有圜底的釜、罐、钵、盆、杯和圈足的罐、豆、碗及纺轮等。这种文化与越文化具有亲缘关系。湘南出土东周越人狭长形墓葬较多，文化与广西西江流域相似。尽管战国中期以后，楚文化进入该地，但是，越人文化习俗没有中断。如遗址中的柱洞所标志的木结构建筑与侗族干栏式房屋有着渊源关系。湖南发现春秋越人古墓100多座，为狭长的土坑墓，随葬物以铜器为主、陶器为辅，越式鼎、矛、尊、刮刀、双肩钺、狭长镞、扁茎短剑等为具有南方特点的铜器。1978年湖南省博物馆专家在资兴市发掘了45座春秋战国越人墓葬，出土文物115件，以青铜器为多。其中，曲折纹铜鼎、铲形铜钺、铜刮刀具有越文化的风格。里耶秦简中发现一枚"越人以城邑反蛮"的简文，证明秦代湖南存在越人。

武陵地区侗族是古代越人的后裔。唐代魏徵撰的《隋书·南蛮传》记载："南蛮杂类，与华人错居，古先所谓百越是也。"明代邝露在《赤雅》中说："峒亦僚类。"他认定侗族先民是汉晋时期"五溪蛮"的一部分。清代学者顾炎武在《天下郡国利病书》指出："峒僚者，岭表溪峒之民，古称山越。"《宋史》亦载："辰沅一带所居之洞民亦僚人也。"侗族古歌《祖宗入村》唱道："我们都是越王的子孙。"中华人民共和国成立以来，许多学者认为湘黔武陵地区侗族是古代越人一支的后代，主要根据有三个方面：首先，侗族是古代一支越人发展起来的土著民族。侗族自称"干"或"金"；侗族的他称，在先秦被称为"西瓯"和"骆越"，隋唐时期被称为"僚人"，宋代被称为"仡伶"，元明清时期，被称为"峒人"和"峒家"等。因侗族人多居住在溪峒之中，故写为"侗人"。陆次云《五溪杂咏》有"峒民参汉俗"之句。宋代陆游在《老学庵笔记》卷四中说："辰、沅、靖州蛮，有仡伶。"《宋会要辑稿》亦载："辰、沅、靖三州之地，多接溪峒，其居内地者谓之省民、熟户，山瑶、峒丁乃居外为捍蔽。"明代，黎平府设置13个长官司，土官杨氏、龙氏、吴氏等皆为侗族，直到清代"改土归流"之后，侗族地区土司机构才被废除。其次，怀化市侗族地区出土了磨光石斧、夹砂陶、扁茎剑和有纽矛等反映越人文化的文物，印证越人是侗族先民。最后，侗族保留了古代越人的铜鼓、文身、羽衣、鸡卜、鼻饮以及男女同川而浴等习俗。

（五）三苗文化的源流

武陵山区苗族自称"果雄""仡卡"和"蒙"。汉族历史文献常把苗族祖先称为"蛮""髳""苗"，如"红衣苗""黑衣苗""白衣苗""青衣苗""花衣苗"等称谓。苗族的族属渊源与黄帝时期的"九黎"、尧舜时期的"三苗"和商周时期的"南蛮"有着密切关系。多数苗族史研究者认为：以蚩尤为首的"九黎"部落联盟是可考的苗族最早的文化源头。《尚书》记载："三苗，九黎之后也。"《礼记》亦载："有苗，九黎之后。"田汝成的《炎徼纪闻》又载："苗人，古三苗之裔也。"可见，苗族是古代"三苗"后裔，"三苗"源于远古时代的"九黎"。

约 6000 年前，苗族祖先进入母系氏族社会鼎盛时期。随着农业和畜牧业发展，母系氏族社会逐渐演变成为父系氏族社会。约 5000 年前，"九黎"发展成为炎黄时代生活在江淮的以男性为首的九个部落的联盟，后来北进中原地区。《国语·楚语注》已有"九黎"名称："九黎，蚩尤之徒也。"《周书》亦载："蚩尤对苗民制以刑。"据《龙鱼河图》载："黄帝摄政，有蚩尤兄弟八十一人。"实指 81 个氏族首领，"蚩尤"是九黎部落联盟首领，是苗族先民公认的人文始祖。九黎部落联盟在黄河下游冀州与从西部东进的炎黄部落联盟相遇，爆发我国原始社会第一场大规模战争。九黎部落联盟在涿鹿（今河北省涿鹿县）与炎黄部落联盟决战，蚩尤请风伯、雨师做大风雨。黄帝请天女魃相助，打败九黎部落联盟，最终擒杀蚩尤。《史记·五帝本纪》记载："蚩尤作乱，不用帝命。于是黄帝乃征师诸侯，与蚩尤战于涿鹿之野，遂禽杀蚩尤。"《山海经》亦载："蚩尤作兵黄帝，黄帝乃会应龙攻之冀州野，应龙蓄水。蚩尤请风伯、雨师纵大风雨。黄帝乃下天女曰魃。雨止，遂杀蚩尤。"《逸周书》又载："蚩尤乃逐炎帝，战于涿鹿之阿，九隅无遗，赤帝慑。乃说于黄帝，执蚩尤，杀之冀中。""九黎"部落联盟战败以后，部分成员被迫退居长江流域。经过长期繁衍生息，约在距今 4000 年的尧舜禹时期，"九黎"部落联盟后裔在长江中游地区形成由众多民族组成的新部落联盟，总称"三苗"或者"有苗"，包括祝融、驩兜和共工部落等。故《战国策》载："昔者，三苗之居，左彭蠡之波，右洞庭之水，汶山在其南，衡山在其北。"《史记》亦载："昔三苗氏，左洞庭，右彭蠡。德义不修，禹灭之。"约在公元前 21 世纪，黄河流域的唐尧部落联盟胁迫"三苗"部落归附，"三苗"

遂与以尧、舜、禹为首的华夏族人进行长期斗争。唐尧部落联盟南征"三苗"，在丹水（在今鄂豫边界）之浦打败"三苗"部落。《吕氏春秋》记载："尧战于丹水之浦，以服南蛮……舜却有苗，以更其俗。"唐尧晚年，虞舜篡位，丹江流域驩兜部落不服。虞舜兼并异己部落，把驩兜部落驱赶到中南地区崇山，和"南蛮"杂居。故《史记》载："放驩兜于崇山，以变南蛮。"虞舜把部分"三苗"部落迁到西北地区敦煌"三危山"，和"西戎"错居。《史记·五帝本纪》载："三苗在江淮、荆州数为乱。于是，舜归而言于帝〔尧〕……迁三苗于三危，以变西戎。"舜帝晚年与"三苗"部落交战，死后葬于江南九嶷（在今湖南省永州市九嶷山）。故《史记》载："〔舜〕南巡狩，崩于苍梧之野。"汉代郑玄也说："舜征有苗而死。"后夏禹为首领，借口"有苗负固不服"，动用武力，征伐"三苗"部落，并且取得胜利。《墨子·兼爱篇》载禹《伐苗誓辞》："济济有众，咸听朕言，非惟小子敢行称乱。蠢兹有苗，用天之罚，若予既率尔群，对诸群，以征有苗。"《墨子·非攻》还载："禹亲把天之瑞令，以征有苗。四电诱祇，有神人面鸟身，若瑾以待。搤矢有苗之祥，苗师大乱，后乃遂几。""三苗"余部后在荆州深山丛林之中缓慢发展，势力逐渐强大。商代后期，商朝国君武丁大帝征伐世代居住在漳水流域的土著部落"荆蛮"，俘虏士兵甚多。《诗经·商颂·殷武》载："挞彼殷武，奋伐荆楚。入其阻，衰荆之旅。"周文王时，周人势力到达汉水流域，部分"三苗"后裔归附周人。周武王伐纣时，髳（苗）人参加牧野之战。西周时代，周王朝兴兵南下，曾对"南蛮"中的"荆蛮"进行征伐。周昭王亲率六师到达汉水流域讨伐荆楚，全军覆没。西周末年，周宣王派遣将领讨伐楚人，虏获大批战俘，包括苗族先民。在同周王朝交战过程中，部分"荆蛮"被融合，部分"荆蛮"因逃避战难而被迫离开彭蠡、洞庭之间的平原地区，溯沅水而上，迁徙到人烟稀少的武陵山区，成为武陵山区最早一批苗族祖先。秦汉和魏晋南北朝时期，演变成为"武陵蛮"和"五溪蛮"的主体，故宋代朱辅在《溪蛮丛笑》一书中说："五溪之蛮有五，苗为其首。"唐宋时期，部分苗族先民继续向西迁徙，迁到现在的渝东南和贵州省、四川省等地。

"九黎""三苗""荆蛮"有着一脉相承的渊源关系，而且都包括苗族祖先，与苗族有同源关系。湖北省京山县屈家岭文化遗址出土了陶锅等陶器，男陶祖证明"三苗"时代以男性为首领。保靖县瓦场遗址和里耶溪口遗址是典型的"苗蛮文化"遗址。秦朝建立以后，在武陵山区设置黔中郡。汉晋时期，苗族先民居住在武陵郡，在历史文献中，与土家先民、越人等其他少数民族一起，统称为"武陵蛮"。南北朝时期，由于封建王朝镇压农民起义，被称为"五溪蛮"的苗族先民从东向西迁徙，直达沅水上游及其支流。北魏郦道元撰的《水经注》记载："武陵有五溪……蛮左所居，故谓此蛮五溪蛮。"唐、宋时期，中央王朝与苗人接触日益频繁，"苗"遂从若干少数民族混称的"蛮"中脱离出来，作为单一民族的族称出现在历史文献之中，苗族成为一个独立的民族登上历史舞台。唐代樊绰的《蛮书》始见"苗"的族称："黔、涪、巴、夔四邑苗众。"朱辅在《溪蛮丛笑》一书中把"五溪蛮"分为"苗""瑶"等族。经过唐、宋、元、明、清时期，逐渐形成领主制下的苗族聚居区。元代，在西南地区始设土司机构，对各族首领授予土司职务。一些土司建有苗寨，多以地名系之。明代，健全土司制度，并且建立卫所屯田制度。明朝实行"赶苗夺业"政策，对于"熟苗"和"生苗"采取不同策略，加深苗族地区经济发展不平衡性。清朝初期，清王朝调兵遣将，进行"改土归流"，在苗族地区设置府、厅、州、县，派遣流官充当地方政府官吏，统治世居龙、石、施、张、杨等姓苗族。故清代学者严如煜在平苗议中写道："惟吴、龙、石、麻、廖五姓为真苗。"随后，清政府通过设置保甲、修筑苗疆边墙等措施，加强对苗族地区数千苗寨的统治和控制。

　　关于苗族族源，中国学者已有"三苗说""驩兜说"和"五溪蛮说"等。多数苗族研究者认为：以蚩尤为首的"九黎"部落联盟是可考的苗族最早的文化源头。现在，苗族人将"蚩尤"视为始祖，并建"蚩尤庙"，仍奉蚩尤为"枫神"。但是，也有学者认为苗族族源只能上溯到尧舜时代的"三苗"，苗族族源始于"三苗"。《汉书·地理志》载："三苗，本有苗氏之族。"《尚书》也载："苗民弗用灵，制以刑。"朱辅在《溪蛮丛笑》一书中说："苗、獠杂处，种类甚繁，或曰三苗之裔，或曰盘瓠之遗。"《黔记·诸夷》又载："苗人，古三苗之裔也。"《皇朝经世文编》还载："考红苗，蟠据楚、蜀、黔三省之界，即古三苗遗种也。"可见，远古时代的苗族文化比较发达，不仅创立了刑法，而且发明了武器。后来，汉族所用五刑、兵器是因袭苗族先民的。苗族盘瓠崇拜发源于沅水流域。唐宋以后墓葬出土的许多魂瓶均有狗的图像。辰溪县博物馆的五代魂瓶突出"狗王"，其他宋元魂瓶顶都有狗。麻阳县锦江两岸尚有十多座盘瓠庙，该县锦和镇同天寺盘瓠庙建筑年代最早，其余建于明代。该县高村乡漫水盘瓠庙建于明代永乐二年（1404）。沅水流域之所以成为盘瓠遗迹之地，是因苗族先民较早迁到这里定居。历史文献和民俗资料都表明：九黎—三苗—五溪蛮—苗族是一脉相承的，苗族起源于炎黄时代的"九黎"和尧舜时代的"三苗"。

（六）汉文化的源流

武陵文化虽是以民族文化为主、多元一体的区域文化，但其东部、北部与汉族居住区域相邻。因此，汉文化的濡染比较明显，武陵文化包含语言文字、文学艺术、儒家思想、宗教信仰、科技、教育、医药、物质文化、制度文化等汉文化因子。自汉代以来，许多汉族祖先迁到武陵地区，带来先进的汉文化。他们或者从军，或者从政，或者经商，或者逃难，或者隐逸，或被贬谪。其中，较为出名的是"隐逸文化"，为武陵文化发展发挥历史作用。

1. 赤松子的传说

赤松子是我国远古时代的历史人物，传说是炎帝（神农氏）时施雨的雨师。屈原在《楚辞·远游》中曾提到他："闻赤松子之清尘兮，愿承风乎遗则。"汉代《韩诗外传》云："帝喾学乎赤松子。"即赤松子曾经做过帝喾的老师。汉代《列仙传》云："赤松子者，神农时雨师也。"赤松子这位中原名人来到天门山隐居，清代《直隶澧州志》记载："赤松子，相传隐于赤松山，迄今有丹灶。"明代《万历慈利县志》亦载："赤松山在邑西一百六十五里，与天门山对峙。昔赤松子尝辟谷于此。上下数十里，号赤松村，里人祀其神，曰赤松大王。"清代《道光永定县志》亦载："赤松子相传隐于赤松山，有丹灶，列天门山十六峰之一。向载入慈利志，今属永定。"赤松子首创辟谷养生修性法，颇让贵族仰慕。炎帝小女居然与之私奔，追随他云游四方，学习道法，后来上了天门山。天门山今有赤松山、赤松峰、丹灶峰、赤松村、赤松坪等遗址，都在永定区大坪镇。明代慈利知县叶守礼的七绝《丹灶峰》写得清丽："悬崖峭壁隔尘寰，上有仙人学炼丹。炼得丹成鹤已去，独留丹灶在峰峦。"赤松子隐居天门山等山，为最早云游张家界的历史名人，开了中国隐逸文化先河，故被誉为隐逸文化鼻祖。

2. 善卷的传说

4200年前，历史名人善卷以德施教，开启民智。善卷是我国远古虞舜时代的人物，舜曾让帝位于善卷，但是，善卷不受而隐。《庄子》载有此事："舜以天下让善卷，卷曰：'余立于宇宙之中……逍遥于天地之间，而心意自得，吾何以天下为哉！悲乎，子不知余也。'遂不受，于是去而入深山，莫知其处。"善卷隐居沅水枉山（今常德市德山），开辟德缘，民谣"常德德山山有德"由此诞生。唐代学者李吉甫《元和郡县志》载："枉渚，善卷所居。"宋代祝穆《方舆胜览》亦载："武陵县东十五里，枉山之上有善卷坛……传善卷隐居山。"现在，常德市鼎城区还有善卷村、善卷垸及善卷古坛等古迹。唐代诗人刘禹锡曾写《善卷坛下作》诗一首："先民见尧心，相与去九有。斯民既已治，我得安林薮。道为自然贵，名是无穷寿。瑶坛在此山，识者常回首。"

3. 驩兜与崇山

4200多年前，起源于中原地区的驩兜部落征战胜利以后，加入唐尧部落联盟。唐尧封驩兜为司徒，被列为"八伯"之一。有一次，唐尧向驩兜征求禅让的接班人选。驩兜说："共工方鸠僝功。"唐尧晚年德衰，虞舜篡夺尧位，丹朱部落、驩兜部落、三苗部落不服，联合起来，反对虞舜。虞舜在"丹水之战"杀死"三苗"部落之君，但是驩兜部落还有一定实力。虞舜为了巩固自己的地位，决定兼并异己部落。《尚书·舜典》首载："放驩兜于崇山，窜三苗于三危。"《史记》亦载："放驩兜于崇山，以变南蛮。"驩兜部落从鄂豫边界丹水出发，跨长江、溯澧水，来到武陵山区崇山定居。苗族史诗《鹎巴鹎玛》描述了大迁徙情况："从澧州澧岷上来，从桃花溪桃花沟上来，从桃花园桃花峒上来……沿着长长的河水上走，顺着高高的大山上迁。穿过抬头望不见天的茫茫森林，冲过七拐八弯的激流险滩……"一路上历经险阻，终于迁到苗蛮居住地域崇山相公洞、李家坡等地。苗语叫崇山为高戎霸凑，那里"泉水潺潺，绿树茵茵；伸手可以挠月，张嘴可以咬星；驴马自由奔跑，男女歌舞不停"。于是，驩兜部落在崇山创建家园，融合于南蛮。从此，崇山成为武陵地区巫傩文化的发祥地。驩兜死后葬在崇山，他的后裔演变成了苗族"仡驩"，《山海经》载："颛顼生驩头，驩头生苗民。"苗语称苗族石姓为"仡驩"。石姓有大、小之分，苗语叫大石姓为"驩兜"，石姓苗人奉驩兜为自己的祖先。武陵地区永定区、泸溪县和花垣县还有驩兜墓和驩兜鼎等与驩兜有关的地名和文物古迹。宋代罗泌《路史》曾载："崇山在澧之慈利县，有驩兜冢。"明代《万历慈利县志·丘墓》亦载："驩兜墓在崇山，舜放驩兜于此。后死，遂葬于山下。"清代《光绪湖南通志》又载："崇山……在慈利，上有巨垄，土人指为驩兜冢。"清代《同治直隶澧州志》详载："崇山峙〔永定〕县西南，与天门相连。山势嵯峨，顶有村落。其地平广，可容千人，有八峰，最上巨垄，人传为驩兜冢。"清代《道光永定县志》还载："古驩兜冢在〔永定〕县西南崇山绝顶。有巨垄，土人皆以见之为不祥……鼎一具，在崇山中，相传为驩兜鼎。历数千年，古色斑驳。"《民国大庸史初稿》又载："舜放驩兜于崇山。本县崇山留有驩兜墓，并有驩兜庙筑于侧，遗迹可考。"《辞源》还载："崇山在今湖南大庸县西南……即放驩兜之所。"《湘西土家族苗族自治州丛书·民族志》明确提出："崇山在今张家界市境内……湘西苗族中的一大支系石姓苗族，其自称叫'仡驩'，谦称'代驩'，世传该支系是驩兜族的后裔。"崇山距张家界市城区10公里，比肩天门，挺立澧岸。崇山现属永定区后坪镇连五间村，仍有驩兜庙遗址，村民称为"驩兜屋场"。崇山由于历史文化积淀深厚，历来为文人所瞩目，创作了数百首描写崇山八景的古诗。如明代张采的《驩兜墓》写道："崇山虽僻古尧封，族冢知埋第几重。未放以前经佐帝，盖愆无后始成凶。岩泉尚渍唐虞泪，宿草全荒去住踪。莫向九嶷叫烟雨，当年何故不夔龙。"近年来，张家界市委、市政府实施了崇山农业综合开发，市政协组织了崇山驩兜墓历史考证小组，举行了崇山笔会，整理了数十本正史、方志关于崇山驩兜的史料，编印了《驩兜与崇山》一书，为开发崇山提供了依据。

4. 范蠡隐居汉寿县

范蠡是春秋楚国政治家。楚灵王曾派范蠡辅佐越王勾践，战胜吴国，号称霸王。从此，范蠡带着财宝经商致富。范蠡晚年隐居汉寿县赤山，娶妻武陵人氏，故称"武陵娘子"。赤山仍有"范蠡庙"，据《龙阳县志》载："范蠡，楚三户人，仕越为大夫。霸越后，作五湖游，寓赤山，故其上有范蠡庙……唐天宝中，改名蠡山，上有范蠡庙，其妻武陵娘子亦有祠。"《史记·正义》亦载："陶朱公冢在南郡华容县西，树碑云越之范蠡也。"

5. 湖南首城白公城

史学界专家认为，东周中期，澧水和零溪汇合之处出现城市雏形。

土家族祖先"巴人"用陶、砖、石子、木头、竹子等建筑材料制成井口壁，围绕井生出城，因井为市，形成市井文化。因此，清代诗人朱国挺还在《白公城》一诗中写道："周家荒服白公城，古道殷殷草木荣。"白公古城曾经发现战国早期的陶豆、绳纹罐、筒瓦、板瓦及铜箭族等文物。1980年，白公城被公布为慈利县第一批文物保护单位。

白公城古城址位于慈利县零阳镇笔架路东端零溪河畔、慈利县政府大院后面。白公城古城址呈长方形，南北长350米，东西宽277米。现存黏土夯筑残墙一堵，高2.1米，宽6米；护城河遗迹宽10米，深2米。从2015年11月到2016年4月，湖南省文物考古研究所组织省、市、县三级文物主管部门考古专家进行抢救性挖掘，共计发掘灰沟36处、灰坑117个、房址3处、古井71口，堪称"古井博物馆"。这些春秋战国时期的文物和遗迹表明，当时居住在白公城的人口众多。据湖南省文物考古研究所研究员张春龙介绍，白公城古城址出土了建筑材料绳纹筒瓦、板瓦和生活用具陶器罐、钵、盆、豆等珍贵文物。从出土文物分析，这些石器、陶器、铁器、青铜器和漆木器是楚国附近"巴蜀文化"的遗留，印证春秋战国时期巴人、楚人杂居在白公城的历史。白公城古城址的考古发掘成果为研究湖南城镇起源提供了翔实的文物资料。

（1）形成于春秋时期的最早城邑。

西周前期，周成王封熊绎于楚地。熊绎子孙经营半个世纪，致使楚国有地千里。公元前689年，楚文王熊赀迁都于郢之后，由于距离郢都较近，澧水流域成为楚国"京畿"地区。春秋中期以后，楚国军民逐步向长江以南扩张领土，并在澧水流域修筑城池。现已发现的古城址有慈利县白公城和石门县古城堤等处，白公城因春秋末年白公家族所筑而得名。据明代《弘治岳州府志·慈利县》记载："白公城在县东五里，四面有门。相传楚白公胜所筑。"清代《嘉庆一统志》又载："慈利之白公城，周时白公胜所筑。"清代《同治直隶澧州志·城池》亦载：慈利县有"白公城"，为"周时白公胜筑"。白公胜，名熊胜，号白公，楚平王熊居之孙、太子熊建之子。清代《嘉庆慈利县志》却载："白公城在县治东二里零溪旁……白公善筑。"白公家族居住澧水流域，白公胜族兄白公善家居澧阳（即今澧县）。楚国右军将领白公善遵循楚昭王旨意，部曲所到之处，只求土著臣服，筑城守之，故有澧水流域白公城。楚惠王初即位，白公胜图谋叛乱，征召屯驻澧水流域的将军白公善同反。白公善主动辞职，回到家乡，筑圃灌园。2016年1月，湖南省考古研究所研究员张春龙说："通过城墙和地层分析，白公城最早形成于春秋时期，其发展的主要阶段为战国时期，是目前湖南省境内有史料明确记载的最早城址。"可见，湖南省境内有史可查的最早城池"白公城"建城史已达2 500多年。

（2）发展于战国时期的军事城堡。

战国中期，楚威王为抵御巴、秦等国将士入侵，创建黔中郡等军事城堡。战国后期，秦国多次进攻楚国。公元前223年，楚国终被秦国攻灭。历史文献中有战国时期慈利县一带隶属楚国黔中郡的记籍。据清代《康熙慈利县志》载："慈利……春秋战国属楚。"中华人民共和国建立以来，慈利县白公城城郊一批墓地出土许多战国时期具有荆楚文化特色的楚人文物，印证战国时期慈利县隶属楚国。1978年，慈利县城关镇戴家岗春秋战国遗址出土楚人文物鬲、罐、豆、盆、缸、瓮、甑、筒瓦、板瓦等陶器和斧、凿等石器。1981年，慈利县城关镇官地6座战国早期楚墓出土青铜器鼎、剑、戈、矛、戟、铎、勺和陶器钵、壶、罐、鼎、盘、豆、勺等。1987年，慈利县城关镇石板村、零溪村36座战国中期楚墓出土铜器、陶器和漆木器300多件，还出土楚简1 000多枚，是我国发现的时代最早、数量最多的楚简。2003年，慈利县零阳镇石板村骑龙岗发掘战国至西汉墓葬318座，出土铜器、铁器、陶器、瓷器、玉器、木器和礼器等各种文物2 000多件。据湖南省考古研究所副研究员吴顺东介绍，战国大夫级武官墓葬出土的礼器、兵器、车马品和牲品具有文物价值。9号墓葬一椁两棺，出土礼器铜鼎、铜敦、铜壶各两件，兵器剑、戈、戟、矛各两件，漆木器镇木兽、卧鹿木俑等。另外，出土珍稀的犀甲和铜钺，象征墓主非同一般的身份。综合墓葬形制，墓主当为楚国掌管湘西北地区征伐的大夫级武官。2013年，骑龙岗战国时期古墓群被国务院列入国家级文物保护单位。骑龙岗墓葬区墓葬规格高、随葬品丰富，反映湘西北地区在春秋战国和西汉时期的政治、经济、文化、军事等方面历史。

6. 屈原游览沅澧流域

战国时期，被放逐的楚国政治家、著名诗人屈原游览沅、澧流域后，写下许多诗句，沅、澧流域是屈原侨寓的地方。如《离骚》有"济沅湘以南征兮"，《怀沙》有"浩浩沅湘分流汩兮"，《惜往日》有"临沅湘之玄渊兮"。屈原晚年，溯沅水而上，独处深山。他在《涉江》中写道："乘舲船余上沅兮，齐吴榜以击汰。船容与而不进兮，淹回水而疑滞。朝发枉渚兮，夕宿辰阳。苟余心其端直兮，虽僻远之何伤。入溆浦余儃佪兮，迷不知吾所如。深林杳以冥冥兮，乃猿狖之所居。山峻高以蔽日兮，下幽晦以多雨。霰雪纷其无垠兮，云霏霏而承宇。哀吾生之无乐兮，幽独处于山中……"其中，枉渚在今常德市德山西麓，辰阳在今辰溪县西。屈原游览沅水时到过今鼎城、桃源、辰溪和溆浦等地。明代《嘉靖常德府志》云："屈原……郡中有屈原巷、招屈亭，盖尝侨寓于此……屈平祠，府东二里。"宋代学者乐史撰的《太平寰宇记》记载："屈曾到采菱亭。"采菱亭在桃源县采菱城。秦末，黔中人在屈原流放的溆浦修建了招屈亭，是全国最早纪念屈原的建筑。

屈原诗中涉及澧水的不少，证明屈原曾在澧水留下足迹。如《湘夫人》有"沅有芷兮澧有兰"，《湘君》有"望涔阳兮极浦……遗余佩兮澧浦"。其中，涔水是澧水支流，涔阳在安乡县焦圻镇。清代《直隶澧州志》载："涔水……至汇口入澧，故曰涔澧。《楚辞》'望涔阳兮极浦'是也。"可见，屈原曾经来往于澧水，清代《直隶澧州志》载："'望涔阳兮极浦'诸篇尤于澧境山川草木三致意焉，乃知固三闾大夫被发、闲游素所往来之地也……三闾大夫祠，春秋二仲，搭棚江干，设位以祭。"唐代诗人戴叔伦曾写《过三闾庙》诗一首："沅湘流不尽，屈宋怨何深；日暮秋烟起，萧萧枫树林。"应国斌经过查考，认为屈原"赋澧"必与"游澧"有因果关系。屈原放逐沅澧，是第二次被流放，即被楚顷襄王"怒迁"而渡江南来的，时间在公元前287年至公元前278年之间。

屈原游览沅、澧流域以后所赋名诗对武陵地区旅游文学产生极为深远的影响，对武陵文化乃至中国文化发展起了重要作用。《民国慈利县志》还载："屈原遁楚澧浦、涔阳，擅名骚雅，搴兰写怨。厥体芬芳，顾承学撰述千年。""书楚语、作楚声"的屈原文学是中国古代文学的根基。

7. 宋玉流寓临澧县

战国时期楚国作家宋玉曾任楚顷襄王文学侍从。宋玉是屈原所创《楚辞》继承者，著有《九辨》《风赋》《笛赋》《钓赋》《高唐赋》和《登徒子好色赋》等名篇。宋玉晚年效仿屈原，前来澧水游览，登山看花，临河垂钓，在黄洲湖泛舟采莲、赏荷消遣，最后迁居、终老在道水河畔临澧县。据清代《直隶澧州志》载："宋玉……尝居于邑，有城与庙及看花山、放舟湖诸迹。"今临澧县望城乡仍然保留宋玉城、宋玉墓、浴溪河等有关宋玉的遗迹。宋玉城是座兴于战国时期的古城邑，自唐代以来，古人将此作为祭奠名贤宋玉的场所。据《湖南省志·文物志》又载："〔宋玉城〕夯土墙残存 5 段，残高约 5 米，护城河遗迹尚存。城内出土大量战国时期筒瓦、板瓦、泥质红陶罐、盆等。"宋玉城遗址位于临澧县望城乡宋玉村，村委会所在地对面石碑正面刻有"省级文物保护单位——宋玉城遗址"等文字。宋玉城城址四周约 10 公里，有多处大型楚墓群。清代《安福县志·古迹》："楚大夫宋玉墓在县东二十里浴溪河南岸，即长乐乡，向有墓碑。"宋玉墓陵园位于临澧县望城乡看花山村，仍有宋玉墓以及新建的宋玉亭等。墓西立有题曰"楚大夫宋玉之墓"墓碑，西北角为宋玉亭。宋玉亭东立有五方石碑，依次为被列入湖南省非物质文化遗产保护项目"宋玉传说"纪念碑、重修宋玉墓记、宋玉生平简介、重修宋玉墓功德碑、宋玉《对楚王问》碑刻。相传宋玉墓东南看花芳岭为宋玉看花之处，浴溪河为宋玉沐浴水域。宋玉庙始建于北宋初期。清代中期在宋玉城里修建九辩书院，重建宋玉庙并移至城里与九辩书院连为一体。清代咸丰四年（1854），安福邑令薛湘以庙祀楚国大夫宋玉像，题"九辩书院"四字。临澧县博物馆展有一口铁钟、一块宋玉庙碑与一个石鼓磉磴等宋玉庙文物。由于屈原、宋玉游览澧水，对后人发展武陵文化起了奠基作用。清代乾隆年间，永定知县郭六宰在《新建嵩梁书院记》中写道："永邑为澧兰沅芷之近区，有屈平、宋玉遗风焉。其泽既远，其教易施。"清代道光年间，永定知县赵亨铃也肯定屈原、宋玉对传承武陵文化的作用："楚南夙号多材，澧浦代生哲士。永邑虽属边陲，而屈骚宋赋，不辍披吟；车渚范台，实相景仰。"武陵地区一直流传着古老的民谣："书声朗朗楚域传，宋玉门生笑语酬。湖北湖南天独厚，多才唯楚事有缘。"

8. 春申君故里常德

"战国四君子"之一黄歇曾任楚国考烈王令尹，封春申君。黄歇任楚国令尹二十多年，主张联合韩、魏、燕攻打秦国，使楚国出现中兴局面。明代《嘉靖常德府志》曾载：常德府坪街有"春申君故宅"。《方舆胜览》又载："黄歇……开元寺址，其宅、墓在焉。"因为楚国黔中人春申君曾在常德居住，因此，常德市民主街还有"楚春申君墓"遗址，墓碑保存在常德市文化馆。唐代诗人杜牧赋《春申君》诗一首："烈士思酬国士恩，春申谁与快冤魂？三千宾客总珠履，欲使何人杀李园。"

9. 张若始筑常德城

公元前277年，秦国将军张若率兵进攻楚国，打到沅、澧流域。张若在今常德市区东部修筑城池一座，史称"张若城"，即常德古城的最初修建。明末清初的历史地理学家顾祖禹在《读史方舆纪要》一书中说："张若城，地记：秦昭〔襄〕王三十年使白起伐楚，起定黔中。留其将张若守之，〔张〕若筑此城以拒楚。"《元和郡县志》亦载："张若城在〔朗〕州东四十步。初，秦昭〔襄〕王使白起伐楚。遣张若筑此城以拒楚，并统五溪。"张若城遗址在今常德市区城东一带，常德城就是从战国晚期张若城沿袭发展而来的。

10. 庄蹻夜郎称王

《史记》曾载："始楚威王时，使将军庄蹻将兵循江上，略巴、蜀、黔中以西"，扩地数千里。公元前280年，楚顷襄王又派遣庄蹻率领将士数千人溯沅水通过黔中越过且兰，直到夜郎。后来，秦国派军攻占黔中，楚国将士归路阻绝，道塞不通，庄蹻只好在夜郎称王。《华阳国志》曾载："楚顷襄王遣将军庄蹻溯沅水，出且兰，伐夜郎……既克夜郎，而秦夺楚黔中地，无路得归，遂留王之，号为庄王。"辰溪县曾有庄蹻驻军沅水五城山等古迹。《元和郡县志》载："五城山在〔辰溪〕县东南三百六十里。《武陵记》云：'楚威王使将军庄蹻定黔中，因山造此城。'"

11. 鬼谷子修炼天门山

鬼谷子，姓王名诩，楚国鬼谷山人，纵横家鼻祖，著有《鬼谷子》和《鬼谷子本经阴符七术》等书，弟子百余，张仪和苏秦为其得意门生。《史记·张仪列传》曾载："张仪者，魏人也。始尝与苏秦俱事鬼谷先生学术，苏秦自以不及张仪。"战国时期，张仪、苏秦利用鬼谷子谋略，四方游说。最后，秦王消灭六国，归于一统。鬼谷子成为亡国奴后步赤松子后尘，只好登上天门山炼丹，所居石洞叫鬼谷洞。清代《道光永定县志》记载："鬼谷子，相传天门山学《易》，石室幽邃，下有清流，今石壁上有甲子篆文。"清代《永定县乡土志》亦载："洞在天门山绝壁，无路可阶，有樵者误入洞，见壁上画字如篆文。"鬼谷子隐居天门山后，研究"捭阖策"。传说鬼谷子还下山传授了"神谷神功"，成为永定区官黎坪硬气功的鼻祖。清代永定知县赵亨铃在《道光永定县志》中写道:"赤松之丹灶，鬼谷之清流，久为神仙所栖真。选胜探奇，低徊俯仰，应叹古人其往矣，犹幸遗迹之依然。"清代罗福海《鬼谷洞》一诗写道:"桃花流水去飘然，笑入云深访洞天；隐逸流名埋姓字，纵横术竟出神仙。道书壁上文留篆，丹诀炉中火化铅；满耳恍闻钧乐奏，一条瀑泻万峰巅"。天门山鬼谷洞曾经发现石凳、石桌、石床、石灶，现为天门山知名景点。

12. 东周末王周赧王归宿与赧王墓

周赧王，姓姬，名延（前315—前256年），周慎靓王姬定之子。公元前314年，慎靓王死后，继承东周天子位。为东周第25位国王，也是东周最后一位君王。战国时期，周王室仅保有洛阳附近的小块地方。早在他的祖父周显王姬扁在位期间，秦国势力迅速膨胀。周赧王时期，秦昭襄王基本取代东周天子地位。周赧王姬延在位期间，秦国左右出击，南攻楚国，东击韩、赵、魏等国，向中原地区扩展。

姬延在位期间，周王室已经衰弱，他所统治的地盘只有近40座城池、3万多人口。周赧王居于王城洛邑。当时，秦国攻占了韩、魏、赵三国的很多地方，下一步就要攻打周朝。姬延虽在忧心忡忡中度日，但仍奢侈。这时，楚国想抑制秦国势力扩展，派使者请姬延以天子名义，号令各国协力攻秦。姬延大喜，命令签丁凑起一支五千人的军队，可是缺少武器、粮饷。姬延就向境内富户筹借军资，付给他们借券，答应周军班师之日以战利品偿还。

周赧王五十九年（前256），姬延准备就绪，任命西周公为大将，率领五千军队伐秦，并约六国诸侯到伊阙（今河南省洛阳市南）会合，一起出击。不料，除了楚、燕两国派兵来以外，其他四国兵马失约不来。在伊阙的总兵力不过几万，远不是几十万秦兵的对手。结果，等了三个月，仍然不见其他四国兵马到来，士气涣散。西周公只好带着自己人马无功而回。富户见周军回来，纷纷持借券向姬延讨债。他们聚集在宫门外，喧哗不止，声音传入内宫。姬延愧悔不及，无可奈何，只好躲到宫后的一个高台上避债。周朝人将这个高台称为"逃责台"（即逃债台）。此后，秦军不肯罢休，攻下韩国阳城（今河南省登封市东南）、负黍（今河南省登封市西南）后，直扑东周王城。姬延惊慌，打算逃奔韩国或者魏国。西周公劝说道:"秦吞并六国已是大势所趋，韩、魏两国也不会幸免。大王与其那时被俘受辱，不如趁早投降，结局或许好些。"姬延只好率领臣下和宗室，到祖庙哭拜一番。三天以后，亲自带着家眷、图册，去秦军军营投降。秦昭襄王受降，封他为周公，命令他居住于梁城（今陕西省韩城市南），并夺去象征国家权力的"九鼎宝器"。至此，东周王朝被秦国灭。

姬延当时已经年老，奔走于周、秦、梁等地，经不起劳苦，到梁城后，不满一月就病死了。姬延驾崩以后，谥号为赧王。秦王不许将其尸体埋在都城洛阳，而将尸骨掘出，迁葬于牵水北岸（今陕西省陇县）。后来，几位旧臣不忍先王故后再遭"辱尸"，遂把周赧王尸骨迁葬于澧水流域丁家溶（在今张家界市城区西郊丁家溶），并且修了四十八座女人衣冠坟，古称"四十八堆"。宋代洪迈所撰《容斋续笔》卷十一载："淳熙十四年（1187），澧州慈利县周赧王墓旁五里山摧，盖古冢也。其中，藏器物甚多。予甥余玠宰是邑，得一锌。"明代《万历慈利县志》卷十二曾载："周赧王墓，县西十里。史赧王五十九年，秦攻周。赧王惧而朝秦献地，遂以是年卒，周亦亡。盖秦忌之，不欲其葬内地故也。《容斋续笔》云：'其中藏古器物甚多，理或有之。'"清代《道光永定县志》卷六亦载："周赧王墓，在〔永定〕县西十五里。州志：县有赧王山，中有大冢，封殖甚高，周列小冢四十余，或云殉葬宫嫔也。"《容斋随笔》："慈利县周赧王冢中藏古器物甚多。旁有五里堆，皆冢也。"现在，永定区大庸坪丁家溶仍有赧王山，其东且住岗有五里山，相传有四十八堆，据考为商周古墓群，出土过陶器和戈等文物。因为宋代金石学家洪迈及明清时期多种方志均有记载，所以，东周末王周赧王墓在张家界市永定区。唐代著名诗人王维写过《赧王墓》一诗："蛮烟荒雨自千秋，夜邃空余鸟雀愁。周赧不辞亡国恨，却怜孤墓近骦兜。"清代，某位文人又作诗云："赧王墓下半苍苔，落照荒烟过客哀。此日招魂奠杯酒，笑他避债望乡台。"某位当代文人作诗怀念周赧王："苗蛮烟雨二千秋，赧骨南飞国葬休。四十八堆伶俐冢，朝将春色对东周。"

第二节　武陵文化的发展

文化发生学认为：一个地区文化体系由多种文化组成，是新、旧文化重叠和整合的结果，随着文化变迁形成多重文化在时空上的重叠和整合。武陵文化在新、旧元素交替的过程中是通过"多重文化时空叠合"实现的。当新文化现象出现之时，旧的文化现象没有消亡，而是被整合在新的文化结构之中。新的文化事象出现以后，没将旧的文化事象覆盖殆尽，而是给它留下生存空间，于是旧的文化事象就与新的文化事象并存，实现新的与旧的文化形态之间相互包容，产生的文化效果就是新、旧文化融合。不同时期、不同地域的发生的文化事象凝聚在同一文化符号之中，这就是"多重文化时空叠合"。所谓"多重"，是说这种文化时空重叠。因此，时间越后，文化越是被堆积更多的内涵。由于武陵文化具有"多重文化时空叠合"特点，致使武陵文化从发生、发展直到现代成为"文化连续体"。武陵文化在发展过程中不摈弃旧传统，新旧融合、兼容并蓄，从而发展成为新的区域文化。

一、武陵地区建置沿革

（一）先秦时期

史有记载的武陵地区首次行政建置是战国时期在楚国向长江以南征伐过程中建立的"黔中郡"。楚国黔中郡始建于楚威王熊商时。楚人为抵御秦、巴等国进攻，在沅水流域窑头修建楚城，首设黔中郡。杨宽在《战国史》中说：楚国黔中郡"因黔山得名，辖境有今湖南西部及贵州东北部。楚威王时设郡。"从此，武陵地区始被纳入楚国版图。黔中之名始见于《战国策》："楚地西有黔中、巫郡。"据《史记·楚世家》载：秦昭王扣留楚怀王后，要求楚国割让黔中郡给秦国。至战国晚期，秦昭襄王于二十七年（前280），派遣大将司马错发陇西兵，因蜀攻楚黔中郡，拔之。公元前277年，秦国派遣蜀守张若率兵入侵楚国，续设黔中郡，郡治设在今湖南省沅陵县城西南，即《史记·秦本记》载："〔秦昭襄王〕三十年，蜀守〔张〕若伐〔楚〕，取巫郡及江南为黔中郡。"《资治通鉴》亦载："周赧王三十八年（前277），秦武安君定巫、黔中，初置黔中郡。"秦国黔中郡包括湖南省沅水、澧水流域，湖北省清江流域、重庆市黔江流域以及贵州省东北部。公元前221年，中国成为统一的封建帝国后，秦朝首次在全国实行郡县制度，郡守、县令由朝廷任命。其中，黔中郡郡治设在今沅陵县太常乡窑头村。唐代《括地志》云："秦黔中故城在辰州沅陵县西二十二里。"清代《同治石门县志·建置沿革》又载："〔黔中郡〕故城在辰州府沅陵县西。"1936年出版的《辞海》说："黔中，古地名，战国时属楚，故城在今湖南省沅陵县西。秦昭襄王尝使司马错攻掠其地，秦时为黔中郡郡治。"秦代黔中郡郡治遗址是沅陵县太常乡黔中郡村窑头古城。该城坐南朝北，南城墙保存完好，其次是西城墙，东城墙有些零星痕迹。古城呈不规则长方形，东西中轴线长450米，南北中轴线长250米。南城壕和西城壕系在沟中挖成，城壕底部发现较多的战国时期的陶片和绳纹瓦片，可辨器形有战国晚期的豆和绳纹罐等。1986年，中国社会科学院和湖南省文物考古研究所的专家在沅陵县窑头古城遗址查出了千余座战国至秦汉古墓，发掘了10万平方米的遗址，出土了大量秦汉瓦和壶、罐、盂、豆、钵、铜镜等珍贵文物，发现了街道遗迹。因此，考古专家认定窑头古城为秦黔中郡故城遗址。1996年，窑头村"秦黔中郡郡城遗址"被列为湖南省省级文物保护单位。经2003年的大规模钻探和局部发掘，确认环城东、西、南三面的护城河长230米，城址总面积约为67 000平方米，出土秦砖汉瓦以及铜剑、铜戈等兵器。黔中郡辖慈姑等县，清代《同治直隶澧州志》记载："秦始皇二十六年庚辰，分天下三十六郡，置慈姑县，隶黔中郡……城在慈利官塔坪。"即今慈利县零阳镇太平村。慈姑县管辖范围很宽，包括今澧水流域各市、县。

（二）两汉、魏晋南北朝时期

西汉初期，改黔中郡为武陵郡，隶属荆州刺史部，辖今湘西北、鄂西南、渝东南、黔东北边境毗邻的武陵地区。"武陵"这个专用名词从西汉起长期使用。何谓"武陵"？《后汉书·先贤传》记载，太守赵厥问主簿潘京："贵郡何以名武陵？"潘京答道："鄙郡本名义陵，在辰阳县界，与夷相接，为所攻破。光武时东移出，遂得见全。先识易号，《传》曰：'止戈为武，高平曰陵。'于是改名焉。"关于武陵郡设置的时间，《水经注·沅水》载："汉高祖二年，割黔中故治为武陵郡。"清代，顾祖禹在《读史方舆纪要》中说："黔中城，〔辰州〕府西二十二里，《括地志》秦黔中郡治此。汉改黔中郡为武陵郡，移理义陵，今溆浦县也。"

武陵郡郡治设在义陵县，在今湖南省溆浦县。溆浦县马田坪发掘西汉前期墓7座，出土"半两"钱；发掘西汉晚期墓44座，出土圆壶、方壶等铜器。西汉时期，武陵郡又称"义陵郡"。清代《光绪湖南通志》又载："秦昭襄王三十年，取楚巫、黔及江南地置黔中郡。汉高祖二年改为义陵郡。"其来历即晋代常林《义陵记》云："项羽弑义帝于郴，武陵人缟素哭于招屈亭，高帝闻而义之，故曰义陵郡。"

西汉武陵郡所辖区域与秦代黔中郡略同，共辖13个县。《汉书·地理志》详载："武陵郡，高帝置，莽曰建平，属荆州。户三万四千一百七十七，口十八万五千七百五十八。县十三：索，渐水东入沅。孱陵，莽曰孱陆。临沅，莽曰监元。沅陵，莽曰沅陆。镡成，康谷水南入海，玉山，潭水所出，东至阿林入郁，过郡二，行七百二十里。无阳，无水首受故且兰，南入沅，八百九十里。迁陵，莽曰迁陆。辰阳，三山谷，辰水所出，南入沅，七百五十里，莽曰会亭。酉阳、义陵，鄜梁山，序水所出，西入沅，莽曰建平。佷山、零阳、充，酉原山，酉水所出，南至沅陵入沅，行千二百里。"清代《湖南通志·武陵郡注》又云："今湖南之常德、澧州、辰州、靖州、永顺，贵州省之铜仁、镇远、黎平、思州、思南、石阡、都匀，四川之酉阳，湖北之宣恩、来凤、长阳、长乐、公安各县地，治义陵，今溆浦县地。"

西汉时期，武陵郡辖今湘西北、鄂西南、渝东南及黔东北、黔东南苗族侗族自治州等地，各县辖区如下：

索县：县治在今常德市鼎城区断港头乡，含今汉寿县、鼎城区东北部和沅江市。明代《常德府志》记载："汉寿城本名索县城，汉顺帝阳嘉三年（134）更名为汉寿"。

孱陵县：县治在今公安县，含今安乡县、津市市、澧县一部分、南县、华容县、岳阳县及湖北省公安县。

临沅县：县治在今常德市城区东部，含今武陵区、鼎城区大部分和桃源县地。《水经注》卷三十七载："沅水又东迳临沅县南，县南临沅水，因以为名……县治武陵郡下，本楚之黔中郡矣。"《旧唐书·地理三》载："武陵，汉临沅县地，属武陵郡。"龙山县里耶秦简说："出弩臂三，输临沅。"

沅陵县：县治在今沅陵县，含今沅陵县、泸溪县、吉首市及永顺县、麻阳苗族自治县一部分。清代《同治沅陵县志》记载："汉高帝五年（前202），改黔中郡为武陵郡，治义陵，领县十三，始置沅陵县。"

镡成县：县治在今洪江市黔城镇，含今洪江市、洪江管理区、会同县、靖州苗族侗族自治县、通道侗族自治县、绥宁县一部分和贵州省天柱县、黎平县。

无阳县：县治在芷江县，含今芷江侗族自治县、新晃侗族自治县、鹤城区及贵州省万山区、玉屏侗族自治县、岑巩县、三穗县、镇远县、施秉县。清代《乾隆芷江县志》记载："汉高帝置武陵郡，领县十三。其一曰无阳，即今县治所由基也。"

迁陵县：县治在今保靖县龙溪乡四方城，含今保靖县、松桃苗族自治县和秀山土家族苗族自治县、酉阳土家族苗族自治县各一部分。清代《同治保靖县志》记载："改黔中郡为武陵郡，始置迁陵县隶之。"龙山县里耶秦简说："迁陵以邮行洞庭。"

辰阳县：县治在今辰溪县，含今辰溪县、凤凰县、花垣县、鹤城区、中方县、麻阳苗族自治县及贵州省铜仁市、江口县、石阡县。

酉阳县：县治在今永顺县王村镇，该镇已经发掘西汉墓葬11座。西汉酉阳县含今永顺县、古丈县、龙山县及秀山土家族苗族自治县、酉阳土家族苗族自治县、黔江区、彭水苗族土家族自治县及贵州省德江县、思南县、印江土家族苗族自治县、沿河土家族自治县、务川仡佬族苗族自治县各一部分。清代《光绪湖南通志》载："酉阳，高帝置，今永顺、龙山、古丈等县地。"《明史·四川土司》载："酉阳，汉武陵郡酉阳县地，宋为酉阳州。"据《旧唐书·地理三》载："彭水，汉酉阳县，属武陵郡……务川，〔思〕州所治，汉酉阳县，属武陵郡。"

义陵县：县治在今溆浦县城，含今溆浦县等地。

佷山县：县治在长阳县武落钟离山麓都镇湾镇，含今长阳土家族自治县、五峰土家族自治县及鹤峰县一部分。

零阳县：县治在今慈利县零阳镇，含今慈利县、永定区、石门县、临澧县和澧县一部分。《旧唐书·地理三》载："慈利，本汉零阳县，隋改零阳为慈利县。麟德元年，省崇义县并入。"明代《万历慈利县志》记载："汉高祖己亥，改黔中郡为武陵郡，置零阳县、充县……零阳城在〔慈利〕邑东三里，即古之零阳县也，今有城址。"

充县：县治在今永定区城古城堤，含今永定区、武陵源区、桑植县、慈利县西北部、鹤峰县南部、来凤县、宣恩县（东门关以南）、咸丰县一部分。

刘秀建立东汉以后，把王莽更易的郡、县名称恢复为原名。据《后汉书·郡国志》载："武陵郡，秦昭〔襄〕王置，名黔中郡，〔汉〕高帝五年更名。洛阳南二千一百里。十二城。户四万六千六百七十二，口二十五万九百一十三。临沅；汉寿，故索，阳嘉三年更名，刺史治；孱陵；零阳；充；沅陵，先有壶头山；辰阳；酉阳；迁陵；镡成；沅南，建武二十六年置；作唐。"

东汉武陵郡辖境与西汉武陵郡基本相同，管辖12县。变更西汉的无阳、义陵、佷山3县；新置作唐、沅南2县；东汉建武二十六年（50），分孱陵县地新置作唐县。作唐县治在今安乡县安全乡，辖今安乡县、津市市和澧县一部分。据《后汉书·郡国志》载："沅南，建武二十六年置。"据《后汉书·郡国志》载："沅南，建武二十六年置。"沅南县治在今桃源县兴隆街乡，辖今桃源县南部。改索县为汉寿县，辖今汉寿县和鼎城区东北部。东汉时期，荆州刺史部辖武陵郡，治所设在汉寿县；武陵郡治所迁至临沅县，在今常德市市城区。东汉时期，朝廷将巴郡分出部分置涪陵郡，领涪陵县、汉葭县和丹兴县。

东汉末期，朝廷始将州刺史改为州牧，"州"遂成为一级行政区划。这样，秦汉时期的郡、县二级制变成州、郡、县三级制，武陵郡辖于荆州。东汉末年，荆州为州牧刘表割据。赤壁之战后，刘备占有荆州武陵、长沙等四郡。公元219年，关羽大意失荆州，孙吴大将吕蒙率军夺得荆州。此后，武陵郡长期属吴，直到公元280年吴亡归晋。吴国统治时期，荆州治所迁到今湖北江陵；武陵郡治所仍在临沅县，共辖临沅、吴寿、龙阳、沅南、沅陵、辰阳、黔阳、迁陵、镡成、酉阳和舞阳等沅水流域11县。

魏晋南北朝时期，武陵地区所设各县大部分隶属于武陵郡管辖。晋代，沅水流域仍设武陵郡，据《晋书·地理志》载："武陵郡，汉置，统县十，户一万四千。临沅，龙阳，汉寿，沅陵，黔阳，酉阳，镡成，沅南，迁陵，舞阳。"武陵郡治仍设临沅县，改东吴时期吴寿县为汉寿县。南北朝时，宋、齐、梁、陈分别设置武陵郡，由原隶属荆州改隶郢州（州治在今武汉市）。陈时，割武陵郡的沅水中上游新置沅陵郡，沅水下游仍为武陵郡辖区。

（三）隋唐时期

隋朝统一中国后，在武陵地区设置武陵郡、澧阳郡、沅陵郡和清江郡等郡。据《隋书·地理志》载：开皇九年（589），隋灭陈后，改武陵郡为"朗州"。但是，隋炀帝大业三年（607），又把朗州更名为武陵郡。隋还把临沅县、沅南县及汉寿县合并为"武陵县"，为"武陵县"建县之始。隋代，武陵郡辖武陵县和龙阳县，澧阳郡辖澧阳县、石门县、安乡县、孱陵县、慈利县和崇义县。

李渊建立唐朝以后，派遣大将李靖统领水陆大军征服萧铣政权，武陵郡归属唐朝版图。唐太宗按照地理形势把全国划分为10个道，武陵郡初属"山南道"，后属"江南西道"。江南西道管辖朗州、澧州等州，朗州辖武陵县和龙阳县，澧州辖澧阳县、安乡县、石门县和慈利县。据《旧唐书》载："朗州下，隋武陵郡。武德四年，平萧铣，置朗州。天宝元年，改为武陵郡。乾元元年，复为朗州。天宝初，隶属山南东道，旧领县二……武陵……龙阳。"清代《光绪湖南通志》亦载："隋罢〔武陵〕郡，改沅州为朗州，治武陵县；大业初，改武陵郡。唐复为朗州，天宝初又改为武陵郡，乾元初复为朗州。"

可见，历史上的武陵郡始设于汉代高祖二年（前205），废止于唐代肃宗乾元元年（758），长达963年。

唐朝对于武陵地区归服的土家首领，令其治理其地，子孙世袭其职。在邻近中原的腹地，建立"羁縻州县"制度。"羁縻政策"是中央王朝笼络少数民族而实行的一种地方统治政策。所谓"羁縻"，就是用军事和政治的压力加以控制，辅以经济和物质利益抚慰，即在少数民族地区设立特殊的行政单位，保持或者基本保持少数民族原有的社会组织形式和管理机构，承认其酋长在本民族和本地区中的政治统治地位，任用少数民族地方首领为地方官吏。除在政治上隶属于中央王朝、经济上有朝贡的义务外，其余一切事务均由少数民族首领管理。"羁縻州县"是唐朝在少数民族地区设立的地方机构，是土司机构的雏形。朝廷任命少数民族首领担任羁縻州县的刺史、知州、县令，而且世袭其官，世长其民，世领其地，保留少数民族风俗习惯，这是唐朝在民族地区实行的优惠政策。唐代贞观四年（630），设置黔州都督府。之后，又设荆州都督府、夔州都督府，隶属于江南西道，管理武陵地区羁縻诸州和经制诸州。唐代开元二十一年（733），朝廷增设黔中道，为全国十五道之一。黔中道管辖辰州、溆州、溪州、沅州、锦州、奖州、晃州、思州、黔州等州。唐代开元二十六年（738），黔中道设置采访处置使，后又增置黔中道五溪诸州经略使，处理羁縻州民族事务。唐朝在土家地区设置12个州，即归州、峡州、忠州、夔州、澧州、郎州、施州、黔州、溪州、思州、辰州、锦州，加强对土家地区统治。

（四）五代十国时期

五代十国时期，武陵地区建了楚国和南平国。后梁建立以后，封归顺的潭州刺史马殷为楚王，并且诏令马殷率兵讨伐朗州雷彦恭部。澧州刺史向瓌请降于楚，马殷乃得朗、澧二州。此后，又取辰、溆诸州。马殷对湘西"蛮酋"施以怀柔政策。开平四年（910），辰州蛮酋宋邺发兵反对马殷开疆拓土。马殷多次派兵攻打，宋邺归服于楚。"澧州向瓌、辰州宋邺、溆州昌师益等率溪峒诸蛮皆附于殷。"（《新五代史》卷六十六）马楚政权以宋邺为辰州刺史，以昌师益为溆州刺史，建立羁縻州。由此可见，马楚政权仍对少数民族地区推行羁縻政策。溪州彭氏发展自己势力，逐渐发展强大起来。后唐明宗即位后，封高季昌为南平王，据有荆州、归州、峡州。据《宋史·蛮夷一》载：五代时期，溪州分为上、中、下溪州，并有龙赐、天赐、忠顺、保静、感化、永顺、懿、安、远、新、给、富、来、宁、南、顺、高等州，总计二十州，皆置刺史。后唐明宗于天成二年（927）封马殷为楚国王。彭士愁继位后，为下溪州刺史兼都誓主，十九州皆隶焉，谓之誓下。彭士愁发展农业生产，团结各部，得到溪州诸蛮拥护。后来兼有上、中、下溪州、保靖、永顺、龙赐、天赐、锦、奖、懿、远、安、新、洽、南、富、宁、来、顺、高、忠顺、感化等20余州，领域在今湖南省永顺、龙山、保靖、古丈、溆浦、辰溪、芷江，湖北省来凤、宣恩，重庆市酉阳、秀山一带，建立强大的割据政权。他在溪州之下设立大乡、三亭两县。马希范即楚王位后，加强对溪州等地管理，征收苛捐杂税。后晋天福四年（939），溪州之战爆发以后，缔结盟约，在会溪坪铸立溪州铜柱。彭士愁与楚王划江而治，酉水之南归楚国，酉水之北归彭士愁。溪州铜柱高4米，刻有"复溪州铜柱记"，共2 000多字，是楚王马希范与彭士愁罢兵盟誓条约。后周显德三年（956），彭士愁死后，其长子彭师裕袭静边都誓主、下溪州刺史职。后梁开国时，梁太祖晋升高季昌为荆南节度使。

（五）宋元时期

宋朝统一全国以后，在土家地区继续推行羁縻政策，利用其首领进行统治，使羁縻政策更加完善，"树其酋长，使自镇抚，始终以蛮夷适之"（《宋史》卷四百九十三），并且笼络少数民族首领，对"其有力者，还更赐以疆土"。羁縻政策成为宋王朝统治土家地区极为重要的政策。宋代的地方行政管理体制实行路、州、县三级制。荆湖北路辖有鼎州、澧州、辰州、沅州和靖州等州。宋初，土家首领先后归服宋朝。宋王朝为了加强对土家族地区的控制，在荆湖路澧州澧阳郡设立石门、慈利等县；在归州巴东郡设立巴东县等；在峡州设立长阳、巴山等县；在辰州卢溪郡设立沅陵、泸溪等县；在夔州路之下，设立黔州，辖彭水、黔江等县；在施州设立清江、建始两县。此外，在土家人聚居区，荆湖路设38个羁縻州（主要集中于沅江以北），如湘西北设上溪州、下溪州、南渭州、施溶州和保静州5个羁縻州，鄂西南设富州、顺州、高州、安定州、感化州和保顺州等羁縻州。夔州路设49个羁縻州，如南平州和思州等。宋代，将沅陵县以西、酉水西北地区称为北江，沅江上游及其支流称为南江。"北江蛮酋"是指土家族地区。据《宋史·西南溪峒诸蛮》载："初，北江蛮酋最大者曰彭氏，世有溪州，州有三，曰上、中、下溪，又有龙赐、天赐、忠顺、保静、感化、永顺州六，懿、安、远、新、给、富、来、宁、南、顺、高州十一，总二十州，皆置刺史。而以下溪州刺史兼都誓主，十九州皆隶焉，谓之誓下。州将承袭，都誓主率群酋合议，子孙若弟、侄、亲党之当立者，具州名移辰州为保证，申铃辖司以闻，乃赐敕告、印符，受命者隔江北望拜谢。州有押案副使及校吏，听自补置。"（《宋史·蛮夷一》）

宋代初年，先后任彭师裕之长子彭允林为溪州刺史，以田洪赟为万州刺史，田景迁为珍州（今宣恩县境）刺史。他们官职的任命、升降、调换，必须经过朝廷认可，并且可以世袭。羁縻州的刺史除有权管辖其地外，还有权在州内设押案副使和校吏，是所谓"听自补置"。羁縻州刺史在各自管辖领地内，除拥有任命下属官吏、统治土民的政治权力外，还拥有土兵。宋仁宗时，在荆湖路的辰、澧、荆南、归、峡等州土家杂散地区设立土丁弓弩手，以一万三千户为常额。

至元八年（1271），忽必烈定国号为"大元"以后，在地方设置湖广、四川等十个行省，下属政区为路、府、州、县四等。从元代初期起，朝廷始在武陵地区创造性地建立治理少数民族的政治制度"土司制度"。至元二十年（1283），以向世雄为叉巴洞安抚使，为武陵地区授土司职衔之始。元朝统治者对表示愿意归附的土家首领采取招抚政策，参用世居的土著酋长为土官，担任土司武职宣慰使、宣抚使、安抚使，先后设置永顺安抚司、新添葛蛮安抚司、慈利安抚司、柿溪宣抚司、上桑植长官司、下桑植长官司、散毛宣抚司、施南宣慰司、惹巴安抚司、师壁安抚司、大旺安抚司、木栅安抚司、龙潭宣抚司、高罗宣抚司、容美宣抚司、金峒安抚司、酉阳宣慰司、石砫安抚司和思州安抚司等土司，分别隶属湖广行省和四川行省。元代始设土司机构，朝廷对土司机构的官衔、任命、承袭、升迁、奖惩、朝贡、纳赋和征调等做了具体规定，正式形成土司制度。

（六）明清时期

明清时期，不断完善土司制度，对土司机构的设置、废置、信物、隶属、授职、衔品、承袭、升降、奖惩、朝贡和征调等做了具体规定，使土司制度趋于完备、土司机构达到鼎盛。据《明史·地理志》和有关地方志记载：武陵土家地区设置的土司机构有永顺宣慰司、保靖宣慰司、桑植宣慰司、柿溪宣抚司、慈利安抚司、茅冈长官司、施南宣抚司、散毛宣抚司、忠建宣抚司、容美宣抚司、镇南长官司、唐崖长官司、沙溪宣慰司、铜仁长官司、省溪长官司、提溪长官司、乌罗长官司、朗溪长官司、沿河祐溪长官司、水德江长官司、思邛江长官司、酉阳宣慰司、石砫宣慰司。明朝初年，曾在黔东北设思州宣慰司和思南宣慰司。

清代雍正年间，朝廷在土家地区采取"剿抚兼施""恩威并用"政策，实施"改土归流"。一方面部署兵力，密令彝陵镇总兵官整饬营伍，以防堵土司前路；又调衡州副将周一德领兵驻扎九溪卫，澧州、永定两营兵马听其节制，以防堵土司后路。永顺、茅冈、散毛、忠峒、腊壁、高罗、木栅等土司和九溪卫麻寮所、添平所的土官在外有重兵压境、内有土民控告的特殊情况下，被迫自请改土。清代雍正八年（1730），废除永定卫和大庸所。《清史稿·土司》载："雍正十二年，茅冈土司覃纯一纳土，石门天平所、慈利麻寮所相继请设流官，分其地属石门、慈利、安福三县。"

明清时期，朝廷在少数民族和汉族杂居地区设置卫所机构，派驻重兵，在土家地区周围建立军事防御包围圈。每卫五千六百人，置卫指挥使统领；每卫下辖五个千户所，指挥官称为千户；千户所下辖十个百户所，指挥官称为百户。府、县各卫归各省都指挥使司管辖，各都指挥使司又分别统于朝廷五军都督府。鄂西南设施州卫，领大田千户所和百里荒千户所。湘西北设九溪卫，下辖麻寮千户所、添平千户所和安福千户所；永定卫辖大庸千户所；辰州卫辖镇溪千户所；还有常德卫、崇山卫。渝东南设重庆卫，辖黔江千户所。朝廷在土家地区边缘地带设置麻寮隘丁千户所、添平隘丁千户所和酉水千户所等羁縻卫所，以土官为主、流官为辅，土官千户、百户职位世代相袭；在比较进步地区裁撤原有土司，由中央政府派出流官担任知州、知县；并且废除敢于反抗朝廷的土司，改建卫所。慈利宣抚司等四个土司就是因为土家民众反抗明朝统治而被改建卫所机构。朝廷在慈利江垭的溇水河畔设置九溪卫军民指挥使司，归属湖广行省都指挥使司管辖。

明代，朝廷在承宣布政使司之下又设府（直隶州）、县二级地方政府。常德府辖武陵、桃源、龙阳、沅江四县，岳州府辖澧州、安乡、石门、慈利等县，辰州府辖沅陵县、卢溪县、辰溪县，沅州辖卢阳、黔阳、麻阳等县。黔东北设有思南府、思州府、铜仁府、石阡府、乌罗府等八府。清代康熙三年（1664），始设湖广右布政使司，这是湖南单独建省之始。省下设置四道，岳常澧道辖常德府、澧州直隶州等。其中，澧州直隶州辖澧州、安乡县、安福县、石门县、慈利县、永定县；辰沅永靖道辖辰州府、沅州府、永顺府和乾州厅、凤凰厅、永绥厅、晃州及靖州等。其中，永顺府辖永顺县、保靖县、龙山县、桑植县。湖北省施南府辖恩施县、利川县、咸丰县、来凤县、宣恩县和建始县；宜昌府辖鹤峰州和长乐等县。

二、武陵文化发展脉络

武陵地区自有人类以来，武陵文化形成独特的历史发展轨迹。秦朝建立以后，创建中央郡、县等制度。在延续两千年之久的封建社会体制中，"武陵文化"逐渐发展，成为富有特色、底蕴深厚的区域文化，成为"中国文化"的组成部分。

（一）秦汉魏晋南北朝时期的武陵文化

公元前 212 年，秦始皇颁发焚书法令，除了博士官所藏图书，私人所藏儒家经典和诸子书籍概送官府烧毁。"焚书坑儒"是压制民众思想的愚昧行为。传说秦朝博士伏胜藏书于沅陵县城西 15 公里二酉山半山腰的"藏书洞"，直到秦朝灭亡，才把《尚书》等藏书取出献汉，儒教文化得以保全。清代《光绪湖南通志》曾载："石穴中有书千卷。相传秦人于此学，因留之。"因此，二酉山以成语"学富五车、书通二酉"闻名天下。二酉洞具有重大的文化意义，突出表明我国人民不畏强权、尊重知识的优良传统。据说，有批秦官把竹简抛进今龙山县里耶镇井里焚烧，由于井中缺氧，火未燃起，秦简便被掩埋了。因此，湖南省文物考古研究所专家于2002年对龙山县里耶古城进行抢救性发掘，认定里耶古城是战国始建、延续至秦汉的古城。里耶古城规模约有2万平方米，发掘古墓200多座，出土青铜器、陶器、琉璃器等文物400多件。"中华第一井"一号古井发现秦代简牍3万6千多枚，文字达30多万字。记载秦代二十五年至三十七年的政治、军事、经济、文化等，内容涉及秦代的历史事件、民族关系、军事征战，还有通邮及乘法口诀等，提到的地名有洞庭郡、迁陵、临沅、酉阳、沅陵等数十处，职官有司空、守丞、令守等。这是21世纪以来我国最重大的考古发现。所以，旅游界提出"北有西安兵马俑，南有里耶秦简牍"。与里耶古城隔河相望的有魏家寨西汉古城，保靖县清水坪发现了200多座规模较大的汉墓，出土了大量的青铜鼎及壶、盒、钫等文物。

　　武陵地区土家族具有悠久的文化传统，土家祖先巴人早在先秦时期以能歌善舞闻名而载入史册。巴人歌舞对汉代宫廷乐舞有极大的影响，"巴渝舞"这个名称在汉高祖定三秦后见于史籍。《华阳国志·巴志》曾载："阆中有渝水，賨民多居水左右，天性劲勇，初为汉前锋陷阵，锐气喜舞。帝善之，曰：'此武王伐纣之歌也'。乃令乐人习学之，今所谓巴渝舞也。"《晋书·乐志》亦载："汉高祖自秦汉定三秦，阆中范目率賨人以从帝为前锋。乃定秦中，封〔范〕目为阆中侯，复賨人七姓。其俗喜舞，高祖乐其猛锐，数观其舞，使乐人习之。阆中有渝水，因其所居，故名曰巴渝舞。"汉高祖刘邦派遣乐师学习巴人歌舞，于是，巴人歌舞经过加工整理，成为宫廷舞乐的组成部分并被载入汉廷乐府，不仅为统治阶级所欣赏，而且用来招待"四夷之客"。这种宫廷乐队由巴渝鼓员三十人编成，按照巴渝武乐谱曲演奏，以伴其舞。唐代《通典》记载：巴渝舞"舞由有矛渝、安台、弩渝、行辞；本歌曲有四篇，其辞既古，莫能晓其句度"。魏文帝黄初二年（221），改巴渝舞为昭武舞。西晋时又改为"宣武舞"，与"宣文舞"在乐府中居同等地位。巴人民歌丰富多彩，汉代扬雄在《蜀志》中指出"讴歌"为巴人之歌。左思《三都赋》有"明发而耀歌"之句。李善注说："耀，讴歌，巴人之歌也。何晏曰：'巴子讴歌，相引牵连手而跳舞。'"唐代张鷟在《朝野佥载》中说：魏晋南北朝时，"五溪蛮，父母死……打鼓踏歌，亲属饮宴、舞戏一月余日"。唐代樊绰在《蛮书》中说："巴氏祭其祖，击鼓而祭，白虎之后也……夷事道，蛮事鬼。初丧，鼙鼓以为道哀，其歌必号，其众必跳，此乃盘瓠、白虎之勇也。俗传正月初夜，鸣鼓连腰，以歌为踏蹄之戏。五月十五日，招命骑健，画楫图舟，十船同角，千人齐声，唱鼓扣舷，沿江腾波而下。俗三月八日为大节，以陈祠享振铎击鼓师舞为敬也。"

秦统一天下后，仍以"巴氏为蛮夷君长"，统领旧地。《史记·律书》记载"高祖有天下，三边外畔；大国之王虽称蕃辅，臣节未尽。会高祖厌苦军事，亦有萧、张之谋，故偃武一休息，羁縻不备。"秦汉时期，称武陵地区少数民族为"武陵蛮"以及"廪君蛮"和"板楯蛮"等。秦汉统一中国以后，汉族统治者不断以汉文化影响武陵地区。秦代在全国推行统一的文字小篆，统一全国度量衡。

汉定天下，蜀郡太守文翁率先在益州（今成都市）设立地方学堂，以石室为校舍，较有成效。继而，汉武帝诏令"天下郡国皆立学宫"，汉平帝时规定，郡国设学，县邑设校。从此，从中央到地方始兴学校教育，形成官学教育体系。《华阳国志·巴志》曾载："自时厥后，五教雍和，秀茂挺逸，英伟既多，而风谣旁作，故朝廷有忠贞尽节之臣，乡党有主文、歌咏之音。"该志所录巴人十首诗作就是文明开化的结果。如《刺巴郡郡守诗》："狗吠何喧喧，有吏来在门。披衣出门应，府记欲得钱。语穷乞请期，吏怒反见尤。旋步顾家中，家中无可与。思往从邻贷，邻人已言匮。钱钱何难得，令我独憔悴！"这首巴人作品继承《诗经》文学传统，在汉代诗坛可算独立不群。作品叙写生活片段，脉络清楚，尾联包含着对封建社会剥削制度的控诉，富有震撼人心的艺术力量。

东汉光武帝建武年间，宋均降服"武陵蛮"以后，"立学校"，使武陵地区"人皆安之"。这是武陵地区兴办学校教育的最早记载。东汉和帝永元年间，武陵郡太守应奉也在武陵郡治"兴学校，举侧陋"，竭力推行学校教育。东晋元帝司马睿南迁以后，南郡、武陵郡等地成为军事重镇，汉人与土家先民彼此往来，互相影响。据《晋书·车胤》载："家贫，不常得油，夏月则练囊盛数十萤火以照读，以夜继日。"汉族书生车胤初为荆州主簿，后领国子博士，官至吏部尚书。车胤囊萤夜读的故事成为我国古代一则文化佳话，澧县县城东边三十里的"车渚市"的"聚萤台"曾是车胤聚萤读书的地方。南朝梁陈时代，作唐县（今安乡县）诗人阴铿是武陵地区最早以诗名家的文学家。现存诗作30多首，名篇有《渡青草湖》和《晚出新亭》等。

秦汉以后，武陵地区的奇山异水逐步被世人发现。秦朝推行"焚书坑儒"文化政策时，博士伏胜运出一批秦简，选中沅陵县二酉山的岩洞作为"藏书洞"。后来，将书取出献汉。二酉洞早在汉朝就已成为天下圣迹，成为世人向往的地方。《方舆胜览》载："山下有古穴，中有书千卷。秦人避地隐学于此。"湘西北至今传说："山留磐瓠迹，洞有秦人书。"二酉洞现存"古藏书处"四字碑刻。传说汉初张良曾经归隐张家界。周志德在《风景明珠张家界》一书中说：汉代张良效法前人隐匿江湖，来到大庸青岩山，留下张氏子孙，取名张家界。据《史记·留侯世家》载，汉朝初年，留侯张良曾对汉高祖刘邦说："以三寸舌为帝者师，封万户，位列侯，此布衣之极，于良足矣。愿弃人间事，欲从赤松子游耳。"后来，高后吕雉滥杀功臣。张良意识到"留侯"也留不得了，于是，沿着赤松子的足迹，来到天门山，再上青岩山。清代《道光永定县志》曾载："张良，相传从赤松子游，有墓在青岩山，时隐时见……汉留侯张良墓在青岩山。良得黄石公书后，从赤松子游，邑中天门、青岩各山多存遗迹。"清代诗人罗复元写的《赤松子》一诗也写了张良学赤松子远游的传说："昔闻张子房，从此赤松游。药灶苍藓合，丹井寒蒲抽。巍巍帝者师，何事谋归休。咸阳叹黄犬，争如五湖舟。知足故不辱，知止故不忧。扰扰道旁者，驾言焉所求。"东晋太守二年（324），宜都内史周级察觉大臣王敦谋叛，命令侄子周该说服被王敦联络的人马不要谋反。王敦派人活捉周该，严加刑讯，周该致死未吐实情，叔父周级得免于难。不久，王敦在叛乱中病死，周级也因平叛立功。但是，并未得到高官厚禄。周级看破红尘，归隐故乡名山天门山，死后葬在天门山西麓。元代张兑赋诗叹曰："可怜宜都周内史，古冢垒垒在山址。感时抚景亦怆然，周朴短篇焉足拟。"清代《道光永定县志》亦载："晋宜都内史周级墓在天门山西，张兑有《题杨辆天门山图》诗。"

佛教传入武陵地区始于西晋泰始年后，武陵县（今武陵区）建了观音寺，龙阳县（今汉寿县）建了净照寺。东晋时，武陵郡龙阳县（今汉寿县）竺山西关外一里许创建了香积寺。东晋成帝年间，始建太平山寺，距今龙山县城10公里，松月古塔保存完好，仍为龙山县名胜之一。东晋永和八年（352），酉阳县始建永和寺。南朝梁时，澧县修建了报恩寺。

道教传入武陵地区始于西晋。泰始年间，桃源县始建真源观。桃源县是武陵地区较早渗入道教之地，桃花源的形成与中国道教有密切关系。东晋建武元年（371），今桃源县创建"黄龙观"。桃花源建筑在晋代始建。

明代《嘉靖常德府志》记载:"桃川宫,晋人建。"桃川宫位于桃源山风景区东部,占地4公顷。元代郭昂写有《过桃川宫》一诗:"桃花流水五云间,咫尺仙凡隔往还。白鹤不来华表在,翠鸾飞去玉箫闲。战尘满眼何时了,云驾无由得暂攀。六载苦辛谁与问,瘴烟空染鬓毛斑。"

《桃花源记》是中国作家第一次描绘的理想社会,从此因文传名。所以,以林壑幽静闻名的桃花源声誉益大,名扬海内外,成为世人向往的世外桃源。关于《桃花源记》的写作背景以及所指景点是学术界讨论的热点。通过查阅史料及实地考察后,我们认为:陶潜听到民众避秦世乱而隐耕的传闻后,经过较长时间酝酿,在南朝宋初写出《桃花源记并诗》,桃花源在晋代武陵郡治所附近,武陵人的生活是陶渊明《桃花源记》的写作原型。但也有人说桃花源在酉阳县大酉洞(在今重庆市酉阳土家族苗族自治县)。

陶潜的《桃花源记》是根据当年武陵地区传说而作。其历史背景是:公元前281年,秦国大将司马错挥师剑门关,巴人10万人撤至丰都,后来流入黔中。至今,武陵地区出土的巴人文物印证巴人流入黔中的史实。战国末年,秦人攻打楚国时,濮人、巴人和楚人避于沅、澧流域,也有各国难民流入武陵地区的。秦灭六国后,迁徙天下富豪到巴蜀等地。里耶古城出土的"颍川世第"门额证明秦灭韩后、韩国颍川贵族流放至巴蜀边地的史实。晋代,由于北方少数民族大量内迁等因素,引起国内人口流徙。曾有许多外地流民涌入荆州。据《晋书》载:"巴蜀流入散在荆湘者……四五万家。"当时,武陵地区为少数民族交错杂居之地,是官府统治所不及的。北方某支流民进入少数民族地区,成为不纳赋税、没有徭役的"世外桃源"。《宋书·蛮夷传》就说:荆州"民赋役严苦,贫者不复堪命,多逃入蛮,蛮无徭役"。《太平寰宇记》亦载:"宋人赋税严苦,贫者不堪复命,多逃亡入蛮。蛮无徭役,强者不供官税。"宋代谢枋得在《秦人洞》一诗中写道:"寻得桃源好避秦,桃花又见一年春。花飞莫遣随流水,怕有渔郎来问津。"后来,他们被武陵渔人黄道真发现。在当年道教盛行的桃源一带,他们称其先世避秦时乱,所以"不知有汉,无论魏晋"。晋代,武陵地区最早的道人是一位叫黄道真的渔人,他与桃花源的形成关系密切。南朝齐人黄闵在《武陵记》中说:"武陵山中有避秦人居之,寻水,号曰桃花源……昔有临远黄道真在此山侧钓鱼,因入桃花源,陶潜有桃花源记。"南朝梁人伍安贫在《武陵图经》中也说:"晋太元中，武陵渔人黄道真泛舟自沅水溯流而入。道真既出，太守刘歆与俱往，则已迷路。"黄道真泛舟误入桃花源，出来以后把所见所闻报告武陵郡太守刘歆。据明代《嘉靖常德府志》载："刘歆，旧志以为宋人，曾守武陵。按《陶渊明集》云，晋太元中，武陵渔人入桃花源，既归，处处志之，诣太守刘歆说其事，太守即遣人随往，寻向所志。"南阳人刘子骥闻言寻找，江西九江陶潜也闻此事。动心之余，写下《桃花源记并诗》，促使桃花源成为人间仙境的代称。所以说，历史上武陵郡确有渔人黄道真。

在关于《桃花源记》的校勘中，学者们就陶潜文中是否有"渔人姓黄名道真"一句而争执。陈寅恪在《桃花源记旁证》一文中认为有此句，是为陶公自注，并且论述百姓为避战乱而筑坞堡以自耕食是陶渊明作《桃花源记》的素材来源。清代姚培谦在《陶谢诗集》说："义熙末，〔陶〕潜征著作郎，不就。桃花源避秦之志，其在斯时。"可见，《桃花源记》实为陶潜晚年之作，桃花源形成在南北朝时。在历代文人游咏桃花源的诗中，最早的有两首。一首是南朝诗人徐陵的《山斋》："桃源惊往客，鹤桥断来客。复有风云处，萧条无俗人。"另一首是北朝北周诗人庾信的《咏画屏风》："逍遥游桂苑，寂绝到桃源。狭石分花径，长桥映水门。"所以，我们说，南北朝时，千古名篇《桃花源记》的问世和武陵仙境桃花源的初创标志"武陵文化"初步形成。

从秦代到隋代，各个封建王朝虽在土家地区设置郡县，委派官吏，但是封建王朝对土家地区的控制比较松弛，时断时续。加上战争颇为频繁，社会长期动荡不定，土家内部势力消长变化较大，活动范围时大时小，因此处于很不稳定的状态。

（二）唐宋时期的武陵文化

1. 书院文化

隋代，武陵地区杂居的"蛮人"仍然保留民族文化。唐代魏徵在《隋书·地理志》中说："沅陵、清江……其偏处山谷者，则言语不通，嗜好居处全异，颇与巴、渝同俗。诸蛮本其所处，承盘瓠之后，故服章多以班布为饰。其相呼为蛮，则为深忌。"

唐宋时期，朝廷在武陵地区设立官办学校，讲授颜师古的《五经定本》和孔颖达的《五经正义》等儒家经典和书学、算学、律学，出现莘莘学子参加科举考试的局面。唐太宗贞观年间，各地州、县已经普设统归地方行政官吏管理的"州、县之学"。如清代《同治直隶澧州志》载："安乡县学，唐贞观中创于县治东部。"五代时期，黔南节度使李承约"兴起学校"以后，彭水产生五名进士。宋代咸淳八年（1272），鼎州建常德府学。澧州州学"宋建学，城南一里"。宋代绍熙二年（1191），创建武陵县学。恩施县自唐宋以来，"历千余年皆有学，人才炳蔚，已代有传人矣"。唐末，部分名儒隐居武陵地区，创建书院，聚徒讲学，为宋代书院的繁荣奠定了基础。唐代，桃花源桃川宫东北创建了"天宁书院"。宋代，武陵地区官办学校有澧州州学、靖州州学、安乡县学、武陵县学、桃源县学、辰溪县学、麻阳县学和黔阳县学等县学。

书院起源于唐初，由私人创办主持，是私学教育的最高形态，是我国特有的教育形式。唐代，桃源县创建了天宁书院。宋代，澧州建了溪东书院，龙阳县建了龙津书院，慈利县建了清溪书院，靖州县建了鹤山书院，沿河县城东五十里处创建了鸾塘书院。泸溪郡设有东洲书院，王庭珪任山长。官办学校、书院的发展造就了一批人才，产生了一批进士、武将。据清代《同治直隶澧州志》记载："吴汝纳，唐太和间及第""厉图南，大中时举进士""李群玉，光化三年追赐及第"。李群玉，唐代澧州诗人，居住沅澧，崇师屈宋。唐代大中八年（854），李群玉向宣宗皇帝献诗三百首，敕授弘文馆校书郎。李群玉是湖南有名的诗人，《全唐诗》中有李群玉的258首诗，如《黄陵庙》《湘西寺霁夜》和《夹山寺上方》等。其作品均收在今人辑注的《李群玉诗集》中。明代《万历慈利县志》记载了慈利县的进士："宋政和年，莫俦；刘甸，字德俊，荆门军长陵丞；刘畤，字尧咨，太常寺博士。"北宋政和二年（1112），慈利县籍莫俦，考取壬辰科廷试第一。施州都亭里人詹邈在宋哲宗元祐三年（1088）的进士考试中获得第一名，成为博学宏词科状元。施州人向九锡在元祐年间考中进士。施州都亭里土人向中之在元祐年间考中进士，宋廷派他为管理文教事务的教授。可见，唐宋时期，武陵地区出现了少数学习儒家典籍较好的土家文人和官员。如田世康任唐初首任黔州刺史；赵国珍曾任唐代开元年间工部尚书；彭水县人田英被朝廷任命为溪州刺史；唐宪宗元和年间，田行皋被朝廷任命为施州刺史，加兵部尚书；谭荣昌为苏州知州；向通汉为富州刺史。北宋政和年间，慈利县莫俦为吏部尚书。

2. 旅游文学

唐宋时期，武陵地区旅游文学呈现繁荣局面，留下许多名人佳句。唐宋时期，桃花源已经成为驰誉天下的名胜，被尊为道教圣地的"第三十五洞天"，受到朝廷保护。唐玄宗时，建成主体建筑"桃源观"，形成"秦人洞""桃源洞""桃花溪""佳致碑"等胜迹，吸引李白、王维、孟浩然、张旭、韩愈和杜牧等名人前来踏寻游览，题诗咏赋。如唐代诗人张旭在《桃花溪》一诗中写道："隐隐飞桥隔野烟，石矶西畔问渔船。桃花尽日随流水，洞在清溪何处边。"宋代，桃花源发展到历史上的鼎盛时期。宋太宗赵匡义下诏修复桃花源。南宋《玉海》"淳化元年，朗州官奉诏，修桃源观五百仙人阁，成名望仙阁。"记载的就是此事。宋徽宗时，更大规模地修建桃花源。据《重修桃川万寿宫记》载："政和元年……建景命万年殿及福寿二星、经钟楼阁、斋寮、厨库、廊庑、方丈，凡一千三百三十楹。明年，赐'桃川万寿宫'额，设提典掌之，以便祝厘。"宋代，桃花源盛极一时，名声沸扬于海内。著名诗人苏轼和黄庭坚曾到桃源，写下名篇《和陶潜桃花源诗》和《水调歌头》，至今桃源留有"苏黄溪"和"苏黄渡"等地名。宋代著名诗人秦观游览桃花源后，留下婉约词《点绛唇·题桃源》："醉漾轻舟，信流引到花深处。尘缘相误，无计花间住。烟水茫茫，千里斜阳暮。山无数，乱红如雨，不记来时路。"南宋史学家郑樵游览桃花源后，写有名诗《过桃源洞田家留宿》。唐代开元年间，著名诗人李白听说边塞诗人王昌龄被贬为龙标县（今怀化市洪江市）尉，写下《闻王昌龄左迁龙标遥有此寄》："杨花落尽子规啼，闻道龙标过五溪。我寄愁心与明月，随风直到夜郎西。"王昌龄到龙标县后，宾朋酬唱，作诗四十多首，代表诗作《龙标野宴》为："沅溪夏晚足凉风，春酒相携就竹丛。莫道弦歌愁远谪，青山明月不曾空。"芙蓉楼向有"楚南上游第一胜迹"之称。芙蓉楼为纪念唐代诗人王昌龄而建，因王昌龄曾作《芙蓉楼送辛渐》诗而得名。王昌龄在《芙蓉楼送辛渐》中写道："寒雨连江夜入吴，平明送客楚山孤。洛阳亲友如相问，一片冰心在玉壶。"清代曾经维修芙蓉楼，并建冰心玉壶亭、送客亭、半月亭和览翠楼等建筑物群，楼侧竖立八十多块历代名人题诗作赋的碑石，其中，有《王昌龄宦楚诗》十五首以及颜真卿和岳飞等名人手迹。五代后晋处士周朴见藩镇割据，朝廷腐败，遂登上天门山灵泉院拜佛参禅，赋诗言志："华亭参后最幽元，一句能教万古传。猿抱子归青嶂外，鸟衔花落碧崖前。虽知物理无穷际，却恐沧溟有限年。为报五湖云外客，何妨来此老林泉。"后来，周朴隐居天门山，赋诗弹琴，留有《天门南楼》诗二首和《吊李群玉》等名诗。其一为："春山到处喜相从，又是天门十六峰。翠壁深深回鹳鹤，青峰矗矗隐芙蓉。乍疑日出同吴观，只少金泥拟汉封。愿借仙人杖九节，临风直欲舞双龙。"故明代《万历慈利县志》记载："〔后〕晋周朴隐居天门山，以耕读娱。屡征不起，所著有《灵泉诗集》行于世。"周朴死后葬在天门山南麓，石砌古墓至今犹存。

3. 宗教文化

唐宋时期，武陵地区宗教文化开始昌盛。佛教传入武陵地区以后，以禅宗、天台宗和净土宗为主，创建寺庙五十多座。唐代贞观二年（628）在沅陵县西郊虎溪山麓创建龙兴讲寺。唐初，朗州（今常德市）德山始建乾明寺。唐代咸通元年（860），朗州刺史薛廷望奉旨重修。宰相裴休书题"古德禅院"匾额，寺院里有金刚塔、铁经幢等。位于今慈利二中的兴国寺（现仅存梅花殿）创建于唐代，为尉迟敬德所建，现存梅花殿已被列为湖南省重点文物保护单位。唐代肃宗年间，旦子和尚奉敕领建了天门山寺，并铸七星铜剑以作镇山之宝。1972年，天门山寺旧址出土了唐代铜观音塑像2个、铜菩萨像2个。经鉴定，该佛像为国家一级文物。唐懿宗咸通十一年（870），禅宗高僧善会在石门县东南十五公里的青嶂岭创建夹山寺。唐懿宗、宋神宗和元世祖曾经下诏敕建，享有"三朝御修"盛名。宋代高僧圆悟在此讲经十多年，其著作《碧崖录》史称"宗门第一书"，对海内外佛教文化影响很大。唐代咸通年间，朗州刺史薛廷望在德山孤峰岭创建乾明寺，延请宣鉴法师讲《金刚经》，成为云门宗和法眼宗共同祖庭。寺前的"铁经幢"建于北宋建隆年间，今已移置常德滨湖公园。唐代贞元年间，衡山禅宗高僧惟俨法师在澧阳县（今津市市郊棠华乡）创建药山寺，为曹洞宗祖庭。唐代，洛浦元安在石门县东北十一公里处创建洛浦寺，文邃在澧县县城西创建钦山寺。五代时，今永定区始建玉泉寺，后晋周朴写有《宿玉泉寺》诗。五代前蜀咸康元年（925），来凤县修建了仙佛寺，成为江南最早的石窟寺。宋代，今张家界市境内建有铁佛寺和宝峰寺等寺庙。

唐代，慈利县草创五雷山道观，鼎城区河洑山始建太和观。五代后晋天福年间，在永顺县老司城始建祖师殿。北宋天圣年间，溆浦县创建景星观。南宋时，慈利县始建紫霞观和高贞观。

（三）元明清时期的武陵文化

1. 书院文化

元明清时期，武陵地区修建许多官办的学校和官方管理的书院，各民族子弟纷纷上学读书，取得丰硕的成绩。

元代，除常德路学外，在施州、建始、慈利州、武陵县、桃源县、泸溪县、辰溪县、麻阳县、黔阳县等地设立学校。常德建沅阳书院，龙阳建龙津书院，澧州建道溪书院，澧阳建学殖书院，临澧建道溪书院，大庸建天门书院，慈利县建环溪书院。

明代《万历慈利县志》记载："慈利州学在治西，元至正辛卯毁于兵。壬辰知州樊益建。"明太祖十分重视教育，大力兴办学校，认为"治国以教化为先，教化以学校为本。"朝廷规定选官必须经过科举，而"科举必由学校"产生。明太祖于洪武二十八年（1395）下令"诸土司皆立县学"。据《明史·土司》载，弘治十四年（1501），明孝宗下令："土司、土官子弟，凡要承袭土职者必须入学。不入学者，不准承袭。"弘治十六年（1503），明孝宗再次下令："土官应袭子弟，悉令入学，渐染风化，以格顽冥。如不入学者，不准承袭。"这些强制措施有利于土司王、土官文化的提高，不仅可以促进各民族之间的文化交流，而且使各民族出现一批颇有造诣的文人学士。明代建成常德府学、辰州府学、铜仁府学、思南府学、石阡府学、澧州州学、沅州州学、酉阳州学、巴东县学、长阳县学、武陵县学、桃源县学、龙阳县学、安乡县学、石门县学、慈利县学、辰溪县学、溆浦县学、沅陵县学、黔阳县学、麻阳县学、泸溪县学、永定卫学、九溪卫学、施州卫学、平溪卫学等。明代永乐六年（1408），设立酉阳宣慰司司学。

清代统治者比较重视学校教育，官办学校在清代前期有了新的发展。"改土归流"以后，新置府、厅、县，创办了一批官学，有永顺府学、永顺县学、保靖县学、龙山县学、桑植县学、安福县学、永定县学、乾州厅学、凤凰厅学、永绥厅学、施南府学、恩施县学、宣恩县学、咸丰县学、来凤县学、利川县学、秀山县学、石砫厅学、酉阳州学、黔江县学、彭水县学、秀山县学等。

明清时期，武陵地区也兴办了数量众多的书院。武陵县有沅阳书院、朗江书院。桃源县有桃溪书院、漳江书院、龙川书院、沅南书院。龙阳县有龙津书院、龙池书院。澧州有车渚书院、澧阳书院、文山书院。安乡县有深柳书院。石门县有秀峰书院、有丝书院。慈利县有环溪书院、月川书院、聚奎书院、九溪书院、渔浦书院、阳山书院、清溪书院。永定县有嵩梁书院、城东书院、瀛州书院。桑植县有澧源书院、萝洞书院。辰州府有崇正书院、让山书院。沅陵县有阳明书院。沅州府有明山书院。万历年间，永顺宣慰司在老司城设立若云书院。永顺府有桂香书院、灵溪书院、大乡书院。保靖建崇文书院、炳文书院、文昌书院、莲塘书院、雅丽书院。龙山县建云从书院。泸溪县建文峰书院、南溪书院、崇文书院、观澜书院。凤凰厅建敬修书院。乾州厅建镇溪书院、立诚书院、㵲溪书院。永绥建绥吉书院、绥阳书院。施州建南郡书院、西郡书院。宣恩县建龙洞书院。利川县建钟灵书院。建始县建五阳书院。巴东县有"文昌书院"。利川在清江北岸修建钟灵书院。来凤在百福司创建桂林书院、歧阳书院、朝南书院。酉阳县修建钟灵书院、龙池书院、酉西书院、龙潭书院。秀山县城建有凤鸣书院。黔江县建有三台书院、墨香书院。石砫县建有南宾书院、华祝书院。彭水县建有摩云书院、丹泉书院、江华书院、麓山书院。铜仁市建有铜江书院。思南府治建有中和书院。思南县建有文明书院、为仁书院、凤仪书院、斗坤书院。沿河县建有竹溪书院、培宗书院、鹤鸣书院。江口县建有卓山书院、双江书院。德江县建有文思书院。印江县依仁书院。石阡建有明德书院、镇东书院、起凤书院、龙川书院。玉屏县建有聚星书院、印山书院。学校、书院的兴建使武陵地区统治阶级受到较高水平的文化教育，推动了各民族文化交流，因而出现一批文化较高的士人。

从元代到清代，武陵地区各民族考取举人、进士的不乏其人。如元代延祐五年（1318），澧州人郝希贤考中状元，成为沅澧流域唯一的状元。洪武年间，慈利县陈原达考取举人，仕至大理寺左寺副。这些考取功名的学人大多数被派往全国其他地区担任知府、知州、知县、教授等官职。

2. 文学、史学与地方志

元明清时期，武陵地区文学创作呈现百花齐放的局面，特别是土司文学和山水文学更是武陵文学百花园中的两朵奇葩。元代，慈利学官王元明兴学传道，培养土家人才，并且编著《达意集》二十卷。元末进士、翰林杨辅著有《鸡肋集》，元朝灭亡后，隐居慈利聚奎书院讲学。元顺帝至元进士张兑著有《溪堂集》行世。明代，九溪卫进士周叙著有《唐诗类编》《钦恤录》《石溪集》和《洛阳花木记》等诗文集。九溪卫进士刘瑄著有《古今诗选》《明诗增删》《憨园集》和《刘他山制艺》等诗文集。桃源县文学家江盈科为明代诗歌革新派"公安派"主将，有《雷涛阁集》《谐史》《雪涛谈丛·诗评》等传世，《雪涛小说》艺术成就甚高。明代武陵县（今武陵区）人龙膺创作遍及诗词曲赋，有《龙太常全集》传世，另有传奇《蓝桥记》和《金门记》。明代靖州县杂剧作家许潮所作《泰和集》有17个单折杂剧。

土司时期是土家文学繁荣时期，以永顺土司、容美土司和酉阳土司为代表的土家文人创作的文学作品是土家文人文学的精品。明代正德年间，永顺土司王彭世麒在颗砂爽岩洞洞口刻下律诗两首。其一为："古洞爽开处，藏春别有天。百壶酬胜景，一笑了尘缘。"其二为："偶与仙人游，邀我洞中宿。夜久月明孤，风吹岩下竹。"永顺土家人彭世麟在其兄彭世麒于明代正德元年（1506）带兵外出征伐期间曾经代行土司职，在老司城观音阁钟上铸《观音阁钟铭》："维虚有容，厥声斯洪。随其所扣，应之无穷。以启昭昭，以觉梦梦。晨昏之节，永惟茂功。"永顺宣慰使彭世麒之子彭明道于正德年间在三家田庹姓屋后石壁上留下《白竹山石刻》："泰山之固，磐石之坚。子修高隐，明道成仙。月楼其号，万古千年。是何名矣，十三洞天。"明代正德二年（1507），土家人田世爵袭职为容美宣慰使。由于他倡导诗文，以后田氏子孙代代写有诗集，在湖广省诗坛上颇有名气，故史籍说：容美土司"至田世爵后，颇事诗书"。容美土司连续6代田九龄、田宗文、田玄、田甘霖等9位诗人的3 000多首诗是中国古代土家文化的杰出代表。清代康熙十八年（1679），容美宣慰使田舜年将其祖先及自己诗集编成《田氏一家言》，由田九龄的《紫芝亭诗草》、田宗文的《楚骚馆诗集》、田玄的《秀碧堂诗集》、田圭的《田信夫诗集》、田沛霖的《镜池阁诗集》、田既霖的《紫芝亭诗集》、田甘霖《敬简堂诗集》、田舜年的《白鹿堂诗集》等组成，共存古诗五百多首。酉阳土家冉氏6位诗人留下的60多首诗歌都是土司时期的作品。最早留下作品的是十五世纪的酉阳宣抚使冉云。据《明史·四川土司传》载：明代天顺年间，"进宣抚冉云散官一阶"。冉云著有诗集，现存七律《题仙人洞》。其中，诗句"谁能静习长生术，向此烧丹扫绿苔？"对仙人洞有神仙之说提出质疑。其后，酉阳宣抚使冉舜臣、冉仪、冉元祖孙三人都有诗作。如冉仪因大酉洞形似桃花源原型地而作《桃涧》："浓烟带雨淡蒸霞，几树无言自着花。流出山来缘底事？赚他刘阮不还家。"冉元在《题大酉洞》中亦道："一自逃秦别有天，洞门关锁白云边。春来鼓曳桃花水，莫道渔郎尽是仙。"冉舜臣创作散文《飞来山记》和《留霞洞记》。明代崇祯十四年（1641），冉天育袭其父冉御龙为酉阳宣抚使。冉天育的诗编为《詹詹言集》，刻印传世，今存诗31首、词8首。冉天育曾经参加明王朝的援辽战役。冉天育在辽三年，写下了一系列边塞诗。《从征辽左经阵亡将士处举酒酹之》是首反映土家将士援辽的名诗："日惨风更号，千军血一刀。黄沙平地起，白骨比山高。国帅生为戮，健儿死亦豪。裹尸何处所，薄奠借村醪！"冉天育的词作有《满江红·春词》《玉楼春·春怨》《满庭芳·新秋》《菩萨蛮·秋夜》等。石砫土司马宗文以振兴文教为己任，创作《宣英王庙记》《游石峰寺》和《登西山古诗》。明代嘉靖思南府诗人田秋写有《登崖门》和《西麓奏议》。

清代，土家文人、学者不胜枚举，文人文学进步较快。石门县进士覃远琎著有《程墨文》《程墨诗》各一卷。石门县乾隆年间贡生陈光泰著有《登天门台》《春日送江石人归省》《赋得春郊饷耕徒》等。清末湖南四大文人、石门县阎镇珩著述颇丰，刊印《六典通考》《北岳山房文集》、和《北岳山房骈文合刻》。石门县咸丰年间进士黄道让写有《重登岳麓》和《放歌少作》等诗文。慈利县光绪岁贡田金楠著有《半有堂文集》《半有堂诗集》《消寒唱酬集》等书稿。慈利县清廪贡生吴恭亨著述颇丰，共有诗集、文集、等26种，合为《梅晦堂文集》丛书。慈利县三官寺土家族乡土家学者吴愈材在清末考察索溪峪一带的山水风光及民族风情后，撰写极有文学价值的《不息园诗文刻二卷》《不息园杂诗杂记二卷》《索水志一卷》和《烛撤金莲》。永定区土家作家庹悲亚出版《淡默轩诗集》《淡默轩丛稿》《退园诗话》和《神洲唱和集》等书。永定区土家诗人杨良翘存诗近两百首，辑为《梅溪诗草》。桑植县道光贡生彭莲峰著有《招月楼诗赋》《半年先生赋》和《烟海吟》等诗文。桑植县土家族女诗人彭春芝作诗百余首，她在慈禧当朝之际写下《咒慈禧》："清风何凄切，慈禧徒伤悲。海军费用尽，倭来无抵御。无数条约订，丧权辱国威。心怀木兰志，征战莫迟疑！"桑植县土家族女诗人刘霜环文笔出众，唱和赠答，汇成诗集《山花集》。酉阳县优廪生陈汝燮撰写的《答猿诗草》存诗900首。石砫县冉永焘创作《游三教寺》和《醉仙亭记》等诗文。酉阳县冉正维为清代嘉庆拔贡，著有《老树山房文集》和《醒斋诗文稿》。其子冉瑞岱著有《二酉山房诗集》《二酉山房随笔》和《诗文偶存》。清代沿河县诗人王藩写有《沿河八景》和《一瓢斋集》。清代思南县诗人张敏文写有《德水渔人》《思南杂咏》等组诗。清代思南县词人张德徽写有《中和夏绿》等八首词。清代德江县诗人黎静山写有《拙首随笔》和《鸣草堂》。

元明清时期，武陵地区学者编写了许多史学著作。明代正德年间，永顺宣慰使彭世麒著有《永顺宣慰司志》，记其世职、山川景物，是研究湖广省土司制度的著作之一。其子彭明道隐居白竹山，著有《逃世逸书》。清代康熙年间，容美宣慰使田舜年治学广博，著述颇多，计有《二十一史纂要》《二十一史补遗》《六经撮旨》《田氏一家言》《白鹿堂诗文集》和《容阳世述录》。他编辑的二十一朝史略，简明扼要，对中国历史的人物和事件有自己的见解，堪称"文史大全"。卯洞土司编有《卯洞土司志》，桑植土司编有《桑植土司志》，董儒修编有《康熙九溪卫志》，杨显德撰有《康熙永定卫志》，永顺土司张汉杰著有《南渭州土知州谱》。几乎所有土司修有谱书，较为著名的有容美土司修的《田氏世家》、桑植土司修的《向氏族谱》、茅冈土司修的《覃氏族谱》、永顺土司修的《彭氏族谱》、石门县修的《覃氏三修族谱》、思南县修的《田氏谱志》和酉阳土司修的《冉氏家谱》等。

元明清时期是我国纂修地方志书的高潮时期，武陵地区各州、县修有一部以上志书。元代，常德纂有《武陵续志》；明代，邑人陈洪谟修纂《嘉靖常德府志》；清代，胡向华纂修《康熙常德府志》。明代，水之文纂修《嘉靖澧州志》；清代，黄维瓒纂有《同治直隶澧州志》。石门县的志书有清代《嘉庆石门县志》和《同治石门县志》等。慈利县有明代《万历慈利县志》和清代《嘉庆慈利县志》等。桑植县有《乾隆桑植县志》和《同治桑植县志》等。永定区有《道光永定县志》和《永定县乡土志》等。永顺县有《乾隆永顺府志》和《同治永顺县志》等。保靖县有《雍正保靖县志》和《同治保靖县志》等。龙山县有《嘉庆龙山县志》和《光绪龙山县志》等。古丈县有《光绪古丈坪厅志》等。吉首市有《乾隆乾州厅志》

等。凤凰县有《道光凤凰县志》等。泸溪县有明代《万历泸溪县志》和清代《康熙泸溪县志》等。花垣县有《同治永绥直隶厅志》等。沅陵县有《乾隆辰州府志》和《同治沅陵县志》等。溆浦县有《同治溆浦县志》等。辰溪县有《道光辰溪县志》等。芷江县有《同治沅州府志》和《乾隆芷江县志》等。黔阳县有《康熙黔阳县志》和《乾隆黔阳县志》等。麻阳有《同治麻阳县志》等。靖州县有《康熙靖州志》和《乾隆直隶靖州志》等。会同县有《光绪会同县志》等。通道县有《嘉庆通道县志》等。鄂西南的地方志书有《道光施南府志》《乾隆鹤峰州志》《同治恩施县志》《同治来凤县志》《同治咸丰县志》《同治宣恩县志》《光绪利川县志》《光绪巴东县志》《道光建始县志》《同治长阳县志》《咸丰长乐县志》等。渝东南的地方志书有《乾隆酉阳州志》《同治酉阳直隶州总志》《咸丰黔江县志》《光绪黔江县乡土志》《光绪黔江县志》《光绪秀山县志》《乾隆石柱厅志》《康熙彭水县志》和《光绪彭水县志》等。黔东北的地方志书有《嘉靖思南府志》《道光铜仁府志》《道光印江县志》《民国沿河县志》《民国德江县志》等。

3. 旅游文化

元明清时期，五雷山道观逐步发展。元代至正年间，慈利籍翰林、国史编修张兑归隐五雷山，重修真武祠，增修太子宫、火宫殿，布施福地，胜境初成。明代永乐年间，张三丰云游传道南武当五雷山等地。明代万历年间，常德荣定王和澧洲华阳王游览五雷山后，称其为"楚南名山"。明神宗闻奏后，封五雷山为"洞天福地"。遂将道教宫观扩建成36宫、72殿。清《嘉庆慈利县志》载五雷山建筑有一天门、二天门、朝圣门、王爷殿、赵爷殿、温爷殿、灵官殿、五龙宫、太和殿、文昌阁、玉皇殿、观音堂、关圣殿、紫金宫、三元宫、白衣阁、万福寺等。明代崇祯年间，华阳王朱敬一"为文敕碑"，称"楚南名山数五雷"。清代，张兑后裔接管五雷山，将原36宫更名，除祖师殿、观音堂外，概被称为"内八家"和"外八家"。五雷山既是道教昌盛之地，又是文人雅士旅游胜地。因此，不仅留下了《五雷山赋》等描写五雷山风景区的曲赋佳作，而且留下了百余首游览五雷山的古诗，如清代慈利县令曹邦的《登五雷山》迸发出一团令人振奋的豪雄之气："非千空谷足音传，隐隐殷其地有天。马首滴鬈和雨泼，剑光射斗与星联。轰轰日御行边度，蠢蠢云轩坐下悬。

消息个中谁解得，冲宵仙吏有奇篇。"

元明清时期，天门山旅游活动有所发展。元初，土家文人田希吕首创天门书院于天门山麓。从此，本境文风渐盛，人才辈出。元代至治年间，天门山翰林杨䩄按天门山十六峰名分别赋诗一首，使天门山广泛传播。元代至正年间，翰林张兑游览天门山后，在《题天门山图》诗中赞道："今年直上天门峰，始觉从前兴犹浅。天门洞开云气通，江东峨眉皆下风。"由于元代两位翰林赋诗赞美天门山，开了明清以来诗人墨客歌颂天门山的先河，致使描绘天门山的诗歌、散文多达数百首（篇）。明代弘治年间，岳州知府李镜感于天门山风景奇特，把元明以来赞美天门山的诗文编成《天门山集》，掀起宣传天门山风光的一次高潮。明末清初，南明湖南巡抚堵允锡曾经联合闯王余部转战天门山下，赋诗铭志。大顺军余部被围后，李自成部将李过削发为野拂和尚，从石门县夹山寺来天门山寺任住持，扩建大佛殿、观音堂、祖师殿等寺庙，香客每日多达千人，民间有"三进堂、六耳房、砖墙铁瓦锅如塘"之说。从此，天门山寺成为闻名天下的古刹。清代中叶，贡生王师麟游览天门山后，写下名篇《游天门山记》。

索溪峪是驰名古今的风景名胜区。虽然正史很少提到索溪峪，但是方志却有许多关于索溪峪名胜古迹的记载。明《万历慈利县志》最早记载索溪峪："索溪在九溪西。"明《弘治岳州府志》最早描写百丈峡风景区："百丈崖一名百丈峡，在〔慈利〕县西一百六十里、九溪卫西南七十里。山崖对峙，高逾百丈。中有小峡，长三十里。流泉峻急，古木槎枒。"《民国慈利县志》认为索溪峪"万石笋立，高秀入云，石并赭赤，连峰高卑，弥漫皆遍，闯眼突兀，奇甲天下"。明清时期，一些文官、儒将发现天下奇观索溪峪后，竞相题诗撰文。明代万历年间，永定卫通判夏子云写下了第一首《游百丈峡》的古诗："远山凝碧洽幽襟，小径牵萝度积阴。峰似劈成侵紫昊，磴当悬绝夹青林。独冲飞雪轻轩过，谁伴寻之古峒深。不为忧时勤使节，结庐何惜买山金。"索溪峪百丈峡至今仍有明代诗人胡桂芳的诗刻："峡高百丈洞云深，要识桃源此处寻。戎旅徐行风雪紧，谁将兴尽类山阴。"清代，慈利县土家诗人吴肇端在《咏索溪峪》诗中对索溪峪风景区做过形象的吟咏："人游山峡里，宛在画图中。壁爱双屏列，天看一线通。猿啼声处处，古木叶丛丛。日夕归来晚，泉声两岸风。"

早在明清时期，张家界神奇风光已被一些文人墨客发现，并非个别人所说的"养在深闺人未识"。张家界因明代张姓居民居住而得名,清《光绪永定县乡土志》载:明代成化年间,永定卫指挥使张万聪携家人迁到青岩山,成为张姓始迁祖。明代崇祯三年(1630),张万聪第六代孙张再弘设衙署于此而更名为张家界。清代《道光永定县志·山川志》首次出现"张家界"这个地名的记载:"无事溪在〔永定县〕治西,发源于张家界。"《民国慈利县志》又载:"索水亦县内大川也,出大庸张家界。"清代浙江监生马燧任永定县令后,在张家界朝天观下创建马公亭,共有三进三殿,祭祀祖先伏波将军马援。后来,河南举人郭六宰两次游览张家界风景区,留下古诗《重到马公亭》。

(四)中华人民共和国成立以来的武陵文化

中华人民共和国成立以来,武陵地区各级党委、政府以及民委、文体局、文联贯彻落实民族政策法规,繁荣武陵文化,促进学术研究,主要体现在民族研究和文学创作两个方面。

1. 民族研究著作

中华人民共和国成立初期,为了贯彻执行党的民族平等政策,中共中央主席毛泽东倡议,由全国人大民委主持的中国少数民族调查活动在神州大地开展。国家调集从中央到地方的民族工作者、高等院校和科研部门的大批干部,历时十载。调查包括少数民族识别、民族语言和社会历史调查研究。党的十一届三中全会以后,武陵地区落实党的民族识别政策,恢复了一大批群众的土家、苗族、侗族和白族成分,建立了2个民族自治州、15个民族自治县。在此基础上,出版了《中国少数民族》《土家族简史》《苗族简史》《侗族简史》《回族简史》《土家语简志》《苗语简志》《侗语简志》《回语简志》《湘西土家族苗族自治州概况》《麻阳苗族自治县概况》《新晃侗族自治县概况》《芷江侗族自治县概况》《靖州苗族侗族自治县概况》《通道侗族自治县概况》《桑植县概况》《慈利县概况》《永定区概况》《武陵源区概况》《石门县概况》《沅陵县概况》《会同县概况》《鄂西土家族苗族自治县概况》《长阳土家族自治县概况》《五峰土家族自治县概况》《秀山土家族苗族自治县概况》《酉阳土家族苗族自治县概况》《彭水土家族苗族自治县概况》《石柱土家族苗族自治县概况》

《印江土家族苗族自治县概况》《沿河土家族苗族自治县概况》《松桃苗族自治县概况》和《玉屏侗族自治县概况》等"民族问题五种丛书"数十本。

十一届三中全会以来,武陵地区加强民族研究工作,出现"百家争鸣"的学术局面。湖南省出版了《苗族婚姻礼词》《侗款》《侗垒》《摆手歌》《梯玛歌》《苗族历代诗选》《湘西苗药汇编》《历代土家族文人诗选》《湖南地方志少数民族史料》《中国土家族历史人物》《土家族仪式歌漫谈》《苗族民间故事》《土家族文学史》《湖南少数民族文学史》《湖南民族关系史》《凝固的文明》《土家族婚俗与婚礼歌》《湘西各族婚俗的透视》《土家语探微》《湖南土家族社会历史调查资料精选》《土家族摆手活动史料辑》《土家族传统文化小百科》《土家族土司史录》《土家族土司简史》《土家语常用口语半月通》《中国土家谱地名考订》《土家语研究》《土家女儿做新娘》《永顺土家族》《溪州土司八百年》《苗族情歌》《土家族挤钹拍子》《古丈县民族志》《土家族风俗志》《土家风情集锦》《湘西民族风情》《土家族民间体育》《中国土家族武术》《常德土家族》《大湘西土司》《中国少数民族风情游丛书·土家族》《湘鄂西土家族》《张家界市民族风情》《张家界民族风情游》《慈利县土家族史料汇编》《慈利民族宗教侨务概览》《永定区民间传统艺术作品精选》《土家族打溜子艺术新论》《茅冈土司》《湖南白族风情》《湖南侗族风情》《张家界土司史话》《张家界卫所史话》《湖南土家风情》《走玩大湘西》《张家界之旅》《张家界名片》《品味张家界》《桑植民歌》《桑植傩戏演本》《桑植民族史》《桑植土家族史》《桑植白族史》《可爱的湘西》《中国苗族史》《湘西苗族史话》《沅陵县民族志》《神奇石门》等。湖北省民委出版了"民族文化系列丛书"《湖北少数民族歌曲精选》《湖北民族地区风景名胜概览》《土家人和土家语》《湖北民族地方戏剧曲艺集萃》《卯洞土司志校注》《历代诗人咏施州》等。中南民族大学出版了"土家族问题研究丛书"《土家族文化史》《土家族土司兴亡史》《道教与土家族文化》等。湖北民族学院出版了《土家族区域的考古文化》《土家族文化的发生学阐释》《鄂西傩文化的奇葩——还坛神》《田氏一家言诗评注》《土家族民间文学》《鄂西土家族传统情歌》《土家族生死观绝唱——撒尔嗬》《土家族口承文化哲学研究》《土家族的传统伦理道德与现代转型》《土家族哭嫁歌之音乐特征与社会涵义》《土家族区域经济发展史》《土家族仪典文化哲学研究》《土家族区域可持续发展研究》《土家族音乐概论》《土家族民间文化散论》《土家族革命斗争史略》

《悠悠洗车河》《土家语汉语词典》等。恩施州民委出版了"恩施州民族研究丛书"《唐崖土司概观》《酉水流域摆手舞》《鱼木寨研究》《恩施风味食谱》《鹤峰县民族志》《巴东堂戏》《恩施灯戏》《鹤峰傩愿戏》《鹤峰柳子戏》《建始丝弦锣鼓》《恩施州民族志》《中国竹文化》《宣恩县民族志》《来凤县民族志》《南剧》《鄂西土家族器乐文化》《土家族地区竹枝词三百首》《恩施州民间艺术大师》《鄂西古建筑文化研究》《施州考古录校注》《恩施自治州碑刻大观》《利川小曲研究》《土家族傩戏音乐研究》《建始号子研究》《土家族民间医疗》《陈二郎传奇》《咸丰县民族志》《建始县民族志》《清江流域撒尔嗬》《恩施扬琴》《薅草锣鼓》《利川小曲》《建始号子》《施州古城诗话》《景阳社会文化》《容美纪游评注》《容美土司概观》《建州前后民族研究纪实》等。重庆市出版了《重庆市民族志》《重庆世居少数民族研究》《土家族民歌》《川东南少数民族史料辑》《川东西水土家》《天府好望角》等。贵州省出版了《贵州省民族志》《铜仁市民族志》《思南县民族志》《德江县民族志》《江口县民族志》《土家族研究》《贵州土家族》《民族志资料汇编》《思南的傩堂戏》《走进土家山寨——贵州土家风情录》和《铜仁地区土家族文学史资料》等。

2. 文学创作作品

中华人民共和国成立成立以来，在党的"百花齐放"方针指引下，武陵地区文学创作进入繁荣昌盛的时期，出现了土家族、苗族和侗族作家群。

诗歌创作有田名瑜的《残杂诗稿》、冉世冠的《诗词存稿》、黄玉英的《绿窗痕》、汪承栋的《雪山风暴》、黄永玉的《曾经有过那种时候》、颜家文的《湘西短笛》、肖国松的《格桑花》、田禾的《鄂西风情录》等。

小说创作有田儒壁的《昨夜风雨》、向吉甫的《爬方格子的年轻人》、孙健忠的《醉乡》、蔡测海的《远处的伐木声》、李传锋的《林莽英雄》、田思基的《昨夜的风雨》、胡柯的《雾山野男女》、彭志明的《祝福》、张心平的《干亲家》、胡港的《血神》、田岚的《钟声》、李传锋的《退役军犬》、陈川的《独猴》、孙因的《迟来的爱情》、田永红的《山妹子的歌》、黄菲的《肆爱》、胡少丛的《梦萦三千峰》、罗建辉的《古沉船》、向延波的《美人痣》、贾国辉的《妈妈留下的丝包头》、向国平的《铁血红云》等。

散文创作有杨盛龙的《西湘记忆》、彭学明的《祖先歌舞》、向远宜的《故园篇》、李文锋的《张家界的旋律》、金克剑的《人文张家界》、覃儿健的《张家界掌故》、石继丽的《王家坪密码》、姚雅琼的《纸鸢飘飘》、胡家胜的《流浪的云》、李伊忠的《品读家园》、吴明仁的《湘西乡谭》、戴楚洲的《世界奇观张家界》、石绍河的《亲近土地》、余晓华的《贺龙桥》、王成均的《湘西辣椒》、谢德才的《张家界看"海"》、张天夫的《天不在意》、唐明哲的《老街》、李传锋的《鹤之峰》、龚光美的《发现古桃源》、田永红的《走进土家山寨》等。

第二章　武陵文化内容

世居武陵山区各族先民创造的"武陵文化",其主要内容包括历史文化、民族文化、民俗文化、宗教文化、红色文化、旅游文化、城镇文化、医药文化八大主流文化。前文已经论述历史文化详细内容,本章不再赘言。

第一节　民族文化

武陵山区自古以来就是多民族聚居区,有30多个少数民族杂居此地,目前,少数民族人口共计1 200多万人。其中,土家族770多万人、苗族300多万人、侗族130多万人。武陵山区民族文化源远流长,博大精深。

一、民间文学

民间文学是劳动人民创作并且流传的口头文学作品,反映广大民众的生产生活、思想感情、审美观念和艺术情趣。我国各族人民中蕴藏着丰富的民间文学宝藏,分为散文体文学、韵文体文学和说唱体文学三种类型。武陵山区民间文学内容丰富,形式多样。武陵山区总人口超过一百万人的三大世居少数民族为土家族、苗族、侗族。了解武陵山区土家族、苗族、侗族的民间文学就能窥一斑而见全豹。

(一)土家民间文学

土家民间文学历史悠久,对中国文学产生了重要影响。民间文学是土家文化传承的主要形式，是古代社会的百科全书，包括民间歌谣、民间故事和民间谚语等。

1. 民间歌谣

民间歌谣是以口头歌唱或者吟诵形式流传和保存的传统韵文，是土家祖先最早的文艺形式。现在，永顺、保靖、龙山、桑植、永定、慈利、长阳、利川、咸丰、建始、酉阳、黔江、秀山等县土家山寨每年都有赛歌盛会。演唱山歌时，大部分土家人是用汉语唱的，也有少部分土家人用土家语唱的，如土家语民歌有《土家织锦情歌》《土家木叶情歌》《梯玛歌》《摆手歌》和《西朗卡普惹诺惹》等。土家族民间歌谣就其内容而言，分为竹枝歌、劳动歌、仪式歌、时政歌、生活歌、情歌、儿歌以及民间叙事长诗等。此外，武陵地区还有猎歌、渔歌、摆手歌、丧鼓歌、祭祀歌和滑稽歌等。贺龙等红军将士创建湘鄂川黔根据地以后，土家人根据民歌曲谱创作《桑植出贺龙》《山寨来了贺龙军》《盼红军》《送郎当红军》《当兵就要当红军》《十送红军》《马桑树儿搭灯台》和《门口挂盏灯》等红色歌曲。2011年，酉阳县申报的《酉阳古歌》被国务院列入第三批国家级非物质文化遗产名录。2014年，湘西土家族苗族自治州和沿河县申报的《土家族民歌》被国务院列入第三批国家级非物质文化遗产名录。

（1）竹枝歌。

"竹枝歌"源出土家先民巴人踏啼之歌，是古代巴人七言诗歌体裁。西汉扬雄所作《蜀志》称"讴歌"为巴人之歌。东汉何晏也说："巴子讴歌，相引牵连手而跳歌也。"

唐代诗人顾况首次提出"竹枝词"曲牌。唐代诗人陈基把竹枝词称为巴人调："竹枝已听巴人调，桂树仍闻楚客歌。"宋代乐史撰的《太平寰宇记》曾载："巴之俗……男女合唱竹枝歌。"宋代郭茂倩所辑《乐府诗集》也载："竹枝本出巴渝。唐贞元刘禹锡在沅湘以俚歌鄙陋，乃依骚人《九歌》作竹枝新词九章，教里人歌之。""竹枝词"原为竹枝歌，是土家地区流传的民间歌谣。

唐代中叶以后，文学家刘禹锡吸收土家族民歌的营养，创作独具一格的文体"竹枝词"，名震诗坛。唐代永贞元年（805），刘禹锡参加王叔文领导的政治改革"永贞革新"。失败以后，刘禹锡贬任朗州（在今常德市）司马。刘禹锡在武陵地区为官十年，创作十几首竹枝词。土家先民好巫，"每淫词鼓舞，必歌俚辞"。刘禹锡从事其间，听见土家先民唱巴歌，乃依骚人之作为新辞。这种由文人依着民间歌调填写的民歌体竹枝称为文人竹枝词。北宋欧阳修等撰的《新唐书》明载："〔刘禹锡〕斥朗州司马。〔朗〕州接夜郎诸夷，风俗陋甚，家喜巫鬼。每祠歌竹枝，鼓吹裴回，其声伧佇。〔刘〕禹锡谓屈原居沅、湘间作《九歌》，使楚人以迎送神。乃倚其声，作《竹枝辞》十余篇。于是，武陵夷俚悉歌之。"如《竹枝词》："楚水巴山江雨多，巴人能唱本乡歌。今朝北客思归去，回入纥那披绿萝。"唐代顾况、李益、白居易和刘商等诗人或居住或来往武陵地区，创作许多反映武陵风情的竹枝词。如白居易在《竹枝词》中写道："江畔谁人唱竹枝，前声断咽后声迟。怪来调苦缘词苦，多是通州司马诗。"唐代进士刘商曾写《秋夜听严绅巴童唱竹枝歌》："巴人远从荆江客，回首荆山楚云隔。思归夜唱竹枝歌，庭槐叶落秋风多。曲中历历叙乡思，乡思绵绵楚词古；身骑吴牛不畏虎，手提蓑笠欺风雨。"唐代诗人刘长卿写道："南过三湘去，巴人此路遍。"唐代澧州诗人李群玉还说："十年侣龟鱼，垂头在沅湘。巴歌掩白雪，鲍肆埋兰芳。"宋代黄庭坚又说："竹枝词出自三巴，其流在湖湘耳。"宋代陆游、苏辙、范成大等诗人也创作过不少竹枝词。陆游到了秭归县后写道："天年痛饮蜀江边，金杯却吸峨眉月。竹枝歌舞新教成，凄怨传得三巴声。"苏辙游览长江三峡后写道："扁舟日落驻平沙，茅屋竹篱三四家。连春并汲各无语，齐唱竹枝如有嗟。"范成大在夔州写道："当筵女儿歌竹枝，一声三叠客忘归。万里江边有人到，绣罗衣服生光辉。"

　　竹枝词是一种运用于生产生活各个方面的民歌，调式各有不同。它以正月为盛，吹奏竹枝，歌舞相配。竹枝词是自由吟唱的山歌，可以随时随地吟唱。如唐代于鹄写的《巴女谣》就是牧牛山歌："巴女骑牛唱竹枝，藕丝菱叶傍江时。不愁日暮还家错，记得芭蕉出槿篱。"又如刘禹锡曾写一首劳作山歌："山上层层桃李花，云间烟火是人家。银钏金钗来负水，长刀短笠去烧畲。"竹枝词是感情深切的情歌。清代嘉庆年间，鹤峰县贡生洪先绪的《容阳竹枝词》写了土家恋人迎亲礼俗："隔宵相约赴城闉，拣出蒙头格子巾。明日笙歌迎彩仗，听郎说是隔年春。"清代光绪年间，永顺县土家族诗人向晓甫写的《锄草歌》描绘了土家人打"薅草锣鼓"生产习俗："邻家锄草唱山歌，奖赏红绸五尺多。欲唱唐书愁记少，临行仗胆约哥哥。"竹枝词多为夜晚唱的悲凄之调,以苦怨著称。顾况在《竹枝词》中描绘巴人夜唱竹枝歌的情景:"帝子苍梧不复归,洞庭叶下楚云飞。巴人夜唱竹枝后,肠断晓猿声渐稀。"白居易的《竹枝词》尤为明显:"竹枝苦怨怨何人,夜静山空歌又闻。蛮儿巴女齐声唱,愁杀江南病使君。"

竹枝词传承至明清时期,得到发展和普及。据明清时期《永顺县志》《慈利县志》《永定县志》等古籍记载,仅武陵地区土家先民就创作数百首竹枝词,语言流畅,通俗易懂,极有文学价值、美学价值和史学价值。土家族竹枝词的主要题材是民俗、爱情、生活、景物和市井风情,带有浓郁的地方特色和民族特色。明代容美土司庠生田九龄写了一首较早的竹枝词:"郎去湘江经几秋,西风北雁又南洲。含颦日月江头望,不见郎舟见客舟。"清代乾隆年间,长阳县土家举人彭秋潭创作十七首竹枝词。他到长阳县资丘一带听见土家人的哭十姊妹,说是巴人竹枝遗风,故写一首竹枝词:"十姊妹歌歌太悲,别娘顿足泪沾衣。宁山地近巫山峡,犹似巴娘唱竹枝。"清朝末年,永顺县土家族诗人彭勇行创作四十多首竹枝词,构成土家风情长幅画轴:"新春上庙敬彭公,唯有土家大不同。各地也嗬同摆手,歌声又伴呆呆嘟。"清朝末年,永顺县土家族诗人彭勇功创作五十多首竹枝词,展示土家风俗画图:"听说人家嫁女娘,邀呼同伴暗商量。三三五五团团哭,你一场来我一场。"清代光绪贡生彭施铎创作十二首溪州竹枝词,具有土家特色,如推介土家纺织工艺的《闺女织花》写道:"土王祠畔柳丝斜,闺女人人会打花。花样打成皆并蒂,不知持赠与谁家。"向晓甫创作十八首溪州竹枝词。描写巫师正月祭祀人类祖先傩公、傩母的干龙船写道:"干龙船到画堂中,既上花鞋又上红(布)。祝罢傩神无别事,一门清洁谢主东。"清朝道光年间,慈利县魏湘写过多首抬毛菩萨会旧习俗的竹枝词:"三月朔日天气新,满街彩仗似云屯。游人争集朝王塌,击鼓焚香迎土神。"又云:"东门城外好楼台,竞把临街格子开。日午忽听箫鼓沸,回龙寺里逐瘟来。"清代同治年间,慈利县刘启培写了一首歌颂勤劳村妇的竹枝词:"蚕吐新丝棉吐花,花花拾入老农家。辛勤最是乡村妇,日夜纺绩谁人夸。"清朝末年,慈利县土家族学者吴愈材著有《不息园杂诗杂记》等书。吴愈材长期生活在索溪峪一带,写下十多首风景诗:"怪鸟奇花生别姿,春光明媚踏青时。满村竞醉治聋酒,社鼓咚咚唱竹枝。"王日修创作了十九首竹枝词,将永定城与南京市的历史典故和名胜古迹对照,大加褒扬:"登台也喜唱南词,一阕桃花感旧时。

可惜巴渝杂歌舞，崑生妙谛未全窥。"罗光普的《永定竹枝词》描写了永定城南门码头风光："城南一带并河房，晓起人家市尽张。二月新丝五月谷，风帆不断往来商。"罗光典的《永定竹枝词》反映土家先民种麻、栽桐等农事活动："白云岭上放梅花，茅舍榆篱住几家。终岁生涯何所寄，半栽桐树半栽麻。"丁启性的《永定竹枝词》如流水行云："万山深处古庸城，文物衣冠渐得名。客过前村忽回首，柳阴风送读书声。"杨启茱的《留别大庸》写得情意绵绵："天门高峙锁烟岚，斗大山城俯碧潭；判断莺花春几度，一家人住小江南。"汤立贤的《永定竹枝词》一枝独秀："荷花生日荷花香，堰满荷花晚纳凉。一叶扁舟波上下，郎依船首妾依郎。"

民国时期，桑植县土家族女诗人黄玉英创作了几十首竹枝词，其中《桑植竹枝词》写道："春风春雨满竹枝，千枝万枝寄相思。阳春白雪且莫唱，唱个桑植竹枝词。"

竹枝词具有三个特点：第一，竹枝词为整齐的七言四字句。"竹枝歌"是七言四句体民歌，是优美的山歌形式。顾况首次提出"竹枝词"曲牌，既有新体之意，也有歌词之意。其所以是新体，是因为不同于七律，是没有律诗格律的自然之声。这种七言四句形式以前四字和后三字为小顿，且歌唱时合声。如五代十国时孙光宪竹枝词写为："门前春水（竹枝）白苹花（女儿），岸上无人（竹枝）小艇斜（女儿）；商女经过（竹枝）江欲暮（女儿），散抛残食（竹枝）饲神鸦（女儿）。"清代万树在《词律》中说："所用竹枝、女儿，乃歌时群相随和之声。"也就是说"竹枝、女儿"是竹枝词的衬词。第二，竹枝词采用双关寓意的表现手法，常有谐音体。刘禹锡所作"杨柳青青江水平，闻郎江上唱歌声。东边日出西边雨，道似无晴却有晴"，双关谐音以"晴"寓"情"，表现男女相恋内容。第三，竹枝词唱法不尽相同，既有抒情、欢快的，也有庄严、悲苦的。清代道光年间，五峰县贡生田泰斗的《五峰竹枝词》写了土家先民"陪十弟兄"婚俗："箫声隐隐烛辉煌，十个儿童巧样妆。绝妙风流名色艳，华筵都唤状元郎。"彭勇行描写土家族人在老司城跳摆手舞的竹枝词："福石绣屏屏绣多，浪击石鼓声声和；土王宫里人如海，共庆新年摆手歌。"

（2）山歌。

土家族人最喜欢唱的歌谣首推山歌，多为七字一句，四句一首；也有七字一句，五句一首。土家山歌是随着山坡劳动而产生的歌，被称为"喊歌"。山歌种类有古根歌、采茶歌、砍柴歌、放牛歌、赶马歌、翻山歌和盘歌等。如《古根歌》:"讲古根来唱古根,讲起土家有原因。想起土家过去事,土家人哟泪淋淋。为了感谢先祖恩,土家人呀唱古根。山寨修建土王庙,摆脚摆手进庙庭。"山歌数量颇多,内容丰富,触景生情,即兴而歌。独唱、对唱、盘歌、合唱,唱式俱全。"五句子情歌"是土家民歌的主要形式,最早见于明代冯梦龙编的《山歌》里。"五句子情歌"在中南少数民族地区独树一帜,影响深远,成为土家文化宝贵财富,如"青簟席子布包边,妹睡中间郎睡边。睡到半夜把身翻,两人舌尖对舌尖,蜂蜜哪有这样甜?"第五句或是深化主题,或是锦上添花。山歌题材繁多,但主要是抒情歌、叙事歌、神歌及较古老的仪式歌谣。龙山县土家人用土家语唱的一首山歌是:"映山卡普米打则,早古爹劳尺勉借借。阿大麻爹卡普他,卡普他啰哟嗬嗨。西郎卡普惹诺惹,惹呀惹诺惹,也也嗬嗬。"其汉语意思是:"映山红花红似火,早晨太阳红艳艳。土家姐妹织土花,织土花啰哟嗬嗨。土家织锦美又美,美呀美又美,也也嗬嗬"。慈利县土家人用土家语唱的一首情歌是:"巴到劳尺罗西达,坐枯日阿嘎阿此。洛嘎鲁嘎哈列巴,阿色阿此洛嘎泥惹?"其汉语意思是:"看到太阳落了西,野猫只想鸡儿吃。人吃骨头狗子看,哪个不爱美貌妻?"改革开放以来,武陵山区数不清的民间歌手把土家民歌唱遍天下。1987年,桑植县土家族歌手尚生武参加在波兰举行的世界民间艺术节,演唱《桑木扁担软溜溜》和《棒棒捶在岩板上》等民歌,首次把土家民歌推上国际舞台,被誉为"金色的旋律"。鄂西南《龙船调》风靡国内外,被选为世界25首优秀民歌之一。渝东南土家族民歌《黄杨扁担》走红全国,蜚声海外。2003年,我国著名歌唱家宋祖英把土家民歌《马桑树儿搭灯台》唱到了奥地利维也纳金色大厅。2004年,在第十一届全国青年歌手电视大赛上,根据土家族哭嫁歌创作的《阿妹出嫁》获得铜奖。20世纪90年代以来,党和国家领导人视察张家界时,土家族歌唱家向佐绒等人为贵宾们演唱过《九岭十八岗》和《泠水泡茶慢慢浓》等土家民歌。张家界国家森林公园、索溪峪、天子山和茅岩河风景区的土家歌手每天都为海内外游客演唱《好郎好姐不用媒》《太阳出来照白岩》和《郎从门前过》等土家山歌,使土家歌谣成为旅游文化热点。2006年,"桑植民歌"被列入国家级非物质文化遗产名录。2006年,"土家山歌大王"田茂忠被中国民间文艺家协会评为全国首批民间文化优秀传承人。在2008年举行的第十三届中央电视台青年歌手大奖赛上,"土苗兄妹组合"演唱土家民歌《花咚咚姐》《吊灯笼》和《细碗莲花》而获金奖及观众最喜欢的歌手奖。"撒尔嗬组合"演唱土家民歌《巴东撒尔嗬》《土家撒尔嗬》和《纤夫号子》而获优秀奖。

（3）薅草锣鼓歌。

薅草锣鼓歌又叫"挖土锣鼓歌"，来源于生产而又用来促进生产。相传土家祖先烧畲事农时就有挖土歌，敲锣打鼓，驱散野兽。后演变为一种民间音乐形式，凡是集体开荒、挖土、插秧、薅草、采茶等都要唱薅草锣鼓歌。薅草锣鼓歌歌词由歌头、请神、扬歌、歌尾四个部分组成，歌头、请神、歌尾都有固定唱词，主要内容在扬歌部分，"见子打子，随编随唱"。扬歌根据劳动状况即兴演唱，有视劳动场面鼓励先进、鞭策后进的内容，还有历史典故、民间故事。每句七字，四句居多。薅草时，见谁松了劲，就促他几句；见谁干得欢，就夸他几句。如"激励歌"唱道："捆起腰带要使劲，把它挖成抱斗形。挖土哥哥要使劲，一步一步往前行。"歌词铿锵有力，朴实大方，具有民歌鲜明开朗的风格。扬歌时除唱生产、生活外，也唱一些历史故事、小说和民间传说，如《杨家将》《岳家将》《薛仁贵征东》《卖画记》《三国演义》《百果花》《水浒传》《梁祝》《孟姜女》《恶鸡婆》《东三郎和西三妹》等。薅草锣鼓歌唱腔结构约为三类：一是流行在永顺、龙山、来凤的"乐段式唱腔"，以一基本曲调反复演唱多段歌词，歌词为七字一句、四句一段。二是流行在宣恩、保靖和永顺的两段式唱腔，以两个音调、节奏不同的乐段构成。三是多首民歌组合成套式唱腔，盛行在桑植、慈利、鹤峰、建始，这类唱腔一般为五至十首民歌合成一套联唱，是薅草锣鼓歌的高级形式。如："今天薅草又唱锣鼓歌，唱首土家语汉语夹杂歌。土家人叫毕兹卡，土家语叫比兹萨。公鸡名叫日阿巴，乞丐名叫可哈。笮笼叫那查，背笼叫窝萨。脑壳叫可巴，屁股叫色拉。两只眼叫洛布，两只脚叫吉巴。" 2008年，宣恩县、五峰县和长阳县申报的"土家族薅草锣鼓"被国务院列入第一批国家级非物质文化遗产扩展项目名录。

（4）摆手歌。

摆手活动是土家族特有的民俗，是土家族的祭祀活动。摆手歌就是进行摆手活动时由"梯玛"或摆手掌坛师演唱的古歌，号称"土家史诗"。土家语称摆手活动为"舍巴日"，汉意是"做敬祖先的事"，是源于湘鄂渝黔边境地区祭祀土王而举行的礼仪歌舞盛会。清代土家诗人彭雪椒曾经写道:"福石城中锦作窝,土王宫畔水生波。红灯万点人千叠,一片缠绵摆手歌。"反映古代土家地区摆手活动的盛况。现在酉水流域的永顺、龙山、保靖、古丈、来凤和秀山等地保留了一些摆手堂,而且在农历正月举行摆手活动。摆手歌有行堂歌与坐堂歌两种,歌手是摆手活动的梯玛、掌坛,永顺县和平乡的田仁太和彭武兴是唱《摆手歌》的土家著名歌手。据岳麓书社出版的《摆手歌》一书介绍,摆手歌有人类起源歌、民族迁徙歌、农事生产歌和英雄故事歌等,长达几十万字,是土家史诗大型作品,对研究土家历史文化和语言文学都有较高的价值。摆手歌在永顺、保靖、龙山、桑植等地称为"舍巴歌",由土老师领唱,歌词主要由神话传说和生产生活情景两个部分组成。如龙山县马蹄寨舍巴歌的第一部分演唱土家历史上的神话传说,有《雍尼补所尼》《日客额地客额》《雍泽雍米涅带领土家人迁入龙山》等。在《人类起源歌》里唱洪水:"瓢泼大雨,下了七天七夜。水井的水,浸落了七天七夜。雍尼补所尼,钻进瓜窗里。水冲卷起岩渣,紧紧地堵住了瓜窗。水涨破了天,天塌垮到地上,地涨升至天上,天翻了,地覆了。""舍巴歌"的第二部分唱词是写土家生产生活,如唱在林中赶猴子:"背铳就往树林走,走进树林去赶猴。拿铳撵猴三整天,猴子跑得屁股冒烟。公猴母猴吓得怕,跑到岩坝就打架。拿起铳铳点火药,猴子死在岩坝脚。"

(5)梯玛歌。

"梯玛"活动是土家文化内核。从事"梯玛"活动的巫觋即汉语所称"土老司",土家语称之为"梯玛",其汉意为"敬神的人"。土家族宗教仪式执行人"梯玛"用土家语念唱巫歌《梯玛歌》,故被称为"歌师傅"。《梯玛歌》是吟唱式长篇创世史诗,来源于巫师祭祀。《梯玛歌》在形成和发展过程中融合土家的起源、繁衍、战争、迁徙、生产、生活、人间万物、历史事件、历史人物等内容,深涵音乐、舞蹈、文学、语言、民俗等多种学问,堪称"土家族百科全书"。梯玛卜辞是武陵山区巫傩文化的组成部分,无论是在表演形式、音律节奏、表情达意等方面都有其规律和民族特色,是土家族人传统文化、心理素质、美学观念、哲学价值、生命意识的反映,对抑恶扬善、传承文化起到独特作用。

梯玛既具有崇拜祖先的宗教特色,又具有娱人娱神的表演性。梯玛是不脱离劳动的宗教职业者,土家族人称之为人与神之间的沟通者、人神合一的统一体。清代"改土归流"前,梯玛不仅主持祭祀、驱邪、许愿、还愿、占卜、解结、度关、超度、赶鬼、求雨等宗教信仰活动，而且还管土家山寨的婚礼、丧葬、娱乐、治病、求儿女、解纠纷等社会活动。清代"改土归流"后，其职能限于替人赶鬼驱邪、求福消灾、治病、求雨、许愿还愿、送亡人的祭祀活动。梯玛歌内容取决于所主持活动性质，不同场合所唱神歌各不相同。为死人祭祀时唱"送亡人歌"，为人消灾、招魂、求子时唱"还愿歌"，赶鬼驱邪时唱"解邪歌"。从其宗教祭祀活动可以看出梯玛不仅掌握土家史实，而且为传承土家文化做出了历史性贡献。

中华人民共和国成立前，土家先民为了酬神还愿，多次开展宗教活动。土家语称之为"梯玛日"，其汉意为"梯玛跳神"。梯玛巫祀仪式活动分为公祀和家祭两类。"舍巴日"（汉意为摆手舞）属于阖族集体公祀，举行地点皆在土家族"摆手堂"。摆手活动由梯玛主持进行，梯玛先唱《摆手歌》，后领众人到摆手坪跳摆手舞。土家先民还以一家一户为单位在堂屋里面操办家祭还愿，即为土家族民间宗教信仰活态仪式"玩菩萨"。梯玛从事还愿活动之时，头戴凤冠法帽，身穿红袍法衣和八幅罗裙，手持铜铃与司刀，边歌边舞。雄浑高亢的牛角声，节奏明快的铜铃声和着粗犷豪放的《梯玛歌》，组成土家山寨交响曲。

《梯玛歌》历史悠久，是土家先民在认识自然和改造自然过程中产生的民族史诗。《梯玛歌》是土家巫师在一年一度的"跳摆手"敬神祭祀、为人消灾祛难做法事活动中边做动作边讲唱的祭祀歌，以歌舞贯穿始终。《梯玛歌》叙述盘古开天、远古洪荒、兄妹成亲、人种再续等神话传说，继而又在"嘎麦起业"等法事中，托出一幅民族迁徙图。其舞有豪放者如《墨日里日》，有潇洒者如《坐马》，有缠绵者如《解家先钱》，有粗犷者如《大赏兵》，有风趣者如《求男求女》，有洒脱者如《摆郎》等。其形式有梯玛单独表演的独舞，亦有陪神、香倌随之唱和的双人舞或者三人舞。它以稀有的民族文化形式，凸显珍贵的文化价值，成为中华民族灿烂文化的瑰宝之一。

濒临灭绝的《梯玛歌》是武陵山区土家族辉煌壮丽的长篇史诗，是研究土家族的百科全书。世世代代的梯玛心口相授，以梯玛法事和《梯玛歌》为载体，使土家文化在历史长河中得以传承。《梯玛歌》篇幅浩繁，规模宏大，长达数万行，洋洋数十万言。它集诗、歌、乐、舞为一体，涉及民族起源、民族迁徙、民族祭祀、狩猎农耕及饮食起居等广泛的历史文化内容和社会生活内容，具有传承土家文化、表达土家语言、调解社会矛盾、加强道德约束、兼营土家医药等社会功能。

《梯玛歌》保留了许多濒临失传的土家语言，颇有文学价值。其内容丰富，无所不包，大到开天辟地，小到饮食烹调。讲唱《梯玛歌》时，以土家语为表述语言，在形式上是韵文和散文的综合体，采取浪漫主义和现实主义相结合的创作手法。修辞上有比有兴，词汇丰富，具有很强的文学性。演唱时，有唱有吟，有对唱有合唱。既有深沉、哀婉的古歌，也有欢快、诙谐的盘歌。

《梯玛歌》一般一韵到底，多用衬词押韵。它以史诗般的结构和浩繁的篇幅，塑造一批鲜活的人物形象。《梯玛歌》唱词内容分为三大部分，积淀大量的土家历史文化和文学艺术因子：一是《服司妥》（汉意为土家祭祖还愿），用于"还土王愿"，内容有《报家先》《敬土王》《安正堂》《腊月堂》《三月堂》《挂神像》《开天辟地》《报梯玛》《请先师》《办传贺》《奉主家》《赏众》《起马》《遇家先》《交和事钱》《过堂》《过店》《宵夜请神》《讨保佑》《仿两口子议事》《拜男拜女》《奠酒》《渡关》《求子问卦》《七板桥》《交天钱》《赶白虎》等五十多个环节。二是《杰洛方》（汉意为手诀），用于"解结"法事，主要内容有《请师傅》《请五猖》《请神》《叙情》《占卜》《踩刀》《求卦》《画符》《挂印换身》等类别。三是《宋姆妥》（汉意为祖宗殡殓），用于土家族人"治丧"法事，有《宋姆列些》《子姐莫是》和《物姐莫是》等程序。《梯玛歌》形式独特，有讲有唱，有歌有舞，形成歌舞、音乐相结合的艺术载体，对研究土家族的历史、政治、经济、文学、哲学、宗教和习俗都有重要的价值。可见，《梯玛歌》是内涵丰富的土家语辞典，是原始宗教的"活化石"，是以拯救灵魂为主旨的招魂曲。梯玛这种文化事象自始至终以歌舞事神，带有浓厚的表演色彩，在娱人娱神过程中起到劝人为善的作用。

随着社会环境变革，"土家文化传承人"梯玛已经屈指可数。仅永顺县、保靖县、龙山县、桑植县、武陵源区等地仍有少数梯玛。中华人民共和国成立前夕，保靖县马王乡土家梯玛向宏清师从"梯玛大王"彭天禄，成为"沃沙派（汉意为背笼派）"传承人。桑植县小梯玛尚立昆拜"梯玛世家"向宏治为师，唱《梯玛歌》，跳《八宝铜铃舞》。武陵源区协合乡郑六曾经讲唱《梯玛歌》的《报家先》和《安正堂》。

随着土家语言逐步流失，以土家语言为载体的《梯玛歌》显得弥足珍贵，引起学术界、民族界、文化界专家关注。加强对土家族《梯玛歌》的抢救、保护确实迫在眉睫。龙山县在这方面做了大量工作，在内溪乡、靛房镇、苗儿滩镇、隆头镇、贾市乡建立传习基地，永续传承。为了抢救土家族文化遗产，湖南省民族古籍办主编《梯玛歌》一书。土家族音乐家龙泽瑞对保靖县唯一健在的梯玛向光权演唱的梯玛歌进行音乐记谱、土家语记音，出版《牛角里吹出的古歌——梯玛神歌》。中央民族大学出版社也于近年出版龙山县土家族民间文艺家刘能朴编著的《梯玛》一书。民族出版社出版雷翔、刘伦文、谭志满编著的《梯玛的世界》一书。

2006年，湘西土家族苗族自治州龙山县、永顺县、保靖县、古丈县的土家族《梯玛神歌》被湖南省人民政府列入第一批省级非物质文化遗产名录。2008年，龙山县申报的《土家族梯玛歌》被国务院列入第二批国家级非物质文化遗产名录。2009年，龙山县内溪乡双坪村掌坛梯玛彭继龙被文化部发文公布为第三批国家级非物质文化遗产土家族《梯玛歌》代表性传承人后，被武陵源区宝峰湖公司邀请在宝峰湖风景区表演民俗节目《梯玛神歌》。继湖南首台实景节目《梯玛神歌》文艺晚会在宝峰湖风景区向中外游客揭开神秘面纱之后，张家界盛唐旅游公司也在打造室内土家文化经典节目《梯玛歌》，使之成为张家界市民族文化旅游热点。

（6）哭嫁歌。

《哭嫁歌》是土家族姑娘出嫁时边哭边唱的仪式歌，是土家妇女集体创作成果。《民国慈利县志》记载："嫁前十日，女纵身朝夕哭，名曰哭嫁。且哭且罗离别辞，爷娘兄嫂以次相及。嫁前一日，曰填箱酒。女宾吃填箱酒，来必陪哭……及夕，具酒馔飨女，名曰陪十姊妹。"据岳麓书社出版的《哭嫁歌》介绍："哭嫁"是土家族著名的婚俗活动之一，土家姑娘在婚前三天、半月甚至一月开始哭嫁。每至黄昏，亲邻少女妇妪群聚出嫁姑娘家里，聚首痛哭，哭至深夜始散。出嫁前一天晚间，乡邻十个姊妹陪同土家姑娘哭嫁，称为"陪十姊妹"。《哭嫁歌》内容有哭开声、哭祖人、哭父母、娘哭女、哭叔伯、哭姑姑、哭舅父母、哭姨父母、哭哥嫂、哭姐妹、哭百客、哭梳头、哭戴花、哭穿露水衣、哭离娘席、十剪、十绣、十想、十送、十碗菜、十杯酒、哭辞祖宗、哭上轿等。其中《哭骂媒人》是颇有思想性的一段："背时媒人是条狗，那头吃了这头走。娘家来吹女婿好，婆家去夸嫁妆多。树上麻雀哄得来，岩上猴子骗得走。豌豆开花角对角，媒人吃了烂嘴角。"哭嫁仪式中，最热闹的场面是《陪十姊妹》和《陪十弟兄》，都要唱出一组歌来。如《陪十弟兄歌》唱道："桑木扁担软溜溜，挑起歌本寻对头。今晚歌本刚到手，唱到月落鸡开口。"新娘在出嫁前的那天晚上，少女九人陪新娘坐在堂屋中间桌子旁边，轮流歌唱《陪十姊妹》。首先由新娘哭开台歌："桔子开花叶儿细，听我哭唱十姊妹。一盏油灯堂前挂，十位姐妹到奴家。明天姐儿出闺门，哭唱俺的知心话。"然后，依次盘歌："一个梨子分十片，摆到姊妹桌面前。抠了籽籽吃尽的，唱的歌儿句句甜。"还有《安席哭》《二妹哭》等。《陪十姊妹歌》好似巴人竹枝词，因此吉人吟诗赞道："十姊妹歌歌太悲，别娘顿足泪沾衣。宁山地近巫山峡，犹似巴娘唱竹枝。"慈利县溪口镇土家老妇彭小莲还会用土家语哭嫁，如"阿业啊，阿巴啊。必优坡夺客度博。塔苦太掐太，补支太汁儿太。"其汉意是："娘啊，爹啊，把女儿嫁到那里。没有锅子没有柴，没有筷子没有米。"

土家族哭嫁习俗长期相沿，形成抒情长歌，具有较高的文学价值。《哭嫁歌》是土家民间文学的代表作品之一，是用文学形式描写的土家族婚俗史，具有较大的历史价值。哭嫁时有独唱和两人对唱两种形式，对唱的两个声部有规律地交错出现，别具一格。2006年，永顺县、保靖县、龙山县和古丈县申报的"土家族哭嫁歌"被湖南省政府公布为"第一批省级非物质文化遗产"。2011年，永顺县和古丈县申报的《土家族哭嫁歌》被国务院列入第三批国家级非物质文化遗产名录。

（7）丧鼓歌。

打丧鼓是土家族人悼念死者的祭祀性歌舞活动，它有跳丧与坐丧两种形式，其歌词统称为丧鼓歌。跳丧、唱"撒尔嗬"是土家族人祭悼亡人的一种独特方式，他们在跳丧时夹唱情歌和丧鼓歌，这种习俗至今还在清江流域和鹤峰、桑植、凤凰、酉阳、秀山、巴东、建始等县保留着。《丧鼓歌》歌词多表达对死者的颂扬，回忆家族起源，缅怀祖先业绩，也有涉及社会活动、生产生活、民间故事等内容。丧鼓歌还可唱表现男女爱慕、相思等内容的情歌，如《十爱》《十想》《探郎》和《十二月》等。有的击鼓而歌，有的鼓乐歌舞并举。所以，上述地区称为"打丧鼓""唱丧歌""打夜锣鼓"等。《丧鼓歌》歌词调也有多种，如《跳丧歌》《丧堂孝歌》和《散花歌》等。利川流行的"明七暗八"形式独特，每句八言，唱七隐八，其歌词格律如："孝家今夜打鼓闹（热），三亲六戚都来朝（拜）。满堂儿孙披麻戴（孝），孝男孝女痛哭嚎（啕）。"长阳县丧鼓歌有"十月怀胎"等二、三十种词牌，委婉动人，彻夜歌唱。正如清代土家诗人彭秋潭的《竹枝词》所写"谁家开路添新鬼，一夜丧鼓唱到明。"

（8）民间叙事长诗。

土家族民间叙事长诗寓于神歌和山歌等形式之中。流行在保靖、龙山、秀山、酉阳等县的民间小调《吴幺姑》共有九章、260多行，是讴歌土家青年杨二哥和吴幺姑追求自由婚姻的长篇叙事歌。流行在龙山县洛塔一带的叙事歌《一根藤》长400多行，主人公七乃和老五产生忠贞不渝的爱情，后遭地主破坏，两人在一根藤上自缢，歌颂了土家族人对真挚爱情的追求。流传在慈利、石门等县的叙事歌《灯草花儿黄》长达300多行，叙述了土家情郎、情妹的恋爱过程，情真意切，文学性强。流传在巴东县野三关一带的长篇叙事情歌《三十六天干》共有750多行，歌词通俗，故事完整，突出了反封建主题，折射出古代土家先民的爱情历史，具有较高的研究价值。根据口头文学素材《踏板的来历》整理创作的《春哥与锦鸡》共有720多行，叙述土司统治时期土家青年男女反抗土司王"初夜权"的动人故事。春哥因无棺材葬母而卖身受苦的故事。有一天，春哥斩蛇救了锦鸡姑娘，锦鸡赠送羽毛与春哥作为定情信物，赠送如意铃与春哥变银赎身，变水种庄稼，变风灭土司王放的火。当春哥和锦鸡结婚的时候，土司王要强行"初夜权"，被锦鸡踩在床下变成了踏板。反映了土家人民的智慧及与土司王做斗争的情景，歌颂了自由恋爱的幸福生活。

2. 民间故事

武陵山区自古以来是少数民族聚居区。经过长期的历史积淀，各族先民创作出了能感染人的民间故事，包括神话、传说、故事、笑话和寓言五个部分，具有鲜明的民族特色。这些富有吸引力的民间故事世代流传，经久不息。

产生于远古时期的神话是古代土家先民对于自然现象和社会生活的解释，反映生产斗争和征服自然的愿望，是人类童年时期的口头文学。土家族著名的神话有《张古老制天李古老制地》《涨齐天大水的故事》《咿啰娘娘》《土家人的祖先》《巴务相》《廪君化白虎》《虎儿娃》《梅嫦打虎》《鹰公公和佘婆婆》《八部大王》《五谷神》《大二三神》《澧水的来历》和《鲁班修佛潭》等。《向王天子吹牛角》在湖北清江两岸流传一句古代歌谣："向王天子一只角，吹出一条清江河。"向王天子就是传说的巴务相，这句歌谣咏赞巴人祖先廪君吹着牛角、率领先民开发清江流域的历史功绩。土家族人中流传的《张古老制天李古老制地》说：张古老造天的时候，看见地上水太多，就造二十四个太阳不分日夜地晒。不久，地晒干了。太阳光辉太强烈了，晒得草枯地裂，只有一棵马桑树长得齐天高。一只青蛙为了躲避太阳暴晒，沿着树干爬了上去。青蛙恨透太阳，张开血盆大口，吞食二十二个太阳。当它去吃剩下的两个太阳时，被观音菩萨发现，挥舞棍棒打弯了马桑树。青蛙再也吃不到太阳，从此地上有了草木。剩下的两个太阳，观音菩萨让它们一个照白昼，一个照黑夜；照白天的叫太阳，照黑夜的叫月亮。这个神话反映人们征服自然的力量和智慧。土家族人又称《涨齐天大水》这类创世纪神话为《雍尼补所尼》，也叫《东山老人与南山小妹》或《伏羲兄妹》，结构大同小异。其内容是：从前有七个兄弟，把雷公捉住，准备煮烹吃掉，后来雷公设计逃回天宫，怒降七天大雨，把世上的人淹死了，唯独兄妹二人躲在葫芦里保全性命。山上的喜鹊、斑鸠、麂子和乌龟都劝他们成亲，他们不答应。后来通过滚磨子、烧火堆、绕古王界转，试探天意，最后终于成婚。他们成亲以后，生下一个肉坨坨，天下掉下一把剪刀，剪开了它，散之四方，变成了人类。其中值得研究的是这类神话详略不一、结尾不一的部分，反映出民族特点和地区特色。如龙山、永顺的结尾部分说肉块掺泥巴撒出去变成了"土家"，肉块掺苗苗撒出去变成了"苗家"，肉块掺沙子撒出去变成了"客家"，用以说明相邻民族的来源。又如来凤、鹤峰、秀山等地结尾部分说肉球裂开了，落在土里的变成了"土家"，落在田里的变成了土家田姓祖先。既说明了土家族人的来历，又说明了土家强宗大姓的渊源。《桩巴龙传说》是个古老的神话。自洞庭湖溯澧水而上有一条龙卷风、冰雹、洪水灾害带。祖先对这些灾害不能科学认识，认为有神怪在作祟，希望有一种更强大的能够制伏这种神怪的力量，于是产生桩巴龙（没尾巴）传说。石门县太平镇是桩巴龙的故乡，传说遍及全县，老少皆知，澧水流域几个（区）县也流传这个传说。传说很久以前，石门县境自生湖边住着母子二人，子拾一蛋，吞后化为蛟龙。母亲误伤其尾，成为半人半神的桩巴龙，撞山穿洞，湖水下泻，成穿山河。龙随水流，母亲追儿，死于途中，留下穿山洞、身子坪、死娘（子良）坪等地名。后来，桩巴龙到处为患，倒房屋，毁良田，淹死百姓。观音老母用铁链锁其心肝，因于江西省桂花井中，直到铁树开花水倒流才许其翻身。桩巴龙别无所求，唯求每年清明节为母扫墓。观音老母感其孝心，答应他的请求。从此，每当清明前后，石门境内从皂市到维新、太平有条线路总会遇到恶风暴雨、下冰雹的天气。每年四月，沿澧水、沱水（穿山河）、溇水一带遭遇雹灾，伴有狂风暴雨，冰雹大如柑橘，小如黄豆，房屋被打烂，庄稼被毁。土家人说是桩巴龙给母亲挂清明来了。穿山河边有其母墓地，墓前原有石碑、石柱，石柱和墓毁于"文化大革命"时期，石碑尚存，字迹风化。此传说产生后，不断演变，异文较多。1986 年印的《中国民间故事集成湖南卷·石门县资料本》收有流传于穿山河的该传说 2 则。1988 年印的《中国民间故事集成湖南卷·常德分卷》和 2002 年出版的《中国民间故事集成·湖南卷》各收该传说 1 则。2002 年，石门县土家人唐天泰等编有《孽龙故事》一书。2009 年，"桩巴龙传说"被湖南省政府公布为第二批省级非物质文化遗产。《廪君化白虎》内容是：古代长阳县渔峡口东村有座古庙，一个老头逃到庙里与和尚一起生活，不久死在庙里。当地人们把他埋在灯心岭。埋的时候，这个老头化成一个白虎升了天，从此人们就叫这个地方为"白虎垴"（今长阳县渔峡口白虎陇）。后来覃氏土家人将祠堂从蛮家湾搬到东村，建在白虎陇。因为老人是覃姓人家埋的，为了怀念这位老人，于是将覃氏祠堂命名为"白虎陇堂"。

"传说"是土家群众口头流传的与历史事件、历史人物和土家习俗、自然风物有关的故事，还有名胜古迹、节会来历的传说。武陵地区民间传说丰富多彩，民族特色较浓。史事传说有《二酉藏书》《计杀吴著》《溪州之战》《彭公爵主战胜客王》《关王大战土王》《田覃是一家》《覃秦两姓是一家》《八耳锅》《九节牛角》《巧胜官兵》《王正雅打荆州》《两把菜刀闹革命》《单枪匹马会陈黑》等。《八耳锅》说，元朝末年，明玉珍起义后，向氏大雅、大元、大亨、大利、大贞、大乾、大坤、大望八兄弟，为躲朝廷追捕，被迫分散。他们把锅打成八块，各拿一块，以后相聚时以锅块为记。《两把菜刀闹革命》说，1917 年 12 月，贺龙打算离开常德回到桑植，重新组织队伍。当他走到慈利县零溪镇两水井饭店时已是深夜。为不打搅店主，和衣躺在水井台上。第二天贺龙直奔大路继续赶路。遇到从桃源县赶来的青年吴玉霖向贺龙打听去桑植县洪家关的路怎么走？贺龙问他："你去洪家关干什么？"小伙子说："我的爷爷吴佩卿要我投奔贺龙，杀富济贫。"贺龙笑着说："我就是贺龙啊。"吴玉霖解开衣襟，露出两把菜刀，并说："我没得枪，磨得两把快刀，好砍贪官恶霸脑壳。"贺龙抽出一把菜刀放入自己衣襟，称赞地说："菜刀也是武器，有它就能夺枪。拿菜刀也能干革命。"吴玉霖笑着点头，就跟贺龙走了。走着走着，贺龙看见一帮卫兵用轿子抬着某县长朝慈利县城走去，轿后两个护兵越走越慢。贺龙和吴玉霖商量几句后，尾随两个掉队的士兵。走到连三湾时，贺龙和吴玉霖乘其不备，抡起菜刀，砍死两个士兵，夺得两支步枪。此后，贺龙组织一支队伍，在湖南护法军总司令林德轩指挥下，在湖北荆江两岸与北洋军阀吴光新部作战，取得多次胜利。自两水井两把菜刀闹革命之后，贺龙部队发展到了100多人、70多支枪。因此，贺龙在其履历表上写着："1917年底，曾用两把菜刀，发展到百余人的队伍，任援鄂军第一路总司令所属之游击司令。"《贺龙年谱》也载：1917年12月，贺龙"在两水井重新开始搞枪，他与吴玉霖各持菜刀一把，杀了尾追的两个士兵，缴了两支枪"。《单枪匹马会陈黑》说：1928年春，贺龙、贺锦斋等10多人回桑植起义时，要路过陈家坪。桑植县团防头子陈策勋命令陈黑在陈家坪设卡设哨，盘查行人。贺龙扮成农民，只身一人向陈黑住的陈家祠堂走去，低声对哨兵说："贺龙的队伍要来了，我要亲自报告陈团长。"哨兵进去报告时，贺龙悄悄跟了进去。贺龙一进屋，就对陈黑说："你不是要捉贺龙吗？我自己上门来了。"陈黑见了贺龙，吓得浑身发抖，表示愿为贺龙帮忙。贺龙要陈黑护送通过层层岗哨。因此，贺龙带着贺锦斋等人回到了洪家关，举行了桑植起义。

人物传说有《巴蔓子》《相单程》《向老官人》《向王天子》《田好汉》《覃垕王》《将帅拔佩》《磨力卡铁》《鲁里嘎巴》《洛蒙挫托》《科洞毛人》《春巴麻妈》《白鼻子土司王》《顾公寨》《刘王寨》《鲁大王》《蛮王城》《呵达选婿》《秦良玉的传说》《白云姑娘的故事》《颜长富的故事》《三滴油幔子》《平台招对》等。不少传说把历史人物刻画得惟妙惟肖、栩栩如生。如《陈连升的传说》《台湾总兵刘明灯》《孙九大人坐台湾》《民族英雄罗荣光》《南北大侠杜心五》《气功祖师余道人》《土家歌仙张桃妹》《土家智人陈洋盘》《活龙》《子弹怕贺龙》《大战十万坪》《板栗园设伏》《忠堡大捷》《湘西王陈渠珍》以及《徐培深千里修家书》等。《向老官人》流传最广，讲得是土王派向老官人到朝廷拜见客王，客王问他住在哪里？他说"住的屋是千根柱头落地，风扫地，月点灯，狗拉弓，猪弹琴，老鼠半夜读五经。"客王又问他手下有多少人？他说："家有七十人背柴，八十人做饭，九支盐船下水，老鹰滩上打烂一支，三天没得盐吃。"客王听了心里害怕，以为他地广兵多，想害死他。他回家时，客王赐他一瓶毒酒，要他拿回去和大伙一起喝。谁知他在路上喝了，被酒毒死，但是尸首不倒，夹在马背上驮回家乡水扒洞才倒下去。其实，他回答客王的只是说他住茅草房子，只有九只鸭子，被打死一只鸭，鸭蛋少了，不能拿去换盐吃。后来土家后裔立祠供奉向老官人。《白鼻子土司王》控诉一个土司王的暴虐无道：白鼻子土司王荒淫无耻，共讨了四十八个老婆。他的鼻子经常发痒，一痒就要杀人，把杀死的人血涂在鼻上，才觉得舒服。他杀来杀去，把部下快杀光了。但他又害怕土家百姓起来造反，就下了一道命令，把百姓瓦屋拆光，盖上木房。木房盖好了，白鼻子土司王跑到山上，叫人放火，要把民房全部烧掉。霎时火光弥漫，喊声震天。他反而哈哈大笑，真是残忍到了极点。《覃垕王》故事梗概为：相传明朝初年，湘西大旱，地里颗粒无收。百姓饿死不少，覃垕的娘也饿死了。一天晚上，覃垕的娘托梦，叫他在坟前种上楠竹，在堂屋神龛上供三支柳木箭，练三年六个月的武。等到鸡飞狗上屋时，就打开大门，把箭射向京城，射死皇帝。次日开始，他在嫂嫂支持下，关门练枪练箭。练了三年，楠竹也长成大腿粗，嫂嫂天天送饭送烦了。有一天，嫂嫂把鸡赶得满天飞，把狗放在屋顶上。覃垕看见鸡飞狗上屋的景象，于是拿起桃木弓、柳木箭朝京城连射三箭。因为没到三年六个月，那三个箭都没射中皇帝。明洪武朱元璋急派十万大军捉拿覃垕，在慈利县灭亲垭捉住了覃垕。次年六月六日，也就是覃垕遇害的时候，天昏地暗，昼夜不明。忽然，从他身上飞出两条金龙。皇帝知道错杀覃垕，于每年六月六日脱下龙袍让位一天。从此，土家族人每年农历六月六要敬覃垕，晒龙袍，也就是土家节日"六月六"的来历。《向王天子》故事梗概为：相传明朝初年，土家首领向大坤父子五人周游各地，招了不少人马，最后来到莽莽青岩山（即今张家界国家森林公园）。当队伍到"止马塌"时，马突然停步。大坤猛然醒悟，这是建国立业的地方，"天子国"就定在这里。父子几人扯出"天子国"大旗，向大坤自封"向王天子"，三儿一女封为龙、虎、豹、凤四大将军。然后，把旗子插在索溪峪插旗峰。一会儿，笔架山的石碑上现出"万岁牌"几个字。周围四十八洞的土家人闻讯，纷纷投奔向王。不到三月，便聚兵三万。一年以后，明朝将军汤和、邓愈前来征讨向王，向王召集四十八洞首领商议抵抗明军的策略。双方在喻家嘴、干溪沟、百丈峡、插旗峪、树旗峪、卸甲峪、袁家界、金鞭溪等地打了无数仗,不分胜负。最后,向王因为寡不敌众,粮尽水绝,被敌人追至天子山神堂湾险境。这里山陡路绝,洞深无底,他与壮士们跳下万丈深渊,英勇牺牲。传说四十八将军死后,个个化成岩石。

山川景物和地方风物传说有《酉水的传说》《张家界》《金鞭岩》《夫妻岩》《三姊妹山》《望郎峰的传说》《张良归隐黄石寨》《天子洲》《万岁牌》《笔架》《天子山》《将军岩》《神堂湾》《仙人桥》《百丈峡》《插旗峪》《三女峰》《宝峰湖》《谷罗山的来历》《鬼谷子显影天门山》《杜子补天门眼》《玉皇洞》《血门沟》《五雷山南武当的来历》《龙头胜境》《白鹤井》《石门山的传说》《落印潭》《双溶州的传说》《老司岩》《猛洞河》《王村凉水井》《女儿寨》《大悔寨》《细柳城》《都镇湾的故事》《酉水河的传说》《擦耳岩》《乌江名称的由来》《乌杨过江》《梵净山传奇》《金鸭护铜岩》《白鹭洲》《思南斗笠印江伞》和《金刀峡的来历》等。

土家风俗传说有《土家人为什么过赶年》《舍巴节的来历》《四月八牛王节的来历》《六月六晒龙袍》《八月偷瓜节》《山歌的起源》《哭嫁的根巴》《拦门》《接亲告祖》《喜罩帕》《露水衣的来历》《八幅罗裙》《新娘坐轿的由来》《唱孝歌》《土老司取经》《傩公与傩婆》《敬奉老虎》《覃姓人不吃团鱼》和《祭猎神》等。

口头文学作品"故事"是以口头形式流传和保存的故事,是用作讲述对象的事情,以日常生活为题材,幽默风趣。有以具有丰富的想象成分为特色的幻想故事,如《兄弟学吹咚咚喹的故事》《狩猎郎和三公主》《兄弟种瓜》《田好人献宝》《磨朗卡替》和《螃蟹姑娘》等;有体现土家先民智慧的机智故事,如《鹊才覃金瓯》和《奇才陈洋盘》《刘光贵智为穷人娶娇妻》和《冉广盘的故事》等。鹊才覃金瓯是永定区西溪坪人,生于嘉庆年间。他读私塾,颇有文才,平时诙谐幽默、才思敏捷,出口成章,常以诗对或笑话挖苦别人,抨击贪官污吏,鞭挞人间丑恶,在土家人中流传他的故事多达几十则。如《四百石谷》说:西溪坪有个田财主,为了光耀门庭,竟用四百石谷买了个"拔贡"的官。庆贺之时,田某请覃金瓯题匾,覃写了"德弼硕容"四个大字。覃金瓯授意油漆工匠将四个大字中的"四""百""石""谷"四小字漆上彩金,其余部分漆上平光金。田财主以为颂扬自己道德高尚,十分高兴。可匾挂了半年,平光金褪色了,彩金依然光彩夺目,金匾成了"四百石谷"的字眼,把田财主用钱买官的丑事暴露出来。还有反映婚姻家庭的现实性较强的生活故事,如《嘎妮昭昭》《婆婆树》《岩头坡》《鸳鸯岩》《西朗卡普》《桂桂阳》《聪明的媳妇》《妻子补诗》《陈木匠》《买货郎》《戒酒》《冬瓜生》《王小二娶胡妮》《撑野肉的龙门阵》《打歪主意的土司王》《土司王背新娘》《一家和睦值万金》《鲤鱼姑娘》《聪明猴子》等各种内容和形式的故事,富有文学价值。《嘎妮昭昭》讲一个童养媳的悲惨遭遇。这个姑娘被迫自杀后,变成一个叫"嘎妮昭昭"的小鸟,它每天傍晚的凄惨啼鸣是对封建社会的控诉。《婆婆树》讲一个名叫"阿大"的妇女为反抗龙王污辱,受尽折磨仍然坚贞不屈的故事。龙王把她变成一棵孤树,屹立在酉水边。后来阿大的丈夫见了此树号啕大哭,也被变成一棵婆婆树,他们守护在一起。龙王降水来冲,他们也不分离。《岩头坡》讲述的是一个草医喜欢给穷人看病,不取分文。地主给一半家产请他看病,却被他拒绝。于是,地主将他折磨致死,草医死后变成了岩头。

民间笑话是以尖锐讽刺、辛辣诙谐为主要内容的引人发笑的短小故事,包括家庭笑话、行业笑话和政治笑话等。土家族笑话是土家族民间文学独特的讽刺艺术,情节简单、叙事明快,如《宝贝疙瘩》《秦二祝寿》等。《宝贝疙瘩》叙述一个财主每年正月初一早晨敬菩萨,先在大门内放一个圆石头,回来一进门就说:"今年生意越做越大,进门就是宝贝疙瘩。"有一年,一个长工把石头烧得很热,财主进门弯着腰捡石头时大喊:"今年生意——哎哟!拐哒!"《害得我挨骂》说的是:一个瓦匠吃饭时,故意说吃到了猪油渣。老板得知后,骂老婆为什么大手大脚。老板娘指着瓦匠的鼻子说:"我早就把猪油渣吃完了,你为什么说吃到了猪油渣?害得我挨骂?"《看你煮不煮稀》说的是永定区土家族张毕聪的故事:长工张毕聪功夫苦,一日三餐只吃九碗饭,地主刘仙妹还心疼。有一天,刘仙妹说:"从明天起改为两餐。"一天两餐,张毕聪每餐吃了五碗饭。刘仙妹着急了,又对张毕聪说:"从明天起,每天吃三餐稀饭。"张毕聪每餐喝了七碗稀饭。后来,他在堂屋板壁上写了一首打油诗:"三三进九你不依,二五一十你煮稀。三七还你二十一,看你煮稀不煮稀。"刘仙妹看到后,叹了口气。只好恢复一日三餐干饭,因为这样还合算些。

3. 民间谚语

民间谚语是用一句结构完整的俗语来概括深刻哲理,文字精练、耐人寻味。土家地区民间谚语富有特色，包括生产谚语、生活谚语、政治谚语和军事谚语等。例如："立春雨水早，早起晚睡觉。""谷在犁上，菜在锄上。""多听多见，多学多练。""一贵一贱，交情立见。""不想郎的金，只要郎的心。""会打三棒鼓，也要六个人。""山歌解劳累，薅草快如飞。""正月大摆手，家家有肉酒。""会跳丧的肩挨肩，不会跳的扯圈圈。""白菜萝卜汤，益寿保健康。""拉额拉巴夺，萨里洛巴夺。"（汉意是：走路要看路，讲话要看人）"米戊卡岔夺，洛日墨岔夺。"（汉意是：烧火柴要好，做人心要好）"卡普巴岔舍壳格，洛嘎尼巴查卡壳格。"（汉意是：花儿好看难栽，妻子好看难守）"棉花他列泽枯日阿，阿西度阿西达。"（汉意是：纺棉绩麻手不停，盖的穿的全是新）"只要铜钱雪，哪怕头发白。"（汉意是：只要有钱，头发白了也能找到知音）

（二）苗族民间文学

苗族民间文学源远流长，内容丰富，形式多样。苗族民间文学分为散体文学、韵体文学和说唱体文学。散体文学包括神话、民间传说和民间故事，除解释人类起源的《阿陪果本》外，还有反映阶级斗争的，反映民族风情的等等。苗族能唱的韵体文学按内容分为古歌、苦歌、反歌、山歌、情歌、儿歌、节令歌、仪式歌、生产歌、起义歌和叙事诗等。此外，还有民间谚语、谜语、成语和格言、行话、隐语等。

上古时期，苗族先民对人类起源、天体运行、万事万物演变做出种种臆测，产生了许多神话。诸如黔东南的《苗族古歌》、湘西北的《溯古追根》《神母狗父》《奶归玛簪》《兄妹结婚》《果索果苯》《乃戌玛戌》《乃乖乃苟》《剖果榛和剖果尤》《接龙》《祭龙》《爱龙》《舞龙》和《龙姓的来源》等。这些神话充满幻想，是苗族口头文学的童年时代。有关开天辟地的神话，苗族各地均有流传。但是，歌名不一。有的叫《开天辟地》，有的叫《造天地万物》，有的叫《谷佛补天》，有的叫《混沌天地》等。苗族先民们由穴居野处，茹毛饮血，逐步走向群居，开始制造狩猎工具和农具。从狩猎逐步进入农业耕作。口头文学顺应历史发展也做出了反映，如《狗取粮种》《则嘎老》《居诗老》《活路歌》《瓷器歌》《种麻歌》《运金运银》和《打杀蜈蚣》。这些口头文学由神话转而反映现实生活，但未完全脱离神话。2011年，泸溪县申报的《盘瓠传说》被国务院列入第三批国家级非物质文化遗产名录。

苗族民间传说、民间故事十分丰富。如黔东的《芦笙是怎样吹起来的》《老猎人》《龙女的故事》，渝东南的《水寨苗家斗官军》《蛮人龚启禄》《满朝荐》以及湘西的《哈氏三兄弟》等。流传在湘西苗族地区的故事有《阿普蚩尤》《剖果哨和黄帝分管天下》《驩兜的传说》《谎江山的故事》《孙文明抗租故事》《包头帕的由来》《花带的传说》《苗家银钗的来历》《苗家籽蹬》和《母柱》等。流传在渝东南的故事有《伍将军的故事》和《赶苗夺业》等。苗族民间文学中还有一类歌颂苗族英雄与皇帝斗争的故事，如《苗王张老岩》《阿秀王》《独戈王》《果罗闷》《哈氏三兄弟》《百鸟羽龙袍》等。也有歌颂苗族首领与官兵作战的，如《石三保的故事》《吴半生的传说》《告刚》《往月载》《电丢依》等。清朝乾隆、嘉庆年间，凤凰县苗族吴八月及松桃县苗族石柳邓等领导的苗族农民起义，民间还流传着《歌唱吴八月》和《歌唱石柳邓》等故事，如："坪垅有个吴八月，胆壮气豪本领高。骑着木凳飞天跑，山擒虎豹水擒蛟。闹得清廷心胆跳，毛骨悚然竖毫毛。七省官兵打败仗，卷起尾巴鼠窜逃。八月虽死神犹在，留下英名万古标。""三保、八月、石柳邓，带领人民抗清兵。腊尔地方大起义，集合苗家万万人。追赶清人出溆浦，英雄事迹传至今。"

苗族民间歌谣统称"苗歌"，基本上用苗语演唱。苗族历史上曾与其他民族多次发生战争，由于战争失利，曾多次迁徙。某些地区由于子孙繁衍众多，也会迁徙到别的地方。因此，苗族口头文学中产生了大量的《迁徙歌》。这类歌有黔东的《跋山涉水》《蛟鲲浪岛》以及湘西的《果聂》《休巴休玛》《逃荒歌》《苗家流落在山坡》。苗族史诗《休巴休玛》，汉语译为《苗族古歌》，长达一万九千多行，包括《创世纪》《枫木歌》《洪水滔天》《民族迁徙》四大部分。(2011年，花垣县申报的《苗族古歌》被国务院列入国家级非物质文化遗产扩展项目名录)《枫木歌》是关于万物起源的神话叙事长诗，长达一千多行。其中，包括《枫香树种》《栽枫香树》《砍枫香树》《犁东耙西》《妹榜妹留》《十二个蛋》等六首。这组长歌，内容关联，首尾衔接，既是完整的长歌，又各有其独立性。到了迁徙年代，苗族地区已经进入农业社会。除了耕种，还出现纺织、刺绣等。因此，民间创作了不少反映生产生活和艺术起源、社会风习、歌颂能工巧匠的歌谣和传说故事。歌谣如黔东的《纺织歌》《刺绣歌》《蜡染歌》以及反映习俗和婚丧嫁娶的《相会歌》《初恋歌》《开亲歌》《打扮歌》《酒礼歌》《祭祀歌》《哭丧歌》《丧葬歌》《芦笙木鼓歌》等。

随着生产力发展，社会问题渐趋复杂。于是，出现《巫词》《榔词》和《理词》。《榔词》《理词》属于约定俗成的东西，用以维持社会秩序。《巫词》《榔词》和《理词》在苗族口头文学中数量不少。古代苗族的巫师、理老和歌手是三位一体的，因为他们懂苗族的东西较多，巫师既是歌手，也是理老。他们既能念巫词，又会念理词、唱理歌，同时也是苗族民间口头文学的保持者和传播者。巫词是巫师驱逐邪魔、祈神保佑、消灾、赐福所念之词。其中有《寻魂词》《驱鬼词》《赐福词》《求福词》等。《榔词》是榔规确定后负责执行者所念之词，主要阐明伦理道德、维护社会秩序和鼓励、规劝人们去恶从善。一般先谈自然界和社会上事物的矛盾统一，借以说明是非曲直。《理词》，只有通今博古的理老才能念诵。诵时，手上须握十二根"理片"，每诵一段，要将理片搭响一下，放置一边，直到放完十二根。《理词》是说理的词令，有用口唱的，称为《理歌》。人们发生纠纷，找理老解决，理老先念理词或先唱理歌，然后引典进行裁决。《巫词》《榔词》《理词》之所以列入民间文学范畴，因为它们有人物形象，有生动比喻，也有情节，相当感人。

苗族民间歌谣中有关婚姻的歌十分丰富，有些发展成了叙事诗。苗族婚姻歌不仅反映婚姻习俗，而且很多反映婚姻演变。除了诗歌，也有故事。反映母系氏族社会的有《嫁男歌》及《嫁男人的故事》等。由母系氏族社会演变到父系氏族社会时，实行分支开亲和族外婚。反映这一历史情况的有《姊妹歌》《出嫁歌》《哭嫁歌》《开亲歌》等。父权制确立后，苗族婚姻出现了舅权制。黔东地区的《阿娇与金丹》《久宜和阿金》《阿蓉和略刚》《哈迈》《开亲歌》等就是这方面的反映。向往婚姻自由、歌颂勤劳的有《仰阿莎》，反对封建迷信、讴歌忠贞爱情的有《雄当与配莉》和《翠鸟》等。

苗族仪式歌分为祭祀歌、节日歌、人生礼仪歌、祝词和礼词。婚姻礼词属于苗族《古老话》的组成部分，它是用于苗人在举行订婚和结婚仪式中的祝颂之词。人们把在苗族婚礼上吟诵礼词的人尊称为"礼郎"，就像今天我们在婚礼上常看到的主持人。在苗人中，礼郎口齿伶俐、机敏风趣。每遇婚嫁邀请，便欣然前往。在婚礼上，他们能够娴熟地背诵成套礼词，而且能够临场即兴发挥，使婚礼增添欢乐的气氛。1987年，湘西土家族苗族自治州民族文化工作者在花垣县搜集婚姻礼词，邀请民间老艺人麻金明、田忠良、龙老板进行吟诵、录音，整理出版《苗族婚姻礼词》一书。苗族婚姻礼词分为"订婚礼词"和"结婚礼词"两大部分。订婚礼词被称为《求亲话》，仪礼在女方家中举行。订婚这天，女方将自家主要亲眷邀请过来，接受男方的求亲。男方带上定亲礼物上门求亲，跟女方缔结婚约。这天，双方各请自己的礼郎前来祝颂。仪式开始以后，男方礼郎唱起《求亲话》："今天真高兴，酿好美酒定亲。四面五方的朋友来相聚，五处六方的亲眷坐一起，从此我们是近亲。"女方礼郎唱道："你们挑着米酒来报信，你们挑来猪肉来定亲。酒肉让所有亲朋分享，像栽竹子一样大家情投意合，像种树木一样大家协力同心。让竹子发成一大片，让树木长成一座山林。"接着，双方礼郎就有关于求亲和许亲的长篇对话，充满着文学性和艺术性：首先，像大多数少数民族诗歌一样，苗族婚姻礼词运用较多的是象征和比喻。如男方礼郎将女方比作等待水的水车、等待鱼的塘坝。意思是告诉女方，我家男孩就是水、就是鱼，水车和塘坝只有有水和鱼才有意义。又如男女双方缔婚姻就像协力同心栽竹子、种树木，让竹子与树木发成一座座山林。其次，即兴发挥的礼词体现礼郎个人的性格和风格。如张应和、彭荣德整理的《苗族婚姻礼词·求亲话》中的男方礼郎表现得咄咄逼人。他说："你们有女儿我们求，我们也有女儿等别人来娶。这不过是青龙对白虎，有求也有奉送""不要媒人你们也会应允，来早来晚都会答应。我们是同歇一棵大树，同饮一口水井。"女方礼郎貌似谦卑但绵里藏针："我们很少相逢相见，我们的日子过得愚蠢。我们老了如蛇卷起了皮、鱼卷起了鳞。讲话也表达不了意思，老祖宗的话也忘记干净……"礼郎受主人之托，为让订婚的男女双方获得理想的结果，决不会任性行事，到了一定的程度，礼郎就会握手言欢，互相吹捧起来，并且相约"等到娶亲的好日子，再把歌儿唱几轮"。结婚礼词被称为《话亲话族》，分为"绪头""联姻起始""部落迁徙""分支发系"和"颂词"五大部分。由于结婚仪式是由男方礼郎主持，所以婚礼礼词由他来吟诵。只有在"颂词"部分，女方礼郎代表女方亲属表示答谢。"绪头"就是引子。婚礼开始，由礼郎以吟唱开场白。他以歌唱形式介绍到场的亲眷，最先是舅舅、舅妈，其次是祖父、祖母、外公、外婆、岳父、岳母、伯伯、叔叔以及姊妹等。接着，礼郎表明今天是个经过推算的好日子，"女儿来嫁，就像纺线上了织布机，就像阳光照进屋子里。从此以后一把铁夹要两人用，一间木房要两人住，鸡要有两只才发满笼，猪要两头才发得满窝……"有了这个开场，礼词进入正题。"联姻起始",向来宾们讲述此次两家联姻曲折而又复杂的过程。"部落迁徙"如同一首苗族史诗,讲述苗家的祖先和婚姻由来。很古的时候,有个男人叫抖太,女人叫果坦,苗人称他们为祖父、祖母;祖父抖太养了天怪吉昂,祖母果坦养了班国吉昂;天怪吉昂养了乃贵,班国吉昂养了黄帝;乃贵养了苗人,黄帝养了汉人。汉人从出生地出发,从"务桥溪"顺水而下,穿过"桃源洞",把船停在一个叫作"彩卫"的地方安下了家。苗人沿着汉人的路来到这个地方,发现这里已被汉人住满,只得原路返回,来到泸溪垅安身。后来,苗人越来越多,要找出路安身;可是,女儿大了不知出嫁,男儿大了不知娶亲。因此,人们苦思冥想"女子为什么要挤在一个门庭,男儿为什么要挤在一个家庭?"一天梦中,神仙告诉他们:"要通婚往来,要联姻联亲。"于是,苗人开始求媒人,攀亲开亲,苗族从此"如竹子长得满山满岭,如树木发得满山满坪"。这样,苗族开始分支发系。"分支发系":鱼多了要分塘繁殖,人多了要找地方分开居住。礼词在这一部分描述苗族大姓:吴、龙、石、麻、廖、杨姓的迁徙和相互错综复杂的联姻史。最后,男方麻家礼郎对女方龙家客人唱道:"龙、麻两家自古以来就已联姻,现在结亲更是亲上加亲!""颂词"承接前面礼词,男方郎唱道:"男大当婚,女大当嫁,是祖先让我们懂得开沟引水,才懂得迎亲送嫁。我们恭恭敬敬地请来媒人,壮起胆子来向你们求亲。你们敞开大门,你们摆好板凳,你们没有回绝,你们应允这门亲,你们送来漂亮的新娘,她带来滚花边的绸衣和银制的首饰。你们的嫁妆漂亮极了,你们的送亲队伍特别热闹。我们招待你们不周,请你们宽宏大量……"女方礼郎开始答谢:"谢谢你的贵言,你的口水有油、嘴中有盐,所有好话你都讲遍。人们常说,无线不穿针,无水不通船。媒人帮我们找到一门好亲,像架起一座天桥、修成一条大道。祝你活到一千二百岁,添子发孙,多福多寿。世上有三等人,上等人家违心嫁女,中等人家嫁女就是嫁女,下等人家卖儿卖女。我们是中等人家,不要看我们的嫁妆太少,朝远处看你家就会人丁兴旺。我祝愿亲家百口登仙,百事如愿!"男方礼郎答谢道:"你说的话像铃声,你讲的话像鼓声。我们像一粒空壳的谷子,像一粒只有米渣的小米。但一根线也是线,一束麻也是麻,我们送给岳父母二百五十文钱,也是我们的一片心意。"女方答道:"多谢了!亲家呀,心要想得宽,眼要看得远,一年、两年就会发达兴旺!"接着,几个反复对答,双方以礼相谢,婚礼结束。

生产劳动歌用现实主义和浪漫主义手法，反映苗族人民春耕、夏耘、秋收的辛勤，表达苗族人民热爱劳动、以劳动为荣的观点。褒奖勤劳，鞭挞懒汉是它的中心思想。这类歌有《四季歌》《春之歌》《下种歌》《栽秧歌》《采茶歌》《种麻歌》《棉根歌》《纺线歌》《瓷器歌》《油匠打油跑锤歌》《拗岩歌》《抬轿歌》等。

苦歌在苗族文学史上有着突出的地位。它控诉土司、地主、军阀等剥削人民的罪行，揭露帝国主义贪婪残暴的嘴脸，表达劳动人民的痛苦以及他们的愤懑心情和战斗的决心。控诉土司、地主残酷剥削的歌有黔东的《穷人像笼里小麻雀》《苗家流落在山坡》《瘦了苗家肥了官》《逃荒歌》《长工苦》，湘西的《长工歌》《苗家冬夜真难熬》。

武陵山区各地都有起义歌。其中，以清代咸丰、同治年间张秀眉为首领导的农民起义斗争歌较长。这首歌称为《张秀眉之歌》，唱出了张秀眉起义的主要过程。关于起义的口头文学还有故事，如《支援刘白号》《三箩泥巴》《张秀眉起义二三事》等。

红军长征经过贵州，与各族人民鱼水相依，血肉相连。红军走后，苗族人民留恋红军，创作一些怀念红军的歌谣和故事。红色歌谣有《盼红军》《红军果真来到了》《苗岭欢歌》《糍粑酸鱼献亲人》《苗家想念红军》等；故事有《红军树》《猪食盆里出银圆》《苗家老人护标语》《一台空滑竿》等，体现苗族人民对红军的深厚感情。

（三）侗族民间文学

侗族民间文学的传承形式主要有侗款、侗耶、侗垒和民间歌谣、神话、民间传说、民间故事等。

原始社会晚期，侗族寨与寨之间产生军事联盟——合款。款是侗族特有的组织制度和组织形式，分为小款、中款、大款和联合大款。小款由一个村寨组成，中款由几个村寨组合而成，大款由几十个村寨组合而成，联合大款则是绝大部分侗族地区联合而构成。"款首"都由族众推选德高望重的寨老担任，每个款采取比赛的方式选拔才华出众的讲款人，并且授予"款师"称号。每逢聚会讲款则由款师宣讲款规款约，叙述人的起源和款的来由。"侗款"有款坪款、约法款、出征款、英雄款、族源款、创世款、民族迁徙款、祝赞款、习俗款、请神款、祭祀款等十二条款。如《族源款》的内容是："姜古开天，盘古置地。马王制弩，吴王创姓。"《民族迁徙款》的内容是:"我们的祖先,金鸡起步,雁鹅飞天。来到靖州飞山寨。那里有地,那里有宝。"

侗耶是侗族祖先在生产劳动过程中产生的集诗歌、音乐、舞蹈为一体的民间文学艺术形式,因演唱的衬词"耶"而得名。侗耶内容丰富,表现形式多样。按顺序从《进堂耶》开始,依次是《当初耶》《父母耶》《消散耶》。非正式场合如男女青年以耶为媒的对耶内容有《进堂耶》《结情耶》《消散耶》。喜庆则唱《进堂耶》《赞颂耶》《消散耶》。《进堂耶》是祭神仪式中进入萨坪开始歌舞时唱的第一首歌,如:"进堂多耶,同伙不进堂我进堂。我先进堂把耶唱,开创规矩本是姜妹和姜郎。"《父母耶》讲述父母生儿育女的艰辛,劝告人们孝敬父母:"父母养儿育女多器重,山间竹林重嫩笋。大树叶子重树兜,我们都要记根本。"侗族人终止"哆耶舞"时要唱《消散耶》,耶词内容劝告人们回家用辛勤的劳动获得丰收:"消散去,一年一度梅花开,梅花谢去春来到。上天的归天,地下的回地去。"

侗垒是有音韵、有节奏、形象化的艺术语言,是侗族古今流传的吉祥雅语,是侗人祭祀神灵、祈祷祝福的吟诵词,主要内容有创世垒、迁徙垒、说古垒、祭祀垒、情话垒、祝贺垒、英雄垒、寨规垒、劝诫垒和祝贺垒等。《迁徙垒》叙述了越人迁徙历程及跋涉的艰辛:"自从吾祖会稽出,来到赣州太和邑……跋涉来到靖州地,飞山寨上身安栖。"《祝贺垒》包括喜庆、祝寿、求嗣等内容:"一个新郎、一个新娘。一个羞羞答答,一个大大方方。一对花烛房中照,一江春水情意长。一世姻缘三生定,一世夫妻百世昌。"

侗族民间歌谣分为古歌、大歌、小歌、情歌、孝歌、礼俗歌和叙事长歌等。反映侗族人类起源、繁衍、迁徙的古歌有《起源之歌》《姜郎姜妹》《祖源》《祖公上河》《查祖歌》《忆祖歌》《祭祖歌》《祖先落寨》《破姓开亲》《萨岁之歌》和《杨天应》。侗族大歌有《陆大用之歌》《嘎闷龙》《嘎金汉》《嘎元懂》《嘎嗯》《嘎通》《嘎叠》《嘎项》《嘎所》《嘎银滩》等;侗族小歌有《敲门歌》《探望歌》《对歌》《相爱歌》《婚姻歌》等;侗族礼俗歌有《拦路歌》《开路歌》《酒令歌》《赞歌》《伴嫁歌》《哭歌》《插花礼词》《婚礼贺词》《鼓楼歌》《踩堂歌》和《孝歌》等。叙事长歌有《侗族祖先哪里来》《金银王之歌》《刘金刘衣》《丁郎龙女》《覃宝与引妹》《秀银与吉妹》《银妹与丙郎》《善郎娥美》《丁郎龙女》和《六洞起义歌》等。

侗族的神话、民间传说和民间故事极为丰富，情节神奇曲折。人类起源、度过洪水、繁衍后代的神话有《姜郎姜妹》《洪水滔天》《开天辟地》《贯共与野降》和《蕨粑的传说》等。民间传说有《杨太公救飞山》《吴勉》《撒抹》《姜映芳起义》《姜子林》《抗石官刘官歌》《困石官》《李元华》《杨氏清白堂的来历》《王均廷的故事》和《四也挑歌传侗乡》等。《侗族人不吃粉蒸肉》《英郎美道》是侗族的风俗传说。批评自私自利、嫌贫爱富、喜新厌旧、谋害他人的民间故事有《两兄弟吃鱼》《莽子刘妹》《陆姣》《忘恩阿兔》《李送药》《郎刚和郎更》《老通和小容》《雷打塘的故事》等。侗族机智人物的故事有《补宽》《雷大》《陆本松》《天神哥的故事》《长工班善与财主》《守义田》《吴文彬》《哈巨的故事》《独女选夫》《补卦的故事》等。寓意深长的动植物故事有《螃蟹和牛》《狗逗山羊》《羊偷角》《麦子和荞子》《叶烟》和《细脖子有十二计》等。爱情故事有《珠郎良美》及《玉梅和先芳的故事》等。

二、民间艺术

（一）土家民间艺术

土家族民间艺术丰富多彩，富有趣味，民间音乐、民间舞蹈、民间戏剧、民间曲艺、民间工艺具有明显的民族风格和民族特色。

1. 传统音乐

土家传统音乐三大宝库包括民间歌曲、传统器乐和戏曲音乐。民间歌曲分为土家古歌、武陵山歌、城镇小调、劳动歌曲、风俗歌曲等。风俗歌曲有哭嫁歌、丧歌、喜歌等。"土家生来爱唱歌，开口一唱一大箩。"土家山区宛如民歌海洋，不仅歌词优美，而且曲调委婉动听。桑植民歌、酉阳民歌、秀山民歌和酉阳古歌等已被国务院列为第一批国家级非物质文化遗产名录。

武陵山歌种类有高腔山歌、平腔山歌、四句子歌、五句子歌、六句子歌、盘歌、茶歌、柴歌、牧歌等十多种。著名山歌有《太阳出来照白岩》《九岭十八岗》《郎从门前过》《冷水泡茶慢慢浓》《好郎好姐不用媒》《唱起山歌送情郎》《板栗开花一条线》《四季花儿开》《门口挂盏灯》《黄四姐》《六口茶》《木叶情歌》《花大姐》《送情人》《三看郎》《嘀格调》《采花调》《请灯》等。"啰儿调"是石柱土家族自治县流行的土家山歌，大量运用"啰儿""啰"等衬词，经典歌曲有《太阳出来喜洋洋》等。2006年，"土家族啰儿调"被国务院列为第一批国家级非物质文化遗产名录。利川市灯歌始于清朝初年，是土家族人在元宵灯会以彩龙船为道具的演唱形式，现存百首，分为龙船调、车车灯调和莲湘调三大类。1956年，由周叙卿等人整理《灯歌·种瓜调》而成的《龙船调》越唱越红。1988年，被收入《中国民间歌曲集成》。2004年，著名歌唱家宋祖英在维也纳金色大厅高唱《龙船调》以后，在世界乐坛引起极大轰动。

土家族人爱唱盘歌，两人对唱，互相盘答。如男方盘问："大姐聪明大姐乖，唱首盘歌请你猜。什么走路列横走，什么走路退转来。"女方答道："大哥聪明莫讲乖，你唱盘歌我来猜。螃蟹走路列横走，虾子走路退转来。"男方盘问："什么出来一把刀，什么跳起三丈高。什么吓得打倒退，什么吓得吐涎膏。"女方答道："鳜鱼出来一把刀，鲤鱼跳起三丈高。虾子吓得打倒退，鲇鱼吓得吐涎膏。"还有盘天地、盘花草、盘鸟兽、盘生产等。其中，男女互相盘答，以抒发爱情的较多，四句一首，生动有趣。

土家喜唱劳动号子，如船工号子、放排号子、拖木号子、岩工号子、打夯号子、打油号子、打杵号子和南溪号子等。先唱"号子"，后唱"歌儿"，一领众和，来回穿插，腔调高亢，雄健有力。"船工号子"分为划桨号子、摇橹号子、拉纤号子和装卸号子。巴东县的"峡江号子"有拖杠号子、出艄号子、推梢号子、撑蓬号子、捉缆号子等。鹤峰县的号子由单号子、双号子、单号子搭桥、双号子搭桥和扯炉腔组成，是高度发展的号子形式。流行在酉阳、秀山、宣恩、利川、长阳的"穿号子"是劳动号子发展而成的演唱山歌。"南溪号子""峡江号子""酉水船工号子"和"澧水船工号子"被国务院列入国家级非物质文化遗产名录。

土家传统器乐有吹奏乐和打击乐两种。吹奏乐有土号、木叶、牛角、咚咚喹、绷绷拖、响树、唢呐等。土家族人迎送长官，婚娶喜庆，都要吹奏土号。土人想吹木叶时，扯下一片常青树叶，放入口中，运气吹动，就可吹出清脆悦耳的歌曲。木叶情歌被土家族人誉为"联姻桥"。正如一首土家情歌所唱："大山木叶青又翠，妹要情郎使劲吹。何时吹出凤凰调，木叶就是大红媒。"咚咚喹又名"呆呆哩"，是土家族具有特色的单簧竖吹乐器，用长约十五厘米、管周约二厘米半的细竹制成。上端留一竹节，接近节头约半寸处用小刀削薄，设一开口活片作吹孔，管上设三或四孔,下端切成斜口而成。咚咚喹有筒音宫和徵两种。它的传统乐目尚有《咚咚喹》《呆都里》《巴列咚》《冬巴哈》《乃哟乃》《拉帕克》等,多数带有土家语歌词。吹奏咚咚喹,音色柔和,曲调欢快。婚丧喜庆,多有唢呐伴奏,曲牌繁多,富有地方色彩。2008年,"土家族咚咚喹"被国务院列入第二批国家级非物质文化遗产名录。"满堂音"因其多在厅堂演出且吹、打、弹、唱同时发音而得名。满堂音是土家族的古老乐曲,分为鹤峰县琵琶板和满堂音两个腔系。满堂音最初为当地皮影戏的主要声腔,以后逐步脱离皮影,演变成为单独的民间说唱,其音乐节奏轻快活泼,富有弹性,旋律舒展流畅,口语性强,乡土风味浓郁。加之艺人们自制的"土琵琶",琴弦同度定音,无半音的演奏方法,使满堂音的调式特征和旋律色彩极具特色。满堂音仅存于鹤峰县溇水支流南渡江两岸,即五里乡和燕子乡的部分村寨。满堂音是具有数百年历史、流传区域却不足百里的稀有曲种,其音乐、语言、道具与容美土司文化有着悠久的历史联系,在以容美土司文化为代表的土司文化研究中,满堂音成为土司时期民俗演艺的代表作。满堂音形成于明清时期。明代嘉靖年间,容美土司王进京朝贡途中,见皮影戏颇具艺术情趣,将其引入容美。在漫长的历史岁月中,皮影戏逐渐与当地傩戏和柳子戏艺人合班同台演出,在本地语言韵调的熏陶中,吸收民歌的丰富营养,衍变发展成为独具鹤峰特色的满堂音。1953年至1966年,鹤峰县成立自负盈亏的满堂音曲艺皮影队。1981年,县文化部门协助五里乡文化站办起满堂音半职业剧团,时间长达10年之久,创作演出《琴台放歌》和《贝锦卡血染虎门》百余台满堂音曲艺节目。打击乐的打镏子、花锣鼓、摆手锣鼓、跳丧锣鼓、薅草锣鼓和打围鼓等是土家族人擅长的一种文娱形式。土家语称"打镏子"或"打挤钹"为"家伙哈",逢年过节、婚娶喜庆都打镏子,是土家人最喜欢的器乐合奏,故有"土家三大乐:摆手、哭嫁、打挤钹"之说。打镏子使用的乐器有头钹、二钹、镏子锣、马锣等,再加一支唢呐,称为"五子家伙"。打镏子时,三至四人操打合奏,节奏巧妙配合,能够奏出《马过桥》《大纺车》《岩洞滴水》《凤穿牡丹》《八哥洗澡》《锦鸡出山》《老牛擦痒》《老虎磨牙》《野鹿衔花》《燕子拍翅》《阳雀闹春》《喜鹊闹梅》《画眉跳杆》《鸡婆下蛋》《满堂红》《鹊桥会》《四进门》《幺二三》等一百多个曲牌。田隆信编曲的打镏子《毕兹卡的节日》曾获全国民间音乐汇演一等奖。1985年,保靖县龙泽瑞编印了《土家族打镏子》一书。

2004年，楚德新等人编著了《土家族打镏子艺术新论》一书。2006年，湘西土家族苗族自治州申报的"土家族打镏子"被国务院列入第一批国家级非物质文化遗产名录。2008年，五峰县和鹤峰县申报的"土家族打镏子"被国务院列入第一批国家级非物质文化遗产扩展项目名录。《花锣鼓》是吹打乐合奏的总称，咸丰县清坪一带加唢呐的称"吹锣鼓"，乐器有唢呐、鼓、冬子锣、大锣和钹五种。其曲牌呼为"引子"，有八十多个。没用唢呐的花锣鼓与"家伙哈"相近，只是喜欢用鼓，曲牌有七十多个，由"头子""中段"和"尾巴"组成。溇水流域鹤峰县、桑植县、武陵源区、慈利县土家族人爱"打围鼓"。围鼓由一只鼓、两副钹、一大锣、一小锣五件乐器，五人操作演奏而成。因演奏时根据鼓面上发出的"鼓眼"指挥演奏乐牌，演奏者以鼓为中心进行演奏，故而称为"围鼓"。围鼓曲牌有《天边月》《红绣鞋》《龙摆尾》《画眉过桥》《双狮捧球》《鲢鱼吐丝》《蚂蚁上树》《铁锤叮当》等300余首。2011年，张家界市政府把"围鼓"公布为第二批非物质文化遗产项目。

2. 传统舞蹈

土家族的传统舞蹈有摆手舞、跳丧舞、八宝铜铃舞、八幅罗裙舞、梅嫦舞、跳马舞、操旗舞、杨叉舞、花鼓子（玩耍耍）、高皇灯、板板龙灯、泼水龙、稻草龙和打花棍等，其中尤以跳丧舞、摆手舞最为突出。

（1）摆手舞。

摆手舞是土家族具有代表性的显著标志，因其舞姿以摆手为主，故名"摆手舞"。它是土家族人祭祖先、庆丰年、迎新春的民俗活动，并发展为歌舞、戏剧、体育竞赛、物资交流等综合性的文化活动。土家族的经典舞蹈"摆手舞"按其活动规模分为"大摆手舞"和"小摆手舞"两种。按其举行时间分为"正月堂""二月堂""三月堂""五月堂""六月堂"等。每年农历正月初三至十七日，一村一寨的男女老幼聚集在摆手堂，先由"梯玛"（即土老司）手举扫帚，唱摆手歌。祭礼仪式完毕，由掌坛师带领摆手队伍举着龙凤大旗，鸣大锣，击大鼓，打镏子，扛神棍，吹土号，燃放三眼炮，在"喂嗬"声中入场，手脚呈同边动作，踢脚摆手，翩跹进退，成双成对，节奏鲜明。整个活动以祭典舞蹈、唱摆手歌等为表演形式，以人类起源、民族迁徙、英雄事迹为主要内容。摆手舞有独唱、领唱众和、众人齐唱等形式，曲调随着舞蹈内容而变换。跳摆手舞不拘人数多少，少者数十，多则上万。

摆手舞历史悠久，源远流长。摆手舞起源于随周武王伐纣的巴人歌舞。秦朝末年，刘邦反秦，巴人冲锋陷阵，以"巴渝舞"勇挫秦兵。后来，军事舞蹈"巴渝舞"演变成为土家先民祭祀活动。元明清时期，各地土司机构建立摆手堂，茅冈长官司摆手堂为七进皇堂，摆手舞供土司王娱乐。每到农历正月，土家男女齐集土王宫畔载歌载舞，向土司王祝贺新年。清代"改土归流"以来，摆手舞由供土官娱乐转为民间自乐。清代《乾隆永顺府志》记载："各寨有摆手堂，每岁正月初三至十七日止。夜间鸣锣击鼓，男女聚集，跳舞唱歌，名曰摆手，此俗犹存。"清代《同治桑植县志》也载："土民赛神、摆手，为秋千之戏，至〔正月〕十六日止。"土家文人留下了不少描写摆手舞的诗篇，清代向晓甫在《摆手堂》诗中写道："摆手堂前艳会多，姑娘联袂缓行歌。鼓锣声杂喃喃语，袅袅余音嗬也嗬。"清代彭施铎在《溪州竹枝词》中写道："福石城中锦作窝，土王宫畔水生波。红灯万盏人千叠，一片缠绵摆手歌。"民国时期，大、小摆手活动在土家山寨已经普及，大摆手舞有祭祀舞、农事舞和战舞三大部分，如祭祀舞表演祭祀八部大王、兄妹成亲、土家迁徙等舞蹈。现在，永顺县双凤村、保靖县起泽村、龙山县马蹄寨、古丈县田家洞、桑植县上洞街、慈利县三官寺、永定区茅冈、武陵源区军地坪和来凤县舍米湖等地土家族人经常举行跳摆手舞活动。

土家语称"小摆手舞"为"舍巴日"，每年农历正月初三至十七日举行小摆手舞活动，多在春节期间单日晚上表演。小摆手舞以同姓同祖或者一村一寨之人为单位，数十名男女老少聚集在摆手堂前围着篝火跳摆手舞，百余人围观。以前，凡百户之乡皆建摆手堂，土家语叫"月撮"。小摆手舞活动规模较小，时间较短，在摆手堂前进行，堂内供有土家祖先向老官人、彭公爵主和田好汉等各地土王。小摆手舞活动之夜，主持人"梯玛"先举行祭祖典礼，升龙凤旗，然后到摆手堂坪里，点燃用干竹扎成的火把。由一人在摆手堂坪中央击锣打鼓，其余的人由掌堂师领头，围成环形大圈，随着锣鼓扁冬节奏唱摆手歌、跳摆手舞。舞时手与脚顺向摆动，踢踏摆手，舞姿优美。"小摆手舞"舞姿有："叶冬起也"，摆手人的手、肩左右扭摆；"查查起也"，是双手在胸前拍打三下后，再接摆手舞动作；"物打哈"即牛打架，其动作是两人面对面摆手，均抱腕。小摆手舞表演农事活动，表演内容为"大鹏展翅""拖野鸡尾""犀牛望月""牛打架""跳蛤蟆"等模拟动物动作和"砍火畲""挖土""种苞谷""下种""插秧""薅草""收割""打谷子""打粑粑""钓鱼""美女梳头""纺纱""织布"等生产生活动作。

土家语称大摆手舞为"麦则嘿"。"大摆手舞"活动规模庞大,内容丰富,有闯堂进驾、开天辟地、人类起源、迁徙定居、耕作劳动、狩猎征战、扫堂送架等八个部分,表现土家先民跋山涉水、迁徙繁衍、农事活动、日常生活、战争场面等,展现一幅幅富有民族特色和生活气息的画卷。大摆手舞活动在大摆手堂前举行,大坪中间 24 米高的旗杆上挂着两面龙凤旗帜。大摆手舞的摆手堂建在背山面水、左右小丘的平地上,中央火树银花,并有各色小龙旗、小凤旗装饰的桅杆。摆手堂中央供土家远祖"拔普"(即八部大王)及其夫人"帕帕"神像,两侧屹立红、黑二位战将。八部大王庙门左边架一个牛皮大鼓和一面大铜锣。大摆手舞主要内容是祭祀"八部大王"并且开展各项活动,是以一乡或数寨为单位联合举行,有上万人参加。大摆手舞活动按照三年两摆惯例,于正月初九至十二日举行,活动历时三天,以歌舞为主。届时,摆手堂附近各寨土家男女依照姓氏组成"排",每"排"为一支摆手队伍。各排队伍进摆手堂后,由掌堂师统一指挥。各排人数不等,均设龙凤旗队、祭祀队、奏乐队、摆手队、披甲队、炮仗队。首列为龙凤旗队,白龙旗和红凤旗并排走在队伍前列。次列为祭祀队,由寨上德高望重老者 20 余人组成。他们身着长衫,手持齐眉棍、神刀等舞具,随总指挥掌堂师行祭祀事。之后为舞队,男女老少均着节日盛装,拿着朝筒,列队入场。继舞队之后的是小旗队,凡户一面,颜色多彩。接着是乐队、披甲队、炮仗队。奏乐队分镏子和摆手锣鼓两种,再配以牛角、土号、咚咚喹等,奏出土家节日旋律。披甲队由身披"西朗卡普"的青壮年组成。炮仗队由鸟铳和三眼铳组成。按照以上程序,各队进入摆手堂。进堂后先扫邪,后安神。祭祀时,祭祀人在梯玛带领下,齐唱神歌。祭祀完毕,礼炮三响,催人起舞。人们在掌堂师指挥下,变换舞蹈动作,时而单摆,时而双摆,时而回旋摆。除表演外,余众在摆手场周围围成大圆圈,配合表演者的动作或合唱或合舞。大摆手舞的表演节目共有七场数十节:第一场闯驾进堂,是大摆手舞开堂序幕,分临驾、进发、闯驾、进堂四节。第二场纪念八部大王,分祭祀、弃子、团圆、赞妹、请兄、出征、冷待、比武、报复、行赏十节。第三场兄妹成亲,表演《创世纪》,分捉放雷公、齐天大水、兄妹成亲、人种延续、卵雨射日五节。第四场迁徙定居，舞蹈动作是"涉水过河""乘船漂滩""攀爬岩坎""平地飞奔""食野果饮山泉""风餐露宿""赞美地方""架棚定居""刀耕火种"等，分起程、涉水、爬山、定居、安家、斗兽六节。第五场农事活动，分备耕、挖土、撒种、栽秧、薅草、打谷、摘苞谷、收桐茶、织西朗卡铺、庆丰收九节。第六场自卫抗敌，叙述土家英雄"将帅拔普"战胜敌人的故事，分备战、初战、射帝、埋伏、牛阵五节。第七场送驾扫堂，出堂人员以神棍队、龙旗队、歌舞队为主，演唱节目有送驾、扫堂、嘱咐三段。

　　大、小摆手舞的乐器均是鼓、锣，其曲牌大同小异。大摆手舞全以锣鼓点子为曲牌，随着舞义的变换而定舞曲的快慢。摆手舞基本动作有"单摆""双摆""顺摆""上摆"和"回旋摆"等。摆手舞动作韵律概括为四句话：走动顺摆，重拍下沉，双腿屈膝，全身颤动。摆手舞突出特点是"摆同边手"，即动作不论舞义变化如何，皆为同边手脚、同时同向。所唱摆手歌长达万余行，以五字、七字为一句，三句为一首，每首末尾附加一句"嗬嗬也，也嗬嗬！"前三句正歌由掌堂师领唱或由表演主角独唱，末尾附加一句由众人齐声合唱，全部用土家语演唱，句句押韵。

　　土家族摆手舞不仅是土家族人祭祀祖先和民族英雄的活动，而且是土家族人传承民族文化的载体，是研究土家族历史文化的范本，具有很高的艺术价值和很大的社会影响。1981年，《涅卡查涅毕兹卡》获得全国少数民族文艺会演优良奖。1983年，土家族《摆手舞·粑粑哈》参加全国乌兰牧骑式演出队文艺会演，获得优秀节目奖。1988年，岳麓书社出版《摆手歌》一书，舞蹈《舍把乐》获得全国民间舞蹈会演优秀节目表演奖。2000年，岳麓书社出版《土家族摆手活动史料辑》。湘西土家族苗族自治州和来凤县、酉阳县申报的《土家族摆手舞》被国务院公布为国家级非物质文化遗产。2008年，湘西土家族苗族自治州田仁信和张明光被文化部发文公布为第二批国家级非物质文化遗产土家族《摆手舞》代表性传承人。来凤县多次举办土家族摆手节，永顺县多次举办土家族舍巴节。重庆市政府命名酉阳土家族苗族自治县为"摆手舞之乡"。2010年，张家界市举行集体摆手舞比赛，共有来自市直单位、学校的23支队伍900多人参加。经过激烈角逐，市委机关参赛队的《摆手欢乐歌》和市旅游局参赛队的《摆手乐》获得全市首届集体摆手舞大赛金奖。

（2）跳丧舞。

跳丧舞是土家先民"巴人"在长期生活中形成的文化内涵极为丰富的民间艺术奇葩，是土家族独特的丧葬仪式舞蹈，被外国学者誉为"东方迪斯科"。跳丧舞流行在湘西北桑植县、慈利县、石门县和鄂西南鹤峰县、五峰县、长阳县、巴东县等县。因唱词结尾有"撒尔嗬"呼叫声，故又称为"撒尔嗬"或者"撒叶儿嗬"，即土家谚语所说："你唱你的阳春雪，我跳我的撒尔嗬。"湘西北土家人把这种民间文化经典称为"绕棺舞"。跳丧舞以舞为主，以歌为辅，有时掌鼓、击锣二人坐唱，其余的人坐着唱和，此名"坐丧歌"；有时掌鼓、击锣二人坐唱，其余的人边跳边唱，此名"跳丧鼓"；有时多人围绕棺材转圈，边跳边唱，此名"转丧鼓"。这种歌舞在土家族聚居区世代承袭，数千年不绝。

土家族跳丧舞源远流长，是古代巴人遗风遗俗。民族研究专家认为跳丧舞起源于古代巴人图腾崇拜和祖先崇拜，其源头是从古代巴人图腾舞蹈"白虎舞"演变而来的。远古巴人把白虎作为氏族图腾以后，"白虎舞"逐渐成为悼念死者的祭祀舞蹈。祝贺死者像巴人始祖廪君一样，魂魄化作白虎。跳丧舞动作模拟老虎以及其他动物形象，再现土家先民狩猎习俗。还有专家认为跳丧舞源自周武王伐纣时巴人的《军前舞》和汉代的《巴渝舞》。《隋书》对土家丧礼做了最早记载："始死，置尸馆舍，邻里少年各持弓箭，绕尸而歌。"唐代樊绰的《蛮书》记载："初丧，击鼓以道哀，其歌必号，其众必跳……巴人好踏蹄，伐鼓以祭祀，叫啸以兴衰。巴氏祭其祖，击鼓而祭，白虎之后也"。宋代《溪蛮丛笑》亦载："死亡，群聚歌舞。舞则联手踏地为节，名曰踏歌。"明代《万历慈利县志》又载："丧则歌鼓杂哀。"清代《长乐县志》也载："家有亲丧，乡邻来吊，至夜不去，曰伴亡。于枢旁击鼓，曰丧鼓；互唱俚歌哀词，曰丧鼓歌。"《民国慈利县志》还载："打丧鼓……一人死，棺殓讫。集众打鼓、说书，彻宵达旦，名曰伴丧。"

跳丧舞在土家族丧事活动中是不可缺少的组成部分。凡是土家老人寿终正寝，属于白喜事，必须跳丧。死者年岁越高，前往跳丧的人越多。不仅死者亲属前往吊唁，邻里乡人闻讯而至，踊跃参加，叫作"人死众家丧，一打丧鼓二帮忙。"民间云："半夜听到丧鼓响，不管南方是北方。你是南方我要去，你是北方我要行。打不起豆腐送不起情，跳一夜丧鼓陪亡人。"在死者面前高歌狂舞，是土家族人祭奠亡人、安慰生者的方式。

跳丧舞具有娱乐性，民众自娱自乐，安慰生者。跳丧是"欢欢喜喜办丧事，热热闹闹陪亡人"，只有"走顺头路"的人才有享受跳丧的资格。土家族人用特殊方式化解死亡带给后人哀伤，把老人正常死亡看作是走"顺头路"。老人走了不是悲事而是喜事，体现土家族人豁达的生死观，蕴含祖先崇拜的伦理观。土家族人对待生死的态度非常乐观，如丧歌所唱："人生命尽总难逃，纵有精神也不牢。犹如梅花遭雷打，恰似嫩花被风摇。罢了罢了真罢了，人生好似一春草。"

跳丧舞是土家族丧葬活动中跳的祭祀性兼娱乐性的民间舞蹈，以歌舞祭奠亡灵。跳丧舞多在死者出葬前夕进行，死者棺木前面的空出地方就是"撒尔嗬"歌舞处。夜幕降临之时，一位掌鼓者打鼓三下，首先领唱《开场歌》："我打起鼓来你出台，撒尔嗬哩！各位歌师都请坐，听我唱个开台歌。年纪已老掌不好鼓，声音不好唱不好歌。"成对的二歌郎、四歌郎或者八歌郎相应接歌，随着鼓点和唱腔变换舞姿，时而转肩擦肩，时而蹲地打旋。掌鼓者领唱，对舞者边跳丧舞边唱丧歌。时而高昂激越，时而低沉舒缓，唱着格调明快而独具民族特色和浓郁山乡气息的土家曲调。

跳丧舞的特点是手脚同边、动作刚劲。舞者头、肩、腰、臂、腿、脚齐动，跳着变幻多姿的舞步，动作姿态都是哈腰、曲膝、摆胯、绕手、顺拐，身体按节奏左右颤动，手、脚、胯向同一方向呈顺边运动。基本形态是两膝弯曲，双脚扣地；两肘弯曲，轻扣胸部。跳丧舞舞步步伐有四大步、八字步、左右移步、左右撒步、点步、踏步、摆身步、拧身步等。跳丧舞基本动作多样，有"一支箭""滚身子""虎抱头""牛擦痒""狗春碓""狗撒尿""狗连裆""大王下山""四人穿花""踏蹄相戏""美女晒衣""天女散花""幺莲儿嗬""将军拔剑""双羊抵角""猴子爬岩""野猫戏虾""双狮抢球""燕儿衔泥""乌龟爬沙""凤凰展翅""鹞子翻身""白马悬蹄""猛虎下山""犀牛望月""鹭鸶伸腿""蜻蜓点水""古树盘根"和"幺姑姐筛箩"等几十种，粗犷豪放。

跳丧舞基本程序是：开歌场、待师、跳丧、摇丧、哭丧、穿丧、退丧、奠酒、进贡、送神、收歌场等套式。跳丧舞通宵达旦，彻夜歌唱，清代土家族诗人彭秋潭在竹枝词中描述："谁家开路添新鬼，一夜丧鼓到天明。"天亮结束时就"刹鼓"，唱《收场歌》："天上锦鸡叫，地上子鸡啼。眼看天大亮，正是收场时。歌郎送出门，庄子返天庭。亡者安葬后，孝眷万年兴。"

跳丧舞是歌、舞、乐浑然一体的艺术，它的声腔以男嗓高八度运腔。从音乐、舞蹈到歌词内容，少有悲伤之感。跳丧舞的音乐基本形式是：旋律以"三声音列"结构为主，节奏为 2/4、3/4 和 6/8 拍子。跳丧歌唱腔分为平腔、高腔两种，它的声腔歌调是古老的三声腔。除牛皮鼓作为间奏形式插入外，多为清唱。整个舞场随掌鼓人的鼓点和唱腔变换曲牌、节拍和舞姿。"丧鼓歌"属于古代巴人挽歌，其音乐原始古朴，曲调近似为商调式。音乐高亢欢快，舞步健美勇武。唱与跳同时进行，由击鼓之声烘托，唱者声嘶力竭，舞者翻云覆雨，场面气势恢宏。"丧鼓歌"是土家族民歌联唱，是土家族文学古籍。既有千百年来形成的固定唱词，也有歌师即兴创作。跳丧舞歌词内容十分广泛，富有文采。有歌颂土家祖先开疆拓土的；有反映土家先民渔猎活动、农事生产的。如撒尔嗬歌词云："向王开疆辟土，我民守土耕稼。"丧鼓歌《开场歌》唱道："天地开场，日吉时良。鲁班到此，修下华堂。秀才到此，做篇文章。歌郎到此，开下歌场。"土家的历史渊源、古代的历史演义、死者的生平事迹、真挚的爱情故事、社会的生活趣事都是歌唱题材，如《十想》《十梦》《十爱》《十劝》《十织》《十画》《怀胎歌》《探情歌》《探郎歌》《荷包歌》《螃蟹歌》《祭向王》《杨家将》《十绣香袋》《灯草花儿黄》《薛仁贵征东》和《郎在高山打伞来》等。"丧鼓歌"中有种段子叫"哑谜"，丑歌频频出现，包括情歌、荤歌和风流歌。丑歌不仅具有娱乐交际功能，而且具有传承文化功能。歌词多呈四句七言，也有"五句子歌"，如"昨日与姐同过街，郎卖簸箕姐卖筛。郎卖簸箕簸两簸，姐卖筛子筛两筛，二人姻缘团拢来。""丧鼓歌"保持古代巴歌"竹枝""杨柳"等曲牌格律形式。每唱完一首，大家高声合唱一句"跳撒尔嗬喂"，表示为死者家里"散忧祸"。跳丧舞曲牌有"叫歌""将军令""正宫调""一字词""节节高""打安庆"等十多个，节奏明快，气氛热烈。跳丧的人为八人或者数十人不等。总之，跳丧舞不分亲疏远近、辈分高低，都可参与。

跳丧舞具有多重功能与价值。研究和利用跳丧舞，在土家族现代化进程中意义重大。现在，跳丧舞处境艰难。在经济全球化、土著文化现代化背景下，撒尔嗬已经边缘化，正在加速失传，这是现代人类社会发展必然。跳丧舞已从丧葬活动中分离出来，成为一种颇具观赏性的民族舞蹈。长阳土家族自治县文化馆的文艺工作者在跳丧舞基础上创作出"巴山舞"，成为全县各族人民喜闻乐见的娱乐舞蹈。

1986年9月，巴东县野三关镇民间艺人黄在秀和他的撒尔嗬表演队参加全国第三届少数民族运动会，获得表演奖一等奖。从此以后，撒尔嗬由乡村走向大雅之堂，为民间舞蹈传承起了很大作用。2005年，长阳县政府在撒叶儿嗬流行乡（镇）建立文化生态保护区，制定撒叶儿嗬长期保护计划。长阳土家族自治县、五峰土家族自治县、巴东县和桑植县申报的"土家族撒叶儿嗬"被国务院公布为国家级非物质文化遗产。2007年9月，土家撒叶儿嗬荣膺中国群众文化政府最高奖——第十四届全国群星奖广场舞蹈比赛"群星奖"。2008年3月，在第十三届全国青年歌手电视大奖赛中央电视台演播大厅里，湖北省巴东县谭学聪和同伴们把土家族撒尔嗬展现在全国观众面前，荣获原生态唱法优秀奖。2010年6月23日，土家族撒尔嗬组合在中央电视台第十四届全国青年歌手电视大奖赛原生态唱法总决赛中，以总分199.18摘得原生态组金奖。2012年8月，桑植县非遗保护中心申报的土家族跳丧舞被湖南省人民政府公布为第三批省级非物质文化遗产。2012年9月，桑植县周纯勤被张家界市人民政府公布为张家界市第二批非物质文化遗产项目土家族跳丧舞代表性传承人。截至目前，全国土家地区共有国家级撒叶儿嗬传承人2名、省级3名、市级15名。湖北民族学院土家族研究专家田万振出版了专著《土家族生死观绝唱撒尔嗬》。侯碧云、向智新在《桑植民族舞蹈精选》一书中也写了《跳丧舞》。

（3）铜铃舞。

铜铃舞又名"八宝铜铃舞"，是土家族宗教职业者土老司（土家语称为"梯玛"）进行法事活动、给祖先"解钱"时跳的仪式舞蹈。铜铃舞起源于唐宋时期，盛行于明清时期。宋代朱熹在《楚辞集注》中说："昔楚南郢之邑、沅湘之间，其俗信鬼而好祀，其祀必使巫觋作乐、歌舞以娱神。"其娱乐歌舞即为梯玛表演的《梯玛神歌》。古代梯玛祭祖时念咒语，手舞足蹈，形成土家族铜铃舞。铜铃舞集歌、舞、乐为一体，讲述土家人起源、迁徙、生产、生活，对研究土家历史渊源具有重要的历史价值。铜铃舞是土家节庆表演节目，对活跃民族文化活动、促进民族团结进步事业具有一定的社会价值。铜铃舞表演中，铜铃声叮当，牛角号嘹亮，极具娱乐性，对于文化旅游具有极大的使用价值。

八宝铜铃原是土老司主持祭祀仪式使用的法具之一。铜铃道具刻有马头，安有木柄，长30厘米，木柄左、右两端各安3颗铜铃。铜铃道具象征土老司做法事的一匹宝马，马头颈部系的五色丝带象征马的鬃毛。其舞模仿表演"喂马""洗马""逗马""牵马""上马""跨马""奔马""跑马""勒马""下马""上天堂""下地狱""过天桥""打秋千"和"接孩子"等象形动作，再现土家祖先骑马迁徙、征战盛况，所以又称"马舞"。

铜铃舞动作特点鲜明，保持了土家族舞蹈的独特风格。原始舞蹈形式是舞者土老司头戴法帽凤冠，身穿八幅罗裙，腰系短刀，脚穿马蹄云鞋，左手持八宝铜铃，右手拿圆形司刀，边摇铃边抖刀边舞蹈边念唱《梯玛神歌》，歌颂土家祖先创业功绩，祈祷先人安宁，祈求后人幸运。土老司翩翩起舞时，八幅罗裙撒开，如同孔雀开屏，绚丽多姿。间隙中间，吹牛角号，烘托气氛。

铜铃舞发展成为土家群众舞蹈以后，变土老司独舞为集体舞，分为立式铜铃舞和坐式铜铃舞。立式铜铃舞的铜铃只系七个，要求舞者摇铃一次，进退各三步后转体。如此周而复始，不停地行走舞蹈，动作较多。坐式铜铃舞的铜铃只系六个，舞蹈动作较少。跳八宝铜铃舞时，土老司按"人"字形线路走动，用铜铃敲击膝盖。数名演员以铜铃响声为音乐节奏，时而坐凳，时而立步。基本步伐有走十字步、踩三角、曲膝辗转、交叉撒步等。铜铃舞舞姿丰富，基本动作有扫堂摇铃、左右摇铃、八字步摇铃、十字步摇铃、踩四方摇铃、跳莲花摇铃、踩八卦摇铃、跳火坑摇铃、马步摇铃、跳马摇铃、转圈摇铃、勒马摇铃等。在舞蹈时，双膝微曲，顺拐摇铃，颤抖摆扭，粗犷有力。有的动作技巧较高，如"跳火坑"，腾空跳起，双腿向前，伸右腿跨过左腿，转身三百六十度。又如"打八铃"，全蹲，两腿交替向前伸出，双手交换不断敲打小腿、大腿和肩，动作难度较大，风格劲健。

关于土家族铜铃舞的来历，民间亦有传说。相传"八部大王"为远古时代土家祖先八个部落的首领，后来，八位首领战死。后人为了纪念他们，制作八个铜铃，并穿八部大王穿过的八幅罗裙，骑着象征祖先骑过的宝马，手摇铜铃，翩翩起舞。因为八个铜铃代表八个首领，就把这种舞蹈取名为"八宝铜铃舞"。按照土家习俗，只准允土家人参加"八宝铜铃舞"活动，不准外族人参加，有"黄铜不沾铁，土家不沾客"之说。由于土家、苗家、汉人并肩战斗，共同对付敌人，结下深厚友谊，土家族掌堂师就把铜铃送给苗家和汉人各一个。所以，现在的八宝铜铃只系六个铜铃。随着历史发展，原为土家祭祖仪式的祭祀舞蹈"八宝铜铃舞"，后又成为象征民族团结的盟誓舞蹈,发展着的历史总为原来事物增添新的含义。中华人民共和国成立后,政府组织民族工作者挖掘、整理土家族文化,使铜铃舞登上民族文艺汇演舞台,多次获得省级、国家级奖证,并由一人表演的祀神舞发展成为多人表演的集体舞。由石远鳌编舞、李卓于作曲的《铜铃舞》获得1980年全国少数民族文艺汇演优良奖,使铜铃舞在民族文艺百花园中竞相开放。2009年,"土家族铜铃舞"被湖南省人民政府公布为第二批省级非物质文化遗产。因受外来文化冲击,加之一批民间艺人年岁已高,传承土家族铜铃舞非常艰难,抢救少数民族文化遗产工作刻不容缓。目前,保靖县文化工作部门已经制定土家族铜铃舞保护计划,采取有力措施,保护土家族独特的舞蹈铜铃舞。

(4)高花灯。

高花灯又称"高皇灯",起源于永定区沅古坪镇栗山村一带。永定区每年举行元宵灯会的时候,有种花灯用木托扎着灯笼,灯笼里点木油、蜡烛。夜晚起舞之时,烛光闪烁,犹如银带飘飞,使人眼花缭乱,那便是土家族娱乐性民间舞蹈"高花灯"。永定区沅古坪镇栗山村"高花灯"领队龚瑞珍老人每年领着24名队员参加张家界市举行的大型文艺活动。2006年,"张家界高花灯"被湖南省人民政府列入第一批省级非物质文化遗产名录。2008年,永定区秦太林被湖南省文化厅公布为第一批省级非物质文化遗产项目高花灯代表性传承人。

古老的高花灯延续中国舞蹈血脉,以其悠久的舞蹈历史和多元的文化特征,被舞蹈界称为"中国舞蹈活化石",极具学术价值和审美价值。相传高花灯起源于东汉章帝初年,"澧中蛮"覃儿健举旗反汉,与汉军"战于宏下(今沅陵县)"。土家先民用火把跳舞,为起义军呐喊助战。终因汉军势众,覃儿健与起义军全部战死。后来,土家先民每年都必在正月初一至元宵节打着火把,集会跳舞,纪念覃儿健起义。久而久之,火把演变成为高花灯,表演也有一定规矩。传说公元683年,武则天曾于长安举行一次盛大灯会,宫内扎起高达五十丈的灯楼。唐高宗与武后坐在上面,皇子皇孙、宫娥彩女伴立两旁,同观花灯。各州文武百官奉旨备办各式各样花灯,前来表演。只有西南夷人以"高花灯"献于皇上,别具一格,引得武则天笑逐颜开,唐高宗传谕嘉奖,赐名"皇灯",并且下发圣旨:以后非西南夷人不得玩此"皇灯",违者以"冒皇"论处。之后,薛刚醉酒,大闹花灯,踢死太子,惊死老王,惹下弥天大祸,薛家满门抄斩，导致薛刚反唐。因此，凡是玩"高花灯"的，禁吃人家盘中荤菜、杯中之酒。

高花灯制作比较讲究，长方形灯笼需要木板、齐眉高的木棒、各色纸等。由木工先做好灯托，然后由纸扎艺人用蔑扎好 12 或者 24 个精致的灯笼。其中，有伞形引灯两个。用灯代表光明，祈求月月平安。每年春节，沅古坪镇都要操练一班高花灯，辞旧迎新。表演时，由 12 人或者 24 人身着挑花边对襟衫，头扎挑花手巾，腰系挑花板带和摆带，脚穿布鞋，组成灯队。一人举着一个灯笼，在黑夜进行表演。

高花灯表演，由 12 至 24 人组成，配以锣、鼓、钹、唢呐等乐器。每人举着一盏纸扎灯笼，里面点蜡烛两根，顶扎一木偶像，用五颜六色的纸剪成"八仙过海""瓦岗寨好汉""梁山英雄"和"耿氏送子"等"戏文故事"。12 个长柄大灯代表一年 12 个月，意味着月月平安无事；24 个小长柄灯代表一年 24 个节气，象征春种秋收，风调雨顺。表演时，有一套程式，要求东起西落，进一个"半边月"，出一个"月团圆"，舞一个"太极图"。边舞边组成"单八字""双八字""连八字""八卦阵""四耳节""六耳节""九连环""推骨牌""滚柱头""织篱笆""过天星""象棋盘阵""一字长蛇""二龙戏珠""双龙出洞""羊儿打架""烈马回头""狗寻骨头""螺丝旋顶""荷花出水""覃王点兵"等几十种队形。

高花灯表演，进民家堂屋表演的，叫"愿灯"，多为祝福、还愿或为某家喜事演出。接灯人家设宴款待，但是表演人不喝酒，亦不吃盘中荤菜。"打吆喝""吹口哨"只在屋外表演的，叫"众灯"，是让大家看的。其表现形式分为"民灯"和"战灯"。"民灯"展现土家先民迁徙、繁衍、劳动、生活等场景，"战灯"表演打仗、破阵。表演时随机应变，含有"进攻""退守""布阵""破阵"等兵法内容。在黑夜，一人举一个点着双烛的灯笼，由头伞引路，锣鼓伴奏，和着"啊荷"声狂舞。

玩灯人进入接灯人家时，接灯人家在庭院或者坪坝上在东西南北中五个位置点上香烛。(意为摆下阵势，有"双喜临门""三星在户")。玩灯队伍进入接灯人家时，必须按点香烛位置先拜五方。玩灯人履行"拜灯"规矩以后，东主收去香烛的为"和"。如果不收，灯班子进入阵中，先走"太极图"，然后以各个击破方法，玩遍每一香烛，就为"破"。破阵以后，踩出"上元一品"四字答谢东主。于是，越玩越快，花灯像龙蛇飞绕，观众看得眼花缭乱，玩灯人吆嗬着无字歌，鞭炮齐鸣，观众拍手叫好。

高花灯由"旗伞"引头，以土家族无字歌"哦嗬嗬"指挥队伍变换队形。玩灯人拜五方后，绕成一个圈子，团团旋转。引头人一声"哦嗬嗬"，一解围，变成"半边月"；又一声"哦嗬嗬"，扭回头，形成"太极图"。形式多样，变化无常，黑夜远眺，灯火如流星穿插舞蹈，如斗转星移，炫人眼目。旁边配以龙灯互舞，那激昂的锣鼓声、吆喝声、口哨声，掀起有节奏的声浪，热烈而又欢快。

（5）板板龙灯。

板板龙灯是土家族人自编自演的娱乐性舞蹈，是独具土家特色的文体活动。板板龙灯分布在慈利县龙潭河镇周边几个乡（镇），表演艺术形式独特，是全国著名的民间舞蹈。"板板龙灯"由木板安上灯笼，组成龙身，长达千米。表演"板板龙灯"时，每人肩上抬着用枫木或者樟木做成的木板。随着锣鼓节奏，板板龙灯左右翻滚，时而龙腾虎跃，时而长蛇蜿蜒。

相传板板龙灯起源于宋代，是为纪念剿匪英雄"黑神都督"雷万春而开展的民俗活动。这种习俗代代相传，沿袭千年。宋朝初年，慈利县龙潭河匪首张大奎纠集一千余人，盘踞龙头山顶。张大奎怂恿众匪抢劫财物，虐待妇女。"赶天二公"李盛上京禀告朝廷，请求镇剿。宋太祖遂派高怀德元帅和郑於戈、潘荣贵将军领兵五千来到龙潭河攻山，但被滚木、烂石击败。高元帅命令李盛召集当地族长共商除恶良策。秀才朱名月献计以后，李盛发动百姓自备长木板，上点烛灯，连成"板板龙灯"，诱匪出山观灯。次年正月十五日，各家板板龙灯来到龙潭河比赛，内容是看谁家灯长，圈盘最大。久未下山的张大奎亲领匪队，前来观灯。玩灯农民冲断队伍，将其团团围住。郑於戈、潘荣贵率领官兵，大打出手。张大奎见势不妙，拔腿逃向龙头山匪巢。逃到半山腰时，景龙桥的雷万春喝道："张贼快快投降，免得老子动手。"张大奎举枪就杀，二人厮打一阵。因为天黑，雷万春虚踩一脚，被张大奎刺中胸部。张欲逃跑，雷抱腿不放，还用嘴咬。这时，郑於戈将军挥起一刀，砍断张的右臂，张匪就擒。流血过多的雷万春当场阵亡，潘荣贵命令士兵抬着雷将军，在板板龙灯引路下，回到军营。第二天，高帅令将张大奎斩首示众，沉尸龙潭河。命令李盛将雷将军葬在龙头山下，并建"黑神庙"以示纪念。因雷万春皮肤黑，被宋太祖追封为"黑神都督"。自宋朝剿匪胜利以后，龙潭河一带每年正月十五组织玩板板龙灯。经过历代传承，玩板板龙灯目的逐步从庆祝胜利演变成为祈福迎春、盼望吉祥。时间不局限于正月十五，大年三十以及重大节日都可进行。板板龙灯原是家族性传承，现已发展成为以村为主，甚至以乡为单位组队进行玩耍。

制作板板龙灯极有讲究。"板板龙灯"龙身由数块上扎灯笼的木板组成，与龙头、龙尾脱节。板板龙灯龙头高过一丈，龙尾高约八尺。龙头和龙尾先用竹篾扎制，做成骨架，里装蜡烛，外用皮纸裱糊。舞板板龙灯的时候，烛光在龙头和龙尾闪烁。龙身由多块灯板连接而成，每块灯板上扎彩色灯笼5个，表示五谷丰登。每块灯板的彩灯形状各异，有圆形、方形、菱形、六角形等。灯板每块长约5尺6寸、宽约5寸、厚约1寸，其下有手擎长柄。两端钻有圆眼，两块板凳之间用根木楔穿插在圆眼中，连接成为一条长龙，短者数十节，长者可达数百节。

慈利县龙潭河、景龙桥、二坊坪、高桥、金坪等乡（镇）参加表演队伍少则数百人，多达数千人，场面宏大，蔚为壮观。在点灯和龙头点睛之前，进行祭祀活动，为百姓祈求风调雨顺、五谷丰登。天黑以后，主持人下令"点灯"并举着火把围绕坪里跑一周停下后，表演的板板龙灯才上灯，亮相坪中。发灯以后，龙头前由几名或者几十名力气大的人用粗绳向前拉，龙尾的人向后拉，前后形成角力，龙身才能起动。排在最前面一人举好龙头，最后一人举好龙尾。板板龙灯开始蠕动，昂头、摆尾、走圆场，组成一个巨大的滚动着的火轮。龙的前面抬着高怀德、雷万春的雕像作为吉祥物。表演板板龙灯的人很狂，高声呼叫，连走带跑。观看的人放鞭炮、打乐器。

板板龙灯玩法的以跑圈、走字为主。玩灯的时候，由龙头向四周扩散，不走回头步。起初是像蛇一样盘大圈，龙头顺左方向往内转，再从中间顺左反转向外，演变成为"和""太平年""福禄寿喜""国泰民安""祖国万岁"等造型。板板龙灯的高潮在"龙争珠"这一环节。此时，一位漂亮的土家姑娘走入坪中，把彩珠抛向空中。顷刻间，呐喊声响成一片。最后，彩珠被姑娘的意中人夺去，板板灯也就宣告进入尾声。

慈利县板板龙灯在春节等重要节日或者大型庆祝活动时表演。1990年，慈利县政府召开经贸大会期间，高桥镇组织一支上千盏灯笼的板凳灯，入夜浩浩荡荡游遍慈利县城。有时像一条长龙，有时像一个火球，在零阳十里长街舞动，为数万客商瞩目。2003年元宵节夜晚，由龙潭河镇上千人表演的板板龙灯在慈利县体育广场进行，并且上街表演。慈利县城数万市民汇聚街道观看，鼓乐开道，鞭炮相迎，锣鼓如潮，气势磅礴，热闹非凡。板板龙灯艺术价值独特，不但是珍贵的民族文化遗产，而且对研究历史学及民族学有着重要价值。2002年，慈利县龙潭河镇被文化部授予"中国民间艺术之乡"称号。2006年，慈利县"板板龙灯"被湖南省政府列入第一批省级非物质文化遗产名录。2008年，被张家界市政府列入张家界市第一批非物质文化遗产名录。2011年，慈利县龙潭河镇由于弘扬板板龙灯得力，被文化部命名"中国民间文化艺术之乡"。历史悠久的板板龙灯逐步形成民俗文化旅游品牌，成为全国独特的传统体育活动。

（6）泼水龙。

泼水龙又叫"浇水龙"，是土家族人祈雨求丰收的祭祀仪式。"泼水龙"兴起明清土司时期，现已发展成为对喜庆节日的庆祝，对美好生活祝福的民间舞蹈，流行于永定区尹家溪镇莫家岗村和西尹村一带。每年农历"六月六民俗文化节"，土家族人用脸盆、木桶、水瓢等容器端水围龙泼浇，边舞龙边泼水，越泼水龙舞得越欢，预祝风调雨顺，五谷丰登。

泼水龙的历史渊源可以追溯到宋朝。传说很久以前，有位阴阳先生从四川省峨眉山顺龙脉查到尹家溪莫家岗田家院子。阴阳先生说："龙脉落户于此，头卧田家院子，尾靠马儿山。两只眼睛一只是田家院子水井，另一只是龙潭坪水井。这边水井打水，那边井中水动，莫家岗活龙活穴，今后定出天子，将取大宋江山。"皇帝闻此消息，急忙传下圣旨，命令地方官吏亲督民工挖断张林垭、玉山垭、女儿垭的山脉。民工白天挖，夜里涨，挖了七七四十九天，三个山垭纹丝不动。地方官吏亲自骑上八百里快马上京复旨。皇上大怒，当殿传旨，命令地方官吏想尽各种办法将莫家岗龙脉挖断，否则诛灭九族。龙神见皇上挖山决心不减，自语道："不怕你千人挖万人挑，就怕你桐钉钉断腰。"不料，龙神的话被一位精通阴阳学的国师在观天象时知悉，连夜上奏皇帝。皇帝命令国师亲自于正月初一来到莫家岗，用桐木制作九九八十一根桐木钉，分别钉在张林垭、玉山垭、女儿垭的山脉腰上。如此一钉，那两口水井出了三年黄水，活龙变成死龙。为了祭祀龙神，莫家岗田、庹二姓此后每年都用山上的黄荆条、松树枝、葛藤扎成龙形，舞泼水龙祭奠龙神。若天数日不雨，舞泼水龙数日不停，直到感动龙神普降雨露，方肯停歇罢手。尹家溪邹氏家族历史上供奉"泼水龙神"。每逢天旱季节，土家先民抬出"泼水龙神"，伴随着泼水龙，游于溪畔、田野，进行求雨祭祀活动。1945年6月，境内久晴不雨，旱魔肆虐，农田干枯。城郊数乡农民舞泼水龙，穿街走巷，锣鼓相奏，以求苍天普降甘霖。

舞泼水龙前，先要制作龙。泼水龙是用柳树条扎成，由龙头、龙身、龙尾和滚宝组成。一般用麻作龙须，用葛藤、黄荆条、松树枝作龙身，以柳条为龙皮，分9节、11节、13节、15节等不同长度，由9至15人参加舞龙。龙身为12洞，即每月一洞。龙头有眼、鼻、嘴、舌、角、须。龙尾翘上，能够摇摆。举龙头的人为有名望的土家长者。"龙宝"由柳条编成，如圆球状，在龙口前上、下、左、右飞舞，形成"龙抢宝"。

泼水龙在农历六七月烈日当空的龙日举行。舞泼水龙时，有锣、鼓、唢呐、牛角、钹等铿锵乐曲相伴。一人持"宝"在前，舞宝人以其拳术"四门架子"和"八虎拳"为主，以"苏秦背剑""猛虎跳涧""美女梳头"等为辅。舞泼水龙者头戴柳条圈，双耳紧裹，赤膊短裤。舞动时，水龙二侧设有鱼、虾、蚌蛤等执事陪舞。前有两名德高望重者，手持上写"祛瘟除殃，有求必应"排灯，两名童男童女手持上写"五谷丰登、六畜兴旺"灯笼，后随两人抬铜锣，一人背围鼓，伴着铿锵的锣鼓、激越的牛角、海螺号声以及悦耳的唢呐声。龙舞时有"二龙抢宝""乌龙绞柱""狂龙戏水""水狂戏龙""蛇蜕皮""蛇钻洞"等50多种动作。龙在"大雨"中盘绕腾挪，上下翻飞。

这天，土家山寨家家户户将装满水的水桶、水盆和泼水的水瓢、水枪等用具放在门前。开始的时候，观众不得泼水，须等水龙到城隍庙参拜、沿街起舞之后。待吹牛角、吹唢呐和敲锣打鼓的泼水龙队伍来到家门，男女老少齐用水瓢、水枪、木盆的水不停地泼在水龙和赤身舞龙人的身上，场面非常热闹。泼水越多，舞者越起劲，龙舞得越欢。谁泼得多谁家就会五谷丰登。泼水龙的参与者不受年龄、性别限制，男女老少均可玩耍。成人表演叫大龙，小孩表演为小龙，男人组成的称为公龙，女人组成的为母龙。舞龙当天，水龙狂舞，群体狂欢。

泼水龙是永定区土家族的民间艺术，具有千年历史。泼水龙用独特形式反映土家族人崇尚自然和对幸福生活的追求，生动地体现民族文化与中国传统龙文化的融合。土家族泼水龙传承方式是非家庭性的。在传承过程中，以自愿为特征，多为松散型。泼水龙名师授艺多在农闲时，自愿学艺者集中起来上门请教。21世纪以来，在上级政府文化主管部门支持下，永定区尹家溪镇邹启祥对残存的"泼水龙"文化内涵进行挖掘，培训"泼水龙"表演队伍。在继承传统演技基础上进行创新，提炼出"荷花升降""兴云吐雾""腾空穿跳"等六十种花样，得出了"游、走、起、伏、腾、跳、滚、翻、穿、摇、盘、卧、首尾互看"十六字诀演技理论。其表演已成为张家界市节庆喜闻乐见的娱乐活动。2005年6月6日，八条泼水龙在城区街道，欢腾飞舞，数万市民参与泼水戏龙。目前，能够参加表演的队伍发展到四百多人。2008年6月，"泼水龙"被张家界市政府列入张家界市第一批非物质文化遗产保护名录。

（7）跳马舞。

跳马舞是古丈县太平、宋家两地土家族人跳马祭祀舞蹈，时间为农历春节后第一个马（午）日。跳马活动包括许马、扎马、跳马三个阶段。据史料记载："扎马数匹，全身糊以黑白黄纸，外加粉饰，如马一般。马腰间特用竹块扎两圈孔，以便人身穿入孔内，表示形同骑马状态。"跳马祭祀仪式有闯驾进堂和扫堂散场。"马日"晚上，一人牵、一人骑马、一人赶，由旗手引向马场。到马场后，随着鼓声起舞，即一、二拍位准备式，三拍位扬起马，四拍位休止。如此若干次后，鼓点越敲越密，马越跑越快。锣鼓重击"咚咚咚"三声，全部人马急奔出场，将马烧掉。跳马节历时三天三夜，包括梯玛酬神、操旗、调年、西可乐、出马、跳马、烧马、审老爷等独具民族特色的艺术表演。雄鸡啼鸣，铁炮三响，各路旗手引着马队向马场进发。十二名骑士驾着各自假马，以跳代跑，跃进马场。骑手挥舞篾刀，以雄健的舞姿，赢得观众喝彩。

（8）花鼓子。

花鼓子又名"玩耍耍"，是鄂西南、渝东南土家族人亦歌亦舞的一种民间舞蹈。在农历正月初一至正月十五元宵节玩得最盛。起初多为男女青年求爱的歌舞结合形式，后来也反映日常生活中的种种事物。舞时，多以一旦一丑出场，均持小扇，动作简单。用大小步法，两手在身旁摆动，身体随脚手自然地向两边摆，男动作较大而粗犷，女动作较小而柔和，边歌边舞，不用道具布景，仅一方桌便成舞台。主要节目有《十想》《十爱》《探郎》《庆丰收》《四季花》《绣荷包》《闹五更》和《拜年》等。

（9）玩牛。

重庆市石柱土家族自治县土家族"玩牛"是流传在该县西沱、下路和南宾等地的与农事相关的、用于喜庆场面的传统舞蹈。"玩牛"起源于古代自然崇拜，一般由七八人配合完成，一人扮演手持道具的放牛大哥或者大嫂，两人在牛道具内扮演牛身，其他四个人为锣鼓手。牛大哥兼喊彩，有时锣鼓手或者观众即兴喊彩说吉利。放牛大哥是"玩牛"队伍指挥者，引导"牛儿起舞"，两人动作协调、默契配合，共同完成吃草、擦痒、滚水、跳坎、傲角、犁田、喝水摆尾和骑牛等"玩牛"舞蹈动作。"玩牛"具有农耕、舞蹈、民间音乐、文学艺术等价值。2014年，入选国家级非物质文化遗产名录。

3. 传统戏剧

土家地区戏剧产生于明朝末期。清代"改土归流"以后，出现了傩愿戏、花灯戏、辰河戏、目连戏、木偶戏和阳戏。中华人民共和国成立以后，酉戏、南戏通过改造，成为土家族人喜爱的地方剧种。

（1）毛古斯。

毛古斯又称茅古斯，是土家族处于萌芽状态的古老戏剧剧种，土家语称为"拔普卡"或者"帕帕格次"，汉意即"老公公"，因装扮毛人表演祖先故事而得名。毛古斯是土家族人在每年正月摆手舞活动中穿插进行的具有故事情节的原始戏剧表演活动，被戏剧界公认为中国戏剧的源头和"活化石"，从其服饰、道具到表演形式、表演内容，毛古斯再现了氏族社会至五代时期土家先民的渔猎、农耕等原始生产生活以及婚姻习俗。毛古斯流行于永顺县、保靖县、龙山县、古丈县和永定区。除此之外，还在民族节日和民俗活动等场合单独表演土家族毛古斯节目。进入21世纪以来，有"毛古斯之乡"之称的永定区罗水乡党委、政府十分重视毛古斯的保护和传承，从资金技术、基础设施、项目申报等方面加大毛古斯扶持力度，提高毛古斯影响力，使罗水乡成为全国民间文化艺术之乡。目前，罗水乡农民覃永年牵头成立张家界茅古斯文化传播有限公司，现有毛古斯舞表演队3支，表演者100多人。

毛古斯诞生于原始社会。毛古斯脱胎于原始社会巫舞，发展于梯玛祭祀仪式。在由梯玛主持的祭祀仪式中，人们进行茅古斯表演。毛古斯鲜明特点是结草为服，即表演者用稻草、棕叶、桐叶或者芭蕉叶结成服装，一般由五块组成：一块扎在腰间，成裙状；一块周围肋下，前遮胸，后盖背；两块搭肩系在左、右臂上；一块作头套以蒙面，头套上扎棕叶编制的二辫、三辫甚至五辫，辫象征犄角；以偶数代表兽，以奇数代表人，奇数往往多于偶数。其中，男性毛古斯还把木棒用肉色绸缎缠裹，顶端用红布包头，捆在裤腰带上，向下吊代表男性生殖器，表示"生殖崇拜"，展现远古时期男女群婚的生活现象。龙山县坡脚乡毛古斯老艺人田其友说："土家族的祖先是毛人。在原始社会，毛人身穿茅草、树皮，吃的是野兽和野果。"

表演毛古斯，首先祭"梅山"。"梅山"是用草扎成的神像，是土家人最尊崇的猎神。土家人打猎前必须先祭"梅山"，愿"梅山"保佑猎物难逃、猎人平安。毛古斯使用的道具是一根约三尺长、外缠茅草的木棍。表演时，它可用作猎具、渔具，也可作农具。在"祭梅山""接新娘"等表演中，这根小棍代表男性生殖器。表演中常伴有"示雄""搭肩""转臂""甩摆""涮露水""挺腹送胯""左右抖摆"等动作。其形粗犷，语多俚词。据说这样做是为了博得女猎神欢悦。表演至高潮时，毛古斯像发情壮牛随意在女观众身上碰来碰去，妇女们乐于承受这种神秘触碰。她们认为通过这种触碰可以得到神赐予的生育能力。这种对男性生殖器崇拜的粗犷表演栩栩如生地反映土家先民"种族繁衍"的需要。参加毛古斯表演的角色不分行当，表演者十多人至二、三十人不等。角色为拔普卡（祖公）、拔帕（祖婆）、裸必爹（子孙们），俗称老毛古斯和小毛古斯。女毛古斯全身披毛，头戴树叶。毛古斯主角是老毛古斯（拔普卡），因而土家人称毛古斯表演为"拔普日"，意为演老头子的戏。毛古斯表演的祭祀对象"梅山神"（土家人敬奉的女猎神）像是用七根茅草扎成草码的替代猎神，形为倒坠。毛古斯除祭祀猎神外，还祭祀彭公霸主、向老官人、田好汉等土家祖先神。

土家族人在"舍巴日"表演毛古斯，但多在小摆手舞接近尾声时出现。表演毛古斯的人不参加小摆手舞，化好装后，先在摆手堂外树下等候。正当摆手舞表演热烈之时，场外突然窜进一群"稻草人"。跳摆手舞的人立即停止，纷纷让路，散至周围，连续叫喊"祖先爷爷来了"。观众对毛古斯演员不能指名道姓，也不能妄加评论，因为人们认为毛古斯是土家祖先化身。毛古斯表演分多个场次，表演内容有"祭祀请神""打猎""打鱼""捞虾""吹火""甩火把""砍火畬""挖土""撒小米""种苞谷""耕作""栽秧""筛土灰""拖木""捡茶子""纺棉花""打糍粑""接新娘"和"读书"等剧目。表演时通过农活动作和人物对话，再现土家先民生活情节。其程序分为"扫堂""祭祖""祭五谷神""示雄""烧山挖土"等几个段落。每个段落细节繁多,如祝万事如意的表演中,有打露水、修山、打铁、犁田、播种、收获、打粑粑、迎新娘等。场上以动作表现故事情节,其形狂野。微屈双膝、摇头晃肩的动作贯穿整个表演过程,展现土家先民原始形象。毛古斯有人物、对白、故事情节和表演形式,台词均用土家语问答。表演碎步进退、屈膝抖身、摇头耸肩、左右跳摆等动作,显出粗野、诙谐的民族气息。毛古斯动作原始粗犷,滑稽有趣,勾勒出土家族从远古走到现在的发展历史。永顺县和平乡双凤村毛古斯表演由《做阳春》《狩猎》《捕鱼》《抢亲》《教读书》五部剧目组成。

毛古斯表演基本照搬生活,即对生活情节和过程的模仿。在《实姐(打猎)》中就是"报信""开山""理脚迹""围山""倒杖""分肉""祭梅山""封山"等捕猎过程再现。在《接新娘》中,角色由新娘、新郎和毛古斯组成。新娘以阔叶为头巾,以豆类为耳饰,以红色布饰为新装。两个毛古斯交手相握为花轿。在表演过程中,毛古斯抬着新娘在表演场所向四处奔跑,其余毛古斯相互争雄,示演土家祖先原始"争婚"情节,赢者为新郎。

毛古斯表演用竹棒、木棒、石块等作为伴奏乐器,根据不同场景,敲击出各种节奏以营造气氛。毛古斯表演道具是一根三尺小棍,它随着故事变化一会儿被当作打鱼、捞虾的生产工具,一会儿变成与野兽搏斗的猎具。毛古斯演出有情节、有人物、有语言以及其他故事内容,具备戏剧形态雏形,因而是原始戏剧。

1983年,《茅古斯》参加全国乌兰牧骑式演出队文艺会演。2006年,湘西土家族苗族自治州申报的《土家族毛古斯》被国务院公布为中国第一批国家级非物质文化遗产,其深厚的文化内涵和所承载的历史价值、艺术价值、民俗价值从中可窥一斑。2008年8月8日,土家族毛古斯节目《欢庆》作为湖南省唯一节目参加北京奥运会开幕式前文艺节目表演,是让土家族人引以为豪的事。

土家族毛古斯具有重要的文化价值和学术价值。从文化人类学角度考察,毛古斯是弥足珍贵的文化遗产。从戏剧发生学来说,毛古斯是中国戏剧古根,戏剧专家赞它为"中国戏剧最远源头"。从宗教学角度考察,毛古斯保留自然崇拜、图腾崇拜、祖先崇拜等远古时期遗存的精神符号,其巫歌、巫词、巫术、巫祀为学者研究中华民族远古时期宗教信仰提供珍贵的"活化石"。

（2）傩愿戏。

"傩"是迎神赛会、驱鬼逐疫的仪式。傩愿戏又名傩堂戏、傩坛戏，是酬傩神的宗教仪式剧，是地方戏曲剧种之一。傩愿戏是还傩愿和傩戏总称，是在祭祀基础上吸取戏曲形成的民间戏剧。还傩愿是以许愿、还愿为形式，集驱鬼、祈福、娱神、娱人为一体。每年农历八月十五日至腊月二十四日，土家人请巫师若干人进行表演。土家人还愿者为求子、除病、祈寿举行的艺术活动，经过长期历史发展，形成30多个曲牌、200多轴剧目，成为宝贵的民族文化遗产。傩文化由傩祭、傩舞、傩戏、傩技四大演出部分组成，傩戏是其主体部分，有故事，有对话。傩戏演员多是法师，表演具有宗教风格。傩舞包括铜铃舞、跑马舞、造旗舞、刀梯舞、牛角舞等。在傩戏演出时，穿插绝活、杂技表演。傩技摸油锅、捧炽石、踩铧犁、踩火砖、滚刺床、上刀梯、下火海等功夫是神秘神奇的文化事象，具有人类学价值和艺术学价值。

傩戏历史悠久，源于原始社会的傩祭和商代的傩舞。傩舞的发展对地方戏剧有直接影响，傩戏是在傩舞基础上发展形成的民间戏剧。明末清初，傩舞吸取戏剧形式，演变成为傩戏，被戏剧史研究专家誉为中国戏剧的"活化石"。

土家地区早已流行傩愿戏，历史文献早有傩愿戏的记载。最早见于文字的是明朝天启年间容美土司田玄的《澧阳口号》："山鬼参差迓里歌，家家罗邦截身魔。夜深响彻呜呜号，争说邻家唱大傩"。从诗中可看出当年盛行傩戏。据清代《乾隆永顺县志》载："酬神必延辰郡巫师唱演傩戏，设傩王男女二神像于上……敲锣击鼓，人各纸面。有女装者，曰孟姜女；男扮者，曰范七郎。"清代《嘉庆慈利县志》又载："为幼男童女除灾祈祥，命巫人酬神，金鼓竟宵，谓之还傩愿。"慈利县《向氏族谱》也载："其俗信巫尚鬼，事向王、公安等神。以宿神傩愿为要务，敬巫师，赛神愿，吹牛角，跳丈鼓。"清朝末年，傩戏班子演员兼法事主持，边做"判卦""绘符""念咒"等法事，边演傩戏。傩戏在愿主家堂屋演出，背面祭着神像，三面向着观众。

傩戏演出形式特别，与冲傩等宗教活动融为一体。傩戏演出分为开坛、开洞、闭坛三个阶段。开坛和闭坛是迎神、送神的法事，打开洞门以后，就可演出傩戏。

傩愿戏是祭祀与戏剧相结合的艺术，在戏剧表演中夹杂还愿内容，可谓祭中有戏，戏中有祭。这种艺术保留着表演艺术由祭祀、歌舞、说唱向戏剧演变过程的面貌。傩愿戏载歌载舞的表演，形象夸张的面具，诙谐幽默的对白，在表演中有唱有帮，使演唱者与围观者产生艺术共鸣，思想感情融为一体，从而得到精神愉悦。这种具有乡土气息和民族情趣的傩愿戏深受土家族人喜爱，具有广泛的群众基础。傩愿戏富有原始色彩的内容与艺术为研究中国戏剧之演化、宗教之起源、民族之形成以及民俗学、社会学等方面提供活生生的例证。

傩愿戏有高傩和低傩两个流派。高傩流行于土家地区，低傩流行于汉族地区。其共同点是敬奉三元（即三清），指元始天尊、灵宝天尊、道德天尊。高傩和低傩在做正朝时供放的木雕菩萨神像不一样。高傩供放傩公"东山圣公"和傩母"南山圣母"全身神像，法事程序分为三十堂。低傩供放"五岳"和"青显"半身神像；高傩演出分三天和五天两种，低傩演出有二天与三天之分。傩愿戏无论高傩或者低傩，剧目相同，只是有的地方剧目残缺不全。

傩愿戏按其内容有正戏、后戏之分，即在朝科设置上都有"正朝"和"花朝"两大部分，分为请神、酬神、送神三段祭祀仪式。正戏在高戏台上演，是还愿仪式中戴面具表演的法事，传统剧目有24出"正朝"戏，名称为《启师开坛》《申发功曹》《判案招兵》《收坛镇恶》《劝茶敬酒》《下马问卦》《开山神将》《开路先锋》《白旗仙娘》《扎寨将军》《土地公婆》《姜女勾愿》《造桥仙师》《华山传书》《圆关解煞》《脱白穿青》《送子归家》《出猖逐疫》《送神归位》《安神谢土》等。其形态多为妆粉角色的歌舞、百戏表演。后戏"花朝"在正戏之后表演，富有生活情趣，传统剧目四女戏有《孟姜女》《鲍氏女》《七仙女》《龙王女》。傩愿戏是佩戴面具表演的祭祀，在人物塑造上借助面具烘托，即木雕面具和兽皮面具。傩戏角色行当分生、旦、净、丑，均戴面具表演。木雕面具用樟木、丁香木、白杨木等不易开裂木头雕刻、彩绘而成，按照造型分为整脸和半脸两种，整脸刻绘人物戴的帽子和整个脸部，半脸仅刻鼻子以上。鹤峰县兽皮傩面脸谱造型注重人物性格刻画，根据不同人物选用不同兽皮。鹤峰县兽皮傩面具在全国也不多见，是古代巴人长期狩猎经济的产物，其独到的制作工艺与人物造型艺术具有很强的审美功能。

傩戏音乐十分丰富。"还傩愿"中所用音乐泛称傩戏音乐，包括法师腔、角色唱腔和锣鼓伴奏三个部分。角色唱腔有正腔、小调两类。正腔诸种腔调统称"打锣板"，唱腔多按角色行当赋名，称生角腔、旦角腔、净角腔、丑角腔；有些地方以所扮角色名称冠称，如姜女调、青婆调、梅香调、浑童调等。演唱形式为锣鼓伴奏，众声帮和。唱调多为上、下句式结构，亦有五句为一曲者。唱腔有单板、双板、连板三种形式。傩戏小调多作剧中插曲使用，曲调短小，衬字较多。锣鼓伴奏乐器为打击乐器锣鼓钹和吹奏乐器牛角号，锣鼓演奏采用挤钹和"锣里藏音"，即在唱腔尾声中起锣鼓。

傩戏唱腔调式多样，以落 5、6、2 音居多。唱腔节奏以记谱为 2/4 拍者为多，少数为 1/4 拍。唱段还常出现 2/4 和 3/4 拍子交替情形。正腔腔调唱词均以七字、十字的对偶句式为主。

傩愿戏在不同地域与民间音乐相结合后，形成各自不同的唱腔特点，但是表演程式一致，俗称冲傩还愿，属祭祀戏剧。傩戏唱腔多达 120 种，有行当分腔。如生角腔有老生腔、小生板、土地板等；旦角有姜女板、绣花板、梅香板等；丑角腔有十八扯、货郎板、探子数板等；净角腔有开山调、扎寨调、花脸板等。

傩戏班以"坛门"组合，民间艺人以做法事开始，以唱《盘洞》戏结束。湘西北还傩愿演出经过发功曹、扎寨、请神、安位、出土地、点雄发猖、姜女团圆、勾愿送神等八大法事，有关剧目穿插其中演出。傩戏演出带有宗教色彩，扮演者系巫师。在举行傩事活动前，土家巫师布置一个傩堂，集编扎、剪纸、书法、绘画等艺术为一体。在堂屋里做内朝，堂屋外搭戏台唱傩戏。巫师头戴五佛冠，身穿法衣，手持朝笏、师刀、金帽、灵宝等。还傩愿程序复杂，内容有保儿愿、求嗣愿、求寿愿等。傩愿戏戏班称为傩坛，班主称为坛主或掌坛师，一个傩坛有 8 至 10 名法师。傩戏以傩坛为载体。桑植县活跃着许多傩坛班子，比较有名的傩坛班子如澧源镇冯明柱班子，打鼓泉乡文为林班子，廖家村镇向宗锐班子，桥自弯乡佘岩清班子，凉水口镇田方前班子等。永定区教子垭镇等地流行土家高傩。慈利县龙潭河镇有茅山教和师娘教两派，傩技表演有开红山、上刀梯、下火海、刹铧、钉鸡等绝技。1993 年，沅陵县七甲坪镇辰州傩传人在湖南省第三届少数民族传统体育运动会上表演的《上刀梯》《过火槽》两个节目均获得一等奖。

为了抢救傩戏，武陵地区民俗学专家推出一批研究成果。1998 年，岳麓书社出版桑植县尚立昆整理的《桑植傩戏演本》。2001年，国际文化出版公司出版鹤峰县向国平、赵平国、陈鹤城合著的《鹤峰傩愿戏》。2007年，中国文史出版社出版王文明、刘冰清、金承乾编著的《辰州傩歌》和《辰州傩戏》。保护傩戏工作也已引起武陵地区各级政府及其职能部门重视。2006年，湖南省沅陵县辰州傩戏和贵州省德江县傩堂戏被国务院国发〔2006〕18号文件公布为第一批国家级非物质文化遗产。2009年，张家界市桑植县傩戏和怀化市溆浦县傩戏被湖南省政府湘政发〔2009〕9号文件公布为第二批省级非物质文化遗产。

（3）花灯戏。

花灯戏是地方小戏剧种之一，土家族花灯戏是其一个支系。每年农历正月初三至十五，土家地区永定区、武陵源区、慈利县、桑植县、永顺县、保靖县等地城乡都要举行迎新年闹春活动。民间戏剧花灯戏是土家族人喜闻乐见的民间闹春活动形式，分为启灯、出行灯、上元灯、元宵灯、收灯五个步骤。花灯戏有套完整出演程序。从正月十三日上元起，无论城里、乡下，家家户户挂彩灯、燃爆竹。在繁华路段、十字路口，搭起一座座舞台。一对对如花似玉的花灯男女，穿梭表演。

花灯戏前身花灯，因脱胎于灯节赛会而得名。花灯戏形成于清代咸丰、同治年间，是同土家阳戏、傩愿戏相结合发展而成的。当年，阳戏、傩愿戏已在一些地方演出，给花灯造成一定影响，于是以歌舞演唱为主的花灯在内容上有了新发展，即将民间故事和其他剧种的剧目改编为花灯戏演唱，如《香莲闯宫》《山伯访友》等。花灯戏唱腔曲调源于民歌、小调。对子花灯和花灯小戏的唱腔多半套用灯调，曲调保持民歌结构特点，戏曲化程度不同。花灯歌舞是集本地文花灯、武花灯、高花灯及傩愿戏、阳戏精华形成和发展的。较长时期为花灯赛会表演某些小戏如《打烟馆》《牧童放牛》《王三卖货》《王大娘补缸》等。据清代《同治永定县志》卷六《风俗志》载："岁时初三日后，城乡即盛鼓吹，扮鱼龙、狮子、花灯诸戏，而初九日上九，十三日上元，十五元宵尤盛。"由此可知，花灯戏早在清朝中期已经蔚然成风，并已由歌舞花灯逐步形成具有一定故事情节的花灯戏。清朝末年，半职业性的花灯戏班为了适应喜庆佳节、酬神还愿、庙堂集会的各种演出活动，积极发展本剧种技艺，同时学演阳戏、傩愿戏，形成了花灯戏、阳灯戏、傩愿戏三戏同台共班的特殊组成形式，故在桑植县有"愿花灯"之称。民国时期，政府禁演花灯戏，艺人们曾将花灯戏改称为"红眼丝弦戏",采用多曲组合办法,用汉戏、丝弦戏和灯调移植编演《断机教子》《月下来迟》等剧目。20世纪30年代,永定和桑植的艺人采用旧曲填新词办法创编了如《骂洋人》《红军威力大》等花灯剧目。20世纪50年代,一些地区对传统的花灯戏进行革新。桑植县成立花灯戏剧团,剧团演职员工对行当、音乐、灯服道效诸方面进行了改革,移植创编出传统剧目和现代剧目一百多个。除在本县境内演出外,还到湘鄂川黔四省边界的几十个县市上演,深受各族人民喜爱。慈利县花灯戏改革取得可喜成绩,剧作家蔡上矢创编的花灯戏《砸石磨》在1985年荣获全国首届业余戏剧创作一等奖。永定的花灯戏以业余组织形式保持当地传统的二人(旦、丑)表演以及大筒、围鼓伴奏的特点,自娱自乐,至今不衰。自1978年起,永定区政府每年拨专款举办"元宵灯会",每次参加灯会的花灯班子多达六十多个。他们遵循传统的习俗,正月初三起灯,走乡串寨登门献艺,直至正月十五汇聚城内大闹元宵,城中各条街道戏台锣鼓喧天,琴声、歌声、鞭炮声汇集一起,观众多达数万,通宵达旦,热闹非凡。永定区"元宵灯会"被文化部评为全国五个有影响的春节文化活动。永定区陈自文记录、整理原汁原味的土家族花灯词曲近百首,辑成《张家界传统花灯》,并对其品类及演变历史、艺术价值进行较为翔实的考证与阐述。贵州省思南县和重庆市秀山县申报的花灯戏已被国务院公布为第一批国家级非物质文化遗产。2009年,湖南省人民政府把桑植县花灯戏公布为第二批省级非物质文化遗产。

富有土家特色的花灯戏分"单花灯""双花灯"和"花灯"三种。单花灯只有"一旦一丑",多由童男、童女扮演,俗称"二人转"。旦角叫花妹或幺妹,扮演者手执绸边花折扇和彩巾;丑角叫"赖子"或"花子",扮演者戴瓜皮帽或扎头巾,手执大蒲扇。表演时,多是花子围着花妹转。双花灯有两旦两丑,同时上台表演。节目内容有"双采茶""姐妹观花""犀牛望月""蛤蟆戏水""白鹤亮翅""蜻蜓点水"等,形象生动,优美动人。

花灯戏班由四人掌灯、两人拉丝弦、四人打锣钹、一个掌调师以及花子和花妹的扮演者一行十几人组成。传统花灯折子戏短小精悍,计有"牧童放牛""姐妹观花""槐荫会""采桑会""白牡丹""放风筝""捡菌子""扯笋""卖花调""卖杂货""十望郎""接郎""绣花鞋""瓜子红""大八颂""送情人""百日缘""三访亲""大四景""四季相思""五更望郎""五更明月""香莲闯宫""山伯访友""正月是新年"等上百个曲牌，歌词多为表现男女爱情生活小品及历史故事等。花灯戏文场音乐分为吹打曲牌和丝弦曲牌两种，主奏乐器是大筒。武场锣鼓为土锣土鼓。

花灯戏唱腔分灯调和杂调两大类，共计一百多支。灯调即花灯戏曲调，是花灯戏主要唱腔曲调，其歌词有高雅与俚俗之分，许多词出于文人之笔，有很强的文学性。灯调词格有五字偶句、七字偶句、十字偶句，也有长短不一的"五五七""五五七五""五五七七"等格式。花灯戏曲调有单句式、双句式、三句式、四句式结构。灯调依其表现特点分为"歌舞型"和"叙事型"两种。杂调是花灯戏唱腔音乐的组成部分，是来自民歌、小调以及其他剧种的唱腔曲调，常用的有"大四平""花魁调""采茶调""梁山调""划船调""板栗花""桐子花""四季花儿开"等。

土家族花灯戏唱腔具有三个特点：一是唱腔中衬字衬词多，有"哟嗬嗬""衣儿呀""呀衣哟""呀得儿喂、喂得儿呀""得儿一朵梅花""得儿一朵莲花"等，每个"得儿"必用弹舌音演唱，使唱腔风趣；二是儿化音多，如"哥儿""姐儿""花花儿""树树儿""草草儿"等；三是一人唱、众人帮的唱腔居多。

（4）阳戏。

阳戏全称"阳盘戏"，又名"柳子戏"，因种阳春人演的戏而得名。楚文化余绪和少数民族文化滋养了阳戏艺术，阳戏在樵歌、秧歌、船歌、傩歌、采茶歌以及其他地方戏曲剧种影响下，最终形成流行于武陵地区的稀有剧种——阳戏。关于阳戏的形成时间，学术界有两种说法：阳戏萌于宋元时期，盛于明清时期。清代《同治酉阳州志》记载："州属多男巫，其女巫则谓之师娘子。凡咒舞求佑，只用男巫一二人或三四人。病愈还愿，谓之阳戏。"可见，"阳戏"与巫傩文化确有渊源关系，故可认为阳戏是在傩愿戏基础上发展而成的，阳戏源于傩愿戏，是傩愿戏不断演绎的产物，阳戏表演程式源自傩愿戏表现形式，阳戏打击乐器源自傩愿戏傩乐。还有许多民族研究专家认为：阳戏声腔吸收四川省梁山县灯戏腔调，习称"杨花柳"。清代《咸丰长乐县志》记载："演戏多唱杨花柳戏，其音节出于四川梁山县，又曰梁山调。"五峰县土家族诗人田泰斗在《竹枝词》中写道："一夜元宵花鼓闹，杨花柳曲四川腔。"自明末清初土家覃玉龙、覃玉凤兄弟从施州迁入澧水流域后，形成教子垭犀牛潭覃家班，至第四代覃保元始收外姓徒弟，培育杜从善、覃华堂、庹松侠、刘思之等知名艺人。

　　清朝中期，阳戏普及到武陵地区。后经杜从善等几代阳戏大师改革，借鉴荆河戏演唱方法、表演程式、伴奏曲牌以及融合傩愿戏、花灯戏和土家民歌于阳戏中，使阳戏形成具有独特风格的土家剧种，积累《秋江》《盘花》《捡菌子》《扯笋子》《掐菜薹》《槐荫会》《白罗裙》《双槐树》《双进京》《双揭榜》《铡阁老》《小红灯》《兰桥会》《打经堂》《打金银》《打芦花》《清风亭》《血丝玉镯》《打仓救主》《宁哥烤酒》《姐妹皇后》《谷屯子接妹》《一女嫁三郎》《春哥与锦鸡》等200多个传统剧目，主要内容反映家庭生活、劳动故事和男女爱情。从民间歌舞发展成为戏曲剧种，阳戏经历"二小""三小"以及"多行当戏"等阶段。现在，阳戏角色行当分为生、旦、净、丑四行。其主腔有两种唱法：一是用平嗓平腔唱，尾音不翻高，称为"老柳子戏"；另一是用真假嗓结合演唱，尾音翻高八度，称为"新柳子戏"。阳戏伴奏分文场和武场，文场主要伴奏乐器是土制大筒，琴筒用桂竹做成，一端蒙以蛇皮。音色浑厚，瓮音明显，伴奏有"托腔"和"跟腔"两种。文场伴奏音乐有大起板、大开门、杨花柳、青丝纽、步步高、半边月、狗撕羊、蚂蚁上树、连升三级等。武场打击乐曲牌来自围鼓和荆河戏的打击乐曲牌，有机头、刹头、丁子、僚子等点子，民族特色十分浓郁。

　　在历史发展过程中，"阳戏"受武陵地区花灯戏、傩愿戏、辰河戏影响，形成北路阳戏和南路阳戏两个流派。北路阳戏流行在永定区、武陵源区、慈利县、桑植县、永顺县、保靖县、龙山县、古丈县、吉首市、凤凰县、石门县、鹤峰县、五峰县、来凤县、酉阳县和秀山县等土家族聚居区。北路阳戏在表演艺术上具有独特风格，语言生动风趣，唱词通俗易懂。表演继承花灯戏、傩愿戏的传统表演手法，重做工而少武打，靠演员优美的唱腔、生活化的念白和细腻的表演取胜，适合表演文戏、家庭戏。旦角在阳戏中居各行之首，俗有"旦角半边围子"之说，意指旦角占全台戏一半。民间艺人田金之、童美之、李玉芳以及专业演员胡维星、丁祖雪、吴三洋、李银国、田贵明、郑菊庄、楚德新、周至家、符奇男、龚飞燕、欧辉平等人在阳戏方面造诣很深。北路阳戏唱腔按澧水河上游、下游又分"上河调"和"下河调"。"上河调"与"下河调"均分"正调"与"小调"两类。唱腔突出特点是：正调部分唱腔均用"真假声相结合"演唱，即尾腔翻高八度，美其名曰"金线吊葫芦"，如正宫调、悦调、阳调、阴调、四平调、七字调、八字调、采花调、金钱调、北河调、潼关调、小丑调和狗撕羊调等。小调演唱不用假声，采用民歌唱法，如薅草歌、磨子歌、唱古人、梁山调、观花调、猜猜调等。

中华人民共和国成立后，湘西土家族苗族自治州政府批准大庸县、吉首市、凤凰县成立阳戏剧团，演阳戏、丝弦等。后来，新编古装戏《桃花装疯》和新创剧目《土高炉上红旗飘》等分别在州、省获奖。20世纪80年代是阳戏发展鼎盛时期，大庸阳戏剧团演出《宝莲灯》《生死牌》《爱扯谎的婆娘》等。剧团每到一地，观众争购戏票，剧团每天连演五场，演员整天不卸妆。各地业余阳戏剧团如雨后春笋建立起来，可见土家群众对阳戏的热爱程度。1984年，大庸县文化局把王家坪阳戏剧团更名为"大庸阳戏二团"，所演《山伯访友》被湖南省电台录播，文化部刊物发表该团经验。80年代以后，大庸阳戏剧团上演一批生活气息浓郁的土家现代戏以及根据历史故事改编的剧目《罗大将军》《贺龙与神兵女》等在群众中引起较大反响，获得文化部剧本银奖。中华人民共和国建立初期，桑植县洪家关打鼓泉等乡的谷志壮、刘芳豹等阳戏艺人热情讴歌新中国。1979年，打鼓泉乡组建桑植县第一个阳戏剧团，创作《上川记》《大堂配》《复婚记》《红军渡》《奇怪姻缘》和《打鱼救生》等40多个阳戏剧目。2007年，桑植县劳动局组建了再就业阳戏艺术团，培养了剪春花、熊金翠和向桂兰等阳戏表演新人。1980年，鹤峰县走马镇成立柳子戏剧团，演出了《三娘教子》和《王木匠打嫁妆》等柳子戏剧目。近年来，土家阳戏学术研究得到加强，出版专著有《大庸阳戏丛书》《大庸阳戏新剧作》《大庸阳戏研究》《张家界阳戏新剧目选》《阳戏大家唱》《桑植阳戏精选》和《鹤峰柳子戏》等。2006年6月，永定区政府申报的"张家界阳戏"被湖南省政府列入第一批省级非物质文化遗产名录。2011年5月，国务院国发〔2011〕14号《关于公布第三批国家级非物质文化遗产名录的通知》又把永定区申报的"张家界阳戏"列入国家级非物质文化遗产名录，使土家族阳戏成为"国宝"。土家族阳戏多次在中央电视台和湖南电视台播放，《中国文化报》《文化时报》和《湖南日报》等报刊竞相报道张家界阳戏剧团在农村演出的动人事迹。"张家界阳戏"这朵艺术奇葩绽放在奇山异水之间，与自然景观交相辉映，具有重要的艺术价值和审美价值。

（5）南剧。

南剧又称施南调、南戏，俗称"高台戏"，是恩施土家族苗族自治州地方戏曲剧种。起源于土司时期，至今已有 600 多年历史。南剧唱词多是七字、十字上下句，道白、唱腔多杂有方言土语，风趣幽默，通俗易懂，生活气息浓郁，带有明显的"深山峡谷"之音。主要由"南路""北路""上路"三大声腔组成。南路声腔源于楚调，与湖南荆河汉戏有渊源关系；北路声腔由"秦腔"的梆子腔衍变而成；上路系弹戏，川梆子。此外还吸收有昆曲、高腔、宗教祭祀音乐的精华，形成有地方特色的杂腔。伴奏音乐由锣鼓谱和曲牌音乐组成。锣鼓谱音乐有云板、板鼓、锣、钹、勾锣等乐器；曲牌音乐由京胡主奏，伴之以唢呐、笛子。南剧传统剧目有《楚汉相争》《二度梅》《御河桥》《凤仪亭》《八义图》等。2008 年 6 月，湖北省来凤县、咸丰县申报的"南剧"被国务院批准列入第二批国家级非物质文化遗产名录。

（6）阴花鼓与闹年歌。

鹤峰县土家人流行的"阴花鼓"与建始县曾经盛行的"闹年歌"也是具有原始戏剧性质的演唱。其内容有表演土家起源、迁徙、渔猎、农事活动及对历史上统治者的愤慨与抗争故事等。

4. 民间曲艺

曲艺是流传于民间的具有地方色彩的各种说唱艺术的总称，由曲艺文学、曲艺音乐和曲艺表演构成，包括四大门类。土家族人创造的三棒鼓、渔鼓、薅草锣鼓、丝弦锣鼓、金钱板（莲花落）、九子鞭、南曲、扬琴、竹琴、三材板、琵琶板、花鼓和满堂音等曲艺成为游人爱好的文娱形式。

（1）三棒鼓。

三棒鼓是土家地区流行的曲艺，起源于元代。一般由三人组成，主角用三根鼓棒击打小鼓兼主唱，一人用槌打锣，一人杂耍。耍者以抛木棒、小刀为主。木棒长约一尺，两端雕空，用钢丝串上数个铜钱；几把小刀柄上用布缠紧。被抛的几个木棒和小刀由艺人两手轮抛轮接，花样较多，被行家称为"抛梭织布""关公背刀""霸王背鞭""美女梳头""美女照镜""女人筛米""太公钓鱼""喜鹊含柴""犀牛望月""跑马射箭""雪花盖顶""黄龙缠腰""黑狗钻裆""古树盘根"等。其中，以"冲天炮""点主梁"最为惊险。击锣、击鼓的艺人边打锣鼓边伴唱，有时单唱，有时合唱。唱腔采用丝弦小调。唱词四句一段，每段四句字数分别为"五五七五",每句最后一字押韵。如:"手拿刀三把,样样玩几下。要学姑娘梳头发,梳子手中拿。"正规艺班都有"固定唱本",常以历史故事和男女爱情为主,如《抛刀词》《拜码头》《梁山伯与祝英台》《韩湘子》《天仙配》《白蛇传》《洛阳桥》《生死牌》《十八好汉》《三国演义》《三打华府》《三打祝家寨》《四下河南》《安安送米》《抓壮丁》《贺龙打龙山》《永定古庙》《天门山传奇》《玉皇洞轶事》等传统曲目。业余班子即兴编唱,演唱内容为开台词、恭贺词、生活歌、劝世文、见人逢等部分。如《开台词》唱道:"架架儿一散开,鼓儿上面盖。恭喜老板把年拜,添寿添福又添彩。"2009 年,"土家族三棒鼓"被湖南省政府公布为第二批省级非物质文化遗产。2011 年,宣恩县申报的《三棒鼓》被国务院列入第三批国家级非物质文化遗产名录。从前,三棒鼓艺人走村串门演唱,唱几句"见人头"。近几年来,不少土家族艺人在张家界市各类景区表演三棒鼓,吸引许多游客驻足观赏。

(2)渔鼓。

渔鼓是起源于宋代"瓦舍",流行于澧水流域的曲艺。渔鼓伴奏乐器为一节长约 2 尺、粗约 4 寸的竹筒、一头用蛇皮蒙紧,还有竹板、竹筷、铜钹各一只等道具。渔鼓为一人说唱,以演唱为主,中间夹道白,表演特点是:说唱语言简单,适宜演唱章回小说、传奇故事等。渔鼓表演形式分开头、高潮和尾声三个部分。渔鼓音乐有九板十三腔,并吸收民歌元素。渔鼓说唱曲目有《渔鼓的由来》《源流词》《拜祖词》《恭贺词》《劝世文》《善恶经鉴》《十修》《十爱》《二十四孝》《三国》《说唐》《薛仁贵征东》《杨家将》《岳家军》《武松怒打观音堂》《天宝图》《三门街》《回娘家》和《孟丽君》等。如《永定十八坪》唱道:"大庸原名叫永定,天门山下旅游城。田园方整大溶坪,古时流传十八坪。"渔鼓唱词字数不限,上下句押韵,四句一段。如倒七字韵:"贺将军站在高山看,他好比孔明出祁山。龚仁杰贼子好大胆,他不要狗命想当官。"2014 年,湖南省申报的《渔鼓》被国务院列入第四批国家级非物质文化遗产名录。

(3)金钱板。

金钱板是土家地区流传较早的曲艺。金钱板又名"莲花落",因其道具为"钱"与"板"组成而得名。"板"是长约尺许、宽不足寸的两块竹板,竹板一端以铁圈串上数枚小钱。演员表演技巧在右手,俗称"左手拉过场,右手玩花样"。"竹枝遗风"金钱板曲调的音乐结构为上下句单曲体，音乐调式为五声"徵调式"和"宫调式"。金钱板演唱曲目有《二十四孝》《华盖录》等。唱词七字一句、四句一节，随机编唱，如《开台词》："一根竹竿黑郁郁，手拿钱板走江湖。一拜街前和街后，二拜帮会大龙头。"也有固定唱词，如《茶根》《酒根》《烟根》等各类"根子"歌，又如《山伯访友》《桃园结义》等各类戏文歌。

（4）九子鞭。

九子鞭又叫"霸王鞭"或"金钱棍"，明代传入澧水流域，成为土家先民的曲艺。"九子鞭"道具制作简单，在长约3尺（约1米）、围径约1寸（0.33分）的竹竿两端钻上三个对开眼，各装三枚铜钱，并用彩带加以修饰。表演者右手执"九子鞭"，敲击肩、腕、肘、腰、腿、脚等身体部位，打出有节奏的声音。九子鞭有24式：头4式、足4式、身8式、二人对8式。九子鞭过头顶击打后肩叫"雪花盖顶"；横胸前击打左右肩叫"花子打街"；击打左右腰部叫"黄龙缠腰"；击打左右小腿叫"枯树盘根"。其音乐采用民歌小调，节奏轻快，曲调单一，有《拜新年》《十二送》《十劝》《五更比古》等。澧水流域土家族人逢年过节或者办喜事时，一群群少男少女打九子鞭，即如民谣所说："正月里来是新年，家家高兴人人欢。鞭炮声声锣鼓响，耍起金尺乐开颜。"

（5）南曲。

南曲是湖北地方小曲中较为古老的曲种。2008年，五峰县申报的"南曲"入选第二批国家级非物质文化遗产名录。历史上在宜昌、荆州等地盛行的南曲已经销声匿迹。目前，南曲流行于湖北省长阳、五峰两个土家族自治县境内。其中，又以长阳县资丘镇最为盛行，百余名民间艺人还在传唱这一古老的艺术。

南曲是在明清时期俗曲的基础上产生和发展起来的，它传入土家地区的时间最迟在清代雍乾年间。据南曲专家田玉成考证，南曲是由资丘镇泉水村田氏最早带入长阳境内的，这与田氏祖上曾在浙江湖州、象山等地做官经历有关，至今泉水村的田科广祖孙三代都能登台演唱南曲。

南曲无专业艺人，都是民间流传，朋友相教，或者子从父学，世代相袭。南曲音乐属于联曲体结构，以缠绵婉转、柔曼悠远见长。南曲文辞优雅，以其经典名段《渔家乐》为例，其中"清风不用银钱买，月在江中夜半游。闲来简板敲明月，醉后渔歌写春秋"等句为人所津津乐道。南曲演唱形式以坐唱为主，自制小三弦、简板是其伴奏乐器。由于南曲演唱节奏平稳舒缓，旋律一唱三叠，字少腔多，在曲坛被誉为"一朵郁香的山花"。

历史上学唱南曲者都是地方上的文化人，因此南曲艺人都受人尊重。每逢喜事，当地土家族人都会延请南曲艺人登台演唱。每当夜深人静，听得吊脚楼上三弦咚咚，曲声萦回，让人沉醉。

数百年来，五峰、长阳等县涌现一批技艺精湛、自成一家的南曲艺人。其中，杨志柏的文学、音乐修养最高，是五峰南曲艺人中唯一能够编曲的；胡次生是把南曲三弦乐器的演奏水平发挥到极致的艺人；杜海卿曾为南曲提供曲牌和曲目，是南曲艺人中掌握资料最多的代表性艺人。目前长阳县资丘镇能够演唱《春去夏来》等名段的艺人共有百余人，但是能够自弹自唱的艺人只有三十人，能够独立演唱较多曲目的艺人仅有五人，但他们的三弦弹奏技巧十分有限。五峰南曲艺人存量已经稀少，只有陆先模、李子元、蔡永健等人能够自弹自唱。其中，以杜海卿嫡传弟子陆先模的演唱技艺最高，能够完整演唱《春去夏来》《悲秋》《赶潘》等十多个曲牌。作为一位民间艺人，陆先模还能独立识谱和记谱，故被命名为南曲的省级代表性传承人。

为了传承南曲，长阳县建立了"土家族传统文化生态保护区"，实施各项保护措施。据悉，在当地政府支持下，资丘镇每年都会举办南曲师徒大赛。当地连续几年举办"土家南曲百友会"活动。五峰县委、县政府高度重视南曲传承保护工作，政府领导多次看望南曲艺人，并从人力、物力、财力上支持南曲传承与保护活动。五峰县非遗保护中心还在长乐坪镇白岩坪村、大松树小学建立南曲传承基地。

（6）恩施扬琴。

恩施扬琴流行于恩施、咸丰、宣恩、来凤、利川等土家族地区，属于湖北民间曲艺中曲种之一。扬琴发于何地，源于何时，众说纷纭：一说是清代光绪年间，来自四川的张艺人曾在恩施县城组班传艺，遂将扬琴传入；另一说是恩施艺人詹子范之父于清代光绪年间卸任遵义知府以后，从黔带回扬琴，将其技艺传给詹子范。清朝后期以湘剧、楚调和民间小调、器乐曲牌经文人、乐师糅合而成。扬琴是恩施扬琴演唱主要乐器，居各伴奏乐器之首，艺人称操扬琴者谓"坐统子"，有指挥诸乐器之意。碗琴则是显示其风格的乐器。三弦、月琴、二胡、京胡、竹节鼓、简板尺同为伴奏乐器，与扬琴合称为"八音"。

扬琴按其唱腔、曲牌的结构与特点，分为"宫调""月调""皮簧""小调"和没有唱词的器乐曲五大类。演唱者居中间，前置扬琴，左有三弦、琵琶、月琴，右有京胡、二胡、鼓板伴奏。常演曲目题材广泛，内容丰富，有《伯牙抚琴》《大宴》《盛日佳宴》《貂蝉拜月》《东窗修本》《黛玉葬花》《怒沉百宝箱》《松林解带》《盗灵芝》《琵琶记》等200多个。

扬琴在深宅中聚会演唱，分生、旦、净、末、丑、副等角色。演唱时不得少于三人，乐师执扬琴、碗琴、月琴、胡琴、三弦、檀板等乐器伴奏，围桌而坐进行说唱。扬琴音乐分板腔体曲牌、歌谣曲牌、民间小调、器乐曲牌等四种。表现形式以唱为主，以说为辅，唱腔是"正宫"和"二六"。

扬琴唱词，文字精练，以七字句与十字句为其基本句式，如《水漫金山》为"七字句式"：鸳鸯织就比翼飞，云海天涯不分离。刁人裁剪各东西，何月聚头再相随。又如《修诏》中的"十字句式"："耳听得谯楼上初更鼓震，叫一声伏梓童细听朕云。快与王取白绫锦袍一领，待寡人修血诏赐与董丞。"

"恩施扬琴"代表作《爱的火花》参加由国家民委、中国文联和中国曲艺家协会在宁夏银川举办的第三届少数民族曲艺展演，获得最佳作品奖和二等奖。2007年，"恩施扬琴"被湖北省人民政府列入第一批非物质文化遗产保护名录。2008年，湖北省恩施市申报的"恩施扬琴"被国务院列入第二批国家级非物质文化遗产名录。

（7）建始丝弦锣鼓。

湖北省建始县曲艺"丝弦锣鼓"的形成经历三个阶段：第一阶段是从"有缓急抑扬而无律吕"的纯锣鼓乐"干牌子"薅草锣鼓分离出来，与民间音调融合形成"耍锣鼓"；第二阶段是曲牌体戏曲音乐流入被本地锣鼓吸收，形成"鼓吹乐"；第三阶段是在明末至清末，新兴声腔和新兴剧种接踵而起，影响最大的是《弋阳腔》《梆子》和《皮黄》。流入的板腔体戏剧音乐被"鼓吹乐"融合形成"丝弦锣鼓"。"丝弦"是"唢呐吹戏"，因其演奏中加入笙、竹笛、月琴、胡琴等丝竹乐器，故而得名。

"丝弦锣鼓"各类曲牌共有《春来》《秋采》《慈善调》《猜句子》《山喳子》《碎眉子》《隔之子》《跌断桥》等102个，传承方法以口传为主。"丝弦锣鼓"已经传承八代，代表艺人有李世高、李德福、汤维兴、尹明海、尹明河、肖茂荣、肖远游。中华人民共和国成立后，人民政府重视

"丝弦锣鼓"保护工作。1957年，湖北省人民艺术剧院及湖北省歌舞剧院派出专家到建始采访丝弦锣鼓。1981年，在普查基础上，对民间艺人肖茂荣掌握的曲牌进行录音、记谱，"丝弦锣鼓"得以受到挖掘和整理。1985年，建始县民委和县文化局结集为《建始民族民间吹打乐·丝弦锣鼓》册子。2001年，恩施州民委委托北京国际文化出版公司出版、发行《建始丝弦锣鼓》一书，长达37万多字。

"丝弦锣鼓"班队以长梁乡及业州镇为中心，遍及建始全境，全县有班队100多个、艺人近2 000人，每年演出约3 500场。2005年，肖远游被恩施州政府命名为"民间艺术大师"。60多年来，文艺工作者加工、改造的土家族"丝弦锣鼓"被搬上县、州、省的舞台。曲艺《过秆》（汪启武词、刘绍全曲）赴省汇演。曲艺《糊涂官断案》（文世昌曲）参加1987年湖北省第四届"百花书会"并获得金奖。曲艺《借姐夫》参加2004年湖北省"百花书会"并夺得铜奖。曲艺《两代警嫂唱新曲》（汪启武词、江祝年曲）参加公安部汇演并夺得银奖。建始县丝弦锣鼓被誉为"土家人的交响乐"，是湖北省非物质文化遗产。

5. 民间工艺

土家民间工艺门类土家织锦、挑花、绣花、印染、编织、雕塑、金属锻造、制陶、榨油、酿酒、建筑艺术、葛根粉制作技艺和红薯粉制作技艺等虽经世代传承，但因多种原因，现在濒临失传。民间工艺亟待各级政府以及社会各界人士抢救。

（1）土家织锦。

秦汉时期，土家祖先善织"賨布"。唐宋时期，土家先民向朝廷交纳的"溪布""峒锦"，后来演变成为土家织锦。土家语称土家织锦为"西朗卡普"。"西朗"的汉语意思是"被（铺）盖"，"卡普"的汉语意思是"花"，"西朗卡普"的汉语意思是"土花铺盖"或者"土家织锦"。土家织锦是在斜织机上织成的，土家姑娘坐在坐板上手拿牛骨或者银、铜挑刀，在旁边篮里摆好彩线开始织锦，以棉线为经线，以红、蓝、青彩色丝线或者毛线做纬线，采用通经断纬、反面挑织的方法，以手工挑织而成锦布。土家姑娘通过积累，创造了200多种织锦图案，纹样以物象图案、几何图案、文字图案为主。这些图案，以土家习俗和名胜古迹为题材的有"张家界风光""中国武陵源"和"迎亲图"等；以土家历史为题材的有"土王一颗印"和"四凤抬印"等；以土家族人生活器物为题材的有"龙船花""棋盘花""桌子花""椅子花""箱子花""长命富贵"和"五子登科"等；表现动物题材的有虎头花、猴手花、马必（小马）花、燕子花和阳雀花等，表现植物题材的有梅花、韭菜花、玫瑰花、菊花、月月红、八角香花和胭脂花等。现在土家织锦提袋、挎包、壁挂等已经成为游客常购纪念品，并且出口创汇。1994年春节，张家界国家森林公园民族工艺制品厂生产的土家织锦工艺制品在国家经贸委等部门组织的首届全国城镇集体企业成果展览会上荣获"国家成果奖"。2006年，"土家族织锦技艺"被国务院列入第一批国家级非物质文化遗产名录。土家织锦大师叶水云被批准为第一批国家级非物质文化遗产代表性传承人。

（2）挑花。

挑花是土家族姑娘在直纹平布上按照布纹的经纬十字交叉点用与底布颜色不一样的线挑成图案的民族工艺品。挑花针法以十字针为主，配以直针、空针、牵针、双面针。挑花按色彩分为素挑和彩挑。素挑用白色棉线挑在蓝布上，也可用黑色棉线挑在白色布上。彩挑绣品用彩色丝线在绸缎上挑花绣朵。挑花图案有八角莲、万字格、吉祥如意、福禄寿禧、龙凤呈祥、二龙戏珠、麒麟送子、野鹿含花、喜鹊闹梅、犀牛望月、土家迎亲、老鼠嫁女、狮子滚绣球和鲤鱼跳龙门等。挑花是土家族人不可缺少的工艺品，如挑花衣裤、挑花头帕、挑花枕巾、挑花帐檐、挑花被面、挑花窗帘、挑花围裙、挑花背带、挑花手巾、挑花衣裤、挑花褡裢、挑花包袱和挑花桌套等。土家少女送给小伙的挑花手巾、挑花鞋垫、挑花荷包、挑花腰带是难得的信物，有些姑娘还在送给情郎的挑花手巾上挑上诗画。如："白日莫闲过，青春不再来。窗前勤苦读，马上锦衣回。""春游芳草地，夏赏荷花池。秋饮桂花酒，冬咏白雪诗。"1982年，大庸县的挑花围兜、挑花手巾、挑花头帕和挑花鞋垫参加湖南省工艺美术作品展览。1983年，大庸县又有四件土家挑花参加全国工艺美术作品展览。1985年，桑植县两件挑花被面参加中央民族工艺展览，并且获准出国展览。慈利县博物馆至今还珍藏着1 000多件挑花工艺品。2010年，永定区的龚安娥和李菊被张家界市政府公布为张家界市第一批非物质文化遗产项目"土家挑花"代表性传承人。

（3）绣花。

土家语称绣花为"卡普查"。绣花是用彩色丝线、棉线、绒线，在绸缎或者布帛等底布上借助针的运行，在加工好的织物上，以针引线，按照设计要求进行穿刺，在绣料上将绣线织成各种花卉、动物、植物、图案和文字等的工艺。土家姑娘的绣花方法是将要绣的花用纸剪成花样，贴在绣花底布上，然后照着纸样用彩色丝线绣制，其图案有喜鹊闹梅、蝴蝶恋花、凤穿牡丹、鸳鸯戏水、鹭鸶采莲和龙凤吉祥等，绣制品为衣襟花、衣胸花、衣角花、袖口花。绣花工艺用于鞋子、鞋垫、帽子、服装花边、头巾、手帕、荷包、带子、围裙、褡裢、门帘、桌布、被面、床单、枕套、帐檐等织物上。土家族人流行一首情歌："白布帕子四只角，四只角上绣雁鹅；帕子烂了雁鹅在，不看人才看手脚。"现在，土家族刺绣工艺品已成为广大游客珍贵的旅游纪念品。

（4）印染。

印染分为普染和灰染，材料取自当地植物和矿石，然后加工成为染料。土家圩场设有"印染行"，为民间染布和印花，颜料均为蓝靛，印成蓝、白两色之花。土家族人染制蓝印花布的方法独特。先把十张白皮纸用猪血浸泡晒干，后用桐油浸泡晒干，做成纸版，再用刻刀在纸版上刻出花纹图案，这叫"花版"。染布时候，将花版盖在白布上，再涂上用石灰和豆粉调成的灰膏。灰膏干后，即把布置入染缸浸泡，浸透后捞出来，让它氧化，又放回染缸浸泡，这样反复五次。把染好的布晾干，用刀削去灰膏，"蓝印花布"就制成了。如果要为蓝印花布上光，就把晾干的蓝印花布放在弧形槽里，用凹形巨石反复滚动碾压，让蓝印花布变得平整光滑，如此整个工序便完成了。土家族蓝印花布用于被面、床单、枕套、门帘、窗帘上的图案为双凤朝阳、鹭鸶采莲、狮子滚绣球等，印在头帕、围裙、围兜、褡裢、桌布和包袱上的图案为花、鸟、虫、鱼等。2006年，"蓝印花布"被国务院批准为第一批国家级非物质文化遗产。2008年，凤凰县申报的"蓝印花布印染技艺"被国务院列入第一批国家级非物质文化遗产扩展项目名录。凤凰县刘贡新制造的"蓝印花布"工艺精细，已经成为代表作品。

（5）编织。

编织分为竹编、藤编、草编和棕编。竹编工艺品有两大类：一种是编篾类，如筐、簸、箱、筛和凉席等；另一种是丝篾类，如花篮、背篓、饭篓、花架、斗笠、鸟笼、摇篮和晒簟等。"背篓"是土家族人不可或缺的生活用品，是土家族有特色的竹编工艺品，各式背篓展现出土家独特的工艺。土家人世代生活在山里,一生离不开背篓,并与其结下了不解之缘。土家姑娘出嫁,要有"洗衣背篓"作陪嫁;女儿生孩子,娘家要送一个"儿背篓";走亲戚要背"花背篓";砍柴要用"柴背篓"。土家族也因此被世人誉为"背篓上的民族"。藤编工艺品藤椅、藤凳、藤席、藤箱和藤篮在张家界市土家山寨随处可见。草编物品有草绳、草鞋、草帽、草提袋、草把龙和草蒲团。棕编物品有棕蓑衣、棕牛缆、棕垫和棕绳。

(6)雕塑。

雕塑是用雕、刻创制方法的总称,指用可以雕、刻的材料,创造可视、可触的艺术形象。从使用功能看,雕刻分为建筑雕刻、家具雕刻、工艺品雕刻。土家雕刻有木雕、竹雕、石刻等。土家木雕分为建筑构件木雕、家具器物木雕、工艺品木雕和宗教祭祀木雕等四类。建筑构件木雕体现在房屋、亭廊、门窗等装饰品中,有雕梁、雕花栏杆、雕花门窗、雕花匾额、祠堂神像等。家具器物木雕有雕花床、雕花八仙桌、雕花太师椅、雕花茶凳、雕花茶几、雕花碗柜、雕花衣柜、雕花衣架、镂空雕花洗脸架、雕花屏风、雕花梳妆台等。尤其是雕花滴水牙床,图案精美,风格独特。张家界老院子"五滴水"雕花床尤为罕见,工艺精湛。张家界市联合旅游商品研究院开发的元帅烟斗系列产品有梨木和枣木,经过数道手工工序制成,获得国家专利局授予的实用专利。木雕造型、题材表现土家族人喜闻乐见的事物,主要包括三个方面:一是吉祥图案,如喜鹊闹梅、蝴蝶戏花、鸳鸯戏水、野鹿衔花、凤穿牡丹、八仙过海、吉庆有余、五谷丰登、龙凤吉祥、松鹤延年、福禄寿喜以及十八罗汉排座等,用象征、比拟手法来表示吉祥如意。二是戏曲人物、古代英雄、小说演义、神话传说、寓言故事等。三是表现土家族人生活的题材,包括耕种、收粮、桑蚕、纺织、畜牧、狩猎、裁缝、商贾、娱乐、爱情等社会生活的各个方面。此外,还有大量的飞禽走兽、鸡、鸭、鹅、兔、猪、牛、马、鹿、蝙蝠、鱼虾等以及植物花卉、蔬菜瓜果之类。木雕材料多用白杨木、黄杨木、樟木、梨木,雕刻形式多样,浮雕、透雕、圆雕都有。近年来,以树根为材料的根雕艺术也达到很高水平,在全国根雕大赛中多次获奖。土家竹雕即在竹制实物上雕出各种花鸟、人物、动物、字画等装饰内容的竹工艺品,如茶盒、礼品盒、果盒、笔筒、竹筷等。土家石刻常以青石、墨石、大理石、龟纹石、珊瑚石和菊花石为材料。石刻有建筑石刻、摩崖石刻、工艺品石刻、墓碑石刻。土家石刻工艺用于石磨、石碓、石碾、石柱、石凳、石人、石马、石牛、石羊、石狗、石狮、石虎、石龟和石龙等。石匠的石刻工艺从转角楼、店铺、祠堂、土王祠、寺观等建筑表现出来。土家族转角楼的雕龙刻凤和厅堂门前的石狮、麒麟不经精雕细刻是难以成功的，故有"山歌好唱难起头，木匠难起转角楼。岩匠难打岩狮子，铁匠难打铁绣球"等土家民歌。工艺品石刻有线刻、浮雕和镂空雕等形式。张家界市现存的普光寺木雕、玉皇洞石窟寺、孙九大人石人石马和刘明灯家墓石雕群皆为雕刻艺术精华。永定区双溪桥乡徐树坡村清代城堡、李氏庄园、天罗山古寺庙和慈利县高峰乡康家坪冯家大院都有雕刻艺术精品。龟纹石雕产于武陵源区天子山上，是三亿年前形成的海洋生物化石。龟纹石上有纹饰似龟纹，故名。大都加工成乌龟形状，由手工镂刻雕琢而成。游客游览天子山风景区以后，在饭店、商店可以买到龟纹石工艺品。武陵源区神龙化石行雕刻的中华角石获得2006年张家界市旅游商品优秀新产品奖。桑植县古生物化石工艺品厂生产砚台、摆件、十二生肖等化石系列产品和菊花石刻艺术品。创建于2008年的桑植县军凤化石公司制作砚台、摆件和插屏等化石艺术品。桑植县民族工艺厂利用龟纹石生产的石砚和茶具，造型美观，工艺精湛。张家界民族旅行社工艺厂生产的石雕、木雕等工艺品具有地方特色。

（7）制陶工艺。

土陶用泥土制成器皿坯子，上釉以后，放进窑里，用火烧制，即成陶器。器形有陶坛、陶罐、陶缸、陶壶、陶钵、陶杯、陶鼎、陶盘和酒瓶、花瓶等。土家祖先从新石器时代以来，一直制造陶器，有黑陶、灰陶、白陶、黄陶和彩陶，造型多样，工艺精美。张家界市已经出土许多陶器，还有为陪葬烧制的宋代魂坛（瓶）。湘西北是"中国紫砂陶之乡"，张家界紫砂陶产品和文房四宝已经成为旅客喜欢的土特产品。慈利县赵家岗土家族乡制陶业曾为支柱产业，天娥村、天山村、广垭村陶器厂曾是制造陶器的集体企业。按照制陶工艺流程，第一道工序是做泥坯。如需陶器表面光滑，就在泥坯兑上釉料。釉料配方不同，烧制出来的器皿颜色也就不同，常见的有板栗色和青色两种。其次是装窑。窑匠装窑技术决定一窑能出多少成品。把泥坯烧成陶器成品是最后一道工序。

（8）金属锻造工艺。

明清时期，中央政府在武陵地区设立卫所机构，带来先进的手工业技术，促使产生脱离农业、从事匠作工艺的手工业者，促进武陵地区土家祖先兴办手工业作坊。因此，武陵地区史料出现"冶铁之工、斤斧之工"记载。土家祖先把有专业技术而且以此为生活的人称为"工匠"。"九佬十八匠"起源于明朝初年，是对靠手艺谋生的民间工匠的统称。永定区已经出土明代双耳缸形铜壶1把和清代提梁铜锡壶3把、折肩锡执壶2把、锡酒杯2个。明清时期，手工业者走乡串户，开店设行，服务土家先民。这些民间艺人的手工技术与土家先民日常生活密切相关，从每人要用的锅碗瓢盆到土家妇女戴的金银首饰，涉及生产生活的方方面面。他们不仅是民间手工业者，更是土家历史文化积淀。土家族"九佬十八匠"是对能工巧匠约定俗成的总称，"九佬十八匠"对繁荣区域经济、解决就业途径起到重要作用。其中，金属锻造工艺闻名古今，成为历史文化遗产。

武陵地区自古以来就有生产或者加工金子的艺人，土家先民把做金器皿、金耳环、金项链、金手镯、金戒指及其他金子制品的手工艺人称为"金匠"。近年来，永定区曾经出土明代金耳圈1个。

造型精美的银饰是用白银制成各种各样的装饰品。银饰采用各种加工工艺，錾花、镂刻是银匠锻造金银的技法，是将金银锤薄，再用錾子錾出浮雕效果，或者錾上美丽纹饰。永定区已经出土明代鎏金银耳环1个、梅花镀金银耳环1个、九花银簪1个和清代镶玉珊瑚银耳坠1个。改革开放以来，银饰式样逐步创新。银饰靠手工操作，加工工具有锤子、钻子、凿子、钳子和模子等。银饰从绘图到制作需要经过铸造、锤打、焊接、编结等30道工序。银饰的种类繁多，按品种分为头饰、耳饰、颈饰、手饰、足饰和服装饰物六个大类。头饰包括银花帽、银凤冠、插头银花、儿童帽饰。耳饰包括耳环、耳线、耳钉、耳吊。颈饰包括项链、项圈、披肩、吊坠。手饰包括手镯、手链、戒指。足饰包括脚圈、脚链。服装饰物包括领花、领带夹、胸饰、袖扣、银钮、银牌、围裙链子。2008年，张家界市旅游商品研究院投入大量资金开发以"武陵缘"品牌为主的银器系列。在2008年"张家界杯"第二届湖南工艺美术精品大奖赛中，张家界市旅游商品研究院负责人王振宇选送的银器工艺品"武陵缘——雕龙银斗"获得优秀奖。2009年，慈利县政府把赵家岗和高峰等土家族乡文化站申报的"土家族银饰锻造技艺"列入非物质文化遗产名录。

武陵地区罕见用铜板或者黄铜板制造铜壶、铜锅、铜铲、铜盆、铜管等各种器件和修理各种铜器的铜匠。铜匠作业，之所以称之为"打制"，是因铜匠并不炼铜，只是以铜板或者铜片为原材料，用锤子等工具打出诸如铜锣、铜瓢、铜罐、铜锁和铜茶盘之类的器皿。铜匠按营业方式分，有两种：一种是没有店铺作坊的铜匠，挑一副铜匠挑子出门，走街串乡。有店铺作坊的铜匠都有自己的炉子，如加工铜烟壶、铜唢呐嘴，制作铜杯、铜器具，需要熔化各种铜原料。慈利县溪口镇铜匠谭福林的"铜匠店"位于溪口老街。加工器皿以铜壶为主，虽为手工产品，但谭师傅用沉淀五十年的工艺制作的铜器非常精美——龙形壶嘴栩栩如生，壶口还有一个上下浮动的铜球；抛光的表面堪比明镜，雕刻的花鸟似要跃出壶身。一件铜器工艺品需要十几道的工序，八到十天的工期。整个工序中，雕刻最为烦琐。在壶身画上图案之后，需把篆头紧靠壶身，用锤头敲打，从而走线。每雕刻一下，篆头走两到三毫米。

打铁或者锻造铁器的工匠被称为铁匠。铁匠以铁为原料，靠铁锤打造各式各样的生产工具和生活用品。打铁是辛苦的行当。打制一件铁具，不仅需要经过选料、加温、锤打、淬火等多道工序，而且需要凭借眼力，反复锤打，才能打造出理想的成品。铁匠用来打铁的工具有风箱、炉膛、铁墩、铁钳和铁锤等。铁匠都有铁匠铺，有座用来煅烧铁坯的火炉，在火炉的连接处有个手拉风箱。铁匠劳动强度很大，一手用铁钳夹铁，一手高举铁锤，在铁墩上把红铁锤成产品。铁匠打造的产品有挖锄、薅锄、镰刀、钉耙、耙凿等生产工具和菜刀、柴刀、斧头、凿子、梭镖、虎叉等生活用品。

（9）油料加工技艺。

土家地区植物油料有食油类的菜籽油、茶籽油和非食油类的桐籽油、木梓油等农副产品。油料手工加工技艺有煮油和榨油两个大类。传统榨油方法因设备差异又可分为朝天榨榨油和撞榨榨油两个小类。

煮油技艺：将成熟的油茶籽捡回，放在房屋角落阴干，使水分渗出。然后移至阳光下曝晒，使外壳开裂。再剥出裸子继续曝晒，或用筛篮炕干。将干透的油茶籽放进石碓，舂碎舂细。将舂好的油茶籽面用棕袋装好，放在锅里用水煮开、熬透，水面就会漂起一层油花。将油层舀起，烧火再熬，将水分熬干，所得即为可以食用的茶油。这种方法原始粗放，出油率不高，但是简便易行，所以仍有土家族人使用。

朝天榨榨油技艺：朝天榨俗称"雷公榨"，顾名思义其榨槽口向上，里置若干箍有榨料的圆饼和大小不一的楔子。油匠师傅抡锤自上而下锤击木楔，压榨出油。榨体为长约1丈（1丈≈3.3333米）、直径约2尺（1尺=0.3333米）的粗大杂木。其中部挖一榨槽，长度约为榨体的2/3。槽底再开一个细槽，细槽两端底部各开一个孔洞，一个孔洞出油，一个孔洞滤渣，这就是油榨主体，俗称"榨壳"。整个榨体横置于坚固的支架上，榨槽除了箍饼和木楔外，还有两个木质圆饼。一个叫"底饼"，置于榨槽一端；另一个叫"赶饼"，置于箍饼和榨槽另一端之间，用以安放木楔。工作时不停地加进楔子，直到楔子不能再被加入为止。由于抡锤力量有限，朝天榨出油率不太高。

撞榨榨油技艺：撞榨又叫"撞杆榨"，是体积较大的木质油榨。其形制和原理与朝天榨相似，只是改上、下捶击为平行撞击，故榨体槽口由向上变为侧向。用以撞击木楔的工具是一根钵口粗的杂木长杆，叫作"撞杆"。撞杆重量极大，吊于梁下，一端对准榨槽中的木楔。油匠师傅双手持杆，先引杆向后，再猛力向前撞击。每撞击一次，木楔深入一下。一楔撞平，再加一楔。如此反复，直至槽中饼干油尽为止。由于撞杆重量极大，运作起来动能也大。加上油匠师傅发力，撞杆榨出油率高，工作效率高全凭油匠师傅自身力量的朝天榨。为适应这种巨大撞击力的工作状态，撞杆榨的设计也做了相应变化。首先，榨身加长、加粗、加重，以增强抗撞击能力。其次，为满足榨身加长加粗的需要，改独木的单体为上下两合的双体，并加固两端，用铁箍圈使其更加牢固。最后，槽口由上向改为侧向，便于撞杆平行撞。

土榨榨油是土家族人历代相承的传统技艺，不论菜籽油、茶籽油、芝麻油、大豆油和桐油，都用土榨榨成。榨油作坊根据榨油程序配有全套设施：首先是烘窨、烘炕、烘笼等烤烘设施。其次是水碾、旱碾等粉碎设施。碾子碾磨技艺用于油茶籽、油菜籽和粮食的粉碎。土家地区村村寨寨原有"碾坊"。有水源的村寨在溪河边缘建有横式冲盘或者竖式冲鼓两种形式的"水碾"。先修渠道，引水力带动水轮转动，水轮又与木轴相连。木轴安装齿轮，在地面上修建圆形石槽。水门放水以后，水力冲动水轮转动，带动地面石轮滚动，放在石槽的茶籽、菜籽、桐籽就被碾碎。用水动力原理对农作物加工的作坊，称为"水碾坊"。没有水源的作坊被称为"旱碾"或者"旱油坊"，即用牛或马拉着石轮碾碎油茶籽、油菜籽、桐籽、大米、玉米等农作物。"旱碾"的结构为碾座、碾槽、碾盘、碾臂、碾轴。不论水碾、旱碾，都是碾盘、碾槽、碾轮三个大件组成，皆取之于坚硬的岩块，由岩匠钻齿而成。在生产力不发达时代，这种加工技术非常普遍。如今一些边远乡村仍然保留"碾坊"以水力将农作物予以粉碎的加工技艺。再次是火灶、木甑、枯圈、压板等蒸枯及包枯设施。最后是榨床、榨槽、楔子、箭板、铁箍、撞杆等土榨设施。榨槽是放置枯饼的容器。箭板用檀木等硬质木料做成，用以扎挤枯饼出油。撞杆长约5米，顶端镶铁箍，用以撞击箭板。

　　现在，张家界土家风情园、袁家寨子和湘西州博物馆等处还有土家撞榨。慈利县景龙桥乡太坪村撞榨坊里分布木榨、蒸锅、烘槽、撞杆、碾子等实物。该村油匠师傅糜长生说，木榨榨油从筛籽、磨粉、蒸枯、包枯、上榨、插楔、撞榨到沉淀成油，有十多道工序。油匠师傅先将茶籽粉或者菜籽粉用铁锅炒熟，用起子起上来，倒进甑里蒸香，蒸到适当湿度，便用稻草做成枯饼。之后将枯饼放进榨舱体中，在枯饼一侧塞进木楔。油匠师傅用撞杆撞击上下两层木楔之间三角形行楔，随着楔子被打入榨仓，榨仓中的木块对油饼产生挤压力量。两名油匠师傅荡起撞杆，一名油匠师傅掌尾，瞄准箭板，用力向行楔击去，行楔即向油仓嵌入。如此反复，木榨茶籽油或者菜籽油从枯饼里溢出。随着撞杆撞击，锲子一点点吃紧，油匠师傅一次次更换楔子，枯饼一点点变薄，直到被榨干为止。用以榨油的各种原料，在上榨前都要经过先期处理。如收回桐籽以后，摊于场地晾晒两个月。等待桐籽开裂，剥出子粒，放入碾子碾碎碾细。用筛子分出颗粒粗细不同的粉面，分别用铁锅炒成猪肝色，再用碾子碾成均匀的粉面，放在甑子上蒸。蒸的时候要等甑子来气，才能上粉面。上粉面的时候，要一层一层地上。一层来气，再上一层，如是者三。上的粉面不能加水，也不能久蒸，否则榨不出桐油来。通常情况下，一百斤桐籽可以榨出四十斤桐油。茶籽加工技术和出油状况也是如此。土家地区油类产品中，最具特色和最负盛名的是茶籽油和桐油。茶籽油原料是茶籽。茶籽树又名油茶树，山茶科属，是土家地区经济作物。茶籽树果实为椭圆形或圆球形，内含种子数粒。茶籽出油率30%。茶籽油的主要成分是甘油脂和油酸，所含油酸高于菜籽油和花生油，而胆固醇含量极底，易被人体消化。因此，茶籽油具有抑制胆固醇增加和软化血管壁的作用。桐油是用油桐种子榨的油，用来制造油漆、油布等，也可做防水防腐剂。

（10）土家酿酒技艺。

古代的酒有清酒和浊酒之分。战国时期，巴人善酿清酒。酿酒是土家祖先巴人的传统工艺。北魏郦道元《水经注》记载："江之右岸有巴乡村，村人善酿，故俗称巴东清郡出名酒。"宋代，酿酒有了发展。宋史又载："颇兴榷酤，仍旧卖曲。"元明清时期，土家先民的名酒种类有哑酒、冬酒、糯米酒、苞谷酒、果品酒、药材酒、菊花酒、菖蒲酒、葛根酒、慈姑酒和虎骨酒等。

现在，土家族人不仅喜欢喝酒，而且也会酿酒，具有自家配制白酒和甜酒的习惯。土家族称白酒为"烧酒"，不同的粮食可以制作不同的烧酒，如大米烧、苞谷烧、高粱烧、小米烧等。大米烧香醇，苞谷烧香烈、高粱烧香甜、小米烧香芬。白酒制作方法采用传统工艺，粮食蒸煮要熟透，敞凉温度要适宜，拌曲要适量均匀，发酵过程和蒸馏取酒要适当。整个酿酒过程注意水质选择，喜用山泉井水酿酒。配制"甜酒"是土家族妇女的拿手戏。甜酒用粳糯粮食做成，糯米甜酒特别香甜。她们在配制甜酒时，讲究清洁卫生。不仅所有器皿除污灭菌，而且对糯米除糠去杂。糙米要进行适当碓舂加工，然后反复搓洗，做到白净无杂。用甑蒸饭火功要适当，做到米饭不软不硬，粒粒可数。米饭冷却以后，拌上酒曲发酵。盛入缸里，倒入泉水，发酵两天后，即可食用。这样，做出来的甜酒，色、香、味均佳。不仅是用于宴饮的佳品，而且是有些副食的上等佐料。诸如甜酒冲蛋、甜酒汤圆、甜酒烹鱼、甜酒米豆腐等，都是甜酒配制的风味食品。不仅是祛病的保健品，而且是招待客人的饮料，深受客人喜欢。

土家族人常以土灶煮酒，酿酒工艺可概括为糊化、糖化、发酵、蒸馏四个流程。

糊化：将玉米淘洗干净，然后置于缸中浸泡。水温 80 ℃ 左右，水面高出粮面约一根筷子，浸泡时间冬季 3 小时左右，夏天 1 小时左右。浸泡过程中，需要上下翻动，使里外温度一致，吃水均匀。浸泡结束，以水漂洗。将漂洗后生粮倒入甑里干蒸，时间为十几分钟。蒸时不加盖，上气要均匀，以气来圆为准，即可出甑。将干蒸后的玉米置于锅中煮粮，煮粮需用热水，水面高出粮面一尺以上，温度冬天应达 98 ℃，夏天可低一点。不能长时间煮沸，严禁沸腾，达到基础温度以后即可熄火，加盖焖粮。三天以后，见八成以上玉米粒裂口、变软，即可放焖水。放焖水后，将原料扒平，并在粮面上撒一层谷壳，敞盖散热，干吊二十天。干吊结束，复蒸 2 天左右。归纳起来，"糊化"阶段包括泡粮、干蒸、煮粮、干吊、复蒸五个环节。"糊化"这道工序的目的，在于使原料粮中的淀粉结构软化、糊化，以增强对酒曲的吸收力。

糖化：清扫场地，将撮箕首尾相接摆成行，行与行之间留出走道。将糊化后的玉米依次倒进撮箕，每只撮箕要倒均匀。将酒曲粉拌入原料，下曲最佳温度为 45 度至 60 度。酒曲是含有大量微生物和酶类的发酵剂和糖化剂，所生细菌色微黄，形状如尘，一般用粮食副产品制成。拌曲通常分 2 至 3 次进行。拌曲要求均匀彻底，使每粒粮食均能裹上曲药。摊凉以后，夏天过 2 小时左右，冬天过十几小时，即将撮箕里原料依次倒入平地上隔出的"箱"内，倒时要首尾交错，倒平倒匀，使箱里温度保持一致，厚度约为 15 厘米。收箱以后，在原料面上撒一层谷壳，使箱里温度夏季保持在 25 °C 左右，冬天保持在 30 °C 左右，温度太低还需盖上棕垫保温。但箱里温度不得超过 40 °C，要防止温度不一的"花箱"。"糖化"这道厂序的目的，是使原料中的淀粉变为糖，为接下来的发酵奠定基础。"糖化"的四个环节为摊凉、撒曲、上箱和盖箱。

发酵：拌曲原料入箱以后，一般 24 小时后温度上升，口尝有果酸味，略甜，呈软糊状，即可出箱。这是第一个环节。入窖之前，在经过糖化的玉米中加入一些新的原料，以共同参与发酵的过程，用黄泥、石条、砖和木材等材料，挖砌成长方体的发酵容器，即酒窖。长期使用的窖壁和窖底会留富于多种微生物和大量霉类的窖泥，有这种老窖泥的酒窖，就是"老窖"。将原糟和配糟按照一定比例拌和后入池，入池温度不能低于 23 °C，也不能高于 25 °C。因此，入池前要在池底铺层谷壳；入池后要在料面盖层谷壳，并加盖棕垫之类，压紧，捂严实。入池封缸，标志发酵环节开始。其间要注意密封和温度的状态。密封为防香气的外溢和有害细菌的入侵，也是调节温度的手段。发酵期的不同阶段都有不同温度要求，要密切观察检测，及时采取补救措施。发酵是酿酒的核心环节，是酵母菌将可发酵性糖转化成为乙醇的复杂过程，它包括出箱、配糟、入池、封缸和管理五个过程。

蒸馏：将蒸酒甑子洗净，防止异味窜入所酿之酒。然后，将发酵原料从窖中取出。向甑中倒料时要低倒匀铺，使原料疏松平衡。封甑以后注意检查有关部位，开始时蒸气要小，缓通气路；再慢慢加大蒸气，平稳蒸馏，防止跑气逃酒，此谓"中气装甑，缓气流酒，大气追尾。"酒气通过导管进入接酒的冷凝器。开始流出的为酒精含量75%以上的头酒，顺次流出的为酒精含量60%左右的中酒，最后流出的是酒精含量20%以下的尾酒。头酒和中酒分别接装，以备勾兑，尾酒留至第二次蒸馏。蒸馏是根据蒸馏物中各组成部分挥发性不同，通过加热煮沸，对液体混合物进行分离的方法。酒精的沸点78.3 °C，水的沸点为100 °C。故蒸馏物中酒精先达沸点。随着酒蒸气不断导出，混合液中水的比例增高，沸点逐渐增高，直至水的沸点100 °C。这也是头酒度数高，中酒居中，尾酒最低的原因。蒸馏过程包括上甑、蒸馏和接酒三个环节。

（11）土家建筑艺术。

建筑是凝固的历史，是造型艺术的一种。武陵山区最早居住形式为穴居、巢居和窝棚。随着生产力发展，"巢居"演变成为"杆栏"建筑。元明清时期，土司衙署雕梁画栋，飞檐翘角。近现代以来，在土家族"转角楼"基础上，吸收汉族的马头形封火墙和四合院等建筑技术，使土家建筑更为完备。可把民族特色明显的土家建筑精华归纳为"三大件"：转角楼、凉亭和花桥。

"转角楼"是土家族标志性建筑。武陵山区现存成千上万栋土家族转角楼。在青山碧水之间、丛林密箐之处，一栋栋饱经风霜的土家族转角楼或依山靠峰，或傍河临桥，形成一道道亮丽的风景线。现在保存土家族转角楼较多的特色村寨地势较高。同姓同宗的组成土家寨子，常以姓氏作为寨名，如向家寨、覃家寨、田家寨、彭家寨……也有用土家语作寨名的，如麦寨（汉意为"太阳照到的地方"）、苦竹寨（汉意为"山坡上的寨子"）、龙山县捞车村、永顺县列必村等，土家情趣十分浓郁。也有用汉语作寨名的，如保靖县木芽寨、慈利县三官寺土家族乡吴王坡、桑植县峰峦溪、武陵源区索溪峪土家族乡双峰村和永定区四都坪乡、沅古坪镇及王家坪镇石堰坪、马头溪、紫荆塔、伞家湾等。有些山寨设有寨门，寨子中心辟有广场。寨子中央建有摆手堂，为土家族人跳摆手舞、祭祀中心。土家族人在正屋左右一头或两头，与正屋垂直向外延出一组或多组排架，每排柱子长短依地势高低而取舍，形成杆栏楼宇建筑，即"转角楼"。转角楼多为三排两间，上、下两层，亦有三、四层的，其屋脊必须低于正屋屋脊，寓"客不压主"，同时也是工艺需要。修得最多的转角楼是一正屋一厢房，土家族人称之为"钥匙头"。富有人家修的双厢走马转角楼为一正屋二厢房，围成"撮箕口"，甚至在口前加上"朝门"，形成"四合水"。转角楼最有特色的地方是司檐和龛子。山墙与挑檐相接，成为司檐，用于挡雨通风。龛子是土家楼阁的雅称，是转角楼的厢房，外有悬空走廊。吊脚的形式依地形有临坡吊、临水吊、半边吊、双手推车两翼吊等，林林总总，花样繁多。谓之楼，须有梯可上。就是楼梯也会令人眼花缭乱，目不暇接：有直上的、有斜上的、有暗上的、有搭上的、有石的、有木的、有从室里上的、有从室外上的……拾级而上至楼房，矮小的对子门两侧放小格窗棂。楼阁多为闺房，是土家姑娘绣花、做鞋、织"西朗卡普"的地方。走廊是由落地柱向外挑出的挂柱形成过道，有单面的、双面的、三面的乃至四面的，称为"走马转角楼"，需有较高木匠技艺者方可为之。民间俗语"木匠难起转角楼，铁匠难打铁绣球"说的就是这个意思。转角楼两边上端，檐角翘起，雄伟壮观。转角楼的挂柱下常饰木雕金瓜，乡土气息浓郁。走廊装木花格，门窗除雕以"回""喜"字等吉祥图案，还以颜料作底，以光油掺入山漆，刷得光亮照人。别看转角楼"脚"参差不齐，柱子弯扭粗细不匀，眉毛枋凸翘平直不一，但是可谓形曲意直，韵到神足。土家民居的特点概括起来为："八字朝门青瓦屋，飞檐翘角转角楼。"2011年，永顺县、咸丰县和石柱县申报的土家族转角楼营造技艺被国务院列入国家级非物质文化遗产名录。

土家"木屋花桥"是中国桥梁的经典。土家祖先在溪河上面架的"花桥"木廊只有一层瓦屋，或者一层一檐。桥面上建廊者，意在保护桥梁免遭雨淋腐朽，又可供过往行人小憩。土家地区花桥设计独特，装饰华丽，由桥墩、桥廊两大部分组成，故称"木屋花桥"。桥墩用青色岩石砌成，以桐油石灰或者水泥缝合，呈梭子形上下排列。墩子铺设抱大桥木，以柏树、楠木为佳。桥木上面再铺横木板，厚约2寸。横木板比桥木宽，两边等距离形成飞悬之势。花桥核心部分是桥廊，又叫桥屋。它架设在横木板上，由木质柱梁组成。要立中柱、立檐柱，两头边缘处立亮柱，上面穿棋筒架过梁。檐柱下脚部分安装坐板，亮柱下脚部分安装靠板，中间形成过道，宽2至3米。桥廊建设注重土家风格，屋脊堆制罗汉，四方飞檐翘角。翘角上有的搬鳌鱼，有的做喜鹊。桥头屋檐悬挂"积德留芳"之类的匾额。土家花桥是民间工艺经典，如今有能力设计、施工的匠师不多。此类桥梁佼佼者，当推龙山县洗车河花桥、桑植县洪家关贺龙花桥、慈利县溪口镇花桥、慈利县通津铺镇花桥、咸丰县丁寨乡十字路花桥、鹤峰县走马镇白果村花桥、恩施市沐抚乡花桥、印江县汪家沟共济桥、德江县楠杆花桥、思南县筑溪佛圆桥、松桃县大路花桥、石阡县汪河花桥和永定区四都坪乡乌木峪花桥、王家坪镇马头溪花桥等。龙山县洗车河镇"洗车河花桥"由清代乾隆四十五年（1780）绅士萧家霖等人倡修。桥有三孔，为石磴木面花桥。桥顶画有太极图形；两边桥帘刻有各种花纹；走廊两边建有木栏杆，并设平板坐凳，便于休歇。德江县楠杆花桥建于清代道光二年（1822），长15米，宽5米，木质桥面巧建三重檐、四角攒尖顶长廊。其廊造型颇为特殊：底层为歇山顶长廊，顶层为攒尖顶阁楼，上层、下层两侧增建两个悬山顶屋面，空间组合灵巧，建筑层次丰富。花桥长廊之所以如此修建，与其特殊功能密不可分。原来桥廊上建筑物内供有观音菩萨和杨泗将军，实为建于桥上的"杨泗殿"和"观音阁"。慈利县溪口镇杜家溪修建于清代光绪年间的"土家木屋花桥"，四角飞翘，雕梁画栋。永顺县老司城附近保留多处木屋花桥。永定区王家坪镇马头溪村至今保留一座古老的"木屋花桥"。永定区四都坪乡乌木峪花桥为四扇三间，可供过往土家族人歇息。桑植县洪家关贺龙故居"贺龙桥"既长又宽，气势雄伟。张家界国家森林公园老磨湾西北500米处的土家花桥"展卷桥"，雕梁画栋、朱漆彩绘，由著名作家沈从文题写桥名。永顺县大坝乡向凤生在张家界森林公园美食一条街建一座土家花桥，长25米，宽9米，高9米，飞檐翘角，气势壮观，深受游客喜爱。土家建筑大师李宏进为宣恩县修建一座大型花桥，桥长80.08米，桥宽10.08米，5墩5亭，一层双檐。

花桥是飞架溪河之上、连接两岸的福利性建筑，属于地方善事范畴，常由一寨人或几寨人邀约捐资修建。花桥是尝"花"品月之地。村寨里的俊男俏女，会聚桥头，或者挑花绣朵，或者嬉戏聊天。坠入爱河的恋人，以歌为媒，借声传情，挑姣选郎，结对配双，成就了一桩桩美事。

元明清时期，土家道路只有泥巴路、砂子路、石板路、猎路和茶盐古道。每个土司建有用青石板铺面的官道，并且修建驿站和"六角凉亭"。土司王出行，由轿夫抬轿。中华人民共和国成立初期，慈常公路和大慈公路通车。土家族人在山坳有风处修建"六角凉亭"，飞檐翘角，状似茶铺。亭修木凳，以供行人躲雨、纳凉、歇息。土家凉亭形似"伞把柱"，以楠木作柱，上尖下圆，雕花镂空，工艺精细，古朴秀美。慈利县江垭镇保存的明代建筑梅花殿顶和永定区普光寺保存的凉亭为"六角出檐"。

"修桥铺路造凉亭"是善事，对社会有益处，所以，土家族人纷纷集资出力，修建花桥和凉亭，改善交通条件。有些路旁修歇墩、挖水井，供人歇息时乘凉、饮水。故土家歌谣唱道："大路凉水凉悠悠，有人吃来有人修。我郎此回修一次，让它清凉又长久。"

（二）苗族民间艺术

苗族民间艺术有音乐、舞蹈、戏剧和工艺，历史悠久，流传广泛。

1. 传统音乐

苗族最早的乐器是芦笙，芦笙曲调是苗族最早的音乐之一。湖北随县曾侯墓出土的文物中有笙，专家鉴定是公元前的成品，其形式、构造与现在苗族的芦笙相同。苗族音乐分为民歌曲调、芦笙曲调、唢呐曲调和箫琴曲调，每类曲调各有若干种，同种类中又有地区差别。

民歌曲调分为古歌曲调、情歌曲调、飞歌曲调、丧歌曲调和祭祀歌曲调几种，每种各有特点。湘西苗族音乐"韶萨"分为高腔、平腔两类。高腔结构由上、下两句组成，加上引子、插句和尾声，多是一段曲、多段词的分段歌。音程跳动很大，常以八度音程上、下跳动。平腔由上、下两句组成乐段歌曲，一段体、两段体、三段体、四段体都有。音程跳动不大，常在四度内进行。唱词常加衬词，也是一段曲、多段词的分段歌。2008年，"湖南苗族民歌"被国务院列入第二批国家级非物质文化遗产名录。

芦笙曲调是苗族音乐重要组成部分，传统曲调分为舞曲、代歌曲、问讯曲、祭祀曲等几种，每种又有若干曲。

唢呐曲调各地不同，在本民族中一般是办丧事时吹奏。湘西在起房、婚娶或其他喜庆活动时也吹唢呐。

苗族乐器有打击乐器、管乐器和弦乐器。打击乐器有铜鼓、木鼓、铜锣、钹和铃等。管乐器有芦笙、芒筒、夜箫、筒箫、笛箫、姊妹箫、笛子、唢呐和大号等。芦笙的构造由笙斗和六枝竹管加铜簧制成，簧片安在竹管一端穿通笙斗。弦乐器有牛角琴等。

2. 传统舞蹈和传统戏剧

苗族舞蹈多以乐器命名，如芦笙舞、铜鼓舞、花鼓舞、跳香舞、接龙舞、板凳舞、木鼓舞、爬花杆舞等。除铜鼓舞的步法比较单纯外，芦笙舞和木鼓舞的花样很多。苗族最有代表性的乐器是芦笙，最有代表性的舞蹈也是芦笙舞,芦笙舞在多数地方都很流行。跳芦笙舞时,小伙手持芦笙边吹边舞;姑娘右手持扇,左手捏巾,随着芦笙曲调翩翩起舞。芦笙舞从功能上分为祭祖、庆典、娱乐和友谊等舞。湘西流行的接龙舞多在每年二月以及十月进行。跳接龙舞时,由龙师一人敲碗领舞。随后,身穿苗族服装的苗族姑娘左手持手帕,右手打花伞,旋伞起舞。木鼓舞以湘西北和黔东北最为著名,有单人鼓舞、双人鼓舞和男女混合舞等。

苗族传统舞蹈流行最广和最有代表性的"鼓舞",苗语称为"宝龙"。"苗族鼓舞"以击鼓而舞或者击鼓伴舞为其特征,多在民族节目或者景区表演,堪称苗族艺术一绝。民族古籍零星记载苗族鼓舞,如清代贵州通志就载:"击鼓歌舞,名曰调鼓。"表演鼓舞时,把牛皮大鼓竖于木架之上,供舞者使用。表演者手拿两根一尺多长的木棒边击鼓,边舞蹈。击鼓有槌击、手击两种。鼓有单面鼓、双面鼓和四面鼓。有的地方还敲包包锣或者大锣伴奏。鼓舞有成套的传统动作,来自生产劳动、日常生活、武术动作和模仿动物动作。男子鼓舞屈膝矮桩,全身舞动,有"壮士舞剑""鸡公啄米""鹭鸶伸腿""挖耳扯须""农人插秧""收割打谷""整地耕田""秧麻种棉""肩锄荷担""挖园种菜""大鹏展翅""急水翻波"等动作。女子鼓舞,双脚轮梭,腰随扭摆,有"美女梳头""美女插花""穿衣整容""烧茶煮饭""巧媳织锦""挑花绣朵""铺床理被""结麻纺纱"等动作。鼓舞基本舞步有交叉步、梭步、交叉翻转步等。苗族鼓舞种类繁多,按照表演形式和内容不同,鼓舞分为七类。其共同特点是打鼓起舞,节奏复杂,双手交替击鼓,双脚轮换跳跃。

花鼓舞流行于凤凰县腊尔山和山江镇等地。男女均可参加,多在春节前后、四月八、六月六、赶秋节、跳年节、百狮会等节日表演。有2女、2男、1女1男的双人花鼓舞或者4女、4男的4人花鼓舞。要求鼓点一致,动作一致。鼓为扁圆形,舞时须将鼓直立,鼓面朝两侧,由两名鼓手,各站一侧,同时击鼓。其节奏多为混合拍。舞者围鼓而舞,舞蹈动作多模拟生产生活动作,男子动作幅度大而有力,女子动作小而柔和。动作有面对鼓面敲击,背对鼓面反手敲击或者侧身敲击,双臂有上抢、下划、后甩等动作,下肢有吸腿、跳动、转身、前抬腿等动作。

猴儿鼓舞流行于花垣、保靖、吉首等县、市,有"戏鼓""听鼓""爬树""狮子滚球""双加官""抢鼓""猴子摘桃"等,模仿猴子动作。两足不断跳跃,双手伸缩不停。双拍打鼓,单拍表演。打鼓离鼓,表演协调。挑逗戏耍，灵活多变。表演者为男子，人数不拘，单人、双人、多人均可。表演者化装成猴子模样，以拳击鼓或者用槌击鼓。

团圆鼓舞流行于古丈县。一人在坪中央打鼓（把鼓竖起平放于地面上），众人围圈左右转动，按鼓的节奏起舞。开始舞蹈速度稍慢，鼓手只敲鼓而不舞，舞蹈随鼓声速度逐渐加快。鼓手边舞边敲，众人绕鼓而舞。歌舞交替进行，每跳完一段舞，鼓点停止。不管多少人参加跳舞，每人轮唱一段山歌。众人随着歌的节奏起舞，鼓停舞不停。主要动作有大摆、小摆、细摆三套。舞者全系女子，上着古装，下穿百褶裙，绣花边；脚穿花鞋，鲜艳夺目。

单人单面鼓舞多在节日和庆丰收时表演。有男、女单人鼓舞，一人敲鼓伴奏，一人击鼓表演。女子表演有梳头、照镜、纺棉花、织布、摘花、戴花、插秧、挖土等。男子表演有穿裆、转身、翻身、扯须、挖土、插秧、割谷、打谷、推磨、上山、下山等。还有"猫儿洗脸""猴儿戏鼓""五龙绞柱""猛虎下山""狮子滚球"等模仿动物动作以及武术动作。

双人双面鼓舞有男、女两种，鼓的打法不同：一种是将大鼓斜放在木架上，由一人敲边，两人同击鼓的一端。另一种是两人各打鼓的一端，如同"花鼓舞"，但是风格区别很大。

四人四面鼓舞流行于吉首市，两男两女同时表演。四人站在鼓面前，男的双手持槌打鼓时，女的在一旁陪衬动作；女的打鼓时则男的作陪衬动作。动作有纺线、插秧、梳头、挖耳等。在统一的节奏下边击鼓边表演规定套路。每一套路动作完成以后，按顺时针方向换到下一鼓面，再进行其他套路"鼓舞"表演。也可增加人数，成为多人鼓舞，但要求成双数。

跳年鼓舞流行于古丈、吉首、泸溪、凤凰等地，是一种大型的集体歌舞。表演时，把一锣、一鼓放在跳年坪的中央，由一位德高望重的老人打鼓敲锣伴奏，众人围鼓顺一个方向旋转起舞，边舞边唱。动作为双手左右摆动，脚步是进三步、退一步。每逢年节，苗族男女老少穿着节日盛装到跳年坪参加表演。

中华人民共和国成立以来，"苗族鼓舞"得到各级党委和政府重视，从武陵山区走进首都北京，而且走出国门。1953年，凤凰县苗族艺人麻官远、麻顺达赴北京参加全国第一届民族民间音乐舞蹈汇演，演出《苗族双人鼓舞》。1956年，古丈县苗族女青年龙彩莲把《苗族单人鼓舞》带到波兰首都华沙，参加世界青年联欢节，受到世界青年好评。2006 年，"苗族鼓舞"被国务院列入第一批国家级非物质文化遗产名录。2008 年，洪富强和石顺民被文化部公布为第二批国家级非物质文化遗产项目"苗族鼓舞"代表性传承人。

　　苗族戏剧有苗戏、蚩尤戏、苗剧、酉戏、辰河戏和傩愿戏等。比较出名的苗戏是中华人民共和国成立前永绥县的《波加嘎》，意思是打妖魔。叙述苗族先民从洞庭湖溯沅江而上泸溪县时，遇到一群妖魔。经过英勇斗争，消灭妖魔，到达武陵山区。苗戏道白全用苗语，唱腔多用苗歌高腔和平腔。"苗剧"是湖南省 19 个地方戏曲剧种中最年轻的戏剧剧种，是中华人民共和国成立后新生的一种少数民族艺术形式。1953 年，花垣县文化馆在麻栗场乡成立了文化站，文化站石成鉴将苗族故事《泸溪峒》改编成第一个"苗语剧"剧本《团结灭妖》，交给麻栗场俱乐部排演。他们用苗语、苗歌演唱，把舞蹈和武术的动作加以发展，于 1954 年农历正月初六在麻栗场首次演出。这场演出，标志"苗语剧"诞生。初始时，曾称"苗语剧"或"戏雄"。后来，"苗语剧"在花垣、吉首、古丈、凤凰等县兴起，相继创作演出十几个剧目。如花垣县的《龙宝三姐》、吉首县（今为吉首市）的《合作大生产》、古丈县的《石丁叭拉》、凤凰县的《神箭手》等。1958 年，"苗语剧"进入城市演出，专业演出团体对唱腔发展进行各种尝试。如花垣县文工团 1958 年演出的《千歌万颂石昌忠》，第一次突破苗歌束缚，借用歌剧手法创腔；花垣县农村文艺宣传队于 1965 年演出的《借牛》，第一次用戏曲板腔手法进行创腔；花垣县文工团于 1979 年编演的《带血的百鸟图》，以音乐创作为主，使"苗语剧"艺术水平得到提高。其剧情曲折复杂，戏曲化程度较高，曾获多次全国性奖励。1982 年，"苗语剧"正式定名为"苗剧"。1994 年应邀参加以国家民委副主任李晋友为组长的全国少数民族戏曲剧种调查，撰写了 7 万字的调查报告。大量的田野资料证明苗剧前身为蚩尤戏，是苗族巫坛苗巫装扮苗族祖先蚩尤为苗民驱鬼逐疫的仪式。"苗剧"剧目有《恰相》（汉语即：赶猖）、《翻江山》《逃犯审官》《大追伤亡》《黛雅与那卡》等。这些成果成为"中国戏曲起源于古代祭祀"的实证。大戏剧种"辰河戏"产生于明代初期，名称最早见于清代《道光辰溪县志》。辰河戏在泸溪县浦市和白沙一带形成以后，流传于湘西州和怀化市各区县，是湖南省四大地方剧种之一。1957 年，泸溪县成立辰河戏剧团。2006 年，"辰河高腔戏"被国务院列入第一批国家级非物质文化遗产目录。泸溪县辰河高腔传习所以辰河高腔为主,兼演民族歌舞,演出《破窑记》《烂柯山》《粉妆楼》《辛女赋》《李慧娘》《搜宫逼诏》《目莲救母》《周仁献粮》等辰河高腔剧目180多个。

3. 民间工艺

苗族民间工艺有纺织、刺绣、挑花、苗锦、花帕、蜡染、扎染、打花带、织彩带、蓝印花布、雕刻、银饰和泸溪县踏虎凿花等。2011年,保靖县申报的《苗画》被国务院列入第三批国家级非物质文化遗产名录。2011年,泸溪县申报的《苗族挑花》被国务院列入国家级非物质文化遗产扩展项目名录。

(1) 刺绣。

苗族刺绣具有独特的技巧。针法有平绣、凸绣、辫绣、绉绣、缠绣、贴花、抽花、堆花等十来种。图案有视为吉祥的麒麟、龙、凤和常见的鱼、虫、花卉、桃子、石榴等;颜色有大红、紫红、深蓝、浅蓝、深绿、浅绿、橙黄、深黄等。一般以绸缎作底,贴上图案,因此剪纸成了妇女必须掌握的一种艺术。绣品多做服装、门帘、被面、背裙、枕头、床单、荷包及褡裢的装饰。

(2) 苗锦。

苗锦在苗族中也很盛行。其方法是把牵好的经纱轴搁在织机上,再用一块竹片按照花纹需要,向经纱的一根或数根挑通,而后引进一根纬线。

(3) 蜡染。

苗族工艺蜡染历史悠久,很多地方流行《蜡染歌》,叙述蜡染起源。宋代,五溪地区"点蜡幔"已很盛行。明、清时代,苗族多用蜡染衣料。蜡染制作方法是置蜡于锅中,加温溶解为汁;再将家机白布平铺于案上,用蜡刀蘸蜡汁在白布上绘制图案。图案绘好以后,放入染缸渍染。然后用清水煮沸脱蜡,即现白色花纹。2006年,"苗族蜡染技艺"被国务院列入第一批国家级非物质文化遗产名录。

(4) 苗族银饰锻制技艺。

苗族银饰锻造工艺经历了从原始装饰品到岩石贝壳装饰品、从植物花卉饰品到金银饰品的演变历程,才有了模式和形态定型的银饰,其品种式样还在不断翻新,由此形成的饰品链条成为苗族社会演进的象征之一。明清以前,苗族男女喜戴银饰,尤以青年妇女为最。清代,很多地方已改"大耳环"为纤巧玲珑的珠式耳环,项圈、项链制作考究,并出现精制的银冠、银衣等。苗族银饰均为本民族男工匠所制,以湘西和黔东的工艺最高,成品有粗件、细件两类。2006年,湖南省凤凰县和贵州省雷山县等五个地区"苗族银饰锻制技艺"被国务院列入第一批国家级非物质文化遗产名录。苗族银饰用于妇女装饰,其用途有头饰、面饰、颈饰、肩饰、胸饰、腰饰、臂饰、脚饰、手饰等,体现整体装饰效果。苗族银饰出现于苗族喜庆场合,蕴含避邪趋正、纳福迎祥的寓意,具有很高的历史文化研究价值。

银饰锻制是苗族独有技艺,所有饰件通过手工制作而成。银饰的式样和构造经过匠师设计,由绘图到雕刻、制作有三十道工序,包含铸炼、捶打、拉丝、编结、焊接、洗涤等环节。

苗族银饰制作花样古朴,品种多样,主要有银冠、银衣、银钗、银梳、银铃、银链、银角、银扣、银耳环、银项圈、银手镯、银衣片、围腰链等100多种。银凤冠和银花帽是头饰主要饰品,也是整套银饰系列之首,素有"龙头凤尾"美称,其制作较为复杂,使用的小件饰品少则一百五十余件,多则达两百余件。

苗族银饰制作工艺世代相传,银饰加工以家庭作坊手工操作完成。银匠不仅在锤錾劳作上是行家,在造型设计上也为里手,他们善于从妇女刺绣中吸取创作灵感,并根据审美情趣,在局部刻画上推陈出新,使每件银饰各具特色。

(三)侗族民间艺术

侗族民间艺术源远流长。宋代《老学庵笔记》记载:"辰、沅、靖等蛮、仡伶……一二百人为曹,手相握而歌,数人吹笙在前导之。"明代邝露写的《赤雅》亦载:"峒亦僚类……善音乐,弹胡琴,吹六管,长歌闭目,顿首摇足,为混沌舞。"描述了侗族的吹芦笙、跳哆耶、赶坳唱歌、互赠信物的种种情景。

侗族传统音乐分为声乐和器乐两大类。侗族声乐有琵琶歌、喉咙歌、木叶歌、哆耶歌和一领众和多声部合唱的"侗族大歌"。侗族大歌是多声部合唱歌曲,否定了"中国无多声部合唱曲"的观点。2009年,"侗族大歌"入选世界非物质文化遗产。"琵琶歌"因唱的歌曲用琵琶伴奏而得名,演唱曲时常插道白。侗族乐器形式多样。弹拨乐器有琵琶，吹管乐器有芦笙、箫笛、侗笛，弓弦乐器有牛腿琴和胡琴，打击乐器有铜鼓、木鼓、锣、钹等。2008 年，通道县申报的"侗族芦笙音乐"被国务院列入国家级非物质文化遗产名录。

侗族传统舞蹈有哆耶舞和芦笙舞。芦笙舞分为祭祀舞、竞赛舞、摇摇舞，是侗族民间以吹芦笙为乐、边吹边跳的一种大型群众性舞蹈，有《鲤鱼上滩》和《斗鸡舞》等节目。

侗族传统戏剧有侗戏、跳戏和傩堂戏。小戏剧种"侗戏"是在侗族叙事歌的基础上吸收汉族彩调和桂剧逐渐发展而来的，是我国民间戏曲剧种之一。2008 年，通道县申报的"侗戏"被国务院列入第一批国家级非物质文化遗产扩展项目名录。通道县侗戏剧目有《珠郎娘美》《李旦凤姣》《刘美》《吴勉王》和《三人抢亲》等。新晃一带流传着用侗语演唱的"跳戏"，开场时首先唱《嘎都堆》。

侗族传统工艺有刺绣、侗锦、雕刻、彩绘、印染，以及银器、竹器、藤器的制作。侗族刺绣用于胸襟、衣袖、花鞋、枕巾等。2008 年，通道县申报的"侗锦织造技艺"被国务院列入国家级非物质文化遗产名录。玉屏县箫笛雕刻多以龙凤和诗文为主要内容。侗锦用各色丝线和棉线在侗布上交织而成，多几何形和山水、花草等花纹，色彩鲜艳。

侗族建筑艺术以鼓楼、凉亭、风雨桥等为典型代表。"鼓楼"是侗族独特的造型艺术，是侗族文化的象征。侗语称鼓楼为"堂瓦"，即众人讲听故事的公共场所。鼓楼建于侗寨，一般一寨一座，高 10 多米，具有宝塔之形状和凉亭之清雅。鼓楼全系木质结构，楼的上层雕梁画栋，重檐斗拱，作八角形，重叠七至九层，为多层建筑。侗族地区著名鼓楼有马田鼓楼、阳烂鼓楼、横岭鼓楼和丹霞鼓楼。通道马田鼓楼建于清代顺治年间，楼高九层，面积达 200 多平方米，已被列为全国重点文物保护单位。侗乡"凉亭"星罗棋布，多建于交通要道的山坳、大路边或水井旁，供行人休息或避风雨，夏有茶水解渴，冬有柴火取暖。凉亭多是一间或三间，以圆柱架成。亭内摆设长凳，正梁画双龙，构成"寿"字图案。侗族"风雨桥"是集桥、亭、廊三者为一体、别具风格的桥梁建筑，多建于寨头、寨尾溪流之上，意在保"风水"，有"拦福"之意。桥长几十米、宽几米。桥面全为木构架，亭、廊是用榫卯结合的梁柱连成整体。

桥上修建长廊，为人遮风挡雨，故名"风雨桥"。其建筑艺术特点既有桥梁之雄伟，又有楼阁之壮观。通道县坪坦河风雨桥始建于清代乾隆年间，桥长63米，宽3.7米，有亭22间，青瓦双檐。2006年，被国务院批准为全国重点文物保护单位。芷江县龙津风雨桥始建于明代万历年间，长246.7米，为侗乡最长风雨桥，列为沅州八景之一。

第二节　民俗文化

狭义的"民俗"是民间相沿成习的风俗习惯，包括衣食住行、人生仪礼、民间节会和礼仪等。广义的"民俗文化"是指一个民族风俗文化的统称，是在广大民众生产、生活过程中形成的物质和精神的文化事象。

一、土家民俗文化

（一）服　饰

1. 男子服饰

据清代《乾隆永顺府志》载：土司时期，土家人"服饰不分男女，皆一式头裹刺花巾帕，衣裙尽绣花边……土民散处山谷间，男女短衣跣足，以布裹头，服斑斓之衣。"清代"改土归流"后，男女服饰有别。老年男子改"斑斓衣"为"短满襟"，腰系布巾，头蓄发辫，裹青布巾，下穿宽大裤脚而稍短便裤。衣襟边沿缀有彩色梅条，留存"斑斓衣"痕迹。中、青年男子穿缀花边的"琵琶襟""对襟衣"或穿长衫马褂。民国时期，老年男子仍穿"满襟衣"和稍短便裤及长衫，头裹青丝帕。中、青年男子改穿排扣对襟衣和长裤，头裹青丝帕，手戴戒指。中华人民共和国成立后，除部分老年男子穿"满襟衣"外，多数中、青年男子仍穿对襟衣。

2. 妇女服饰

土司时期，土家妇女"喜斑斓色服"。"改土归流"后，改为长衣、长裙。用土家锦制作"八幅罗裙"，长过膝。民国时期，长裙改为中长衣，且有老、中、少之别。老年妇女头包青布帕，身穿青、蓝布矮领滚花边满襟衣和白布裤腰的青、蓝色裤。中年妇女穿"外托肩"右开襟矮领衣，衣肩、胸襟及袖口缀一道有色布边，缀 3 条五色梅花条，套绣花围裙。夏天，穿汗衣套绣花青布夹衣，俗称"喜鹊套白"。裤多青、蓝色，边沿用布缀 3 条梅花边。穿绣花鞋，缠白色裹脚布。挽粑粑髻，插银簪，戴耳环。春、冬包青丝帕，戴银手圈和戒指。喜庆之日，头插银花，胸前挂银质牙签。姑娘梳单长辫，用红头绳扎两端，打花结，头上插花，戴瓜子耳环。喜穿青、蓝、绿、红色外托肩上衣，套绣花围裙。裤子膝部及边沿绣五色花。手腕戴双副或单副银手圈，中指、无名指戴一二枚戒指。脚穿青、蓝、红色布绣花鞋，穿红、白色袜子。中华人民共和国成立后，中、老年妇女服饰仍保持旧款式，青少年女子在喜庆、集会之日穿民族服装。

3. 儿童服饰

民国时期，土家儿童皆戴花帽。春为紫荆冠，夏喜圈圈帽，秋多冬瓜帽，冬戴凤尾帽。正面钉"文八仙""武八仙""十八罗汉"等银质菩萨，左右角钉银蝶和响铃。儿童戴项圈，上系银质响铃和"百家锁"。胸前套绣花围兜，手、脚戴银圈，上系两三颗银质响铃。穿布质虎头鞋、猫头鞋、粑粑鞋，绣彩色花草。

（二）饮　食

1. 茶类

饮茶，对土家人来讲，无论在平常、节日都是重要的事。土家茶类有陶罐茶、绿茶、糖茶、糊米茶、蛋茶、甜酒茶、擂茶等。名茶有古丈毛尖、恩施玉露、青岩茗翠、龙虾花茶、茅岩莓茶、张家界茶、西莲茶、云雾茶等。最具特色的茶为陶罐茶、糊米茶、蛋茶、甜酒茶、擂茶。

2. 酒类

土家人好饮酒，有"无酒不成宴席"之说。土家酒类有甜酒、刺梨酒、灯笼果酒、蛇酒等，极具特色的酒有苞谷烧酒、灯笼果酒。土家名酒有酒鬼酒、湘泉酒、毕兹卡圣酒、百根冰酒、杜仲酒、张家界酒等。土家喝酒喜豪饮，在待客时，一般不用小酒杯，而是土家人特制的细花碗斟酒，以体现土家的大方豪爽。最叫绝的是，土家有喝"咂酒"之俗。

将酒坛置于屋中间,插上凿通的竹管,众人围绕酒坛轮流饮酒。

3. 饭食

饭食品种较多,有大米饭、小米饭、玉米饭或大米拌玉米的"两合饭",或大米、玉米、绿豆拌合煮的"三合饭"。夏天,土家人爱喝大米拌绿豆煮的绿豆稀饭。具有特色的饭食有鼎罐饭、竹筒饭、社饭。

4. 腊菜

寒冬腊月,正是熏制腊菜时节,家家火炕上便挂满了腊肉、腊香肠、灌肠粑、血豆腐等。

5. 酸菜

酸萝卜、酸辣椒、酸豇豆、酸大蔸菜、酸榨菜、酸薤头等酸菜开胃助消化,所以深受土家族人喜爱。民间流传:"三天不吃酸,走路打闹蹿。"

6. 名菜

根据饮食原料和风味特色,可把"土家名菜"分为山珍野味、水产、肉类、禽蛋、素菜等五大类型。

土家酸鲊肉:老人去世葬后三天,要请巫师举行招魂仪式。为防食物腐烂,便用腌制方法以防变质。土家酸鲊肉的做法是把猪肉切成小片,掺入(糯)米粉,用盐、辣椒、香料拌匀,将一倒扑无沿陶坛洗净,把肉装坛压紧,用稻草盖上,用篾绷紧。再把坛子倒放在盛水的盆里。肉粉略酸,即可开坛取出,蒸熟食用。

腊味合蒸:先将腊肉、腊鸡、腊鱼用温水洗净,盛入钵内,上笼蒸熟,取出。再将腊鸡去骨,腊肉去皮,腊鱼去鳞;后将腊肉切成一寸长的片,腊鸡、腊鱼切成大小略同的小条。取瓷菜碗一只,将腊肉、腊鸡、腊鱼分别皮朝下整齐排放碗内,再放入猪油、白糖和调好味的清汤,上笼蒸烂,取出翻扣在大瓷盘中即成。

麻辣竹鸡:将竹鸡脯肉切成0.6厘米见方的小丁入碗,加入精盐、黄酒腌渍3分钟,加湿淀粉、鸡蛋清一起搅拌上浆。用炒锅把猪油烧至七成熟,放入鸡丁过油后捞出。再往炒锅里下进玉兰片、红辣椒、花椒粉稍炒,再下鸡丁扒炒,淋入猪油,起锅装盘,撒上胡椒粉即成。

石蛙焖汤:蛙类动物石蛙又叫"螃螃",生活在武陵山区溪沟岩穴,腹为淡黄,大者斤余。剥皮,去掉内脏以后,将其切碎,小炒焖汤,汤沸加入蛙皮及佐料。肉嫩骨细，香味若鸡。

燕麦粉蒸螃蟹：先将燕麦粉调水成糯糊于锅里，再将活蟹倒入，盖上锅盖，生火煮熟。食用时加入油、盐和佐料，不但燕麦浆味喷香，而且使螃蟹软糯易嚼。

油炸蜂蛹：土家山区野蜂颇多，蜂蛹营养丰富，是土家族人喜爱的美味。制法：将油烧沸，以菜油最佳，放蜂蛹于锅中煎炸，待其浮于油面之时，即时捞出，放上食盐、香葱、姜末等即成。其味异香松脆，是下酒的绝品。

7. 火锅菜

武陵山区海拔高，气温低。祖祖辈辈生活在山里的土家先民形成了用火锅炖菜的食俗。

泥鳅钻豆腐：将活泥鳅置于放有蛋清液的清水盆中，以排除脏物并洗净。在砂锅注入凉排骨汤，随放整块冷豆腐和活泥鳅，加盖用小火慢炖稍许时间。活泥鳅被热水所逼钻入冷豆腐，待至汤沸，然后用火炖汤并加多种调料烹成。

板栗炖鸭肉：将鸭宰杀后切块，将板栗去壳后煮熟，拌以炒好的鸭肉用火炖焖，佐以花椒、干辣椒、醋等。

黄鳝下莴叶：将去了刺的鳝鱼片先放植物油炒熟炖汤。待火锅汤开以后，边吃鳝鱼边下莴菜，其味鲜美，香浓可口。

岩耳炖土鸡：其做法是先用水把山上岩耳清洗十多次，晾干。宰杀土鸡一只，将鸡平放，用刀背捶松，用刀划开鸡，剁成块状，入沸水中焯水后捞出沥干。然后把鸡肉放在菜油锅里炒熟后加入姜片，烹入料酒，拌炒后放入鲜汤，放进葱、蒜，用大火烧开后再用小火煨至鸡肉酥烂，再放盐、味精、鸡精调好味，下入岩耳，稍炖一下，撒葱入锅，就可品尝。

炖腊野鸡：土家人喜欢吃野味。腊野鸡就是土家人将猎获的野鸡去毛剖肚抹盐挂在火炕上熏烤十天。食用之时，将其剁成小块，放进菜油锅里，加入辣椒、胡椒、香菇爆炒。然后用火锅炖烂。

牛肉下粉丝：其做法是将牛肉先焯水，然后加水煮熟，捞出后切成块，煮牛肉的汤汁留下，备用。然后锅内入油，下姜片、八角、桂皮、干辣椒煸香，再下牛肉一同煸炒，放入花椒、尖辣，下入牛肉汤，用小火将牛肉炖烂，放盐、味精，略炖，撒上葱花，然后下进慈利县岩泊渡红薯粉丝。

砂锅狗肉：盛行于冬季，有冬季狗肉大补之说。土家族人多择肥嫩黄狗，用火去毛，剖腹洗净五脏，切成小块，放入油锅翻炒，再倒入砂锅之中，加入适量清水，清炖约一个小时。放入桂皮、柑子叶少许，待肉软、汤浓时，用碗盛辣椒末和香菜等佐料，以狗肉蘸着佐料下酒，其味嫩香。吃时，不能用碗盛于桌上，谚云"狗肉不上正席"。只能蹲在地上，围着砂锅吃，风味才足。

8. 豆制品

武陵山区盛产黄豆，土家族人爱吃用黄豆做成的豆腐、豆腐干、霉豆腐、豆酱、豆豉、合渣和豆渣等豆制品。

9. 副食

常见副食品有糍粑、叶儿粑粑、苞谷粑、炒米、糖馓以及红薯糖、玉米糖、麦芽糖、姜糖、米豆腐、牛肉米粉等。

（三）居　住

1. 村寨

土家族人聚族而居，数十户或者数百户结为村寨。土家山寨以本民族同姓、同宗为基础，杂有少数异姓。清代"改土归流"后，土家人同各族人密切交往，且有联姻。土家村寨地势较高，依山临水，坐南朝北，面对青山。

2. 房屋

土司时期，"土官衙署，绮柱雕梁，砖瓦鳞砌。百姓则叉木架屋，编竹为墙"。"改土归流"后，废除土司陋规，建造房屋，听民自便。木屋瓦房结构以每排落地梁柱和排扇棋筒计算，有3柱4棋、5柱8棋和7柱12棋之分，多为4排3间，也有6排5间的。有单一正屋、正屋配偏屋、正屋配单转角楼、正屋配双转角楼和偏屋、朝门等建筑。单一正屋是4排3间，正中1间为堂屋，左右两边是居室。房屋周围和各间之间装以板壁。堂屋正面2扇或4扇大门及居室的前后窗户用雕花板或木格子装饰。堂屋正上方装板壁安神龛，供祖先神位，系宴请宾客和祭祀祖先场所。神龛后面1间作储物间或老人用房。3柱4棋房屋的居室用木板隔为前后两间，分别作火场和卧房。5柱以上房屋的居室隔为3间，中间1间为火场，前后2间为卧房。偏屋作灶房或碓房、磨房。转角楼分为上下两层，各分两间。楼上两间分别作儿女书房和姑娘织锦、绣花房或客房；楼下两间分别做碓房、磨房和厢房、仓库，有的也用1间做猪栏、厕所。转角楼正屋的左右两端向前延伸。楼上有伸出的悬空走廊，下有雕刻的悬空柱脚，称为"吊脚楼"。走廊外沿两边檐角翘起。土家族转角楼建筑工艺奇特，故有"山歌好唱难起头，木匠难起转角楼"之说。

（四）交 通

武陵山区山峦起伏，绵延千里，交通不便，运输艰难。千百年来，土家祖先修路架桥，制造工具，或乘船捕鱼捞虾，运送货物；或背着"背篓"行走山道，背出板栗和红薯，背回大米和布匹。土家传统运输工具背篓品种多，用途广。孩子长大以后，就用竹篾编织"丽背篓"。土家姑娘出嫁，要用"花背篓"作陪嫁。女儿生了小孩，娘家送个"儿背篓"，即歌唱家宋祖英唱的《小背篓》。摘玉米、小米，则用"高背篓"。砍柴就用"柴背篓"。扯猪草、背杂物要用"胯皮背篓"。赶场、走亲时，男女都背背篓。古代描写背柴的竹枝词反映了土家先民的艰难生活："采薪妇女善持家，足上山坡手绩麻。步入深林脚小息，干柴满肩出烟霞。"又云："丁丁伐木向高岭，担荷斜阳下茂林。好共负篓城市去，卖钱买米度光阴。"

古代交通只有水路交通和陆路交通，交通一直是土家地区经济文化发展的"瓶颈"。水路交通滩险水急，礁石密布，险象环生，行船艰难。澧水岸边的两河口、南岔、苦竹寨、温塘、永定古城南门河街、溪口、岩泊渡、慈利县城北门口等码头是客商和土家人往来的交通要道。陆路交通古靠飞栈驿道勾连。元明清时期，许多商人和军人从慈利县经垭门关，沿着栈道至军邸坪；后经百丈峡进入水绕四门，穿金鞭溪，越化香坡，落野鸡铺，抵达中湖，形成古代"峡谷街市"奇观。

水路交通，最初使用木筏、木排、竹排。之后，发明了独木舟。舟楫起源，最早可以追溯到原始社会廪君部落的"土船"。宋代朱辅在《溪蛮丛笑》中说：五溪"蛮地多楠，有极大者，刳以为舟"。后来，发明了有骨架的木船，如搬搬船、鸬鹚船、划子船、乌篷船、厚板船、木帆船、机帆船、渡船、渔船、蛇船、龙船、彩船、歪屁股船、舵笼子船和驳船等。古代竹枝词描写了土家人在永安渡赛龙舟的热闹场面："永安渡口戏龙舟，画鼓彩旗汗漫游。未识锦标谁夺得，替郎欢喜替郎愁。"又云："水声鼎鼎鼓声张，齐上龙舟打桨忙。最是健儿身手好，锦标队里过端阳。"在澧水行船，多靠拉纤撑篙。土家汉子边摇桨，边唱澧水船工号子、九澧船夫曲，把桐油、茶油、茶叶、药材、木材、木炭、木雕、木桶、土漆、土碱、牛皮、铁矿等土特产品运出洞庭湖，经过长江，销至江浙一带；又从长江下游运回海盐、海带、丝绸、棉纱、布匹、陶瓷、铜器和煤油等百货商品。桥梁建筑有石拱桥、岩桥、木桥、三板桥、竹缆桥和铁索桥等。石拱桥有独拱桥、多拱桥，独拱桥两头砌石堡，一拱横跨溪床；多拱桥中间砌石墩，拱拱相连。小溪上面，土家先民架有"木屋花桥"。花桥墩上木廊只有一层，或者一层一檐。桥面上建廊者，意在保护桥梁免遭雨淋朽坏，又可供路人小憩。土家花桥设计独特，装饰华丽。土家人在水浅的溪河中，置若干方形石磴，宽约半米，一步一墩，步步相连，直达对岸。未涨水时，只要没有淹没跳墩，行人就可跳过岩桥，到达彼岸。

土家祖先行走陆地，人力运输工具多为背篓、筲笼、背桶、背架、背带、千担（土家地区挑运工具，形状为两端削尖的圆形木棒）、竹篮、麻袋和羊角叉。后来使用畜力，骡驮、马车成为交通工具。古代，武陵山区土家道路只有泥巴路、砂子路、石板路和猎路。土司时期，每个土司建有用青石板铺面的官道，并且修建驿站和"六角凉亭"。土家山寨随处可见"指路碑"，用箭头标明东南西北可去某处。"修桥铺路造凉亭"是善事，土家族人出资出力，修建桥梁，补修道路，改善交通条件。

（五）婚　姻

千百年来，一代又一代的土家祖先唱情歌、拜大年、打镏子、坐花轿、拜祖宗、入洞房，演绎了无数动人的爱情故事，形成了富有情趣的婚姻习俗。

1．婚姻形态

婚姻形式有姑表婚、姨表婚、转房婚、填房婚、招郎婚、交换婚、搭伙婚等。土家人喜开单向"姑表婚",姑舅表兄弟姊妹之间有优先婚配的权利。据清《乾隆永顺府志》载:"凡姑氏之女必嫁舅氏之子,名曰骨种。无论年之大小,竟有姑家之女年长十余岁必待舅氏之子成立婚配。"清《同治龙山县志》载:如果姑家养有几女,"多以一妻舅氏子,而诸女乃别嫁,谓之还骨种"。至今还有"姑家女,伸手取;舅家要,隔河叫"的说法。中华人民共和国成立以来,由于科学发展,土家族人从近亲结婚的不良后果中吸取了教训,姑表婚仅存在于偏远农村地区。姨表之间优先婚配,与姑表之间无异,俗称"瓜藤亲""扁担亲"。这种"姨表婚"世代相传,连续不断。土家人有"弟配兄嫂、兄纳弟妻"的"转房(坐床)婚"习俗,俗称"收继婚"。在阶级社会里,女子出嫁后被认为是夫家财产。因此,寡妇须留夫家转房。兄亡以后,弟娶嫂为妻,叫"弟坐兄床";也有"兄坐弟床"的,如果弟弟不幸死了,留下的弟媳也被兄长收为妻室。如果寡妇与夫弟或夫哥关系较好、感情较深,双方自愿结为夫妻,既可节省大笔费用,又对养育子女有利,故有"肥水不流外人田"之说。还有"填房婚"习俗,如果妻子死了,妻妹或者堂妹可以续嫁姐夫。妻兄弟婚和夫姊妹婚是原始社会群婚制的一种残余。土家地区曾有原始社会"普那路亚婚残余"。"普那路亚"意即"亲密的同伴",是恩格斯在《家庭、私有制和国家的起源》一书中记述的"族外群婚",这种婚姻在土家历史发展过程中留下了痕迹。土家语称谓中,对伯父、姑父、舅父、岳父都称"卡客",对伯母、姑母、舅母、岳母都称"麻妈",对兄、堂兄、妻兄、表兄都称"阿可",对弟、堂弟、妻弟、表弟都称"阿矮",对姐、堂姐、妻姐、表姐都称"阿大",对妹、堂妹、妻妹、表妹都称"安矮"。这些相同称谓表明土家人曾有血缘婚。"对偶婚"是向单偶婚的过渡环节,一男一女结为配偶,居住在女方家。"入赘婚"一直存在于土家地区,而且还有发展下去的趋势。过去,土家青年家里太穷,不得已入赘。结婚时女家宴请宾客,宣布正式结婚,丈夫家庭地位较低,大权操于女方。家里重活主要由招郎的丈夫完成,农村流传一句俗话:"吃得四两姜,当得上门郎。"现在,有些男子真心真意入赘女家,有的情郎是为进入城镇。婚后,男女双方地位平等,与一般婚姻已无太大差别。土家人中还有"交换婚"。"鹣亲"即有的父母用自己女儿与别人家里交换,为自己儿子换娶妻子;对方也是一样,也用自己的女儿为其子换妻。

2. 婚嫁程序

清代"改土归流"以前,土家人婚姻比较自由,未婚青年男女道途相遇,无拘亲疏,以情歌为媒,唱山歌恋爱,从而建立美好的婚姻关系。每年正月跳完摆手舞后,已婚男女和小孩退出场外,未婚青年男女且歌且舞,自由选择对象,互相倾吐爱情,满意者互送礼品。经土老司允许、作证后便可订婚。若两男争爱一女,由男方比武判决,胜者优先,负者告退。订婚、结婚时不索取任何钱财。新娘袖系红绿丝线,由其兄或妹背引至男家。也有通过"认干妹"成亲的,即土家情歌《干姊妹歌》所唱:"干姊妹,柑子叶。白天陪着干妹玩,晚上抱着干妹歇"。"改土归流"以后至民国时期,自由婚姻受到破坏,实行包办婚姻,男婚女嫁全凭"父母之命、媒妁之言",受"门当户对""财产多寡"限制,自由婚姻逐渐被买卖婚姻或者变相买卖婚姻所代替。婚姻礼仪日趋复杂,如清代《同治永顺县志》所载:"婚礼:男家择门户相偶,请媒妁至女家求亲。既允,乃备礼,送庚帖,馈以簪环衣服羊酒之属,曰定亲。女家以庚帖、巾扇答之。自此,亲谊往来,动必以礼。将娶,用礼物以通佳期,曰上头。或复以衣服簪环馈女家,曰过礼。迎亲之日,两家各开宴迎宾。"

中华人民共和国成立以来,实施《中华人民共和国婚姻法》,实行一夫一妻婚姻制度,男娶女嫁,妻子随丈夫居住。武陵地区土家婚姻礼仪包括"求婚""订婚""报日""结婚(娶亲)"和"回门"等五大程序。

(1) 求婚。

土家山寨有句俗话:"早苞谷早通新,早儿子早问亲。"父母在儿子年满十六岁后,就开始为儿子"访亲"。男方父母选中谁家的女孩后,就请媒人带把团圆伞,到女家去"提亲"。媒人到女家后,把伞倒立在大门外。女方收下媒人带去的礼物并且把伞顺立过来,就表示不拒绝,可以提亲。否则,此后媒人不要再登门了。媒人第二次去时,则把团圆伞顺立在原地。女家把伞拿进火堂屋门边,说明提亲有了进展。媒人第三次去时,媒人则把团圆伞放在堂屋门边。女家人把团圆伞拿进闺房,并且杀鸡招待,说明大功告成,女家同意这门婚事。媒人便将喜讯速告男方,男家杀鸡备酒,招待媒人。

(2) 订婚。

女人放了口,男人落了心。"八字"能否相合,又是一道关口。求婚成功以后，男方挑着酒肉、衣服到女家取生辰"八字"，俗称"讨红庚"。女家把出生时辰用红纸写好送给男方，男方即请阴阳先生进行"合庚"。男女出生的年庚相冲是绝对不能婚配的。年庚不相冲即进行订婚仪式，俗称"放鞭炮""插茅香"。定亲之日只能为双日，"破日除后，双日中选"。订婚那天，男方父母带上儿子，请人挑酒肉、粑粑、衣服、首饰、银钱、鞭炮、蜡烛4担礼物，跟媒人去女家。男方所挑礼物分送女家及亲戚，媒人一行四处道喜。然后，由女方家宴请外公、外婆、舅父、舅母、伯父、伯母、堂兄堂弟等亲友吃"订婚酒"共同祝贺。媒人一行饭后随即返回，至男家时，媒人鸣炮恭贺。

（3）报日。

定亲以后，男方于每年大年初一挑礼物去女家拜年。礼物有无尾猪后腿1只，猪蹄子用二指宽的红纸包一圈，年粑粑、团馓无数。男方还要给女方亲戚送腊肉1块、面条1包、糖果1包。女方父母及亲戚送钱作为回礼，女青年送两双新布鞋给男方。拜年时，女青年避见男青年，婚前年年如此。男女青年的结婚年龄为十六岁，有的只有十四岁，有的甚至更小。女子到二十岁便称为"老女子"，故有首土家情歌唱道："十八九岁没出嫁，留在家里看鸡鸭。看到鸡公踩鸡母，心头就像刀刀杀。"男方要求结婚的那年正月，须用一只带有尾巴的猪腿去女家拜年。女方如果同意该年结婚，同意"扫尾"，便把猪尾巴留下来。否则，把猪尾巴割下来用红纸包好放在送给男方的新布鞋里退给男方，表示推迟婚期、来年再议。土家青年多选在下半年结婚，因为农事活动基本结束。当结婚日期选好以后，男方请媒人带着酒肉和写在红纸上的结婚日子送到女方家里，俗称"报日"。女方选择吉日缝制嫁衣、蚊帐等嫁妆，曰"开剪"，开剪还要举行仪式。土家族姑娘从七岁到婚前的重要功课就是织"西朗卡普"、挑花、刺绣，为嫁妆和衣被服饰等生活资料进行准备。

（4）结婚（娶亲）。

结婚时，女方只做"土花铺盖"，男方要出被里和"挡头布"。女孩从懂事后就开始学《哭嫁歌》。如果不会哭嫁，就会被人瞧不起、说闲话。哭嫁时，须用土家语。《哭嫁歌》的主要内容有《母女哭》《哭父母》《哭哥嫂》《哭姐妹》《哭叔伯》《哭媒人》《哭扯眉毛》《哭梳头》《哭戴花吃离娘席》《哭辞祖宗》《哭上轿》等。同时也哭自己的辛酸苦楚。哭嫁一般是7至10天，最长达一个月。要哭得口干舌燥嗓子哑、哭得如醉如痴才算聪明能干，否则被人视为愚昧无知。哭嫁期间，家族亲友都要宴请出嫁女孩，曰"送嫁饭"。哭嫁时，亲友陪伴女孩互诉苦情，称为"陪哭"。男方须送"哭脸粑粑"到女家，参加哭嫁的人都要吃到。

男女双方准备就绪以后，在迎娶新娘前三天，男家派人用几架抬盒抬酒数坛、猪肉、衣服、首饰、粑粑等礼物，在媒人带领下，放着鞭炮送到女方家里，俗称"过礼"。

婚前一天为女方的"戴花"日。女孩从前养"女子头"，独辫，前额头发分两支搁放于耳朵上。此日要举行"簪花"的成年礼，新娘要"开脸"，又曰"上头"。女方请人用麻丝线扯去脸上汗毛，并把眉毛修成一勾新月，头发绾起粑粑髻，用黑纱网罩之，髻心绕以红头绳，插上银簪。前额头发下垂，头戴蒙帕，包成"人字头"。手戴手圈、戒指，耳朵吊银环。"戴花"这天，女方将全部嫁妆摆在室外，供人观赏。此日，同寨姑娘聚在一起与新娘惜别。女方亲戚朋友皆来送礼庆贺，吃"戴花酒"。开筵时，舅家人坐"头班席"，舅父、舅母坐"上马位"。"戴花酒"下半日，男方派执事、礼官、作揖童子、礼乐队、接亲客、持喜把、抬轿三项及搬运嫁妆的"宝杆"绳索，备齐开门礼、满堂礼、背亲带、护身带、压轿米、照轿油、露水衣、露水鞋、差夫礼、满堂礼后就可出去迎亲。在启轿前，要杀只鸡，用鸡血滴轿一圈以驱邪。还要备猪头和鸡到土王庙里祭祀土王，新郎必须九叩八拜，否则将不吉利。敬了土王以后，接亲队伍敲锣打鼓奏乐鸣炮启程。此前，先派两人往女家"赶时候"，给女家报信。接亲队伍在傍晚到达女家门前，男方"督官""礼官"燃放鞭炮以示到来。女方要行"拦门礼"，女方"拦门官"用桌拦门，男方"礼官"上前与"拦门官"互相敬酒后，由"拦门官"首先讲唱起来："手持鸳鸯一酒瓶，东家请我来拦门。斟上三杯桃红酒，迎接督礼官先生。""拦门官"问，"礼官"答，一问一答式地对唱起来。若"拦门官"讲输了，就得开门请接亲队伍进屋。若"礼官"输了，须给女方"三茶六礼"后方可进门，否则拒之门外，露宿达旦。有首土家民歌反映了拦门礼俗："花花轿子来接亲，一张桌子拦大门。男女各请巧舌汉，盘天盘地盘古今。"此日男方请人挑上酒肉、衣服、首饰、礼物在媒人带领下送至女家，女方送两双"踩堂鞋"给男方。接亲的男青年中有位新郎代表人，土家语叫"莫毕"，汉意为"猫仔"。黄昏时候，陪嫁的姑娘们在手板上摸满漆黑的锅底灰，向心里喜欢的对象"莫毕"脸上抹去。姑娘往小伙脸上抹黑，或一对一，或几个姑娘摸一个人。"莫毕"躲避不及，被锅灰抹成黑花脸，而且乐意被姑娘抹。男男女女，扭成一团，嘻嘻哈哈，激情澎湃。被姑娘们抹黑的小伙越多，说明越被姑娘们看得起。从表面上看，找"莫毕"抹黑脸是为新郎新娘日后和睦；从实质看，是土家姑娘向男方小伙表示爱情，是重温曾经有过的自由恋爱之梦。

出嫁前夜，女方家里举行陪十姊妹仪式，由九个未婚女青年与新娘围席而坐，轮流哭唱。新娘首先哭《开台歌》："桔子开花叶儿细，听我哭唱十姊妹。姐儿明天出闺门，哭唱俺的知心话。"陪嫁姊妹哭道："一个橘子十二瓣，今夜姊妹要分散。明日花轿高抬起，之子于归配美男。"《陪十姊妹歌》好似巴人竹枝词，古人写诗赞道："十姊妹歌歌太悲，别娘顿足泪沾衣；宁山地近巫山峡，犹似巴娘唱竹枝。"

第二天为男方"圆亲酒"，即结婚日。公鸡才叫头遍就准备发轿，以逃避土司王索取"初夜权"。"赶时候"的人背上背篓，提上灯笼，肩扛带竹竿的蚊帐和门帘，鸣炮回男家报信。女方用红线绳将棉被等物绑在家具上，新娘穿露水衣（上轿衣）及露水鞋，怀佩圆锁，吃完离娘席后，由"送亲娘"拖拉出房，在堂屋中辞别祖宗，向亲友作揖告别。新娘手拿12双筷子往前后各掷6双，同时念道："手拿筷子十二双，我们姊妹捡一双。哥捡一双买田庄，弟捡一双压书箱。妹捡一双压花箱，我捡一双走别方。"然后，由哥哥用"背亲带"背出大门至喜轿内。上轿时还用脚蹬3下轿杆。女家用"护身带"将新娘绑在轿上，接亲队点燃两只火把，鸣炮后启程。花轿出大门时，女家用扫帚扫3下，姑、婶、姨、嫂要拖拉轿杆使之连续进退3次，"拦轿"仪式收场，娘家正式发轿。同时，用扫帚在嫁妆上向后扫一下，据说是可避免将娘家的财气全部带走。轿出门后，女方来人抢走1只喜把，意即各留一半，接亲队伍在新娘花轿导引下隆重返回。若在路上碰上娶亲的，两辆花轿并排停放一下，两位新娘互换1只鞋后各自走开。花轿到达男方家口时，男方要用猪头和杀猪刀在大门外敬神"断煞"，土老司杀只雄鸡，将血绕轿淋一圈，随后将鸡向轿后抛出。新娘下轿时，要从轿门前的"七星灯"上跨过，据说可以使夫妇和睦相处。一人执白腊叶丝毛草一束夹爆竹，点燃后噼啪作响，在新娘面前熏烧一阵，名曰"烧四眼"。男方请夫妇双全、儿女多、声望好的妇女两人做"圆亲娘子"，为新娘开好铺，接新娘下轿，扶新娘进门。新郎、新娘身皮红布，脚穿"踩堂鞋"，男左女右并立堂屋中央。拜堂仪式开始，礼生高喊："奏大乐！升炮！一拜天地！二拜祖宗！夫妻对拜！"名曰"拜堂"，均三拜三叩首。礼毕，新郎、新娘同时奔向洞房，争坐新床，新郎把新娘盖头揭开，新娘嫣然一笑。新娘新郎在洞房内共饮交杯酒，吃团圆（和气）饭，象征着团结友好，白头到老。接亲娘要陪同送亲娘用餐，送亲娘要喝"上马酒"。与此同时，接亲队伍与前来贺喜的亲友们开餐用饭。

新娘进男方家门时，男方父母躲在一边、避见媳妇，不能"碰红脸"，据说"婆媳见了面，家门不吉祥"。所以，土家族人拜堂时没有"拜高堂"这一程序。新娘在向男方亲友行"拜茶礼"前，首先拜见公婆，公婆当然会给新娘"打发钱"。古诗《拜翁姑》描写过新娘拜见公婆的情景："满庭曙色映灯光，拜见翁姑出画堂。并座双双人似玉，隔屏有客费评章。"新娘的兄弟于此日穿草鞋赶到男家喝喜酒，名曰"赶脚酒"。此日，新郎也要插花，用1匹红布搭在肩上，亲朋挚友姐妹舅姑分别给他头上丝帕上插"状元花"。当晚，全寨男女老少皆可"闹新房"，土家人认为"越闹越发、不闹不发"。前来闹新房的人可开新郎、新娘的玩笑，要新郎、新娘装烟倒茶，讲"四言八句"，讲"五男二女"，欢歌笑语，热闹异常，直到深夜，人们渐渐散去。这时，新婚夫妻暂时不能享受洞房花烛夜的快感，还要举行"童子尿"仪式。圆亲娘子带来一个童子，揭开马桶盖子，抓出里面糖果。然后往马桶里撒尿，唯愿引出吉祥。之后，所有客人走出洞房，新郎、新娘就可同床了。第二天早上，堂屋里摆着桌子，桌上放着许多新鞋。新娘由新郎引着，端着茶盘向前来道喜的宿客长辈敬茶、送鞋，亲友们要给新郎、新娘"茶钱"及"鞋礼"。这是物的交换，也是情的交流。

（5）回门。

新婚后第三天早上，要"转脚"，即"三朝回门"。新婚夫妇回娘家省亲、探望，回敬长辈，曰"回门"。回门时，新婚夫妇用背篓为岳父母背着猪腿、酒、糖、团徽，一路窃窃私语，一路笑声不断，正如一首古诗所写："面带桃花笑语温，三朝洗梳共回门。新人两个低声语，阿母遥看笑出声。"女方父母要给新婚夫妇打发钱，并教他们兴家立业，夫唱妇随。回门那天，赶回婆家，一般早去晚归，据说新房不能"空床"，只有路远的可以例外。

（六）生育

人生四大礼仪包括诞生礼和成年礼等仪式，是社会民俗的重要部分。人的出生是人生的开始，所以土家族人十分重视为婴儿举办"诞生礼"仪式，形成了土家族特有的少年礼。诞生礼是人生的开端礼，是人生礼俗的重大仪式。但因产妇的生理特性以及婴儿出生的某些禁忌，诞生礼仪仅在极小范围举行，既为产妇驱邪，又为婴儿祝吉。土家族人生儿育女的仪式分为有喜、分娩、踩生、报喜、三朝、看月、满月、百日、周岁（又叫抓周）等。

1. 有喜

土家妇女婚后怀孕叫作"有喜"。全家人非常高兴，从生产和生活等方面优待孕妇、爱护孕妇。孕妇"有喜"以后就得保胎，减轻体力劳动，并且增加营养食品。由于古老传承影响，旧时形成许多禁忌，如禁食、禁视、避讳等，有些有科学道理，有些不一定有。禁在孕妇家里钉钉子、敲板壁、搬床铺、移家具，开展敲打声大的各种活动，怕惊动胎儿。不得向孕妇挥刀弄斧，以免惊胎。禁在孕妇家里动土。孕妇不能在太阳光下或者雨天走路，更不能走夜路，怕碰到鬼，以至难产。孕妇不能横睡床上，以防横产。孕妇怀胎数月以后，不能搬运重物，防止早产等异常情况出现；也不得站在板凳上向上拿东西，以防流产。孕妇忌看别人举行婚礼，忌看他人婴儿。孕妇忌看死人灵堂或者死的牲畜，忌坐别人家的门槛。禁止孕妇跳跑、与人争吵。如果违背相关禁忌，要请土老司"安胎"。土老司画一碗"神水"放在神龛上，以保胎儿安全出世。孕期多吃五谷杂粮，禁吃刺激性食物。孕妇要勤洗澡，讲卫生。婴儿诞生前夕，严禁丈夫进入孕妇产房。临产之时，产妇负担沉重，要想方设法避凶趋吉。

2. 分娩

土家妇女生产婴儿叫作"捡生"。预产期按十月计算，一旦肚痛发作，就煮几个鸡蛋给孕妇吃。家人悄悄请来"捡生婆（娘）"接生，不让外人得知。"捡生婆"进产房后，要祭祀"催生婆"，保佑母子平安。捡生时，要把产房门窗开一条缝，目的是让投胎的"魂魄"进得屋来，以便小孩顺利降生。如果婴儿迟迟生不下来，就给产妇煮些吃的，叫作"催生"。接生时采用坐产式。若遇难产则用厚礼请捡生婆用一碗水念词敬神，有的用手挤压后扯出来，难产死亡现象时有发生。婴儿出生以后，捡生婆用白线给婴儿结"扎脐带"。留一巴掌宽长，三、五天后就会干掉，而不用剪刀剪断。给婴儿洗澡的水必须倒进厕所或者倒在火坑角落，严禁外泼。婴儿胞衣用背篓装着挂在不落叶的乔木树上，任其腐烂，或任鸟啄，以示上天保佑。婴儿若为男孩，则用父亲衣服包之，剪掉扣子以后，把婴儿包紧。婴儿若为女孩，则用母亲衣裙包之，切忌用女人裤片包裹婴儿。中华人民共和国成立以来，家人一般把孕妇送到医院或卫生院分娩。婴儿出生以后，第一个外来人到产妇家里叫作"踩生"。产妇家留"踩生人"吃炒米茶和鸡蛋、甜酒、团馓等，使之愉悦。饭后，踩生人看婴儿，说些"长命富贵""易养成人"之类的祝福话。第七天，还请"踩生人"吃饭，婴儿往往拜寄"踩生人"，两家认"干亲家"。婴儿出生那天，须用白纸剪成一个手执雨伞的老太婆像，俗称"阿密妈妈"，又叫"巴山婆婆"，土家语叫"莎帕妮"，贴在碗柜壁上，虔诚供奉。每天餐前供奉一次，120天后则逢年过节或每月初一、十五敬祀一次，以保婴儿易养成人。

3. 报喜

婴儿出生次日，产妇丈夫抱着一只鸡去岳母家里"报喜"，生男孩就抱一只公鸡，生女孩则抱一只母鸡，岳母家人不问就知生男生女。女婿进门就对岳父母说："恭喜你们做了嘎公（即外祖父）、嘎嘎（即外祖母）。"见了舅舅和舅娘也要如此"恭喜"。女人生了小孩是在夫家立足的象征，是大喜讯，必须及时向女家族人传播。岳家和女婿商定看月日期之后，逐户告诉婿家斟祝米酒的时间。女婿回家时，岳母回赠一只鸡，如果抱来的是公鸡，就回赠一只母鸡；如果抱来的是母鸡，就回送一只公鸡。寓意孩子长大以后成双成对，不会单身。岳母家里按照性别给外孙准备"看月"（又叫望月）礼物。

4. 三朝

土家人把诞生仪式放在婴儿诞生后第三天，俗称"三朝"。嘎嘎、舅娘带着婴儿衣服、鞋袜、棉片、布兜和鸡蛋等礼品给外甥做"洗三"。白色衣服后背缝上菱形布片，称之为"记忆片"。所谓"洗三"是将包婴儿的汗衫去掉，第一次给婴儿洗澡、穿衣服、穿鞋袜，戴上布兜和帽子。洗澡由捡生婆主持，嘎嘎当助手。用艾叶和槐枝煮水。除脐部外，给婴儿周身洗抹。洗后，用棉片包裹婴儿，用布带捆严实。否则，小孩长大以后手不停脚不住，乱摸乱拿，胡作非为。包捆好后，给洗者"礼行钱"，设宴招待客人，俗称"三朝礼"。

5. 看月

外婆家里准备鸡、鸡蛋、猪肉、墨鱼、甜酒、炒米、大米、糯米、红糖、团徽及摇篮（窝）、窝被、烘罩、衣服、鞋袜、帽子、背带等礼物，帽子上面缀有八块银片，镌有"长命富贵"等。然后，在吉日（一般选婴儿出生满十天）带领亲戚朋友抬着抬盒，挑着挑盒，去女儿家"看月"，为婴儿"打十朝"，送礼表示贺喜。嘎公、嘎嘎走在看月队伍前面。进门之时，鞭炮齐鸣。婿家父母在大门口迎接，见面之后就说："把嘎公、嘎嘎破费了。办了金鸡白米，缝起五色毛衣。"亲戚入堂坐下，筛满堂茶，然后坐席。嘎公、嘎嘎和舅舅、舅娘坐上席，其他同辈客人坐朝席，两边则可随便。十碗菜肴，每碗第一箸是同席有身份的婿家长辈用筷子指点"请菜"，并且首夹一箸，其他人才可动筷。上第五碗菜"蹄花"时，由婿家嫂子或婶婶把包着的婴儿抱出，由女婿代表婴儿向亲友敬酒，并且展示婴儿面部。嘎公嘎嘎、舅舅舅娘立掏腰包，取出"红包"放在婴儿胸前衣里，称之"打发钱"。这天，男方亲友前来送礼祝贺，俗称"吃祝米酒。"歌郎歌娘唱一天两晚的"望月歌"，以示庆贺。

6. 坐月

产妇分娩以后，要在家里坐休一月，不准出门，不得走进别人屋里，叫作"坐月"。坐月食物主要有鸡、鸡蛋、猪肉、团徽、糯米等。坐月时一日四餐，婆婆做好饭菜，服侍产妇。坐月禁忌很多。坐月时，丈夫不能进入产妇房中行房事；产妇产后三天内不准出产房门，七天内不得进灶房，三十天内不准进入堂屋，否则就会得罪祖先和灶神。产妇碗筷不能与他人杂用，不能吃鸡头、鸡屁股等。产妇禁吃牛肉，否则小孩不会说话；禁吃羊肉，否则孩子日后会发羊癫疯。禁吃鸭肉、鸭蛋，否则小孩走路像鸭子摆步。另外，产妇还要禁吃冷食、酸菜，禁用冷水洗衣，以防日后重病。婴儿出生后七天内不能见天，外人也不得看产妇，特别是未婚姑娘不得进入产妇房，穿草鞋、蓑衣者也不得进入产妇房，害怕产妇断奶，小孩命苦。不能在太阳下晒婴儿尿布，晒了会得罪天神。只能晒在后屋檐内，并且不能在外过夜。禁到婴儿家里点火或借东西。

7. 满月

婴儿满月那天给婴儿放脚，即把捆了一月的婴儿手脚放开，穿上嘎嘎送的衣服。还要举行"出月祭水"仪式，产妇把婴儿抱到灶前作揖，意谓祭拜一家之主灶神或者火神。接着，就用右手在鼎罐或者灶上摸三下，用黑指在婴儿额头上画个"十"字，意即得到灶神或者火神保佑。之后，产妇带上两个熟鸡蛋、一把米、一炷香、一叠纸钱，抱着婴儿到水井边祭水。把小米撒在井里，点香烧纸，对井三拜。然后，洗洗手，喝井水，并用茶壶盛水回家给婴儿洗澡，洗去灾疫。这样可免灾星，易养成人。婴儿"出月祭水"以后，产妇就背婴儿到嘎嘎家去，叫作"出行"。出行前要在婴儿额上用锅烟划个"×"，算是"虎×"。婴儿用背篓背着，背篓里放只公鸡和一把小刀，婴儿放在上面，表示"婴儿骑凤到外婆家"。出门之时，点上布绳火把，借以吓走白虎，以防小孩中邪。带上鸡蛋及团徽各4个、米1碗，给婴儿做伴。过桥的时候，母亲叫小孩的名字，以防"落魂"。产妇和婴儿在娘家住18天后，由丈夫接回家居住。多数婴儿在摇篮里度过几个春秋，祖母一边摇摇窝，一边为孙孙唱着古老的摇篮曲，催眠效果明显。夏天，在摇篮上围上半圆竹片，用薄布覆盖，以防蚊虫侵害。

8. 周岁

小孩出生满百日时，由母亲抱着小孩从子时起，躲在床上，把帐门紧闭，并请土老司算命。如缺"木"就寄拜古树，缺"水"就寄拜水井。如果小孩夜哭不止，就用红纸写上"天皇皇，地皇皇，我家有个夜哭郎，过路君子读一遍，一夜睡到大天亮"的话，贴在十字路口。小孩满周岁时，有的地方举行"抓周"（又叫娃周）仪式，以此预测孩子将来的爱好。一般在地上放些纸笔、算盘、糖果及纸做农具等，大家争看小孩先抓何物。先抓纸笔，预示将来爱读诗书；先抓糖果，预示贪吃；先抓银钱，预示贪财；先抓算盘，预示经商；先抓纸做农具，预示农耕。父母心中有数，以便日后教导。小孩满周岁时，亲戚朋友前来馈送衣服、银饰和金钱等礼物。如送银质或镀金项圈、手圈、脚圈等"圈""锁"，据说其作用是圈定、锁住性灵，使孩易养成人。所送银制"长命锁"上写"五子登科"和"长命富贵"等字，还有一些颇有民族特点和季节特色的童帽紫荆冠、圈圈帽、冬瓜帽、凤尾帽、狗头帽等，用彩色丝线绣上喜鹊闹梅、凤穿牡丹、八仙、十八罗汉等银质饰品。

（七）丧葬

土家族的丧葬礼俗奇特。远古时期，土家祖先以洞穴葬、悬棺葬、船棺葬、火葬为主。土司时期，永顺、龙山等地土家人的丧礼较为简朴。富有之家老人亡故，请土老司举行丧礼。堂屋神龛顶上揭开几块瓦开天窗，谓之"天门"。堂屋正中搭一座台子，谓之"哈哈台"。清洗遗体后，即穿寿衣。尸体平卧在"哈哈台"上。土老司祭祀亡人时，手摇铜铃、司刀，念念有词。土老司唱丧歌，嘱咐子女为人之道。顿时，哭唱哀号，炮响连天，牛角呜呜，铜铃哐啷。丧礼毕，将遗体置于棺木埋葬。

"改土归流"至民国时期，土家人丧礼由道士主持，土老司仅"送亡人"而已。老人逝世，丧家请来道士主持丧礼，择日安葬。停尸三、五、七天为"丧礼日"。安葬前一天为"大葬日"，宰牛、宰羊祭祀亡人。停葬期间，子女披麻戴孝，跟随道士叩头行丧礼，请人唱孝歌、跳丧舞，哀悼亡人。亲戚朋友前来祭奠，吊唁亡人。一般人家举行下柳床、入殓、开路、荐亡、交牲、上熟、散花解结、辞灵、送葬、安葬、葬后事等程序。

中华人民共和国成立后，道士、土老司停止活动，以开追悼会、唱丧歌代替丧礼。20世纪80年代以来，请道士举行丧礼之事在农村时有发生。老人善终以后，请土老司办丧礼，做法事，后由道士主持丧葬仪式。土家族人操办丧事的程序有亡人入殓、举办丧礼、送葬、安葬等，并且唱丧歌、跳丧舞。现在，土家老人死后，要为死者梳洗，再穿"寿衣寿鞋"。举行丧礼的灵堂设在自家堂屋，把棺材摆在堂屋正中两条长凳之上，头朝神龛，棺材脚下点青油灯。在灵堂大门上贴"当大事"三个字。延请道士做道场、念开路词、唱丧歌、打丧鼓、跳丧舞，停柩几天。打夜锣鼓时，鼓手击鼓领唱，众人相和。掌鼓师主持祭祀、击鼓、收鼓，丧歌也由他主持，歌词有"歌头""开场歌""交歌""收场歌"。

丧歌有丧堂孝歌、坐堂孝歌和绕棺孝歌，丧歌既有赞扬死者生平事迹的，如"十月怀胎""妻哭夫"等，又有叙述祖先业绩的，如"散花调"和"丧鼓词"等。"绕棺"又叫"穿花"，是土家丧葬活动高潮。"绕棺"人数为双数，在道士引领下，伴着鼓乐绕棺而舞，主要动作有"单穿""双穿""双龙抱柱""凤凰展翅""犀牛望月""猛虎下山""燕子衔泥""蜻蜓点水"等。随着鼓点锣钹加急，道士舞步越来越快。绕棺包含乐观豁达的生死观，顺其自然的价值取向，文化内涵极其丰富。

石门县泥沙、中岭和桑植县东北部等乡（镇）流行跳丧舞，故湖南省人民政府于 2006 年把土家族跳丧舞公布为第一批省级非物质文化遗产。跳丧舞又叫萨尔嗬，掌鼓者抡槌且敲且唱，成双成对的人在棺材前面相对而舞，手脚随着鼓点快慢而变换，动作轻盈，步法灵活，跳丧舞种类有"四大步""滚身子""摇丧""待尸""萨尔荷"和"燕儿衔泥"等 20 多类。

治丧期间，白天吃"烧香酒"，晚上听丧歌。"大丧日"那天，亲戚朋友前来祭奠，在死者柩前作揖、跪拜，孝子还礼。"安葬日"早上，举行出柩仪式。送葬队伍上路，道士手执"子孙棍"开路，帮忙的青年男子护柩送葬，抬柩出门。此时，全家举哀，孝长子抱灵牌，孝子孝孙披麻戴孝，边哭边跪。送葬时，沿路燃放鞭炮，敲锣打鼓，一人在前沿途丢"买路纸钱"，到达坟地。挖坟井时，由孝子先挖三锄，然后，由挖井人挖成。挖毕，在坑内烧芝麻秆或草，叫"热井"。然后由掌坛道士在墓底用米画太极图、八卦，撒下朱砂、雄磺，以接龙脉。这时，火炮齐鸣，落棺于井。孝长子在墓上先盖三锄土，然后帮忙人推土埋葬，垒砌新坟。当晚，用稻草扎成节把，其节数与死者年龄相等。点燃以后，放在坟上。连送三夜，叫"送火把"。

（八）节日

土家族的传统节日较多，主要有以下几个。

1. 正月十五元宵节

清代《道光永定县志》记载："元宵节数日，有龙灯、狮灯等戏，鼓乐齐喧。自〔正月〕十三日放灯，十五日罢灯。"清代《同治永定县志》亦载："〔正月〕初三日后，城乡即盛鼓吹，扮鱼、龙、狮子、花灯诸戏。而初九名上九，十三名上元，十五元宵尤甚。"党的十一届三中全会以来，永定区委、区政府和区文化局每年都在城区繁华街道举办大型元宵灯会，数万市民、游客既可观灯，又可欣赏花灯戏、阳戏、高煌灯、狮子灯、摆手舞、打镏子、三棒鼓等土家文艺节目。"永定元宵灯会"于 2008 年被张家界市政府公布为第一批非物质文化遗产。

2. 过社日

有二月社和三月社之分。"二月社日，祭伏波将军之弟，日祭花鬼，用羊、豕、鸡、犬。三月社日，杀白羊，击鼓吹笙，日祭鬼。"社日祭伏波将军及其弟的缘由是，东汉建武年间，伏波将军马援镇压湘西北土家人相单程起义时，病死在沅陵县二酉山，阴魂不散，经常作祟，土家人便在酉水流域建伏波庙，社日祭之，相沿成习。"改土归流"至民国时期，社日只祭祀土司王和本家祖先。

3. 四月八

农历四月八日是土家族传统大节。这天，土家山寨杀猪宰羊，打粑粑，亲戚朋友设宴过节。关于四月初八的传说主要有两种：一种说四月八是牛王节。农历四月八日是纪念土家祖先迁徙定居的日子。传说土家先民于农历四月初八迁徙到湘西北，故将这一天定为大节。土家祖先在一次战斗中，被敌人赶到河边。一条神牛游了过来，土家先民拖着牛尾过河，脱离险境。以后，土家人就把四月八日定为祭牛王的日子，并给耕牛喂好的饲料，让牛休息。另一说是嫁毛虫的日子，祈求庄稼无病虫害，五谷丰登。这天，土家族人用红纸写上："佛生四月八，毛虫今日嫁。嫁到青山去，永不回我家。"贴在自家房屋墙上。每年农历四月八日，家家户户买肉、打酒、做粑粑、磨豆腐，宴宾请友，共过节日。

4. 六月六晒衣节

这个影响很大的民族节日是纪念土家英雄覃垕王的。据说，明朝初年，慈利安抚使覃垕率领土家先民起义，反抗朱洪武增加税役。明太祖先后派遣杨璟、周德兴率领官兵前来慈利、茅岗镇剿。覃垕被俘以后，被押送到南京。洪武五年（1372）农历六月六日，覃垕被剥皮致死，血溅其衣。土家先民把覃垕的皮扎成人像，穿上龙袍，还埋了四十八座覃垕王"衣冠冢"，表示怀念。后来，土家山寨家家户户都在六月六晒棉袍、棉絮以及书籍，形成"六月六晒龙袍"习俗。故清《嘉庆慈利县志》记载："六月初六日，晒书籍，曝衣服，祀土地祠。"过节这天，家家户户办酒肉、做豆腐，请亲戚朋友前来过节。近年来，永定区委、区政府以及罗水乡党委、乡政府多次举行土家族六月六民族文化节，土家族人祭祀祖先、演茅古斯、玩泼水龙、跳摆手舞，弘扬土家文化，保护文化遗产。"土家族六月六"于 2008 年被张家界市政府公布为第一批非物质文化遗产。

5. 土家族"女儿会"

土家族"女儿会"是俊男靓女聚在一起、谈情说爱的娱乐节会。届时，年轻姑娘结伴赶场集会，土家青年男女对歌传情、自由结交，所以称为"土家族女儿会"。其主要特征是以歌为媒，自主择偶。土家姑娘赶"女儿会"时，穿着鲜艳的土家服装，戴着贵重的金银首饰，用背篓背着土特产品上街赶集，借此寻找如意郎君，通过对歌形式寻找意中情人。2009 年 6 月，"恩施女儿节"被湖北省政府列入第二批非物质文化遗产名录。被誉为"东方情人节"的土家族"女儿会"保留古代巴人原始婚姻习俗遗风，是土家山寨与封建包办婚姻相对立的恋爱方式，是土家族青年在追求自由婚姻过程中，自发形成的以集体择偶为主要目的的节日盛会。"女儿会"是具有浓郁土家特色的民族节日。

武陵地区土家山寨仍然保留以歌为媒的土家族"女儿会"习俗，发端于恩施市的石灰窑、大山顶一带。据《鄂西土家族简史》记载：恩施市的石灰窑、大山顶、梭步垭和宣恩县、鹤峰县等边境毗邻地区至今都有土家族"女儿会"婚俗。每年集会一次，场期各地不一，有的地方在农历五月初三，有的地方在农历七月十二。每到女儿会这天，方圆百里的土家儿女前来赶会，以年轻的土家姑娘为主。已婚妇女也可前往参加，通过对歌形式寻找情人或与过去情人约会，互诉衷情。土家姑娘精心梳妆打扮，把漂亮衣裳穿在身上，其穿法是长的穿在里面，短的穿在外面，让一层层镶边土家服装翻成笋壳状，叫作"节节高"。衣裳布料是土家姑娘自己用织布机亲手纺织的土布，然后一针一线缝成精美的衣服，为的是在"女儿会"上让小伙子赞赏自己心灵手巧。她们还要佩戴珍贵首饰，穿上轻巧的绣花鞋。土家姑娘头缠印花折叠帕，身着红绿花边衣，腰围黑色金丝绒绣花巾，首饰在晨光下闪闪发亮。她们背个精致的细腰花背篓，漫步在街场上。姑娘们把用背篓背来的土家特产、丝织锦帛摆在农贸市场街道两旁，自己坐在倒放的背篓上，等待意中人来前来"购买东西"。有时，嫂嫂会在姑娘旁边帮忙"参谋"。男青年也赶土家族"女儿会"，他们在肩膀上斜挎一个空背篓，看似漫不经心，各处游荡。他们走到中意的姑娘面前，装作买东西搭讪，选购特产。卖东西和买东西的人都不在意货物，其目的在"山水之间也"。青年男女双方交易货物之时，进行感情对话。如果哪个小伙看上某个姑娘，就主动到姑娘面前购买物品；如果阿妹也对这位小伙有心，就会有意降价。这样，双方眉目传情，姑娘会将亲手绣的鞋垫等信物送给小伙。如果没有感觉，姑娘就会说出天价，让小伙知难而退。觉得合意的小伙会牵着姑娘的手走出市场，走到溪边，走上山坡，走进树林"赶边边会"，用百灵鸟一样的歌喉，尽情对歌，唱出心中期冀。"赶边边会"就是青年男女有问必答的对歌会、相亲会，也称之为"赶边边场"或者"赶风流场"。

　　早在明末，清江流域石灰窑、大山顶出现青年男女自由谈婚论嫁习俗。明朝末年，随着石灰窑建集，土家男女青年活跃起来，女儿会由此形成。后来，恩施、建始、宣恩、鹤峰四县边区客商云集于此进行商贸活动，石灰窑不仅成为各地商贾云集中心，更是成为土家族"女儿会"发源地。这个活动以赶集贸易、赶集途中的对歌形式实施，整个过程以青年女性为主选择谈婚论嫁对象，这一古老婚俗被土家族人一直保留到现在。土家族"女儿会"经历了400多年发展历程，包括清朝至民国时期、中华人民共和国成立至"文革"时期、20世纪80年代至现在三个历史发展阶段。"女儿会"为何能在几百年间生生不息、世代相传，是因为它是特定政治、经济、文化条件下的产物，是与其他民族不同的民俗事象。历数百年而不衰，表明它已成为土家族人社会生活必不可少的节俗，具有旺盛的生命力。青年男女借助每年"女儿会"以物资交流为掩饰，寻情觅爱，幽会情人。党的十一届三中全会以来，土家地区地方政府恢复传统的"女儿会"。其涵盖面已不像往日那样狭窄，而是逐步发展成为融物资交流、文艺汇演、体育比赛、观光旅游为一体的民族盛会。1984年农历7月12日，恩施市石灰窑举办建立恩施土家族苗族自治州以后第一个"女儿会"，州长李辉轩前往石灰窑赶"女儿会"，使得这次"女儿会"盛况空前。从1995年起，恩施市将"女儿会"与生态文化旅游相结合，通过民俗、旅游互相促进，传承土家节庆文化，吸引中外游客前来观赏。2000年，恩施市政府再在梭步垭石林景区举办土家族"女儿会"。这次盛会加入不少富有土家特色的文艺节目，土家族的婚俗表演、傩愿戏、板凳龙登台亮相，使省内外游客流连忘返。2004年，恩施市又在市城区举办"首届中国魔芋节暨2004年恩施土家族女儿会"。通过对歌比赛，决出"歌王""歌后"和"歌师"。2005年到2008年，恩施市每年举行盛大的土家族"女儿会"活动，使全国各地游客了解这一奇特民族风俗。2011年8月"女儿会"期间，恩施土家族苗族自治州政府在州城民族广场组织游园相亲、相亲派对等系列活动，以此为平台打造"全国相亲之都"。

6. 七月半尝新节（又叫祭祖节）

农历七月十四日这天，土家山寨家家煮新稻米、新苞谷，炒猪肉和辣椒、豇豆、茄子、瓜类等新鲜蔬菜，请女儿、女婿、外孙回娘家过"尝新节"。把新稻穗插在祖先神龛上，用煮熟的新苞谷和瓜菜祭祀祖先。七月十五傍晚，在房屋门外坪地洒些酒、饭，烧纸钱，祭祖先，故土家族人有"年小月半大"的说法。

7. 八月十五中秋节（又称送瓜节）

每年农历八月十五日，土家族人包叶儿粑粑，女儿、女婿给岳父、岳母拜节。中秋皎月东升之时，全家人摆茶水、西瓜、月饼赏月。据清《嘉庆慈利县志》记载："有未得嗣者，是夜，亲朋觅瓜，张灯鼓吹，迎至其家，名曰送瓜。"八月十五晚上，几个小伙偷来一个冬瓜，放在未育夫妇床上。次日早晨，未育夫妇将瓜煮熟吃掉。希冀送瓜之后，有的人家可以生孩子。

8. 土家族过赶年

土家族比汉族提前一天过大年，月大在农历腊月二十九日过大年，月小在农历腊月二十八日过大年。提前一天过年是因为"前土司出兵，正值除夕，令民间先期度岁，后遂以为常"（清代《龙山县志》）。据考证，"土家族过赶年"始于明代嘉靖年间。永顺、保靖、桑植、茅冈、麻寮等土司土家人正在准备过年，朝廷征调土兵赶赴东南沿海抗击倭寇。为了不误战机，土司王下命令，提前一天过年。因时间紧，战事急，便炒大块肉，蒸甑子饭，把坨坨猪肉以及粉丝、豆腐等煮成"合菜"。土家士兵吃团年饭后就出征了。后来，土兵同朝廷将士一起把倭寇打败，并荣获"东南第一战功"。为了纪念抗倭胜利，土家人每年就提前一天过年，久之成习。清代《长乐县志》载道："容美土司后，则在除夕前一日。盖其先人随胡宗宪征倭，于古历12月29日大犒将士。除夕，倭不备，遂大捷。后人沿之，遂成家风。"现在，土家族人过赶年时，远离家乡的亲人也要回家。全家老少团聚、同桌吃饭，叫作"团年"。过赶年时，家家户户蒸甑子饭，煮"合菜"。据说当年土家官兵一起过年，人数众多，必须架甑子蒸饭。没有时间炒猪肉、豆腐、萝卜、白菜、青菜、粉丝，只好合在锅里煮成"合菜"（又称"贺菜"）。吃"团年"饭时，关着自家大门，不准外人进来。半夜三更以后，开始吃饭，吃到天亮，预示来年越来越兴旺发达。"土家族过赶年"于2006年被湖南省人民政府公布为第一批省级非物质文化遗产。腊月三十白天，土家族人为祖坟送亮（子孙带香纸、蜡烛前往祖坟点亮蜡烛烧香纸，祭拜祖先）。除夕之夜，烧旺火"守岁"，长辈给晚辈"压岁钱"。2011年，永顺县申报的"土家年"被国务院公布为第三批国家级非物质文化遗产。

（九）土家农业习俗

在长期的农业生产实践中，武陵地区历代祖先胼手胝足，辛勤劳作，生产技术不断提高，形成以稻谷为主的农业经济，成为稻作文化发祥地。土家人应用镰刀收割、板桶脱粒、风车扬谷、碾磙碾谷、踏碓舂米，加工玉米的石磨、面筛筛玉米面、簸箕簸去玉米面中糠皮。这些农耕文化内涵丰富，成为土家族文化的组成部分。

据民族古籍记载，秦汉时期，"刀耕火种"是土家祖先原始的生产方式，是适应自然的生产技术，故《汉书》载："刀耕火耨，民食鱼稻。"唐代诗人刘禹锡的《竹枝词》这样描写土家风情："山上层层桃李花，云间烟火是人家。银钏金钗来负水，长马短笠去烧畲。"清代《嘉庆恩施县志》还载："刀耕火种皆妇女。"每当春耕之时，土家山民伐木烧畲，利用草木灰肥就地播种杂粮，不施肥、不灌溉。土家先民烧畲时注意森林防火，火不熄灭，人不离开。正如土家族摆手歌所唱："落叶草地都晒干，烧山先把火路拦。放火烧山放倒火，平安无事心放宽。"

随着农业生产发展，土家先民逐渐开荒挖土，因地制宜种植作物。在村落旁边或者海拔较低的旱地栽种麦子、棉花、花生、油菜、甘蔗、葵花、西瓜、蔬菜和麻，在远离村落的山坡或者土溶上面，种植玉米、小米、荞麦、高粱、芝麻、大豆、黄豆、绿豆、红豆、滚豆、豌豆、土豆、红薯、凉薯、茶叶、烟叶等农作物。土家祖先世世代代"耕读传家"，故清代永顺县土家诗人彭勇功在《竹枝词》中说："男负犁来女负筐，桑麻农事细商量。耕田锄地无他事，古风尚忆古羲皇。"土家人在农事劳作时，互相帮工、团结互助，习以成俗，故有"一家有事、百家帮忙"之说。锣鼓一响，众人主动前来做白工，土家山寨仍然保留乐于助人的美德。凡是集体劳动，土家族人用打锣鼓的方式鼓舞士气，激励民众。清代《同治龙山县志》记载："土民群事翻耕、插秧、芸草……间有鸣钲击鼓歌唱以相娱乐者。"这种生产形式还在土家山区流行，挖土打"挖土锣鼓"，薅草打"薅草锣鼓"，土家语叫"锣鼓哈"。集体挖土、薅草和植树造林等，土家族人都唱锣鼓歌。土家族人在山区披荆斩棘、拓土垦荒，创造了劳动与歌谣相结合、既娱神又娱人的"挖土锣鼓歌"。群体劳动需人指挥，土家先民便把原来驱赶野兽的锣鼓演变成为挖土锣鼓。谁家挖土，主人请来擅唱山歌的歌师傅站在前方，一人打鼓，一人应着鼓点敲锣，挖土人排成"一字"队形，应着锣鼓节奏前进。锣鼓间歇，歌声即起。唱到高潮之时，挖土人齐声帮腔。"挖土锣鼓歌"内容分为《歌头》《请神歌》《扬歌》和《送神歌》四个部分。"挖土锣鼓歌"历史悠久，具有研究土家文艺的学术价值。2006年，龙山县和古丈县共同申报的"土家族挖土锣鼓歌"被省政府公布为湖南省首批非物质文化遗产名录。"薅草锣鼓歌"是土家族人创作的生产与文学相结合的古老歌曲，具有音乐和实用价值。元明清土司时期，土地为土司王所有，由土民集体耕种。清代《同治桑植县志》记载："夏日薅草，集垄上俯仰挥锤。两个对讴，庄谐间作，锣鼓应之，名曰打锣鼓。"《民国慈利县志》还载："四月农忙，薅草分秧；又或植物，采茶条桑；是利用众，击鼓其镗；桴落歌纵，慷慨激昂；搬演故事，贯珠引吭。"土家族人在薅草、采茶时，请两名歌师在田间地头、劳动队伍前方唱歌，一人敲锣，一人打鼓，两人唱和，其内容有《歌头》《请神歌》《扬歌》和《送神歌》四个部分。《歌头》和《送神歌》多为固定歌词，如"歌台立山寨，众人把歌赛。放开嗓子嗓放开，薅草歌儿唱天外。"《请神》为请土地神和八部大神等。如《请歌娘歌爷词》唱道："歌台周围唱歌人，内三层来外三层。台上台下把歌唱，五湖四海传歌声……从此山歌传后人，世上歌声闹沉沉。歌台搬到土家寨，土家有了唱歌人。"《扬歌》既有土家故事《百果花》和《东山郎西山妹》，又有《杨家将》和《说岳全传》等。歌师还可根据土家族人干劲进行褒贬，如"薅草几十人，妇女有干劲，赛过穆桂英"。看见大家鼓劲就唱："天上云赶云，地上人追人。个个追得汗淋淋，浑声都是劲。你追我又赶，锄头似雨点。大家都想往前赶，人人赛神仙。"收工之时，就唱《送神歌》等。薅草锣鼓歌唱腔有高腔和平腔，共计30多支曲牌。鹤峰县薅草锣鼓歌体裁有穿号子、荷叶锣鼓、讲书锣鼓等。2008年，"土家族薅草锣鼓歌"被国务院公布为"第一批国家级非物质文化遗产扩展项目"。2009年，桑植县土家艺人毛志家等人演唱的《薅草锣鼓歌》在中央电视台播出。

　　武陵地区随处可见、宛如山水图画的千百年梯田、水汪汪溶田，是历代土家祖先改造自然、开土造田、推广水稻的劳动结晶。土家先民看见山里溪水可以利用，就把偏坡、溪畔改成梯田，保持水土。田丘不计大小，能够插秧就行，这就是武陵地区斗笠田、蓑衣田和巴掌田的来历。雷公田是依靠雨水的稻田，故要冒雨抢耕。如果半夜下雨，辛勤的土家汉子把火把绑在牛角上犁田。故清代永顺县竹枝词《冒雨抢水》写道："夜半忽然暴雨淋，牵牛冒雨抢田耕。灯笼悬挂牛角上，满垄满山叱犊声。"土家民歌唱道："半夜落雨半夜耙，牛角上面绑火把。隔得三天不下雨，水田干成八月瓜。"永定区罗水乡龙凤梯田是稻作文化的历史遗址。2013年，农业部组织开展"中国美丽田园"推介活动，龙凤梯田被评定为"中国美丽田园"十大梯田景观之一。因此，永定区和罗水乡两级政府以打造最美田园为目标，切实保护龙凤梯田，多次举办插秧节和摄影展等旅游活动。土家族人把握时令，在清明、谷雨之间播种育秧。"开秧门"是土家族人田祀习俗，即在谷种下田后的第四个卯日或者辰日、午日，举行"开秧门"。栽秧这天，主人盛宴款待调工换日、帮助插秧的亲友邻里，俗称"插秧酒"。主人家菜肴中间有碗腊肉，覆盖一块手掌大的"盖碗肉"，由插秧高手吃。席间讲四言八句，如主人给插秧人盛饭时说："来个满碗。"答曰："谷粒饱满。"饭后，主人送插秧人油炸干鱼，即如清代土家《竹枝词》所言："栽秧插禾满山啼，正是栽秧插禾时。口唱秧歌骑秧马，晚来还带鳢包归。""开秧门"由老者先扯第一个秧，置于田坎上，其余插秧者下田开插。快结束时，大家聚在一丘田里比赛，插得快的人向主人砸泥巴。到了最后，田里上演一场你追我赶的游戏。土家人把它叫作"糊仓"，糊寓意"富"。2012年，永定区文化馆申报的王家坪镇"土家糊仓习俗"被列入湖南省第三批非物质文化遗产名录。插灰秧是土家族人施肥方法，用于瘦瘠稻田。砍草烧成草木灰，与桐枯、菜枯、鸡粪、人畜粪拌合发酵，用脚踩成泥状。每个插秧者取盆分装此肥。每插一株就将秧根往盆粘点肥料，一并插入田间，土家族人称之为"安蔸肥"。用这种有机肥作基肥，氮磷钾含量高，稻谷饱满，增产增收。

土家祖先修山塘、筑水坝、开水渠，使用筒车、绞水车和龙骨水车等灌溉机具，改善水利设施。筒车用竹或木制成的大型立轮，立轮边沿绑若干个竹筒。置筒车于溪河之畔，利用水力转动车轮，竹筒沉于水中舀水。至顶点翻转倒入水槽，流入稻田。土家族人还用戽斗、龙骨水车和蜈蚣车等工具。"戽斗"用木制成，两边安有绳子，二人引绳提斗吸水，注入田里。"龙骨水车"是木制水车，将规格一致的木板用木榫连接成环带形，用脚踩动，让装在木链上的刮板搅水提升到高处而流入田里。蜈蚣车上端轮轴装曲柄，双手摇转曲柄，转动轮轴，带动水槽板，从而提水向上。

（十）土家礼仪

礼仪是指礼节和仪式，是人们在生存发展、社会交往中形成的被多数人接受的行为标准和共同遵守的行为规范和准则。是在人际交往中，以约定俗成的程序、方式表现的律己敬人的过程。古代有"五礼"之说，祭祀之事为吉礼，宾客之事为宾礼，冠婚之事为嘉礼，丧葬之事为凶礼，军旅之事为军礼。土家礼仪包括人生礼仪和习俗礼仪。人生礼仪是指在人生几个重要环节经过的具有一定仪式的行为过程。土家族的人生礼仪包括诞生礼、成年礼、婚礼、寿礼、丧礼等仪式，是社会民俗事象的组成部分。习俗礼仪包括日常礼仪和庆贺礼仪等。

1. 祝寿礼仪

尊老爱老是土家族的道德规范，表现在为老人"祝寿"（又称做生）演绎的人生礼仪上。多数土家族人只做"花甲寿""古稀寿"，人活到80岁，被誉为"老寿星"。俗话说："生不接，年不请。"因此，祝寿都由发起人邀请。某位老人满六十岁、七十岁或者八十岁，亲戚朋友上门祝寿，所带寿礼为十来个鸡蛋或三五斤猪肉。有送辣椒、南瓜、烟叶的，也有送三升玉米、两升大米的。寿诞设筵招待来客，故有"赚钱的祝米赔钱的生"之说。寿诞礼俗有套仪规，先设寿堂，缀寿字，摆寿桃，点寿烛，中堂挂寿幕和寿匾，张灯结彩，布置一新。生日那天，寿堂正中摆一把寿椅，下铺红毯。司仪主持仪式，寿星老人坐在寿椅之上，儿媳上堂筛蛋，亲友、晚辈上寿。平辈只有一揖，子侄则为三拜。拜毕，行升寿匾礼。升寿匾后开席。宴后,贵宾留下,夜看"堂戏"。多年来,以"邀戏""献匾""献杖"几种礼俗较为多见。遇上哪家老人过生日,寨里长者会一家一家地邀约,凑钱凑米为老人点戏,也叫"邀戏"。戏班进寨,分头安排,张家包几人吃住,李家包几人吃住,不会临阵慌乱。所点戏剧内容多以喜气为主,如《杨令婆挂帅》等常被列入剧目。把寿星安排在戏场中间座位,身旁摆方桌,放茶水、水果。女儿、女婿、孙女、孙婿等晚辈在送衣帽的同时,须"献匾"。送寿匾时要组织队伍,锣鼓、鞭炮、唢呐齐鸣。寿匾进屋,恭恭敬敬地挂在堂屋神龛上面,举行升匾仪式,颂唱升匾贺词,贺词要以匾上所刻为中心内容。"献杖"就是奉送拐杖。拜寿礼华,接着献杖。献杖之人以孙辈为主,所献之杖多以"龙头杖""弥勒杖""如来杖"等恭祝长寿意境的为好。

2. 日常礼仪

土家族是注重礼仪的民族,具有讲礼貌的优良传统。武陵地区自古以来为土家祖先繁衍生息之地,是土家文化与汉族文化交流的通道。土家礼俗源于《周礼》《仪礼》和《礼记》,以儒家文化为主流,兼有道家、佛家学说。日常生活礼仪是土家族人在社会交往活动中共同遵守的行为规范和准则。

土家族人注重"社交礼仪",既热情大方,又纯朴真诚。土家族人讲究请客、待客和做客之道。土家族人知礼好客,每逢农历四月八牛王节、端午节、六月六、七月半吃新节和中秋节等节庆,就要当面邀请客人或送书贴、请柬,故有"四月八四月八,吃酒吃肉想亲家"和"七月半工夫闲,接来麻妈(土家语,汉语意为姑娘)吃新粮"民谣。土家族人出门做客,除拜年祝福外,一般不带礼物。但是,讲究服饰等仪容仪表。到主人家赴喜庆宴得喊"请送恭喜"。主人待客,热情周到,尊老爱幼。每逢红白喜事,主人安排2至4名男女接客生在大门外右边接待客人,让客从左边进入大门,并送客人至中堂。客人坐左边,主人坐右边。客人落座以后,立即给客人沏土家族"三道茶":先为绿茶,次为蜂蜜鸡蛋茶,再次为红糖炒米茶。若在新年或在春天,要给客人泡碗团馓或烧几个糍粑。若在夏天,就给客人一碗甜酒,以解暑渴。进餐菜肴一般以腊猪肉为主。请客就餐,主人起身,在右边引路。走到席前,主人后退几步,先请客人就座。客人坐在背靠神龛的上方,主人坐在下方。先给长者敬酒敬菜，再给小孩夹爱吃的菜。土家敬酒喜喝双杯，酒杯满酌；客人未干杯，主人不干杯。赈酒之日，筵席置于正堂屋中，三桌呈"品"字形。礼生邀请外公、外婆、舅父、舅母坐在靠正堂屋神龛的"上席"。席上摆着炒菜、蒸笼肉和干鱼等具有土家风味的"十大碗菜"。客人或主人谁先吃完，都要对还在吃饭的人说声"慢吃"，然后放下碗筷。饭后，小辈给客人端来洗脸水，请客人洗手洗脸。客人要离开时，还要送到门口或送土特产给客人。客人作辞，应说"多谢"。待人接物，彬彬有礼。熟人相遇，互相称呼，互致问候，互相作揖。对老者称公公、婆婆，对青少年称"阿可"（土家语，汉语意为哥哥）"阿达"（土家语，汉语意为姐姐），若在早晨，要说声"您早"。若在平时，问声"您好"。土家族人尊师重贤，尊人为上。从前，小孩在私塾读书。讲课之前，学生先给老师敬鞠躬礼。讲课完毕，再给老师鞠躬。在路上碰上老师，一定要问声"破嘎岔"（土家语句子，汉语意为老师好！）并向老师鞠躬或者拱手作揖。每逢节日，给老师拜节，送腊肉、鸡肉、粽子、面条等节日礼物。学生升学以后，举办谢师宴，或去拜谢恩师。徒弟向师傅行磕头作揖礼。这些礼仪至今尚存。

土家族人"祭祀礼仪"种类有祭天地、祭先农坛（即五谷庙）、祭城隍庙、祭孔圣、祭关公、祭文昌宫、祭毛菩萨、祭真武祠、祭杨泗将军、祭八部大王、祭祖宗、祭土王、祭猎神等。仪式共同点有五：一是行跪拜礼，献香、帛、爵。二是献牛、猪、羊、鸡及果品、食品、五谷、茶叶等祭物。盛装祭品的是木、竹、铜三类器皿。木架牲，铜盛菜肴，竹装谷、枣、果。地点在祭坛或者祭堂举行。届时，鼓乐齐鸣，鞭炮竞发。三是宣读祭文或祭语。四是每行仪式之前，洗手薰臭，保持祭品清洁。五是肃穆。大型祭祀活动规模大，人员多。跳摆手舞前，先由梯玛主持祭祀仪式，祭祀人跪下左腿，齐唱《梯玛神歌》。歌毕，将所奉团徽等供品呈于神案。请猎神仪式非常庄重，土家猎神"张五郎"是用花椒树蔸雕成的木偶，两脚朝天，供在家里。出猎在之前，要祭祀"赶仗"猎神张五郎。其做法是焚香念词，请神问卦："奉请猎神张五郎，万岁赶肉公公，千岁赶肉婆婆，遇公吃公，遇母吃母，指头打头，指脚打脚。"接着，猎手部署赶仗事宜。

土家族人"狩猎礼仪"奇特。俗话说："猎不离山。"安神、请神、赶山、开山、扫山、扫影、封山、谢神等狩猎仪式都要求神。

3. 庆贺礼仪

土家族人庆贺礼仪包括祝贺婚嫁、生育、建新房、迁新居和店铺开张等喜事。

（1）建房礼仪。

修房子是人生大事，古时礼仪隆重。土家族人立屋之时，通过建房礼仪表现热闹场面。

择地：土家人修房子，第一件事就是选择屋场。一般选在台地上，坐南朝北，以图冬暖夏凉。后面要有靠山，前面不一定有水；如果有水，以慢水为佳。如有急水险滩，决不可取，那叫"看水流舟"。而且，前面的水要横流而过，不可对着大门直冲而来。如果这样，叫"孽龙锁户"。

土家人修建的多为木房，以正屋、厢房、配楼、朝门合为整体。一般农户修建正屋，配灶房、猪圈等。小康人家除修建正屋，还配厢房和转角楼。豪门大户则修四合院，封砌马头形院墙，俗称"封火桶子"，它的防火、防盗性能极好。正屋的大小在于柱头和棋筒多少。常见的有三柱二棋、三柱四棋、四柱六棋、五柱八棋及七柱十二棋等。正屋两边配厢房，厢房前头配"走马转角楼"，厢房与正屋之接头转拐之处为"磨角"，多为磨房、碓屋之用。"八字朝门"设在庭院外面，朝门设置有讲究，有的在正屋正面，有的在正屋左前方或右前方。它是由具体情况决定的，与大门对得太正，"冲撞神龛"；如对外看的方向有白色岩壁也不可取，叫"白虎对门坐，不死也脱壳"。

砍梁：砍梁之时，由一位亲戚或任意一位村民邀上几个青年带上香纸、蜡烛外出寻找梁木，只要相中一根梁木，走上前去就砍。砍梁木要让它倒向东方，取"紫气东来"之意。砍倒之后，用红绸缠好，点上香烛，大放鞭炮，然后抬进修建工地。到了工地，立即放在木码上。若是放在地上，被人踩了，被人坐了，则前功尽弃，此梁作废，还得重新去偷。做主梁关键之处是画梁，画太极、八卦、军书宝剑，一律含高雅、华贵之意境。

上梁：修屋"上梁"是房主人生大喜。立排扇、安棋筒后，选择吉祥时日上梁。上梁之时便是房主设宴招待亲朋之时。亲朋好友上门祝贺，赠送匾联、"梁泡"和钱粮等，俗称"镶火坑"。屋架立好以后，即由掌墨线者主持祭梁、开梁口、上梁、赞梁四个环节。建房师傅等待良辰一到，令众人用棕索、梯子将梁木升起，升至屋顶，搭在中柱顶头后"开梁口"，就是做"榫头"。开梁口时，掌墨师傅边起凿边颂唱："先开东，主东金银满堂中。后开西，主东骡马南山栖……"开梁口凿下的木渣由木匠接好，然后从屋上抛下来，主人跪在地上、扯开衣衫接住，视为金银，取"梁上金银，永裕儿和孙"之意。"上梁"从上梯、攀枋、讲梁、甩梁粑、下云梯等诸多细节生发情趣。讲梁时，由东家礼官与掌墨师互盘互对，唱《讲梁词》："各位亲朋请让开，我把主东请进来，请问主东，要富要贵？"主人答道："富贵都要。"并且跪地扯开衣襟接住甩下的梁粑。大厦落成，举行升匾礼仪。匾上书写"广厦庇寒"四个大字。

（2）开张礼仪。

第一，开张庆贺礼仪。改革开放以来，个体工商户、私营企业主开业，被视为值得庆贺的事。店铺开张，必有庆贺。业主开张之时，常发请柬，请客人参加开张仪式，并且张贴对联，挑挂店招等；客人献花篮、送贺诗、贺联、贺幛，发贺函、贺电以示庆贺。

第二，开张启事。店铺开张，或者迁址营业，均写开业启事，贴在商店门前，也可通过媒介传播。开张启事均较简洁，写明商店开张时间、商店经营范围和服务宗旨等。必要的话，还可写上商店的地址、交通路线、电话号码以及邮政编码、开户银行和银行账号等，以便扩大业务。例如：

　　　　悦来茶馆今日开张，欢迎各方来宾品尝小坐。
　　　　有道是：
　　　　为名忙，为利忙，忙里偷闲，喝杯茶去！
　　　　劳心苦，劳力苦，苦中作乐，拿壶水来！
　　　　备有南北名茶、精美小吃，敬请光临。

悦来茶馆谨启
×年×月×日

（3）开张请柬。

业主在店户开张之际，为邀亲朋好友参加开业仪式，往往发出请柬。请柬精美，文字简洁。邀请信行文措辞热情诚挚，从而显得业主好客有礼。请柬和邀请信均在开张之前若干天发出，以便受邀者早做安排。例如：

请柬

××先生（女士）：

工艺编织商店即日开张，敬请台驾拨冗惠顾，不胜感谢。

×××

×××

店址：紫舞路××号谨启

（4）开张贺函贺电。

祝贺店户开业函电不外称颂之语，但不宜过于矫饰。例如：

××兄：

惠赐请柬拜阅。弟因公务在身，无法前来致贺，尚祈鉴宥。特致此函，祝愿贵店开张之喜，日后生意兴隆，财源茂盛。

专此即颂

近安！

××谨上

×年×月×日

（5）开张贺联。

祝贺商店开张对联，将美好祝愿与经营特色融为一体，兼具礼仪和实用的特点，给商店增添风雅气氛，给顾客带来美好享受，亦借此做营销宣传和扩大影响。例如：

开业通用贺联

柜台春风暖　　货物任挑选

商店百货全　　经商通有无

行业贺联

饭馆

胜友常临可修食谱　　入座饱餐过门大嚼

高朋雅会任选山珍　　有酒既旨每饭不忘

酒馆

一楼风月当酣饮　　美味偏招云外客

万里溪山豁醉眸　　清香能引洞中仙

茶馆

烹雪应凭陶学士　　陆羽谱经卢同解渴

辨泉好待陆仙人　　武陵选品顾渚分香

（6）开张贺嶂。

祝贺店家开张的贺嶂，围绕该店经营特点，除吉利称颂之词外，最好切合该店特点，语言为四字句，富有表现力。因为贺嶂挂在店堂之中，最为引人注目，给店家带来喜庆之色，并能招揽生意。例如：

春华秋实（水果店）
鼓乐琴韵（乐器店）
艺术天地（书画店）
巧夺天工（工艺品店）
宾至如归（客栈、驿站、旅馆、宾馆、饭店）

二、苗族民俗文化

在历史长河中，苗族祖先曾经多次迁徙，分布在不同地方，因而在习俗上既保持了共同特征，又形成了地方差异。

（一）服饰、饮食、居住

1. 服饰

苗族服饰是中国服装史的活标本，是最能代表苗族特征的物品。2008年，湘西土家族苗族自治州申报的"苗族服饰"被国务院列入第一批国家级非物质文化遗产扩展项目名录。苗族服饰款式复杂，以女装式样最多，达一百三十多种。苗族服饰环胸镶花边、刺绣、挑花、蜡染、镶衬等方式并用。苗族男子多穿对襟条纹短衣，袖长而小，有七颗布扣；裤短而大，青布裹腿。头包布帕，头帕有青布和蓝白花布两种，长3~10米，缠十字形，大如斗笠。苗族妇女上穿大襟右衽宽袖短衣，衣大而长，无领；胸前和袖口滚花边或绣花、数纱，并加栏杆花瓣于其间。还有开衩和放摆，前后两面边缘都刺绣云钩。下着绣花百褶裙或宽脚裤，裤脚短而大，边缘滚花边或绣花、数纱。用青头帕或花格帕包头，头帕层层缠绕，长数丈。苗族妇女喜戴银饰，如银帽、髻簪、耳环、扁圈、项圈、银锁、手镯、戒指之类。逢节日、婚娶，加戴各种项圈、银钮、披肩、银冠、银牌、后尾等。

2. 饮食

苗族饮料有绿茶、油茶、万花茶和甜酒、米酒、泡酒、窖酒、苞谷烧酒、三花酒等。苗族多以大米为主食，杂粮玉米、高粱、大麦、小麦、燕麦、荞子等所占比重较少。苗族米饭有红米饭、黑米饭、竹筒饭和社饭。副食品有糯米糍粑、苞谷粑、油香粑和甜藤粑等。肉食来自家畜和家禽，有些地区还在农闲从事渔猎弥补肉食不足。肉类有酸肉、腊肉、把子肉、血粑鸭子和砂锅狗肉，鱼类有酸鱼、酸虾、苗鱼、烤鱼和酸汤鱼。坛腌酸菜有酸辣椒、酸萝卜菜、酸大兜菜、酸榨菜、酸青菜、酸白菜、酸豇豆、酸生姜、酸洋姜、酸胡葱等二十多种，酸菜豆腐汤是苗族人的传统汤菜。野菜有枞菌、罐罐菌、地木耳、桃花虫、野苋菜、马齿苋、鸭脚板、蕨菜、葛根粉和蜂蛹等。

3. 居住

苗族在山区聚族而居，每寨几十户或者几百户。住房形式各地不一，黔东北、湘西北、渝东南苗族住房有平房和楼房两种。多数为青瓦屋，少数为石头房和茅草房。青瓦屋板壁用木板，涂桐油。一般为三开间，少数为五开间。正中一间为堂屋，设有神龛祀奉祖先，两端开间分为前、后两间，后为卧室，前为厨房、用餐之所。平房之上有矮楼，作贮藏粮食等用；楼房多为两层，上层住人，下层作关养牲畜等用；在坡度较大的山腰多建杆栏式的"吊脚楼"，多为两层，屋顶为双斜面。

（二）婚姻、家庭

1. 婚姻

苗族古代婚姻曾经历过血缘婚、普那路亚婚、对偶婚和一夫一妻制等形态。宋代，武陵山区苗族婚娶由当事人完成，父母不加干预。有些地方仍然保留"转房""填房"和"姑舅表婚"等习俗。苗族婚姻在姓氏上有限制，苗族同姓不婚，只要不是同宗共祖，就可通婚。苗族婚姻缔结有自主婚姻、父母包办两种形式。但以自主婚姻为主，通过社交和相互谈情说爱来确定。自由社交活动在节日、"赶边边场"过程中进行，形式是几个青年小伙同几个姑娘以歌对答或者互相交谈，沟通感情。赶场回来的路上，男青年尾追在集上观察已久的目标，向苗族姑娘"讨糖"或者"讨葱"。双方情投意合后才定终身大事、互相交换定情信物。再由男方告知家长，央请媒人到女方家里说合。包办婚姻是由男方父母央媒向女方父母说合，如当事人已成年，征求本人意见；如未成年，全由家长做主。有的虽可自由选择，但没父母认可，婚姻难以缔结。苗族建立婚姻关系的恋爱方式有游方、踩月亮、掐手、草标、咬手定情、搓耳表情、丝筒传情、走三步路等。

苗族婚姻程序为提亲、订婚、择日、举行结婚仪式。媒人提亲、说合之后，举行订婚礼式，由男家父母请礼郎、总管、歌师携带礼品前往女家举行。婚姻聘礼各地不一，数量悬殊。婚前，男家要举行"送亲酒"，礼物是糯米粑、油、盐、茶、酒、糖、猪肉等。结婚"正日"，新娘用歌声向父母辞行。然后，新娘步行到夫家，不行拜堂礼。新娘迈左脚跨过新郎房屋门槛以后，在火炉旁边坐下。稍息，由合师主持新郎、新娘喝"合欢酒"、吃"合欢肉"。但是，湘西北流行坐轿。宣恩县新娘到夫家时，须从侧门进入洞房，并由陪伴的未婚姑娘端盘请新郎、新娘喝"交杯酒"，表示同心合意。新婚之夜，新郎新娘不能同宿。新郎要为宾客倒茶装烟，新娘要与陪伴的姑娘叙旧话别。婚后，新娘有住夫家或暂住娘家两种情况。湖南、湖北部分苗族中，新娘出嫁以后长住夫家。其他地区多是结婚后次日，新娘即回娘家。每逢节日、农忙季节或当夫家有婚丧、喜庆之时，才去住一段时间。如此数年以后，才长住夫家。

2. 家庭

苗族实行一夫一妻制家庭，但中华人民共和国成立前也有少数丈夫多妻，其原因主要是女方久婚不育或有女无子。男方在原配妻子同意的情况下，另娶年轻的女子。这种情况，苗族社会舆论是同情的，并不违反道德。在家庭中，夫妻地位基本平等，凡是重大事件的处理和较大财产的变动以及子女的婚事等都是互相商量而后办。子女的血统从父，世系依父系计算，家庭财产按父系继承。苗族有父子连名制，子名在前，父名在后。平时只呼本名，不连父名。

（三）丧　葬

各地苗族成年人死亡举办丧葬形式和过程渐趋一致，有报丧、停尸吊唁和送葬三个步骤。

临终：老人弥留之际，子女都要在侧，表示"孝道"；咽气以后烧"落气纸"，为死者浴身、穿寿衣、寿鞋。

入殓：小殓完毕，进行大殓入棺，将亡者搬入棺中。不密闭棺盖，以便吊唁亲友随时瞻仰。

守灵、开路：停尸期间，家属轮留守灵，还"唱丧歌"。出丧的前一天，请苗族巫师"开路"、绕棺。

出柩：以一只公鸡为死者"带路"。由家庭中年龄最大的晚辈手执火把在前"引路"。抬柩之人跟着孝男朝坟地而去，送葬的亲戚朋友紧跟其后。

埋葬：卜地而葬，或者直接埋在集体坟山。埋葬之时，掩土成坟。

（四）节日

苗年：是苗族年节。近代以来，绝大多数苗族改在正月过年，只有黔东仍在十月、冬月、腊月的丑、卯、辰等日过年。苗年是苗族最大的节日，食品都比其他节日丰富，并且用来供祭祖先。

春节：苗族人在农历腊月三十过"客家年"。过春节时，除准备食品外，还要杀鸡祭祖、"守岁"、开"财门"、敬"年神"，从正月初一到十五都要休息。在此期间，要举行传统的娱乐活动。

三月三对歌节：是湘西苗族的大型歌会。各地清明歌会都有传统的中心会场，而以今吉首市丹青寨"清明场"最为有名。届时，各寨苗族群众赶来参加，善歌者引吭高歌，一唱一和。

四月八歌会：农历四月初八是苗族传统节日。传说苗族首领"亚宜"在某年联络各寨头人起事，反抗封建统治者，于次年四月初八牺牲。苗族人为追悼这位英雄，每年都在这天举行纪念活动。2011年，吉首市申报的《苗族四月八》被国务院列入国家级非物质文化遗产扩展项目名录。

赶秋节：是湘西苗族群众性节日之一。每年立秋日举行苗族赶秋节，苗族人身穿苗族服装，从四面八方涌向山沟秋场，参加荡秋千、打猴儿鼓、唱苗歌、舞狮子等活动。著名秋场有吉首市矮寨、花垣县麻栗场、凤凰县勾良山、泸溪县梁家潭、保靖县夯沙等地。

三、侗族民俗文化

居住：侗族聚族而居，寨内人烟缜密，一般数十户，多至数百户。房屋廊檐相接，鳞次栉比。通道、靖州侗族喜楼居，房屋多是干栏式木楼。一般分为三层，高约六米，全用卯榫嵌合。新晃、芷江侗族多住木质结构的两层长方形开口屋。

饮食：以大米为主，红薯、苞谷、大麦、小麦、高粱、小米、豆类为杂粮，瓜、菜以及猪、牛、羊、鸡、鸭、鱼、虾为副食。喜吃糯米、油茶和辣椒；喝白酒、甜酒、苦酒。侗族人好饮酒，宾客来临，主人拿出甜酒、苦酒和白酒热情相待；嗜好酸味，有"侗不离酸"之谚。侗族腌制的腌鱼、酸肉既是筵席的佳肴，也是馈赠亲友的珍贵礼品。"合拢宴"是侗族集体招待宾客的独特宴请方式。村寨头人先唱酒歌，大家还要唱转转歌，然后，主客开怀畅饮，气氛异常热烈。

服饰：侗族服装有青、紫、蓝、白等颜色，青壮年男子多穿7个纽扣有领对襟衣，老人穿有领或无领右衽衣；着宽长裤，包青头巾，束腰带。妇女穿无领对襟衣或右衽衣，下着长裙或长裤，衣襟、袖口、裤脚镶花边，系绣花胸围，束腰带，发髻盘于脑后，插银梳、银簪、银花，包花帕或丝帕。

婚俗：一般由青年男女自由恋爱，双方父母同意后，喝鸡血酒定情。婚时迎亲、送亲，新娘随带雨伞，步行到男家，男方设宴款待前来祝贺的亲朋、邻里，大家饮酒对歌。新婚之夜，新娘不入洞房，陪同寨子里讨花带的后生们唱歌，直到次日黎明。

丧葬：老人死后，由子女向母舅家报丧，用木板将尸体移至堂屋，请寨里老人洗尸，穿寿衣三五套不等。停柩三五天举行开吊，与死者同辈的人都来唱挽歌。亲友送酸鱼、烛纸等作祭品。母舅家吊唁时，孝子在门外摆香案跪接；来宾吊唁时，孝子号啕大哭，表示悲哀。

节日：侗族节日以春节、社日以及农历三月三（侗王节）、四月八（乌饭节）、五月五（祖婆节）、六月六、七月十五（放生节）、八月十五（淹牛节）、祖宗节等较为隆重。花炮节是侗族人最热闹的节日。

礼节：热情好客，客人来了，全家老少起来让座，用最好的食品款待；路遇素不相识的人，也互相打招呼；天黑赶路时可以随意进寨讨火把；若要歇宿，主人热情接待，不取分文。

第三节　宗教文化

一、土家宗教信仰

土家先民经历了万物有灵、图腾崇拜和巫术并存的历史阶段，民间宗教极为普遍。进入阶级社会以后，土家宗教又从民间宗教演变为多神信仰。土家族人既崇拜祖先、祭祀土王、信奉土老司，又信仰道教、佛教、基督教、天主教和伊斯兰教。因此，呈现多种宗教信仰并存的局面。

（一）宗教信仰

唯物主义者认为：宗教是人类发展到一定历史阶段的产物。从宗教产生和发展的历史过程来看，宗教经历了民间宗教、正统宗教和现代宗教三个发展阶段。土家地区是多种宗教并存地区，既存在民间宗教，又存在正统宗教。

1. 民间宗教

"民间宗教"是宗教发展过程中最初的宗教形态，是在群众中自发形成的功利性较强的仪式活动。民间宗教活动场所是指具有原生性、地域性、多样性、历史传承性和原始宗教特点的庙宇以及少数民族信仰的庙宇。个别历史悠久、影响很大、确有必要重建的民间信仰活动场所须报省宗教事务局同意。民间信仰活动场所实行登记管理，由省登记管理机关颁发登记证书。土家族人没有单一的宗教模式，长期信仰多神，其民间宗教的主要形式有：自然崇拜、图腾崇拜、祖先崇拜、灵物崇拜、偶像崇拜和动植物崇拜等。

（1）自然崇拜。

土家先民把自然界"万物"视为神灵的产物，因而产生万物皆有灵魂的观念，祈求神灵保护。土家先民信奉的自然神有猎神张五郎、梅山神、傩神、阿密妈妈、毛菩萨、火畲婆神、灶神、土地神、舍巴神、毛娘神、门神、财神、山神、水神、树神、蛇神、牛神、灵官神、四官神和五谷神等。湘西猎神梅山神是女神。相传她在狩猎时与虎搏斗，全身衣服被虎抓烂，赤身裸体。因此，在祭祀时，必须穿着整齐，不得袒胸露乳，不准说丑话。梅山神神位用三块砖合成置于屋右侧外面，猎者于猎前夜半敬之。每猎所获，必取之以祭祀。鄂西南和张家界市土家族人信奉猎神张五郎。"张五郎"是用花椒树蔸雕成的木雕塑像，形状是头朝地，脚朝天，表示其身躯跌下悬崖，倒挂在树上。打猎之前要敬猎神，并念扫山和催山等祭祀词。打到猎物后，就封山，用兽头供祭，然后方能分配、食用猎物。阿密妈妈是土家小孩的保护神。土家妇女生小孩后，其家人剪一个纸菩萨贴在碗柜上。刚生育的妇女逢年过节虔诚供奉，以佑孩子成长。土地神是个多神系统，分为天门、城隍、桥梁、山林、田垄、当坊土地六种。土家山寨多建土地庙，内供土地公公和土地婆婆。农历二月初二是土地佬生日，这天备办酒肉，祭土地神。

（2）图腾崇拜。

图腾崇拜是原始社会最早的宗教信仰。原始人相信每个民族都与某种动物有亲属关系，此动物即为该民族的图腾。土家族人的图腾崇拜是白虎图腾崇拜和鸟崇拜，产生于旧石器时代。土家原始先民巴人敬白虎，以白虎为图腾。据《后汉书》载：巴人始祖"廪君死，魂魄世为白虎。巴氏以虎饮人血，遂以人祠"。所以，土家地区历史上有以人祭祀白虎的习俗。唐代樊绰在《蛮书》卷十中说："巴氏祭其祖，击鼓而歌，白虎之后也……初丧，击鼓以道哀，其歌必号，其众必跳，此乃盘瓠、白虎之勇也。"巴人祭祀还要伴以击鼓和歌舞，这种习俗一直流传在土家地区，如清代《雍正保靖县志》记载："每岁三月，杀白羊、击鼓、吹笙以祀鬼。四月十八日夜祀祖，名曰敬鬼。"这种习俗演变成为土家族人的打丧鼓、唱丧歌、跳丧舞。土家人相信虎有神灵，鄂西南土家人认为"坐堂白虎"是好神，每家都要敬奉。土家族萨尔嗬唱词中有"白虎当堂坐，当堂坐的是家神"之句。湘西北土家人认为"过堂白虎"是坏神，说"白虎当堂坐，无灾必有祸"。如果哪家小孩病了，疑是白虎神作祟，必请土老司"赶白虎"，以解小孩灾祸。这两种截然相反的白虎神都与巴人崇虎信仰有关。

（3）祖先崇拜。

祖先崇拜是原始社会的一种宗教信仰，产生于氏族公社母权制时期。随着父权制确立，萌生了父系家长的灵魂可以庇护本族成员的观念，并且形成各种崇拜仪式。祖先崇拜是土家宗教信仰最有特色的遗风之一，土家族人把同自己有血缘关系的历代祖先看成是本民族子孙的保护神。既崇拜氏族祖先，也崇拜家庭祖先。凡是逢年过节、备办酒席时，都必须敬奉祖先，于是形成了祖先崇拜。崇拜祖先是土家族宗教信仰最有特色的部分。土家祖先范围较广，主要包括氏族祖先、土王和家先神三类。土家地区民间信仰场所有向王天子庙、白帝天王庙、八部大王庙和婆婆庙等，氏族祖先有向王天子、八部大王和大二三神。湘鄂西向王天子庙供奉的向王天子是巴人部落酋长巴务相，即廪君。八部大王传说是湘西地区八个部落首领，保靖县首八峒、龙山县马蹄寨和永顺县老司城等地过去曾建八部大王庙。大二三神为土家田氏家神。酉水流域许多土家山寨建有土王祠，兼作摆手堂。土家人祭祀的土王有彭公爵主、向佬官人、田好汉、热其巴、覃㽥王、七里公王覃添顺和唐土王等。鄂西一带建有"三抚宫"，以覃、田、向三姓土王为主。家先神是崇拜祖先的主要形式，土家族人将各自家族的祖先当作家先神常年供奉，各家堂屋设有祖先神位，在家龛上供奉自己祖先。神龛上方一般横写"祖德流芳"，中间竖写"天地君亲师位"，左右两侧竖写"九天司命太乙府君"和"××堂上历代祖先"。逢年过节，土家族人在神龛上点燃蜡烛，用祭品祭之。祭家先的习俗以过赶年和七月半为盛。土家姑娘哭嫁时，要"哭辞祖宗"。出嫁时，还要举行祭祖告别仪式。

（4）尊崇梯玛。

土家语"梯玛"为敬神的人，汉语称之为"土老司"或者"端公"。梯玛是不脱离劳动的职业宗教者，不仅主持民间宗教仪式，而且管理土家人的婚丧、治病、许愿、还愿、占卜、解结、赶鬼、赶白虎等。梯玛是摆手舞掌堂师，用土家语唱"梯玛歌"，梯玛唱词全凭记忆，精通土家历史文化，是土家文化传承人。

2. 正统宗教

"正统宗教"是在民间宗教基础上发展起来的。既继承了民间宗教的基本特点，又适应新的政治、经济、文化条件。土家先民深受汉族文化影响，道教、佛教、儒教传入土家山寨较早，州城、县城都有文庙、武庙。鸦片战争以来，基督教、天主教和伊斯兰教相继传入武陵地区。

（1）道教。

道教是中国土生土长的宗教，形成于东汉时期。武陵地区道教宫观始建于晋代。传说唐代卫国公李靖在慈利县五雷山草创道观。元代至正四年（1344），翰林编修张兑归隐慈利县五雷山，布施福地，修真武庙、太子宫和火宫殿。不久，常德荣定王和澧州华阳王遂将宫观修成36宫、72殿。明神宗封五雷山为"洞天福地"。清代以后，改称为"内八家"和"外八家"。紫霞观创建于宋代。据明代《万历慈利县志》记载："紫霞观，旧在琼云山巅白云山。宋咸淳元年（1265），善人唐绍甫舍基，道士何无瑕建立。"明代，紫霞观扩建了三清殿、三官堂、祖师殿等道教建筑。宋代所建高贞观供元始天尊和太上老君塑像。明代，永顺、凤凰等地设"道会司"管理道教事务，永顺重建祖师殿[永顺县老司城的祖师殿始建于五代后晋天福五年（940），是土家地区现存最早的古代建筑]。永定始建玉皇阁。容美土司司治即有真武庙、城隍庙等道观。唐崖土司城内也有桓侯庙、玉皇庙和玄武观。长阳县石柱观已有 400 多年历史。明代正一派在土家山寨发展广泛，全真道武当派也传入土家地区。因此，明清时期，土家地区建了星德山道观、华南宫、朝天观等数百座道观。酉阳县西酬著名的道教宫观有万寿宫、禹王宫、南华宫。

（2）佛教。

佛教晋代时传入土家地区，以禅宗、净土宗和天台宗为主。东晋成帝年间，龙山县始建"普照禅林"，即今保存观音阁的太平山寺。东晋永和八年（352），酉阳县始建永和寺。唐代，巴东始建汉寿寺和洪山寺。唐代尉迟敬德在慈利江垭建了兴国寺，慈利渠庸建了云朝山寺，天门山建了天门山寺，石门县建了夹山寺和洛浦寺。五代十国时期，来凤境内创建仙佛寺，建于前蜀咸康元年（925），是土家地区最早的石窟寺。五代时，今永定区始建玉泉寺。宋代，在今张家界市境内建有铁佛寺、南岳寺、宝峰寺等寺庙，明代《万历慈利县志》曾载："铁佛寺，原在旧县治，东西向。世传有铁佛一尊营基，因名。自宋咸淳元年（1265），县为州，设僧正司以领诸山衲子观。"清代《康熙慈利县志》亦载："铁佛寺，首刹也，在县东城内。按碑载，自宋咸淳元年始创建。"元明清时期，湘西北建了普光寺、大悲庵、龙凤庵、龙凤寺、迎恩寺、朝阳寺、凤鸣寺、福德山寺、高远寺、道林寺、西佛寺、燕岩寺、准提庵、紫微宫、剪刀寺和观音庙等数百座佛教寺庙。鄂西南建了紫山寺、玉泉寺、黄陵庙、法华寺和传庆寺等寺庙。渝东南建了天龙山寺、金龙山寺、万灵山寺等。

（3）基督教。

《辛丑条约》签订以后，传教受到清朝地方政府保护，各国传教士争相涌进土家地区，各基督教教会争相发展自己的势力范围。1901 年，基督教传入慈利县。1906 年，芬兰牧师安果南、梅先春在慈利县城修建基督教教堂，成立"基督教中华信义会慈利分会"。慈利总堂建立以后，设过溪口等 9 个支堂。1906 年，在大庸县建立福音堂，后来传入桑植、永顺等县。1917 年，在永顺县建基督教总堂。中华基督教教会从长沙传入沅陵，再从沅陵传入湘西保靖、龙山等县，后来传入来凤、宣恩和恩施等地，共有基督教教堂数十处。

（4）天主教。

清代，天主教开始传入土家地区。早在乾隆年间，天主教的触角就已伸入巴东一带，当地土家人中已有信天主教者。道光年间，利川建了天主教堂。同治年间，恩施设有施南教区总堂。光绪年间，建始县建立景阳河教堂。光绪年间，鄂西爆发了四次反对外国教会的"教案"。1901年，天主教传入湘西沪溪、永顺、保靖、龙山、古丈等地，隶属湘西主教区管辖。1903年，西班牙神甫安熙光、牧启甫等到慈利传教，并在县城建立天主教堂。1908年，永顺县、保靖县建了天主教堂。1915年，天主教郭神甫来到大庸建立天主教堂。近代，土家地区建有天主教堂50多处，天主教徒成千上万。

（5）伊斯兰教。

清代嘉庆年间，从常德迁入凤凰县的郑、马两家回民在县城建立清真寺，进行礼拜活动，共有阿訇4人、伊斯兰教教徒188人。清代，龙山县兴隆翦姓维吾尔族人曾建清真寺。清代嘉庆年间，沅陵县建有清真寺，现已恢复。

（二）寺观教堂

寺观教堂是数千年来宗教教徒聚居之所，具有历史学、宗教学、考古学、建筑学、文学和美学价值。改革开放以来，土家地区落实党的宗教政策，理顺宗教活动场所管理体制，恢复、修复了重点寺观教堂，不仅成为宗教活动场所，而且成为无数游客从事宗教活动或者旅游考察的人文景观。

1. 佛教名胜天门山寺

天门山寺位于张家界市天门山顶，始建于唐代，后改为灵泉院、云钵庵。五代后晋时，周朴隐居灵泉院。明末清初，闯王李自成部将野拂和尚主持天门山寺数年，扩建寺庙，香客众多，民间有"三进堂、六耳房、砖墙铁瓦锅如塘"之说，可以想见当年寺庙盛况。现存祖师殿、观音殿、七级宝塔和12块残碑。2000年，湖南省佛教协会派遣释怀梵法师前来张家界市恢复天门山寺佛教活动，湖南省宗教事务局发了《关于同意重修天门山寺的复函》。近年来，天门山旅游公司投资6 000多万元，修建天王殿、大雄宝殿、祖师殿、观音殿和藏经楼等五进五殿，占地万余平方米。

2. 江南名刹普光寺

普光寺位于张家界市城区解放路。明代永乐十一年（1413），永定卫指挥使雍简创建了普光寺。普光寺现存山门、钟鼓楼、大雄宝殿、罗汉殿、观音殿、高贞观、玉皇阁、武庙和文昌祠等古建筑，总面积为9 800平方米。1959年，被湖南省政府定为省级文物保护单位。2003年，湖南省政府发了湘府阁〔2003〕21号《关于在张家界普光禅寺进行佛教活动有关问题的会议纪要》。从2003年起，湖南省佛教协会副会长怀梵法师等人已把普光寺恢复为佛教活动场所。2013年，普光寺被国务院批准为全国重点文物保护单位。

3. 江垭古刹兴国寺

兴国寺位于慈利县江垭镇九溪村慈利二中校园内。兴国寺创建于唐代，为尉迟敬德所建。《民国慈利县志》记载："兴国寺，在九溪城北，相传始于李唐。"但是，清代《嘉庆慈利县志》却说："兴国寺，在九溪营城内。创自明时，规模宏敞，殿宇巍峨，名刹也。"元明清时期曾经三次修缮，全寺分为金刚殿、大雄宝殿、八卦楼和梅花殿等五殿。现存梅花殿系整个建筑的第四进，部分木质构件尚存明代及明代以前的古建筑，上下两层高14米，建筑面积达256平方米。楼顶为八角出檐，为全省现存较早的古代建筑之一。1983年，被湖南省人民政府公布为省级文物保护单位。

4. 吉首名刹太虚寺

太虚寺原名小溪庵，清朝初年，通圣法师募建四进三庭院，改为太虚禅林。1990年，迁建于吉首市东洞坡半山上，重修天王殿、大雄宝殿、观音殿、弥勒殿等佛教建筑。

5. 溪州名胜观音庙

观音庙位于永顺县不二门风景区里，为湖南省佛教胜地之一。观音庙位于观音岩下，庙宇建筑因山造势，错落有致。观音庙建于清代乾隆年间，嘉庆年间重修。1995年被湖南省宗教事务局确定为全省重点寺观教堂。现在，观音庙包括天王殿、观音殿、三官殿、大雄宝殿、地藏庵、永府阁、玉皇阁、文昌阁和接引庵等，正殿后的地藏庵与老司城祖师殿结构相似。

6. 千年名胜太平山寺

太平山寺位于龙山县桶车乡太平村，始建于东晋时期，唐代扩建天王殿、观音殿和大雄宝殿等佛教建筑。1997年，全国政协副主席赵朴初为太平山题字。2000年以来，恢复部分佛教殿堂。

7. 楚南名刹夹山寺

夹山寺位于常德市石门县城南10公里处。唐代高僧善会于咸通十一年（870）创建，唐懿宗、宋神宗和元世祖曾经下诏敕建，享有"三朝御修"盛名。该寺规模宏大，曾有九殿一宫，从山门到大殿相距甚远，故有"骑马关山门"之说。夹山寺是佛教禅宗讲法之所，宋代高僧圆悟在此讲经说法十多年，其著作《碧岩集》史称"宗门第一书"。圆悟又以禅宗的思辨来品尝茶的奥妙，悟出"茶禅一味"真谛，其手书"茶禅一味"被日本弟子带回以后，至今作为镇寺之宝藏于日本奈良大德寺，夹山寺因此被日本文化界公认为茶道源头。清代顺治年间，传说农民起义领袖李自成失败以后，化名奉天玉大和尚禅隐夹山寺领徒向佛，并且圆寂于此，留下了闯王陵和夹山寺等遗迹。乾隆年间，澧州知州何磷撰有《书李自成传后》一文，对奉天玉和尚禅隐夹山寺记载甚详。中华人民共和国成立以来，历史学家申悦庐和著名作家丁玲等文史专家均持李自成禅隐夹山寺之说。夹山寺现存大雄宝殿屋架及碑刻等诸多文物文献。1983年，被湖南省人民政府公布为省级文物保护单位。20世纪90年代以来，石门县修复山门、大雄宝殿、天王殿、法堂殿、大悲殿、金殿和藏经阁等寺庙。2013年，"夹山寺"被国务院批准为全国重点文物保护单位。

8. 千年古寺仙佛寺

仙佛寺位于湖北省来凤县境内。仙佛寺摩崖造像建造于五代前蜀咸康元年（925），是江南最早的石窟寺。仙佛寺石壁北端刻有"咸康元年五月"等字。山门两侧刻有"楼台数座原无地，水月双清别有天"对联。进入山门便是倚壁而建的楼阁，分上、中、下三层。第一层是观音堂，第二层是钟鼓楼，第三层是大佛殿。殿宇外为屋，内是窟。土家族"干栏式"吊脚楼直伸河沿。窟中百尊石佛各具神态，工艺精湛。千百年来，仙佛寺香火旺盛，文人学士留下众多题咏。1956年，被列为湖北省级重点文物保护单位。2006年，仙佛寺石窟被国务院批准为全国重点文物保护单位。

9. 思南古迹观音阁

位于贵州省思南县中和山的佛教古迹观音阁始建于宋代，原名华严寺。明清时期曾经多次重修。1981年，观音阁被列为县级文物保护单位。

10. 武陵仙源紫霞观

经张家界市宗教事务部门登记的道教胜景紫霞观位于武陵源区宝峰路，是武陵源区唯一的道教宫观，是湖南省旅游局批准的 AA 级旅游景点。紫霞观是道教历史悠久、文化源远流长的宗教名胜。紫霞观创建于宋代，据明代《万历慈利县志》载："紫霞观，旧在琼云山巅白云山。宋咸淳元年，善人唐绍甫舍基，道士何光瑕建立。"明代宣德年间，紫霞观扩建了三清殿、三官堂、祖师坛等道教建筑。1992年，为了开发人文旅游资源，经武陵源区政府批准，集资迁建了紫霞观，修复了八仙山、八仙亭、仙人足迹石、三清殿、地府十殿、南天门、慈航观音殿和同心路等景点，成为武陵源区知名的宗教景观。

11. 芙蓉镇三清观

道教宫观三清观坐落于永顺县芙蓉镇风景区石板街左侧，原有三栋木房，供奉元始天尊、灵宝天尊、道德天尊三清神像。创建于唐代，盛行于元明清土司时期。

12. 恩施市武圣宫

位于湖北省恩施市城区，建于清代中期，是市内残存的道教古迹之一。

13. 湖南首堂福音堂

基督教张家界市福音堂坐落在市区新码头 78 号，耸立在风景绮丽的澧水河畔。该堂创建于清末，属基督教路德宗芬兰信义差会所办。直至今日，许多中外传教士、基督教教徒来张家界市旅游时，都要寻访教堂，观瞻礼拜。1997年，投资 150 多万元修复教堂，总面积达 3 036 平方米。这里除每周礼拜活动外，还办有教会医疗诊所、老人修养院、神学培训中心、基督教游客接待处等。作为湖南最大的基督教文化圣地与宗教旅游景点于 1998 年被湖南省人民政府授牌为"湖南省重点宗教活动场所"。这一历史悠久的基督教堂已经成为张家界市宗教文化圣地、对外宣传窗口以及联系无数国内外朋友的纽带。

二、苗族宗教信仰

苗族信仰是"万物有灵"演变而来的多种神灵信仰。苗族信仰有自然崇拜、图腾崇拜、盘瓠崇拜、祖先崇拜、鬼神崇拜、猎神崇拜、门神崇拜、财神崇拜、药王崇拜、动物崇拜等。沅陵县高村乡漫水村的盘瓠庙始建于明代永乐二年（1404），至今保存盘瓠大殿等古代建筑。

古代，苗族先民崇拜祖先，认为"灵魂不灭"。中华人民共和国成立以前，苗族祭祖活动仍然不少，如湘西北的"剖果"、黔东南的"祭鼓社"。过年过节，用酒肉在神龛前面敬祭祖先。苗族普遍崇拜"神明"。神明崇拜中对天地和对龙的崇拜比较突出。以村为单位集体祈祷的祭龙、祭天地、招龙及单家独户办的接龙都很盛行。"接龙"是湘西北和黔东北一些富裕人家为求家道兴隆而举办的祈祷，苗巫为龙神献酒，行"上熟"礼和接龙礼，去井边接龙。"椎牛"是苗族人传统的祭祀、唱歌习俗，"椎牛"的全部祭仪均由苗巫主持。苗族普遍信鬼祭鬼。随着文化水平提高，迷信鬼神已有疏淡趋势，有些人已经不信，有病求医的逐渐增多。苗族人还信仰佛教、道教、基督教和天主教等。如凤凰县有些佛道寺观，沅陵县有佛教寺庙和基督教堂。

三、侗族宗教信仰

侗族宗教信仰有图腾崇拜、祖先崇拜和万物有灵观念支配下的自然崇拜。芷江县天后宫和靖州县梓潼宫、飞山庙是著名的宗教名胜。

图腾崇拜：图腾有葫芦、蛇、蛋等，侗族把它们视为祖先的化身而倍加保护。侗族神话传说，远古时期人类遭受滔天洪水灾害，侗族始祖姜良、姜妹靠一特大葫芦避难获救，所以他们把葫芦视为神物进而顶礼膜拜。男子出门、出征要腰系葫芦作为护身符，在福桥、鼓楼等公共建筑的顶上都塑葫芦。

自然崇拜：侗族人认为，天地间"万物"都有"灵"，与人们的生存祸福相关。主要崇拜对象是天、地、山、水、树、石等。

祖先崇拜：侗语"萨岁"，汉意为老祖母。侗家人认为萨岁无所不在，无所不能。侗族各个村寨都有纪念这位老祖母的萨岁坛或叫萨堂。凡是节庆佳日或者外出做客，必先在萨堂前举行隆重的祭祀活动；年三十夜，乡亲聚会守萨堂。靖州县侗族人多祭祀飞山祖公杨再思。唐代末期，杨再思结营飞山，担任诚州刺史，以姚、谢大姓为僚峒官，抚绥峒民。杨再思去世后，峒民建飞山庙祭祀杨再思。2015年，靖州县申报的"靖州飞山信俗"被湖南省政府列入省级非物质文化遗产名录。

第四节 红色文化

中国共产党成立以后，以贺龙、周逸群、贺锦斋、袁任远、廖汉生等为首的共产党员创造了武陵地区"红色文化"。1928年，桑植起义爆发。1929年，成立中共鹤峰县委和鹤峰县苏维埃政府，形成湘鄂边革命根据地。1931年，成立中共湘鄂西临时省委、湘鄂西省革命军事委员会和湘鄂西省苏维埃政府，形成湘鄂西革命根据地。1934年，成立以任弼时为书记的中共湘鄂川黔省委、以贺龙为司令员的湘鄂川黔省军区和以贺龙任主席的中华苏维埃共和国湘鄂川黔省革命委员会。1935年，湘鄂川黔革命根据地初具规模。至今，红军将士创作的苏区歌舞和戏曲仍在武陵老区流行。贺龙、周逸群、贺锦斋、袁任远、廖汉生等红军将士的故事至今仍在武陵地区流传。张家界至桑植至永顺至吉首至铜仁被列入全国30条"红色旅游精品线路"，贺龙故居和湘鄂川黔革命根据地旧址被列入全国100个"红色旅游经典景区"。贺龙故居、湘鄂川黔革命根据地旧址、红二六军团长征出发地旧址、黔东特区革命委员会旧址、鹤峰县五里坪革命遗址、南腰界红三军司令部和赵世炎故居被国务院批准为全国重点文物保护单位。

一、创建湘鄂边根据地

（一）组建中共湘西北特委

1928年1月8日，中共中央在上海召开常委会议，同意派遣贺龙去湘鄂西领导武装暴动并且决定组成中共湘西北特委。由郭亮任书记，贺龙、周逸群、徐特立、柳克明（即柳直荀）为委员，负责发动群众，组织工农队伍，开展武装斗争，建立苏维埃政权。1月11日，贺龙、周逸群和卢冬生等 10 余人离开上海，乘江轮抵达武汉，和武汉中共党组织联系。中共湖北省委书记郭亮与贺龙见面以后，中共湖北省委任命贺龙担任暴动总指挥。后由周逸群继任中共湘西北特委书记。

（二）桑植起义

1928 年 2 月 28 日，贺龙、周逸群等人到达桑植县洪家关，立即建立农民武装。中共湘西北特委决定：组建中共桑植县第一届委员会，任命李良耀为书记。经过一个月的宣传发动，组成一支 3 000 多人、700 余支枪的武装队伍，包括贺龙大姐贺英、胞妹贺满姑以及族兄贺炳南等人的队伍 1 500 余人。3 月 30 日，中共湘西北特委决定宣布组建"工农革命军"，贺龙任军长，辖一个师，贺锦斋任师长；编两个团，贺桂如和李云卿分任两个团团长。还编 4 个大队，王炳南、贺炳南、刘玉阶、文南甫分任 4 个大队大队长。4 月 2 日，中共湘西北特委领导工农革命军举行桑植武装起义，兵分三路向桑植县城挺进。上午 11 时，贺龙、贺锦斋指挥部队歼灭县城部分守敌，攻克桑植县城。4 月 3 日，建立桑植县革命委员会，李良耀为主任，开始土地革命战争。4 月 15 日，国民党独立十九师师长陈渠珍命令向凤翔、姜文周两个团和第四十三军第五旅旅长龙毓仁乘桑植起义军立足未稳、贺龙前往鹤峰县筹款之机，分别率军攻占桑植县城和洪家关一带。工农革命军被迫退到凉水口、罗峪一带。后来，周逸群转至鄂西地区，开辟根据地。贺龙等人仍然留在桑植县、鹤峰县边境，筹集枪弹粮饷，收集失散人员，开展湘鄂边游击战争。6 月初，工农革命军恢复到 400 余人。6 月 25 日，国民党第四十三军某部辎重连从桑植县城西撤，贺龙等人埋伏在小埠头葫芦壳，歼敌 150 余人，缴枪百余支。6 月 29 日，中共湘西北特委率兵重新攻占洪家关。这时，失散部队贺桂如、文南甫部陆续返回，工农革命军扩大到 1 500 余人。桑植起义是继南昌起义、秋收起义、湘南起义之后，在中国共产党领导下的大规模武装起义，是中国共产党"农村包围城市战略"又一次成功实践。

（三）罗峪整编

1928 年 7 月，贺龙等人辗转退至桑植县罗峪一带深山密林，进行休整。部队驻扎在庙湾一座寺庙，其余官兵分散扎在庙湾周围，贺龙、陈协平、贺锦斋等人召开整编会议，会议根据中共湖南省委决定，将中共湘西北特委撤销，并入中共湘西特委；成立"中共湘西前敌委员会"，统一领导湘西地区军队和党的地方工作。贺龙任前委书记，贺锦斋、陈协平、张一鸣、李良耀任委员。前委决定对部队建制进行统一改编。8月1日，将部队改编为"工农革命军第四军"，贺龙任军长，黄鳌任参谋长，陈协平任秘书长。下辖第一师，贺锦斋任师长，张一鸣任党代表；王炳南任第一大队大队长，滕树云任第二大队大队长，贺炳南、文南甫、贺沛卿、王湘泉任支队长。全军共计1 500余人，罗峪整编结束。

（四）堰垭整编

1928年11月中旬，中共湘西前敌委员会总结工农革命军第四军成立后连遭挫折的教训，在桑植县堰垭对部队进行整编。将中共湘西前敌委员会改称为"中共湘鄂西前敌委员会"，统一领导湘鄂西地区党的地方工作和军队，仍以贺龙为前委书记。遣散老弱病残和政治上不坚定的投机分子，加强部队党、团的建设，一批共产党员成为骨干。工农革命军第四军改称为"中国工农红军第四军"，贺龙仍为军长，党务工作由陈协平负责，军务工作由王柄南负责。经过整顿，红四军虽然只剩91人、72支枪，但是人员素质有了提高。堰垭整编是红四军建军史上的一个转折点。

（五）南乡起义

1928年3月，湖南省慈利县土家人袁任远担任石门县委委员以后，秘密在石门县南乡组织一百多名共产党员成立"暴动队"。1928年5月5日，袁任远、曾庆轩等人带着短刀，突袭寺垭铺，砍死8名警备队员，树起南乡武装起义旗帜。接着，暴动队在曾庆轩指挥下，袭击南乡夏家巷团防局，砍死团总梅春圃等8人，缴获步枪4支。南乡起义爆发以后，中共石门县委以花薮区和夏家巷的农民暴动队50多人为基础，成立"中国工农红军湘西第四支队"，余策源为司令，袁任远为党代表，指挥部设在樟木岗。随即在南乡开展游击战争，队伍不断壮大。消灭南乡团防队后，乘胜转战于石门、慈利等县边境，形成以太浮山为中心、纵横二百余里的武装割据局面。在国民党军队和地方团防万余人联合围剿下，南乡起义于1928年7月失败，其余部参加了红四军，为发展湘鄂边根据地做出了历史贡献。

(六)创建湘鄂边根据地

桑植县和鹤峰县是少数民族聚居区,在贺龙和周逸群创建的红四军中,有许多英勇善战的土家、白族战士。湘鄂边根据地是中国共产党在土家地区建立的第一块根据地。为了加强湘西各县党的工作统一领导,中共湖南省委决定将中共湘西北特委并入中共湘西特委,并于1928年7月成立以贺龙为书记的中共湘西前敌委员会。1928年12月,根据中央指示,将中共湘西前委改为中共湘鄂西前委。1929年1月8日,贺龙率领部队攻占鹤峰县城以后,成立中共鹤峰县委、鹤峰县苏维埃政府和鹤峰县农民协会,开展土地革命斗争。根据党的六大决议,工农革命军第四军改为"中国工农红军第四军",在连队建立党支部,加强党对军队的领导。1929年3月,红四军收编土著武装谷志龙部100多人、69支枪,编为红四军第二旅。6月14日,红四军再次攻占桑植县城,成立桑植县委,李良耀为书记;成立桑植县苏维埃政府,汪毅夫为主席;成立桑植县农民协会,陈昌厚为主席。1929年7月,独立十九师师长陈渠珍令其所属向子云旅从永顺县向桑植县进攻。红四军取得南岔、赤溪大捷,歼敌三千余人,缴获枪支两千余支,是红四军建军史上首次大捷。南岔、赤溪取胜以后,红四军在桑植再次进行整编,大队、中队改为团、营建制,全军增加到四千余人、三千余支枪。在中共湘鄂西前委领导下,中共桑植、鹤峰县委和苏维埃政府发动群众,打土豪、分田地,建立农民协会、基层党组织以及红色政权。至1929年底,桑植和鹤峰两县红色区域连成一片,形成以桑植、鹤峰为中心的湘鄂边根据地,实现中共中央割据湘鄂边区的战略目标。湘鄂边根据地形成,为红四军发展和红色区域扩大奠定基础。

(七)红四军收编两支土家武装

土家首领覃辅臣在大庸县西教乡发展300多人以后,从永顺县大庄经大庸县罗水,行至粑粑塔,遭熊相熙伏击,退回罗水,派熊润去桑植县送信求援。贺龙派红军300余名,翻越青安坪乡神堂坪,至罗水迎接覃辅臣部入桑植县。1929年6月,覃辅臣在桑植县受编为红四军第二路指挥,辖十一、十二两个团,万涛为党代表,团长分别为覃金阶和覃勋伯。贺龙还对康中乡拥有50多支枪的团防头目刘岸翘做了争取工作,由刘岸翘率领其部协同红军参与游击战争。他们在战斗中表现出对红军的忠诚，得到贺龙信赖，被改编为红四军第一路指挥部所属独立营，刘岸翘任独立营营长。收编覃辅臣、刘岸翘两支土著武装，不仅壮大了红军力量，还在反对何键清剿的战斗中发挥了重要作用。

（八）赤溪大捷

蒋介石得知贺龙指挥红军在湘鄂边区活动的情报，急召任湖南省主席的何健去武汉密商清剿方案。1929年6月，何键陪蒋介石抵长沙，密电驻沅陵县独立十九师师长陈渠珍带领桑植、大庸、永顺、慈利等县地主武装，同国民党正规军吴尚、戴天明等师配合，从东、西、南、北向桑植县进逼。陈渠珍以向子云旅两个团兵力为前锋，深入桑植县。湘鄂西前委召开军委会议，覃辅臣建议采用空城计，打击向子云部。1929年7月，向子云部周寒之团2 000余人自永顺县碑里坪、水田坪向南岔前进。贺龙决定让敌人在南岔渡过澧水，聚而歼之。敌人深入南岔以后，在水滩口、南岔渡、龚家嘴三处横渡澧水，朝桑植县城前进。红四军分兵迎敌，覃辅臣安排短枪队埋伏在桑植城东门和北门附近。战斗开始以后，阻敌部队佯作向桑植城北败退。待敌人进至城北吴家坡一线时，红军发起反击，敌人仓皇后撤。神兵团长陈宗瑜、政委覃苏、特务连长范松之率领"神兵"，以迅雷不及掩耳之势杀向敌阵，一边用梭镖、大刀同敌人开展白刃战，一边开展政治攻势。面对"神兵"锐不可当的打击，敌人向南岔河方向败退。红军趁势追击，敌人抢渡不及，大部被歼，周寒之被击毙。敌旅长向子云不甘失败，力图报复。7月中旬，向子云亲任指挥，率部2 000余人以及地主武装倾巢出动。以一部自万民岗出凉水口，由陈策勋部和地方团防配合；向子云亲率主力，从大庸县、桃子溪向赤溪河进攻桑植县城西门。湘鄂西前委决定大开四门，诱敌深入。7月14日晚，红军撤出县城，将主力埋伏在城北梅家山、八斗溪一线；另一部于西界、茅岩设伏。7月15日凌晨，敌特务营从赤溪渡口过澧水，上午9时占领桑植县城，其后续梯队逐次渡河跟进。下午，敌人全部渡过赤溪，集于河洲。贺龙、覃辅臣抓住敌人兵力分散而且立足未稳时机，下令围歼城内之敌。霎时，伏兵齐出，红四团经高家坪、乌龟嘴杀进东门；红一团从柏家冲跃出，抢攻西门；红二团、独立团等部从八斗溪插到汪家坪，阻敌增援部队；覃金阶配合陈宗瑜神兵团从东门攻入。向子云旅经此打击，城内敌人大部被歼，向子云率领少数人马逃窜。覃辅臣率红军敢死队冲在前面。敌军后续梯队抢占蛾子坡高地。红军集中火力强攻，并派红一团经蛾子坡南侧山谷向赤溪渡口迂回，从背后包抄。在红军前后夹击之下，敌向赤溪渡口溃退。赤溪渡口河床狭窄，水流湍急，恰逢上游刚下暴雨，河水陡涨，过河渡船又被红军控制。敌人退至河滩，无法渡河，大部缴械。少数泅水逃跑，溺死河中。覃金阶率部追至赤溪，向子云连人带马跳入河中，拉着马尾泅至河心，被洪水吞没。至此，敌军进攻遂告失败。此二战役，共计歼敌 3 000 余，获长短枪千余支，是红四军建军以来的第一次大捷，不仅减轻了敌人对桑植县的压力，对扩大苏区起了积极作用，而且使红四军发展到了 4 000 人。

二、创建湘鄂西根据地

1930 年 2 月，根据中共中央指示，贺龙挥师东进洪湖。1930 年 7 月，根据中央军委指示，红四军改称红二军。在湖北省公安县与红六军会师以后，合编为红二军团，贺龙任总指挥，周逸群任政治委员，柳克明任政治部主任，孙德清任参谋长，部队扩大到 10 000 多人、5 000 余支枪。7 月下旬，红二军团拔除洪湖根据地内的白色据点，攻占潜江县城和天门县重镇岳口，把鄂西地区江陵县、沔阳县、监利县、潜江县等根据地连成一片。同年 9 月，红二军团进攻沙市未克，损失较大。红二军团经过湘鄂西初期挫折以后，巩固洪湖苏区。到 1930 年 11 月，包括湘鄂边根据地的湘鄂西根据地，以洪湖苏区为中心，上抵沙市，下抵仙桃，北至天门，南至安乡，纵横千余里，部队发展到 20 000 多人。1930 年 9 月，新任中共湘鄂西特委书记兼红二军团政委邓中夏在周老嘴主持的红二军团前委军事会议决定：红二军团渡过长江南下，进攻岳阳，直捣长沙。1930 年冬，在"左倾"冒险主义错误影响下，红二军团南征南县、临澧、澧县、津市等地失利，付出巨大代价。转战湘鄂边境期间，以鹤峰为中心的湘鄂边根据地斗争有了发展，于 1931 年 4 月成立鹤峰、五峰、长阳、桑植、石门苏维埃五县联合政府，向经武任主席。1931 年 3 月，成立中共湘鄂西中央分局，中央代表夏曦任书记。1931 年 3 月，红二军团改编为红三军,随即离开湘鄂边根据地,进入巴东、兴山、秭归苏区,继而开辟以均县、房县为中心的鄂西北苏区。1931 年上半年,蒋介石先后调集国民党第十军,分三期对湘鄂西革命根据地发动三次"围剿"。苏区军民历尽艰难,赢得"反围剿"胜利。1931 年 10 月,红三军主力回师洪湖根据地。1932 年第一季度,在襄河两岸连续三次取得大捷,洪湖苏区得以扩大。1932 年 6 月,蒋介石调集国民党军 10 万余人对湘鄂西革命根据地发动第四次"围剿"。由于中共湘鄂西中央分局书记夏曦执行王明左倾冒险主义路线,导致"反围剿"失败。红三军被迫于 1932 年 10 月退出洪湖苏区,撤至湘鄂边境。

三、创建湘鄂川黔根据地

(一)开辟黔东特区革命根据地

1933 年 12 月 19 日,湘鄂西中央分局在湖北省咸丰县大村召开会议,决定创建湘鄂川黔新的根据地。1934 年 6 月,红三军进入贵州东部以后,湘鄂西中央分局在德江县召开枫香溪会议,成立中共黔东特区委员会,开辟包括沿河县、印江县、德江县、松桃县在内的"黔东特区根据地",建立区、乡苏维埃政权。红三军指战员经过广泛宣传和积极筹备,于 1934 年 7 月在沿河县张家祠堂召开黔东特区第一次工农兵苏维埃代表大会。到会的 135 名代表选出以孙秀亮为主席,秦育清、陈正国为副主席的黔东特区革命委员会,这是中国共产党领导黔东各族人民创建的贵州省第一个红色政权。为了补充兵源,红三军于 1934 年 6 月把具有作战经验的 1 500 多名"神兵"武装组成黔东纵队,冉少波任黔东纵队司令,张金殿任黔东纵队副司令,直属红三军领导。不久,与黔东各县的五个独立团合编为"黔东独立师",正式编为红军,由贺炳炎任师长,冉少波任副师长。贵州省第一支最大的革命武装"黔东独立师"在黔东特区反"围剿"斗争中多次配合红三军歼灭敌人,保卫黔东革命根据地。此外,在黔东特区里,各区苏维埃成立游击队,共计 1 万余人;各乡苏维埃建立自卫队,共有 3 万多人。自卫队员支持红军和游击队在上百次战斗中打击敌人,立下不可磨灭的战功,成为黔东根据地数量众多的武装力量。1934 年 8 月,红三军一方面巩固黔东特区根据地;另一方面,东出湘西,在湘鄂边境恢复老根据地，发展新根据地。

（二）木黄会师

1933年10月，国民党出动50万军队对中央红军进行第五次围剿。为了实行战略转移，中央命令红六军团西征，策应中央红军作战。红六军团西征时由任弼时任军政委员会主席，萧克任军团长，王震任政委。1934年8月，中央军委命令红六军作为中央红军长征的先遣队进入贵州，与红三军联系。红六军团采取避实就虚战术，进入黔东北。红六军团在石阡县甘溪突围战中损失惨重，十八师师部及五十二团大部战士牺牲。六军团参谋长李达率领前卫部队四十九团、五十一团各一部冲出包围，辗转来到沿河县，与红三军七师十六团会合于沿河县水田坝。贺龙听取李达汇报以后，亲自率领红三军主力南下接应。10月16日，红三军主力从酉阳县进入松桃县，在松桃县、江口县、印江县寻找红六军团。22日，在坝溪河坪，两支部队胜利会合。稍事欢聚，启程翻越梵净山向木黄前进。23日，六军团从印江县缠溪出发，经大坳、枫香坪、官寨、慕龙，宿于印江县落坳一带。红三军从苗王坡出发，经龙门坳、团龙、坪所到达芙蓉坝、锅厂、金厂一带。10月24日，任弼时、萧克、王震率领的六军团主力经落坳、三甲抵达印江县木黄镇。贺龙、关向应以及先期到达的六军团参谋长李达在木黄镇迎接，实现两军胜利会师。稍事休息以后，两军领导人在木黄镇水府宫召开紧急会议，定下向湘西地区进军方向。10月26日，在酉阳县南腰界召开庆祝会师大会，中央代表任弼时宣读党中央为两军会师发来的贺电。红二、六军团整编以后，红二军团下辖四、六两师4个团共4 100余人，红六军团下辖三个团共3 300余人，形成以任弼时、贺龙、关向应、萧克、王震为首的领导集体。28日，二、六军团主力从南腰界出发，向湘西地区挺进，创立湘鄂川黔新苏区。红二、六军团木黄会师，是中国红军史上一件大事，它把来自不同战略区域两支红军组成一股强大力量。红二、六军团木黄会师在军事、政治上，都具有重要历史意义，主要表现在四个方面：第一，为解决两军团建设中各自存在的迫切问题创造条件。红六军团迫切需要休整，木黄会师为红六军团提供场所。会师以后，红二军团与中央中断两年的联系得到恢复。第二，木黄会师以后，两军团形成一支强大的突击力量，为发展湘鄂川黔革命斗争奠定坚实的基础。第三，木黄会师使两军团形成一个以任弼时、贺龙、关向应为核心的领导集体，孕育了红二方面军的诞生。1936年7月，在长征途中，红二、六军团受命组成红二方面军，成为中国工农红军三大主力之一，在人民军队征战史上谱写了新的篇章。第四，木黄会师有力地策应中央红军长征。红二、六军团木黄会师以后，形成强大力量，将"追剿"中央红军的敌军重兵吸引到自己身上，并使湘鄂川黔革命根据地初具规模，成为牵制敌人的战略支撑，使中央红军得以及时地转移到敌军力量比较薄弱的贵州，从而使中国革命揭开新的一页。

（三）发动湘西攻势

1934年10月，红三军与红六军团会师以后，恢复红二军团番号。贺龙任红二军团军团长，任弼时任政治委员，关向应任副政治委员；萧克任红六军团军团长，王震任政治委员。红二军团团部兼总指挥部，统一指挥两个军团行动。1934年10月28日，红二、六军团将士在任弼时、贺龙等人领导下，从酉阳县南腰界出发，向永顺、保靖、龙山、桑植、大庸等县挺进，发动"湘西攻势"。11月7日，红二、六军团将士攻占永顺县城。湖南军阀何键急令陈渠珍对红军进行堵剿，陈渠珍调遣龚仁杰、周燮卿和杨其昌三个旅万余人，进至永顺和保靖等县。11月16日，红二、六军团将士在永顺县龙家寨十万坪设伏，歼俘敌龚仁杰部3 000多人，缴枪2 200多支。这一胜利是红二、六军团会师以来扭转困难局面的重要转折点，为形成湘鄂川黔革命根据地创造了有利条件。随后，乘胜攻占桑植县城。

（四）红二、六军团攻占大庸县城

1934年11月中旬，红二军团红六师十六团张国祥等10多人乔装进入大庸县城。11月24日（农历10月18日），红二、六军团主力在预先秘密潜入大庸县永定镇的侦察人员带领下，歼灭慈利县保安团一个营，营长被活捉。红军战士在大庸县城西部五子坡侦察地形时打响了第一枪，驻在白龙庵的连队逃之夭夭。驻在大庸县城小西门城楼上的营长看到红军进城，便将全营人马带走。红军侦察地形以后，决定由先头部队从白龙庵踩滩过河。踩滩时，红军在戴家塌打响了第二枪。过河战士与守卫在猪巷码头的朱际凯部队接上火，敌兵撤退到南门码头转拐处，被红军战士打死两个士兵。红军战士冲到观音桥，乘船过河。与此同时，从南庄坪过河战士也到了。红军另一队战士埋伏在北门坡。部分战士乔装成老百姓混进县城。此时，朱际凯下令城内士兵从土门退出。大庸县长彭干强换上农民服装，混在人群中潜逃。红军由南门、西门、北门攻进县城，形成三面包围之势。红军战士冲进县衙以后，在文昌阁会师。红军攻打大庸县城时，红军营长覃金阶率领便衣队20人进城侦察，摸到敌三十四师第三旅部驻地，活捉第三旅旅长周燮卿的顾问汤思廉、大庸县保安团团长熊相熙等要员。红军战士攻克大庸县城以后，从北门、土门追剿朱际凯。在子午台把朱际凯团打得落花流水，缴械投诚的有200余人。

（五）创建湘鄂川黔根据地

为了加强湘鄂川黔根据地领导，根据中央书记处1934年11月16日来电指示，11月26日，在大庸县永定镇天主堂成立中共湘鄂川黔边区省委和湘鄂川黔省军区，统一领导湘鄂川黔根据地红军。中共湘鄂川黔省委书记：任弼时；委员：任弼时、贺龙、关向应、夏曦、萧克、王震、张子意、刘士杰、周玉珠。湘鄂川黔省军区司令员：贺龙；副司令员：王震；政治委员：任弼时。第一军分区司令员：乐尚连；第二军分区司令员：马赤。1934年11月26日，成立中华苏维埃共和国湘鄂川黔省革命委员会，主席：贺龙；副主席：夏曦、朱长清。至1935年1月，湘鄂川黔根据地初具规模。为了开创根据地新局面，积极建党建政，农会、工会、妇女会等各种群众组织相继建立，发动农民进行土地革命，壮大红军力量，组织地方武装，开展游击战争，肃清地主武装。永顺、保靖、龙山、桑植、大庸、慈利等县群众踊跃参加革命，普遍建立工农政权，武陵山区近50万土家群众获得解放，成为中华苏维埃发展史上浓墨重彩的一章。1935年1月27日，湘鄂川黔省委在大庸县（今永定区）丁家溶召开会议。批判湘鄂西中央分局原书记夏曦在根据地期间所犯的关于肃反、建军和建党等方面的严重错误。湘鄂川黔根据地和红军在任弼时、贺龙领导下，党的建设、政权建设、军队建设、经济建设、文化建设开展得有声有色，卓有成效。

（六）湘鄂川黔根据地反"围剿"

1935年年初，蒋介石调集10万兵力，组成六路纵队，进剿湘鄂川黔革命根据地。随着敌人从四面八方逼近，根据地缩小到仅有塔卧、龙家寨一带。省委决定：跳出包围圈，转往长江以北。红二、六军团主力转移途中，以劣势兵力取得陈家河、桃子溪大捷。两次战役胜利改变红军被动局面，由退却转入反攻，迅速恢复根据地。同时，在澧水以北地区发动群众，筹粮、扩红，开辟东部新区。至1935年9月，湘鄂川黔根据地范围，扩大到东至洞庭湖西岸，西至四川省酉阳县，西北至湖北咸丰、恩施，北至湖北鹤峰，南至湖南沅陵边境，加上黔东和鄂川边两个游击区，约有千余里，人口200万以上，成为长江南岸由中国共产党领导的重要战略区域。湘鄂川黔根据地从1933年12月创建，到1935年11月退出，前后经历将近两年时间的斗争历程。它的区域以桑植、永顺、龙山、大庸及慈利等县为中心，包括湖南、湖北、四川（今重庆市）、贵州4省毗邻地区30个县的部分地区。湘鄂川黔根据地是土地革命战争时期全国几个较大的根据地之一。

（七）棉花山阻击战

1935年2月，红二、六军团面对国民党集中11个师4个旅约10万人的兵力，采取分进合击、攻堵结合战术，由萧克率主力出师慈利县溪口镇棉花山迎击郭汝栋纵队，打响湘鄂川黔革命根据地反围剿第一仗——棉花山阻击战。反围剿斗争伊始，2月22日，红二、六军团主力在溪口长潭、燕儿垭一带集结。2月23日，进行分路阻击，包围棉花山。在红二军团四师十二团和六师十八团向棉花山肖家湾进攻时，大庸县游击支队司令员李吉宇率部从渡坪攻上棉花山，迫近蒿子垭；红六军团五十三团猛攻国民党军郭汝栋部，毙敌200人，俘敌30人后，冲向蒿子垭。三路红军和游击队相互配合，猛攻蒿子垭，歼敌1000余人，乘胜直袭湖凹。湖凹国民党军火力猛烈，红军伤亡很大，十八团政委张仲清中弹牺牲，团长高利国负伤。在激烈战斗中，大庸籍红军战士李宗纪等敢死队员奋不顾身，英勇杀敌。由于寡不敌众，战斗失利，李宗纪腿部负伤，随部队撤向喻家咀。红军立即组织反击，将敌人赶入一座庄院，躲在碉堡里疯狂射击。李宗纪不顾伤痛，挥舞尖锄把墙挖出一个缺口。红军战士乘机猛攻，占领这座庄院。敌人从后门逃跑时朝李宗纪开枪，击中他的腹部，但他仍然捂着肠子追击敌人。此时，与他一同参加红军的堂兄李长生找来棉絮，将李宗纪放在上面，抬回营地。贺龙得知他牺牲的情况很受感动，派李长生等4名战士将李宗纪遗体护送回大庸县黄家铺乡安葬。

为了支援红军作战，减少部队伤亡，大庸县委、县革委组织100多付担架赶赴战场抢救伤员。三岔坪乡苏维埃政府组织童亚卿等10多名青壮农民成立担架队，跟随带队红军赶到溪口镇棉花山，抬起伤员往回走过60多里山路，天将黑时他们才到达大庸县城。他们按照省军区政治部指示，立即抬着伤员又连夜行走100多里山路，于第二天上午将伤员送达永顺县塔卧红军医院。伤员们平安地到达医院得到医生诊治，而他们却筋疲力尽。由于高梁坪战斗打响，他们不顾腰酸腿痛，从高梁坪到塔卧来回抬运伤员，一直坚持五天五夜，把伤员全部送到红军医院。此时，他们的脚虽然走肿，但是他们不怕苦、不怕死，还在请求投入新的战斗。贺龙看到大庸县担架队太辛苦，命令后勤部安排他们在塔卧休息，并召集担架队开会，在大会上表扬他们说：大庸来支援的担架队跟着我们红军打了几个恶仗，帮助消灭大量敌人，功劳不小，红军感谢你们。在棉花山阻击战中，还有王家坪乡革命委员会主席王家训、长潭乡土地委员陈国安等数十人，冒着枪林弹雨，把茶水、饭菜送到红军和游击队阵地。王家坪乡少先队长王家武，跟群众一起为红军搭浮桥，支援红军打击敌人。红二、六军团指战员在战斗中异常英勇，给敌人以迎头痛击。但因红军未能发挥善打运动战优势，未能先敌占领有利地形，而是仓促应战，所以未收到克敌制胜效果，对反围剿战争主动权的掌握有所影响。

（八）鸡公垭战斗

1935年3月10日，红军主力撤离大庸县城，向永顺和桑植方向出发。3月13日，陶广纵队第十六师一部和省保安团由永顺王村向永顺县城方向进犯。14日，红军主力迎战于高梁坪，歼其一部。李觉部于3月15日占领大庸县城；郭汝栋纵队经大庸县城西，张振汉部到达龙山县茨岩塘。各路敌军对根据地形成包围局面。3月20日，李觉纵队从县城进至枫香岗一带，指挥部设在龙盘岗。红军总指挥部制定首先突破中央、然后转击两翼作战方案。决定集中八个团兵力，在大庸县后坪镇鸡公垭设伏。

3月20日，红二、六军团首长在鸡公垭团子院一带用望远镜察看地形。命令十七师五十团扼守鸡公垭，而将主力隐蔽在鸡公垭以西的后坪镇至永顺县龙爪关一带。红五十团埋伏一天，可是敌人按兵不动。红军主力以为敌人发觉鸡公垭设伏，加上天雨，遂向西撤至10余里外的永顺县龙爪关休息，留下五十团警戒。而五十团留下一个连守阵地，其余撤至后坪一带宿营。红五十团撤离阵地后，李觉派出搜索团，于3月21日凌晨摸上了鸡公垭。红五十团负责守备的一个连因为力量悬殊，撤退到崇山半坡高地团子院一带。敌人在早晨7时占领鸡公垭，构筑工事，等待后续部队渡河。红五十团闻枪响，火速赴向鸡公垭。但鸡公垭两侧大岗小岭已被敌人占领，战斗性质便由伏击战变为攻坚战。红军五十团一面派人飞马向龙爪关主力报告，一面向敌人发起冲锋，攻下垭口南边山头，再向北山头进攻时，被敌人密集火力阻住。21日上午9时，红军主力赶到崇山北麓，设指挥部于坡腰高梁红，首先以十七师五十一团沿山脊向垭口北面山头敌人攻击。夺下一个山头之后，就被敌人猛烈火力压住。接着，红四师沿着五十一团战斗队形强攻，在攻下第二个山头向主峰团包垴前进时，又遭到敌人新投入的一个旅兵力拼命反抗。双方在二斗冲展开白刃格斗，死伤累累。是时，贺龙调整部署，一面以红六师接替红四师强攻主峰，一面以六军团第五十一团和二军团的一部沿崇山脚下绕道向大庸所澧水渡口迂回包抄敌人。红军冲至渡口，砍断敌人的浮桥索，消灭部分敌人。可是，正面进攻的红军虽打得英勇，但因山脊上展不开兵力，并受到主峰东西两侧敌人火力封锁侧射，战斗到黄昏，冲杀30多次仍未攻克主峰。这时，敌增援兵力郭汝栋纵队一五三团到了澧水东岸，李觉的预备部队第一〇九团从龙盘岗泗渡澧水，向红军侧翼运动。不利的形势迫使红军在黄昏后撤出战斗。这次战斗由于红军主力撤至龙爪关和五十团疏于防守贻误战机，使得一场伏击战变成攻坚战，红军伤亡700余人，毙伤、淹死、俘虏敌人1 000余人，缴获各种武器2 000多件。红军领导干部牺牲很大，四师师长卢冬生腿部负伤。后坪战斗给李觉、郭汝栋残部约八团之旅以迎头痛击，打击敌人侵占永庸苏区企图。这次战斗没有取得全部胜利的原因，就是我们部队存在游击主义倾向。

（九）罗塔坪巧设疑兵计

1934年3月21日，红军一部从鸡公垭撤到温塘、仙街河、交子界等地，郭汝栋的队伍尾随其后。红军留一部分兵力牵制敌人，大部队转移到大庸县罗塔坪一带。红军利用罗塔坪山高路险、森林茂密的有利地形，决定在黄土界布置疑兵，将稻草扎成军人，穿上军服，戴着军帽。还用谷壳盖成一条条长带，一头点火，日夜冒烟。敌人用望远镜一看，似乎红军堵在那里，郭汝栋怕中埋伏，就令队伍在罗塔坪驻扎20多天。有一天，国民党军队派出飞机侦察，在黄土界和一碗水后岗上各丢炸弹一颗，发现没有动静，方知已经上当。郭汝栋纵队一万多人进犯永顺县塔卧镇，红军已休整半个月，为反围剿战争胜利争取到主动权。

(十) 陈家河大捷

1935年2月，国民党军对湘鄂川黔苏区进行"围剿"。红军第二军团军团长贺龙、政治委员任弼时指挥红军第二、第六军团进行反"围剿"作战。4月12日，红二、红六军团离开塔卧、龙家寨向北机动。同日下午，在桑植县陈家河西南蒋家垭，与由桑植县沿澧水西进的国民党军第五十八师第一七二旅遭遇。红军前卫第十团立即发起攻击，歼灭其警戒分队，占领有利地形。贺龙、任弼时当即决定集中11个团的兵力，分割围歼态势孤立的第一七二旅。13日8时，红军打退庙凸山守军1个营反扑，乘势发起攻击，一举夺占庙凸山、张家湾、吴家湾3个制高点。接着向陈家河南北高地发动进攻，红五十一团第3营直插陈家河，歼其旅部，使该旅失去指挥。战至黄昏，将其全部歼灭。这次战斗，歼国民党军1个师部和2个旅，俘2 000余人，缴获枪2 000余支、山炮2门。陈家河战斗改善红二、六军团反"围剿"态势，使红军由被动转为主动，进入战略反攻阶段。陈家河战斗之所以取得胜利，就在于敢于丢掉包袱，转向敌人侧翼，在运动中歼灭敌人。这次战斗经验是抓住运动中分散的敌人，打运动战。

(十一) 桃子溪战役

1935年4月14日，红二、六军团取得桑植县陈家河战斗胜利以后，根据敌人有向塔卧靠拢动向，决定向南行进，追歼国民党第五十八师陈耀汉残部。15日，红二、六军团沿澧水北岸，经两河口、南岔，直逼桃子溪。是日黄昏，萧克、王震率领的先头部队进到桃子溪北面的岩屋口，得知陈耀汉率领国民党军第五十八师师部直属队、张镜明一七四旅的旅部和第三四七团于午后到达桃子溪，在这里等候留守桑植县城的第三四八团，准备一起退往塔卧。红二、六军团首长认为，敌军奔命疲惫，现又忙于宿营造饭，不会想到红军来得如此神速。为了乘敌不备给予突袭，萧克立即命令红十八师悄悄插向桃子溪背后的万灵山，堵住逃路；红十七师第五十团、第五十一团沿大路正面袭击。部队到达预定位置以后，兵分两路，围歼桃子溪的敌军。敌军听到枪声大作，杀声四起，仓促应战,乱作一团,很多士兵没来得及冲出大门,就被俘虏。战斗进行顺利,仅用两个多小时就结束了。除陈耀汉和特务连一部分跑掉外,共消灭一个师部、一个旅部、一个山炮营和三四七团全部,活捉师参谋长,缴获两门山炮。4月16日,红军乘胜收复桑植县城,恢复塔卧以北大块根据地。

(十二)忠堡战役

1935年6月12日15时,红军经过65公里的急行军赶至湖北省咸丰县忠堡东北的黄牛棚附近。此时,张振汉所率领的中支队和左支队正向忠堡前进,而右支队主力已经进至忠堡。红军突然向行进中的右支队发起突袭,歼灭其后卫一部。13日,将其左支队包围于忠堡以东的构皮岭山谷。14日晨,红军集中4个团又1个营的兵力,对被围之敌发起总攻,激战至下午,将该敌全部歼灭,并活捉敌纵队司令兼第四十一师师长张振汉。此战,红军共歼灭第四十一师师部和第一二三旅又1个团,击溃敌6个团,俘敌2 000余人,缴枪2 000余支、机枪数10挺、电台2部。战后,红二、红六军团回师湘西地区,扩大红军,整训部队。

(十三)板栗园战斗

1935年6月,中国工农红军第二军团、第六军团在湖南省龙山县一带进行整训。8月1日,国民党军湘鄂川黔边区"剿匪"总司令徐源泉,为加强来凤县至宣恩县的封锁线,命令第三十四师主力和第四十八师1个旅分别由鹤峰县太平镇和宣恩县高罗向沙道沟推进,并以第八十五师经宣恩县小关开往李家河;以在高罗的暂编第四旅一部占领水田坝;以在来凤的第一二三旅占领李家河,掩护第三十四师主力等部开进。红二军团军团长贺龙、政治委员任弼时决定利用第八十五师情况不熟的有利条件,以伏击或截击的战法,求歼敌于运动中。遂率部由龙山以东的兴隆街向沙道沟佯动。国民党军判断红军将打击由太平镇、高罗南下的第三十四师或第四十八师的1个旅,急令其停止前进。8月3日清晨,第八十五师仍按原计划向李家河前进。此时,红军突然改变行动方向,由沙道沟附近山间捷径向西南急进,于11时许赶至第八十五师必经的宣恩县板栗园设伏。1小时后,第八十五师进入伏击地域,红二、红六军团突然发起多路猛攻,将其截成数段。战至23时,全歼第八十五师师部和2个团又1个营,击毙其师长谢彬,俘1 000余人,缴获枪近1 000支、迫击炮 6 门。板栗园伏击战的胜利，迫使鄂军纷纷后撤，湘敌收缩兵力转入防御，敌人对湘鄂川黔根据地的"围剿"即告失败。其主要经验：选择良好时机，利用国民党军一部情况不熟、孤立冒进的弱点和有利的地形条件；声东击西，实施佯动，使敌造成错觉；隐蔽企图，及时设伏，突然攻击，分割包围，速战速决。

（十四）芭蕉坨战斗

1935 年 8 月 7 日，红二军团、红六军团将士集结在龙山县芭蕉坨。后来，领头的国民党二十八军军长、纵队司令陶广改变行动方向，从累人坡下湾塘乡，与湖北省来凤县城的国民党部队会合。虽然，这次战斗主战场在湾塘一带 10 多公里区域内，但红军作战预案中，把芭蕉坨作为基地，因此，史称"芭蕉坨战斗"。召头寨战斗后，红军设伏于龙潭岩。红军侦知国民党军队行动，速将埋伏在芭蕉坨的部队向湾塘乡岩坝、红岩坎一带移动。8 月 8 日上午，正当国民党先头部队开始渡河之时，红军赶至拦截。战斗从高寨打响，红军从东北居高临下，向西南压缩推进，敌人且战且退，龟缩于小河村一带。战斗打得激烈，国民党派来的 3 架飞机飞得很低，前来轰炸。但因树木遮掩，烟雾弥漫，敌我难分，炸弹投在国民党军队头上。被打得晕头转向的国民党军士兵恼羞成怒，见人就抓，见财就抢，群众深受其害。红军号召群众参战，宣布所获战利品除武器、弹药外，谁缴获归谁所有。群众痛恨国民党军队，不少土家人踊跃参战。红军愈战愈勇，敌人越打越孤立，陷入人民战争的汪洋大海之中。激战至晚，彻底击溃国民党陶广纵队 10 个团，缴获枪支 3 000 多支。战后数日，河中还浮出敌人尸体。次年，土家群众还从水底摸出不少枪支。芭蕉坨战斗是红二、六军历史上一次投入部队最多、战略效果最好的一次战斗。红二、六军团投入近 2 万人，打败国民党湘军 2 万多人。从此，红二、六军团粉碎国民党六路纵队敌人的"围剿"，由被动防御开始主动出击。

（十五）建立中共大庸县委

1934 年 11 月，红军攻占大庸县城。11 月 25 日，红军召开军政委员会，任弼时、贺龙等人出席会议，任弼时宣布成立中共大庸县委员会。11 月 25 日，召开大庸县委第一次会议，宣布刘亚球担任大庸中心县委书记。至1935年3月期间，中共大庸县委发展党员100多名。11月25日，成立大庸县革命委员会。接着，组建河市、郑家坪、天崇等区委会和13个区革命委员会。成立大庸军分区和大庸县游击支队，22个乡镇建立43支游击队，发展游击队员1 644人。大庸党政组织和武装组织在建立和发展根据地、保卫苏区、扩招红军和对敌斗争中形成一支有生力量。大庸县共有3 000多名青年参加红军，为中国革命做出了贡献。后在历次战斗中牺牲1 000多人、1 000多人下落不明。中华人民共和国成立后，活着的将士只有几百人。

（十六）红二、六军团转移

中央红军到达陕北以后，蒋介石调集30万大军向湘鄂川黔根据地发动大规模"围剿"。湘鄂川黔省委于1935年11月4日在桑植县刘家坪召开联席会议，做出战略转移的正确决策。1935年11月19日，红二、六军团1.7万多人分别在桑植县刘家坪干田坝、瑞塔铺枫树塔举行誓师大会。会上，贺龙、肖克分别向部队下达"突围"命令。当晚，部队分两路向大庸县进发。次日，突破敌军澧水封锁线。11月25日，又突破敌军沅水封锁线。从此，踏上艰苦转战、北上抗日的征程。红二、六军团主力从桑植县刘家坪出发以后，红六军团十八师留守桑植、龙山，向北出击，牵制敌人，掩护红军主力部队转移。然后，设法与主力部队会合。该师孤军奋战二个月后，凯旋归队。

第五节　旅游文化

一、湘西北旅游景观

（一）山水经典张家界

"天下第一奇山"张家界位于武陵源风景名胜区西南部，总面积为48平方千米。张家界国家森林公园地貌奇特，风景秀丽，奇峰高耸，危崖屏连。2 000多座石峰拔地而起，形态各异，峰顶峰壁，绿丛覆盖。最高峰"兔儿望月峰"海拔1 264.5米。

关于张家界地名演变，学术界专家认为：张家界因明代张姓人居住而得名。明清时期，张家界风光已被文人墨客发现。清代同治年间立的《化香坡龙凤庵募化功德序启》出现"张家界"地名。清代王先谦编辑的《湖南全省掌故备考》也载："无事溪源出永定县张家界。"1982年9月，国务院委托国家计委批准建立张家界国家森林公园，成为中国第一个国家森林公园。从此，张家界向世人揭开神秘面纱并且艳惊天下。张家界国家森林公园对游客开放后，引来无数名人吟诗题词。1995年3月，中共中央总书记江泽民视察张家界国家森林公园后题词："把张家界建设成为国内外知名的旅游胜地。"

张家界国家森林公园峰密岩险，溪清谷幽，水秀林碧，云雾缭绕，景区集中，景点繁多，共有130多个精华景点，分布在黄石寨、琵琶溪、金鞭溪、鹞子寨、袁家界和畲刀沟6条游览线上。

（二）武陵仙境索溪峪

"绝世奇观"索溪峪位于武陵源风景名胜区东北部，总面积达147平方千米。1982年，湖南省政府将索溪峪列为省级自然保护区。索溪峪地形多样，地貌特殊，最高峰宝峰山海拔1 212.8米。

索溪峪之名最早见于宋代。据中南民族大学何天贞教授等专家考证：土家语地名"索溪峪"是汉语"雾大的山寨"的意思。1986年，著名作家魏巍写诗赞道："夏风送我武陵西，此处山水人称奇。十里画廊看不厌，故人惜未到索溪。"

索溪峪呈盆地状，四周高，中间低，山、丘、川并存，峰、洞、湖兼备。这里山奇、峰秀、谷幽、水碧、林古、洞奥，依自然态势分为西海峰林、十里画廊、百丈峡、紫霞观、宝峰湖、黄龙洞、观音洞和中国大鲵生物科技馆8条游览线，共有200多个景点。

（三）天下奇观天子山

"天下奇观"天子山位于武陵源风景区西北部，传说因古代土家首领"向王天子"在此率领土民起义而得名，部分景点命名都与土家向王天子有关。天子山曾名袁家界，早在元代以前就有土家先民居住。1983年7月，桑植县政府发出《关于更改袁家界为天子山的通知》。1983年9月，叶剑英元帅题写"天子山"三个字。1984年5月，湖南省林业厅等部门联合发文,将天子山列为省级自然保护区。天子山与张家界国家森林公园、索溪峪自然保护区呈三足鼎立之势,总面积达 54 平方千米。天子山共有千余座石峰,最高峰天子峰海拔 1 262.5 米。天子山中部高,四周低,岩石有两层:海拔 800 米以上是二叠纪石灰岩和少量龟纹石;800 米以下是泥盆纪石英砂岩。中国峰林之王天子山峰林别致,层次分明,气势雄伟,风景秀丽,有"凭栏览尽天下景"之赞语。天子山已开发石家檐、茶盘塌、凤栖山、老屋场和黄龙泉等 5 条游览线,共有 80 多个景点。

（四）天门山国家森林公园

天门山位于张家界市区南侧 8 千米,是一座四周皆为绝壁的台形孤山,海拔 1 518.6 米,山顶面积达 2.2 平方千米。天门山以发育齐全的岩溶地貌著称,人称"武陵之魂"。天门山十六峰绵延数十里,如一道天然屏障,横亘张家界市城全境。天门山是张家界市最早载入史册的名山,古称嵩梁山。据《水经注》等史料记载:三国吴永安六年（263）,武陵郡嵩梁山岩崩成洞,玄朗如门,高 131.5 米、宽 57 米、深 60 米。吴国皇帝孙休认为是吉祥征兆,遂赐名为天门山。天门山是文化名山,至今保留众多的名胜古迹、丰富的民间故事和数百首（篇）诗词曲赋。林业部于 1992 年批准建立天门山国家森林公园。天门山于 1993 年被批准为省级风景名胜区。1997 年,天门山旅游股份公司成立后,着手修建天门山索道。国际航协曾在天门山举行'1999 张家界世界特技飞行大奖赛,来自世界各地的 10 位勇士驾机穿过天门洞,匈牙利飞行大师彼得·贝森耶是人类第一个架飞机穿过自然山洞的飞行员,获得《大世界吉尼斯》证书。天门山山势雄伟,构造复杂,分为天门洞开景区、碧野瑶台景区、觅仙奇境景区和天界佛国景区,主要景点有:天门山索道、天门山通天大道、天门洞奇观、神仙坐、木石奇缘、木石之恋、周朴墓、南俯视天门、石门锁翠、灵泉院、醉云亭、云梦仙顶、快活林、天门翻水、观鬼谷洞、仙境奇石、野拂藏宝、鬼谷兵盘、探洞处、倚虹关、李娜小屋、凌霄台、天门山寺、求儿洞、赤松峰等。

（五）茅岩河漂流

澧水上游干流茅岩河上起桑植县苦竹寨,下至永定区花岩电站,全长 50 千米,以"百里画廊"之名著称于世。1986 年,茅岩河旅游公司首创"橡皮舟漂流"旅游项目,成为全国第一条漂流游览线。1993年,茅岩河被列为湖南省省级风景名胜区。茅岩河漂流线长约28千米,共有激流险滩18处。从温塘镇茅岩港驾皮筏艇沿茅岩河漂流而下,群山叠翠,景观独特。主要景点有温塘古渡、索影潭、枞蒐滩、岩板滩、鸳鸯洲、五马头、寄马桩、黑蛇湾、寻子滩、望夫滩、猫儿滩、合五滩、岩河峡、连环滩、水洞子瀑布和覃垕城等。

(六)湘鄂川黔革命根据地纪念馆

湘鄂川黔革命根据地纪念馆位于张家界市城区解放路。1934年11月26日,中共湘鄂川黔省委、省军区在大庸县城建立。为了缅怀先烈功绩,市、区党委和政府于1991年修复中共湘鄂川黔省委旧址并新建纪念馆。纪念馆共有3栋清代房屋,占地2 800平方米,两个展厅展出湘鄂西、湘鄂川黔革命根据地文物300多件。近年来,被列入全国爱国主义教育基地和全国重点文物保护单位。

(七)田家大院

旅游胜地张家界市城区唯一保存至今的土家族古建筑"田家大院"位于鹭鸶湾大桥东侧。始建于清代雍正年间,是地质学家田奇镌故居,还是国务院原总理朱镕基就读的校园。"田家大院"建筑风格融入土家族和汉族的文化元素,为封火墙庭院式建筑;雕梁画栋、飞檐翘角,是富有土家族特色的毕兹卡民居,享有"湘西地区第一宅"美誉。古色古香的"田家大院"共有四十多间居室,建筑面积近5 000平方米,故被湖南省政府于2006年公布为省级重点文物保护单位、被国务院于2013年批准为全国重点文物保护单位,成为民族文化底蕴深厚的知名人文景观、影视拍摄基地。

"田家大院"是饱经沧桑的土家文化神秘古宅、展示窗口。清朝初期,大庸贡生田起瑗雇请本地勤劳而有智慧的工匠修建"田家大院",共有8大槽门、160多间房屋,建筑面积共计2万多平方米。四周外墙为青砖砌成的"封火墙",用于防火、防盗;其内以木梁建造,以榫卯巧合而成。中间建有五进三厅,两侧设有40间厢房。墙壁为木制雕花,用于采光、通风。两侧串联4个石板天井,盛水作为消防之用。"田家大院"历经约三百年风雨剥蚀,幸存至今的主体建筑仅有一个槽门、三层堂屋、四个天井、四合围墙、三十多间居室。"田家大院"展览的土家族人生产生活的文物珍品琳琅满目，丰富多彩，既有犁、耙、箩筐、提篮、背篓、糍粑钵、陶坛、瓷器、铜器、银器、坐桶、鼎罐、铜壶、抬盒、酒担，又有神龛、祖先塑像、橱柜、衣柜、木箱、太师椅、八仙桌、织布机、土家挑花、绣花精品、土家服饰等，其厚重的文化底蕴极具文物价值和旅游价值。据说，紫荆堂上金碧辉煌的匾额"宝婺增辉"还是光绪皇帝的御匾呢！"本源居"里的土家族五滴水雕花床由黄杨木和梨木雕刻而成，仿照土家族转角楼的五层排水屋檐而制作，床边的鞋袜衣架也是土家雕刻奇葩。"慈辉居"是媳妇卧室，夫人床中间雕一幅石榴图。上面设置"斗"形天窗，除通风透光外，寓意田家子孙才高八斗。"淑德堂"是田家女眷聚会场所，也是当家夫人处理事务的地方。成年女眷在这里教女儿学手工艺。"作坊屋"保留加工粮食的碓码和石磨。碓码用来舂米，石磨用来磨粉子和推豆腐。"纺织房"织的民族工艺品土家织锦用作被面以及小孩的窝被、盖裙，也是姑娘陪嫁之物。

"田家大院"所在家族是传承儒家文化的书香世家。据不完全统计，田家大院在清朝中后期共生男丁百余人，参加科举考取功名者达四十多人。抗日战争期间，长沙兑泽中学师生为避战乱，于1940年迁到大庸县西溪坪田家大院。该校73班学生朱镕基也迁到田家大院就读。田奇瓒接纳兑泽中学师生，并且亲任该校国文教师，与朱镕基等学生在战火纷飞年代结下难忘的师生情缘，成为知名的教育家。为了纪念兑泽中学迁徙历史，遂把这里改为"兑泽斋"。1990年，时任上海市委书记的朱镕基对参加上海全国旅游交易会的湖南硬气功师傅说："我在你们大庸读过书。"2001年，国务院总理朱镕基视察张家界市时，深情地凝望着田家大院。回京以后赋诗一首："湘西一梦六十年，故园依稀别有天。吉首有材弦歌盛，张家界顶有神仙。"其中，"故园"即指朱镕基少年时代求学的田家大院。

"田家大院"走过了漫长而又坎坷的道路。田家大院自清初创建近三百年来，历经水灾、战乱等天灾人祸，宅基本稳定。中华人民共和国成立初期，房主田奇瓒把兑泽斋交给解放军某部，不久演变成为大庸县西溪坪区公所办公用房，主体建筑得以保存。改革开放以后，西溪坪区公所新建了办公楼。1983年，大庸县政府领导为了保护田家老屋，商请县民政局负责人购其为西溪坪光荣院，沿用到2003年。

田家大院历经艰辛开发，方有新世纪的繁华。2003年，慈利县土家族画家张立鼎夫妇成立张家界老院子旅游文化公司。2005年，由于债台高筑，张立鼎夫妇把老院子转让给罗建辉、覃基星和满华维等土家族企业家进行租赁经营。经过规划和维修，按照国家旅游局制定的AAA级旅游景区标准完善田家大院五重飞檐门楼、戏楼和土家餐饮石头房店等旅游设施。田家大院历经磨难，走过曲折，在报经张家界市政府和永定区政府同意之后，于2006年重新开放。现在，旅游界、文化界参观游览"田家大院"的游客逐年增加。2007年，田家大院以其典型的民族建筑风格成为反映湘西人民抗日影片《血色湘西》的拍摄地。

（八）张家界土家风情园

张家界土家风情园位于市城区南庄坪，总投资7 500万元，是一座集旅游观光、文艺表演、餐宿于一体的景点。土家建筑代表作有土司城堡、摆手堂、土家山寨等，特别是冲天楼，高48米，分九重十二层，是中国最高、最大的木质结构吊脚楼。土家儿女每天都在摆手堂为游客表演精彩的土家族摆手舞、铜铃舞、打镏子、傩愿戏等文艺节目。张家界土家风情园被誉为"中国土家族第一园"。2002年，冲天楼和千人茅古斯获得世界吉尼斯之最证书。2004年，张家界土家风情园获得国家AAAA级旅游区（点）证书。

（九）溇江峡谷风景区

溇江峡谷风景区是张家界市东线旅游精华景区。江垭水库以江垭大坝为界分为库内和库外两部分。库内，溇江平湖山色瑰丽，峡谷幽深，阴门山鬼斧神工，穿眼洞神秘莫测。阴门山位于柳阳溪，远远望去，一山突兀，宛若女人羞处，堪称天下绝景。库外，包括九溪古城、兴国寺、龙王洞及溇江漂流等景点。江垭温泉度假村有高标准的露天温泉和室内温泉，占地300多亩（1亩≈666平方米）。20多种各具功能的露天温泉池、室内温泉池尽显魅力。2004年，被国家旅游局批准为国家AAAA级旅游区（点）。溇江小三峡漂流公司主推起漂于长峪村、收漂于江垭镇的溇江漂流上漂段和江垭水库高峡平湖水上飞伞旅游项目。漂流途中，峡谷幽深，滩多浪急，主要景点有天王妃子洗衣滩、张郎殉情樟儿滩、向王射马滩、姜太公钓鱼台、坐井观天、升斗潭、八耳锅、红砂洲、猪槽峪等。

(十)道教圣地五雷山

慈利县五雷山素有"楚南第一胜境""威镇名山推第一"之誉。清代《嘉庆慈利县志》记载:"五雷山,祀真武。"五雷山是湘鄂边境道教圣地,号称中国"南武当"。五雷山道教历史悠久,宗教文化内涵丰富。传说唐代始建道观,元代翰林、张鲁后裔张兑重修真武庙,明代扩成36宫、72殿、48寨,主要建筑有一天门、二天门、朝圣门、翰林祠、金殿、王爷殿、赵爷殿、温爷殿、灵官殿、五龙宫、太和殿、关圣殿、紫金宫、三元宫、万福寺、白衣阁、玉皇殿、澧阳宫、文昌阁、观音堂等。近年来,慈利县修复二天门、金殿、玉皇殿、灵官殿、皇经堂、百子堂、朝圣门、药王殿、观音殿、财神殿、赤帝宫、关帝宫和文昌阁等建筑。1995年,五雷山道观被湖南省宗教事务局定为全省重点寺观教堂。

(十一)万福温泉

万福温泉国际度假村位于张家界市慈利县零阳镇万福村(常张高速公路慈利县城东互通处),是一家集温泉养生、住宿、餐饮、娱乐、商务、会议及休闲度假于一体的国家AAAA级旅游景点。朝阳地带建有48个功能各异、各富功效的室内SPA池、露天温泉池。另有山顶温泉冲浪、空中温泉漂流等静态、动态温泉养生娱乐项目。

(十二)贺龙纪念馆

贺龙纪念馆位于桑植县洪家关贺龙元帅故乡,是人文景观与自然景观融为一体的旅游景点。贺龙纪念馆建筑面积达2 080平方米。全馆分1个序厅、7个展室,展出387幅照片、176件文物。贺龙纪念馆陈列内容分为五个部分。"贺龙故居"是一栋四扇三间的普通木房,与"贺龙生平事迹陈列室"掩映在翠林中,主体建筑面积达120平方米。1983年,被湖南省政府公布为省级文物保护单位,后被国务院批准为全国重点文物保护单位。2005年,张家界至桑植被列入全国30条"红色旅游精品线路",桑植县贺龙故居和贺龙纪念馆不仅被列入全国100个"红色旅游经典景区",而且被列入湖南省红色旅游线路。

(十三)天下第一漂猛洞河

猛洞河北起永顺县城、南至芙蓉镇。2004年,被批准为国家重点风景名胜区。漂流猛洞河,从哈妮宫起漂,至牛路河大桥,全程37千米。沿途可见山歌岩、捏土瀑布、鲇鱼滩、回首峡、落水坑瀑布、梦思峡、牛路河、百鸟峡、三大炮、猴儿跳、蛇王峡、小龙洞、二门峡、鸳鸯峡、龙头峰、石壁画廊等数十个景点。

(十四)美丽苗寨德夯

国家重点风景名胜区德夯位于吉首市西郊24千米处,面积有90平方千米。苗语德夯意为"美丽的峡谷"。主要景点有盘古峰、吉斗苗寨、流沙瀑布、三姐妹峰、玉泉门峡谷、矮寨公路奇观。苗族儿女讲苗语,唱苗歌,穿苗族服装,吃苗族饮食,过苗族节日。景区内开展的民俗旅游项目有拦门对歌、苗家做客、苗族歌舞会、苗族鼓舞等。2005年,德夯被列为国家重点风景名胜区。

(十五)桃花源风景区

桃花源是东晋诗人陶渊明描绘的"世外桃源",《桃花源记》和《桃花源诗》使桃花源成为旅游胜地。桃花源景观始建于晋,盛于唐宋,是我国历史上四大道教圣地之一,吸引韩愈、刘禹锡等无数文人雅士来此游览吟诗,故被国务院批准为全国重点文物保护单位。国家重点风景名胜区桃花源位于常德市桃源县城西南15千米处,由桃花山、桃源山、桃仙岭、秦人村四大景区组成,总面积达8.12平方千米。主要景点有桃花源牌坊、陶渊明塑像、刘禹锡草堂、穷林桥、菊圃、碑廊、方竹亭、渊明祠、遇仙桥、桃花观、集贤祠、水源亭、秦人洞、豁然台、秦城道、千丘田、御碑亭、延至馆、蹑风亭、桃花亭、玩月亭、既出亭、问路桥、秦城、秦人居、水府阁、桃川宫、天宁碑院等120多个。

(十六)夹山国家森林公园

夹山位于常德市石门县城东南8千米处,总面积为1 530公顷。它以深厚的历史文化底蕴与宜人的自然景色相融合,是集佛教圣地、闯王陵园、茶道源头、森林风光于一体的旅游佳境。1993年,被林业部批准为国家森林公园。2002年,被评为国家4A级风景旅游区。夹山寺始建于唐。明末清初,闯王李自成领徒数人,禅隐夹山寺。夹山寺现有六进、十殿,占地数万平方米。闯王陵由陵卫、陵寝、明楼、神廊、野拂塔等组成，左侧建有"李自成禅隐夹山纪念馆"。

二、鄂西南旅游景观

（一）长江三峡景区

长江三峡是世界最大的峡谷之一，被誉为"天然山水画廊"。三峡地带是巴楚文化摇篮，名胜古迹众多。国家重点风景名胜区长江三峡包括瞿塘峡、巫峡和西陵峡。瞿塘峡长约8千米，是三峡中距离最短、最为壮观的峡谷。峡口有古城奉节、八阵图、鱼腹塔。峡谷北岸赤甲山略显赤红，有文物珍品众多的白帝城、惊险万状的古栈道。瞿塘峡出口处两岸的大溪文化遗址是土家祖先巴人留下的文物古迹。巫峡全长42千米，是三峡中较长而又整齐的一峡，主要景观有三台、八景和十二峰等。西陵峡全长75千米，以礁石林立、滩险水急而闻名。西陵峡由高山峡谷和险滩礁石组成，自西向东依次是兵书宝剑峡、牛肝马肺峡、黄牛峡、灯影峡4个峡区和青滩、泄滩、崆岭滩、腰叉河等著名险滩。2003年，秭归县文化局考古人员在兵书宝剑峡发掘土家祖先巴人悬棺葬，出土20多件战国巴人文物，首次发现巴人弓、箭、戈、矛饰有虎纹，为揭开巴人悬棺葬这个千古之谜找到证据。长江三峡宜昌风景名胜区，素有"三峡门户"美称，是一处以峡谷奇观为主、以巴楚文化和三峡大坝为特色的国家重点风景名胜区。2007年，宜昌市三峡大坝旅游区被国家旅游局评为国家首批5A级旅游景区。三峡长廊西陵峡段知名景点有神农溪漂流、屈原祠、昭君村、三峡大坝、黄牛岩、黄陵庙、石牌三峡人家景区、三游洞和车溪风景区等。一出西陵峡，就是三峡大坝、葛洲大坝景观。三峡大坝被誉为"世界第一坝"，拥有多项世界之最。

（二）恩施大峡谷景区

恩施大峡谷旅游景区位于湖北省恩施市屯堡乡和板桥镇境内，是清江大峡谷一段，峡谷全长108千米。恩施大峡谷景区是国家5A级旅游景区，旅游资源丰富。现已开放七星寨和云龙地缝两大景区，总面积35.2平方千米，天坑、地缝、绝壁、峰丛、岩柱群、溶洞、暗河等地质景观一应俱全。主要景点有一炷香、七星寨绝壁、双子塔、小楼门峰丛、绝壁环峰丛、大楼门峰丛、石筍长卷等。2015年12月，恩施大峡谷入选长江三峡 30 个最佳旅游新景观之一。

（三）恩施土司城

恩施土司城坐落在恩施市对山湾，是民间艺人承建的仿古土司建筑群。国家 4A 级景区"恩施土司城"包括门楼、廪君祠、土家民居、土司王宫九进堂、城墙、钟楼、鼓楼、百花园、白虎雕像、卧虎铁桥、听涛茶楼、民族艺苑等 12 个景区、30 余个景点。

（四）铜盆山国家森林公园

铜盆山国家森林公园地处恩施市城区西北 33 千米处，总面积达 100.39 公顷。森林公园风景区为复杂的岭形山体，从东北向西南呈带状展开，以轿顶山、铜盆、系马桩、天作、亮窗眼、牛院等景观为主要景点，辅以瞭望台、钓鱼场、舒心居等建筑。

（五）腾龙洞风景名胜区

腾龙洞风景名胜区距利川市都亭镇 6.8 千米，面积约为 100 多平方千米，总长 32 千米，由干洞、水洞和洞外景观三个部分组成。干洞总长 22 公里，总面积达 100 万平方米。主洞最高处达 98 米，最宽处 102 米，长约 9 千米，洞内由石山分成 10 个大厅，每个大厅面积都有 8 万平方米左右。洞中有岔洞，岔洞有怪石。

（六）巴东名胜"小三峡"

巴峡属长江三峡一段峡谷，由"铁棺峡""门扇峡""破水峡"组成，位于湖北省巴东县境内，全长 38 公里。铁棺峡西起边域溪，东至巴东万流，长 2.7 千米。铁棺峡北岸悬崖上原有一具船棺，颜色似铁，铁棺峡的名字由此而来。门扇峡长 2.5 千米，入峡第一道景观便是北岸的链子溪。门扇峡雄峻之处在其峡谷出口地段，南北两座大山好似刀劈斧削一般。江面至此宽仅 80 米，两山隔江对峙，似两扇大门，门扇峡由此得名。唐代白居易在《初入峡有感》中写道："上有万仞山，下有千丈水。苍苍两崖间，阔峡容一苇。"破水峡西起巴东黄岩，东至秭归王家嘴，长 1.3 千米。

（七）柴埠溪国家森林公园

林业部批准成立的柴埠溪国家森林公园地处五峰县境东部，总面积为 5 526 公顷，森林覆盖率达 79%，居湖北县市之首。境内奇峰向天，幽峡伏地，以"绿色·生态"闻名。计有自然景观 131 处，其中，有奇异峰林景观 106 处、溶洞景点 7 处、泉流景点 14 处、古树景点 4 处，为园之珍宝。景点有大湾口、小壶口瀑布、杜家堡、坛子口、断山口、蛟口、内口生态保护区、青岩天生桥等。

（八）武落钟离山

巴人发祥地武落钟离山位于宜昌市长阳土家族自治县西 30 千米里清江航道南侧。1984 年，长阳土家族自治县成立时，为纪念土家祖先巴务相（廪君）开拓清江之功，县里拨款于该山山巅盔头岩复建向王庙，祭祀向王（廪君）和德济娘娘（盐水神女），并定名为武落钟离山。据史料记载，武落钟离山为武落山与钟离山的合称，武落山为巴务相出生地，是土家先民巴人的发祥地。"巴郡南郡蛮，本有五姓：巴氏、樊氏、瞫氏、相氏、郑氏，皆出于武落钟离山。"如今，武落钟离山上建有向王庙、德济亭、白虎亭、石神台、赤穴和黑穴等。其间，石神台供有卵石二枚，是古代生殖崇拜遗存。秀美的绿岛岩峰与巴人胜地的人文景观使武落钟离山在长阳清江的景点中独领风骚，故被批准为"省级风景名胜区"。

三、渝东南旅游景观

（一）小南海古地震遗址

小南海原名小瀛海，位于重庆市黔江区城北 29 千米处，介于南海乡与后坝乡之间。面积约 2.87 平方千米，是一个融山、水、岛、峡等风光于一体的湮塞湖泊景区，也是全国保存最完整的一处古地震遗址。至今，当年地震形成的断岩绝壁——湖口北侧的大垮岩、小垮岩、断磵绝壁等地震遗迹以及岩石垒成的大坝等遗迹仍然清晰可见。直径为 1 米至 5 米的巨石从数百米处被推卸而来，在湖口堆成大坝。湖口奇石竖立，溪水萦回。湖内港汊纵横，水碧岛绿。朝阳岛、湖心岛和牛背岛三个岛屿，松林蔽日，黄猴成群。2001 年，被国家地震局命名为"黔江小南海国家级地震遗址保护区"。2004 年，又被列入中国第三批"国家地质公园"。

（二）桃源胜景大酉洞

大酉洞位于重庆市酉阳土家族苗族自治县城北0.5千米处，洞高、宽约30米，长约180米。走半里许，豁然开朗。有松峰耸翠、石室藏书、飞泉洒玉、玉盘仙迹、乌龙护简、龟鹤遐龄、桃涧流红、机织烟霞等八景。因此，清代《酉阳州总志》称大酉洞"与〔陶〕渊明所记桃花源者毫厘不爽"。大酉洞顶钟乳悬挂，形态各异。凭游人之兴，随形赋名。左、右石壁有篆刻题咏，蚀损莫辨。唯洞后左壁上面，清代酉阳知州罗升梧手书的"太古藏书"四个斗大的楷体字仍然清晰可见。明代酉阳宣慰使冉天育在《咏大酉洞八景》一诗中写道："万山嶙峋洞天幽，结驷联翩作胜游。宵际松风青霭霭，涧边桃瓣水悠悠。"大酉洞集已被国家旅游局颁发3A国家级旅游景区证书。

（三）武隆景区

武隆区风景区拥有国家重点风景名胜区、国家地质公园、国家4A级旅游区等荣誉称号。武隆区风景区包括芙蓉洞、芙蓉江、天生三桥、仙女山国家森林公园、地缝、开坑群、竖井群等景观。

（四）南腰界"红三军司令部旧址"

位于重庆市酉阳土家族苗族自治县南腰界乡余家桶子，被国务院于2013年批准为全国重点文物保护单位。1934年，贺龙率领的红三军在这一带建立黔东特区，南腰界成为红军的一个军事指挥中心。同年10月，肖克、王震、任弼时率领红六军团与红二军团会师于此。1934年6月4日，红三军进驻酉阳南腰界，红三军司令部所在的余家桶子系清末秀才余兰城的住宅，有明五暗七的正居和吊脚楼的厢居，共有12间，为木石结构的吊脚楼建筑，占地450平方米。院内厢房吊楼南北相对，两侧为青砖封火墙。正房东西向，红三军司令部会议室就设在正房堂屋。右边是贺龙的卧房，左边是参谋谷志标的宿舍。红三军进驻余宅以后，在房屋四周用条石、火砖砌成高2.8米、长278米的围墙，墙内院坝中有两棵贺龙亲手栽植的花红树。余家桶子正面猫洞大田建有"中国工农红军二、六军团会师大会纪念亭"，系廖汉生将军题词。

（五）赵世炎故居

赵世炎故居位于重庆市酉阳土家族苗族自治县龙冬乡，占地 1 605 平方米，建筑面积达 710 平方米。其建筑为清代砖木结构的四合院，共有房屋 32 间。厅东一间是中共早期领导人赵世炎的卧房，赵世炎在这里度过了青少年时代。1982 年，邓小平手书的"赵世炎同志故居"悬在大门上方，院里有赵世炎同志塑像。"赵世炎故居"系全国重点文物保护单位。

四、黔东北旅游景观

（一）武陵山第一峰——梵净山

梵净山国家自然保护区位于贵州铜仁市西北部，面积达 600 平方千米，最高峰红云金顶海拔高度达 2 494 米。梵净山三大主峰凤凰山、老金顶、新金顶，怪石峥嵘，姿态各异。万卷经书、"蘑菇石"等景观均是绝好去处。梵净山已被列入世界人与生物圈保护网。梵净山古庙及碑碣众多，是明清时期留下的佛教圣地。

（二）水星阁自然保护区

水星阁位于铜仁市东郊，始建于明代嘉靖年间。水星阁由来始于明代嘉靖年间修建的既济祠。清代康熙九年（1670），铜仁知县在原址重建高阁，并且取名为水星阁。现在，水星阁已经成为自然风景保护区，长宽约里许。阁前有水镜湖，潭水清澈幽深，与水星阁一同构成典雅的山水画。

（三）石阡县温泉群

石阡温泉位于铜仁市石阡县松明山麓，出口有 18 处。泉水从山麓石缝中渗出，最高水温达到 50 ℃，最低水温亦超过 20 ℃。石阡温泉含有适量的镭、氡、硫化氢等，具有较好保健作用。

（四）苗王城风景区

苗王城为国家 4A 级景区，是湘黔渝边界上保存较好的集政治、经济、文化、军事和建筑为一体的苗疆古城。苗王城地处贵州省松桃苗族自治县正大乡境内，为三个苗寨组成。2003 年，被评定为贵州省级风景名胜区，为国家旅游局扶贫景点。苗王城是历代苗王居住之地，创建于明代洪武初年，最早是苗民长官司驻地。明代宣德至嘉靖年间，经苗王石各野、龙达哥、吴不尔、龙西波、吴黑苗等几十代苗王长期经营，苗王城在明朝就有一定规模，成为腊尔山区南长城外围的"王者之城"。苗王城占地面积约 4 平方千米，分为东城和西城。依据山形水势，前后筑有 6 个兵寨。古寨内有 11 条巷道，巷道内有 11 道寨门，巷道以石墙作为屏障跟各家院墙连成一体。古寨外墙高 3 米，宽 80 厘米。鳞次栉比的苗家吊脚楼、"歪门邪道"的建筑风格等不仅具有一定的防御能力，而且体现较高的建筑水平。苗王城是本厚重的文化史书，扑朔迷离的"八封迷宫"地形地貌、神秘阴森的苗王峡谷、陡峭隐蔽的苗王秘道、富有传奇色彩的考将桥等，让您进入苗王城的历史文化画廊……2011 年 5 月 31 日，中共中央政治局常委、全国政协主席贾庆林深入苗王城，就实现武陵山区又好又快发展，确保贫困地区与全国一道实现全面小康，进行视察。

第六节　城镇文化

我国历史文化名城是古代政治、经济、文化的中心，保存大量的历史文物与革命文物。国务院高度重视历史文化名城、名镇、名村保护工作，《文物保护法》《城乡规划法》确立历史文化名城、名镇、名村保护制度。2008 年，国务院实施《历史文化名城名镇名村保护条例》，规范历史文化名城、名镇、名村的申报与批准。2014 年，住房城乡建设部、文化部、国家文物局、财政部下发《关于切实加强中国传统村落保护的指导意见》。城镇是旅游业的载体，是旅游者集散地，具有旅游价值和文化价值。一座座古城镇不仅有古代建筑，而且是民族历史文化载体。通过发展旅游产业促进古镇古村保护与开发是各地保护古镇古村采用的通行办法。

武陵地区各族祖先筚路蓝缕，以启山林，留下里耶镇、芙蓉镇、浦市镇、边城镇、洗车河、罗依溪、江垭镇、溪口镇、王家坪、大庸所、廖城、两河口和苦竹寨等大批古城古镇古村。桃花源古建筑群、施州宋代城址、老司城遗址、容美土司遗址、唐崖土司遗址、凤凰县古城堡、利川市鱼木寨、利川市大水井古建筑群、通道县芋头侗寨古建筑群、碧江区东山古建筑群、松桃县寨英村古建筑群、思南县思南古建筑群等被国务院批准为全国重点文物保护单位。凤凰县、遵义市和镇远县已被国务院批准为历史文化名城。龙山县里耶镇、永顺县芙蓉镇、泸溪县浦市镇和石柱土家族苗族自治县西沱镇已被国家文物局列为中国历史文化名镇，会同县高椅乡高椅村、恩施市崔家坝镇滚龙坝村、宣恩县沙道沟镇两河口村和宣恩县椒园镇庆阳坝村已被列为中国历史文化名村。已被湖南省文物局列为省级历史文化名城名镇（名村）有洪江市黔城、芷江县、新晃县、沅陵县，永顺县芙蓉镇（原王村镇）、花垣县边城镇（原茶峒镇）、泸溪县浦市镇，中方县荆坪村、会同县高椅村、辰溪县修溪乡龚家湾村、辰溪县上蒲溪瑶族乡五宝田村、溆浦县横板桥乡阳雀坡村、溆浦县横板桥乡乌峰村等。

2009年，国家民委办公厅、财政部办公厅联合下发《关于做好少数民族特色村寨保护与发展试点工作的指导意见》。从2009年起，财政部安排专项资金5亿多元，支持少数民族地区开展少数民族特色村寨保护与发展试点工作。国家民委和财政部在全国范围内开展少数民族特色村寨保护与发展试点工作。湖南省推荐、考察，全省54个候选村寨中，凤凰县山江镇冬就村、龙山县苗儿滩镇捞车河村、花垣县边城镇隘门村、靖州苗族侗族自治县三锹乡地笋村、新晃侗族自治县凉伞镇冲首村、城步苗族自治县儒林镇清溪村、桑植县利福塔乡苦竹寨村、桃源县枫树维吾尔族回族乡回维村等10个少数民族村寨胜出。湖南省民委对承诺安排50万元用于少数民族特色村寨建设的县（市、区）分别安排50万元奖励用于该村少数民族特色村寨项目。2012年10月，湖南省民委研究决定，授予古丈县默戎镇龙鼻嘴村、泸溪县浦市古镇、通道侗族自治县坪坦乡坪坦村、新晃侗族自治县扶罗镇皂溪村、靖州苗族侗族自治县寨牙乡岩脚村、麻阳苗族自治县石羊哨乡新田村、会同县高椅乡高椅村、桑植县芙蓉桥白族乡芙蓉桥村、永定区王家坪镇石堰坪村为"湖南省少数民族特色村寨"。湖南省已建成永顺县大坝乡双凤村、保靖县普戎镇亨章村、凤凰县落潮井乡勾良村、隆回县虎形山瑶族乡崇木凼村等少数民族特色村寨53个。湖北省民族部门围绕湖北武陵山经济社会发展试验区建设，实施17个村少数民族特色村寨保护与发展试点工作。（其中，2009年启动5个：恩施州咸丰县官坝水脉苗寨、来凤县舍米湖村、宣恩县两河口村彭家寨、宜昌市点军区车溪土家族村、襄樊市宜城市王台回族村等。

2010年和2011年启动12个：宜昌市枝江市安福寺乡秦家塝村、宜都市潘家湾土家族乡集镇、巴东县东壤口镇雷家坪村、长阳县武落钟离山、恩施市营上村、宣恩县谭家坝村、荆门市沙洋县沙洋镇三峡土家族村、恩施州恩施市盛家坝乡小溪村、建始县高坪镇石垭子老街、利川市沙溪乡繁荣村张高寨、利川市水井村、咸丰县黄金洞乡麻柳溪村）重庆市实施黔江区小南海镇新建村、酉阳土家族苗族自治县酉水河镇河湾寨村、秀山土家族苗族自治县梅江镇民族村、彭水苗族土家族自治县鞍子乡罗家坨村等12个少数民族特色村寨保护与发展试点工作。贵州省开展铜仁市松桃苗族自治县盘信镇大湾村、遵义市务川县大坪乡龙潭村等12个少数民族特色村寨保护与发展试点工作。

一、凤凰古城

我国作家沈从文故乡凤凰县城因西南有座山形似凤凰而得名。凤凰古城沱江镇已有700多年建城历史。元代，设置五寨长官司，司治驻地在今凤凰县城。明代嘉靖年间，改土城为砖砌城，开有东、南、西、北四个城门。清代康熙年间，朝廷设置"辰沅永靖兵备道"，道治衙署设在镇竿镇城（在今凤凰县城）。至清朝末年，管辖辰州、沅州、永顺3府、靖州直隶州以及凤凰、乾州、永绥、晃州4个直隶厅的军务和政务。凤凰县至今保留着元明清建筑风貌，东门、北门两座城楼以及沱江城墙保存完好，古城保护核心区达到1.8平方千米。因凤凰县城是全国保存最完整的古城之一，故国务院于2001年批准凤凰古城为"中国历史文化名城"。2006年，被列为全国重点文物保护单位。2009年，国家旅游局为凤凰古城颁发国家4A级旅游景区证书。"边城"凤凰旅游资源丰富，名胜古迹众多。凤凰县有县级以上文物保护单位129处。其中，有国家级文物保护单位2处、省级文物保护单位10多处。凤凰古城沱江镇有古建筑68多栋、古遗址116处、古街道20多条、古巷弄10多条，还有吊脚楼和封火墙等民居建筑。比较出名的古街道和古建筑有大成殿、三王庙、万寿宫、准提庵、中营街、文星街、十字街、道门口、崇德堂、吴家弄、唐家弄、朝阳宫（陈家祠堂）、田家祠堂、杨家宗祠、遐昌阁、八角楼、文昌阁、石莲阁、田兴恕故居、陈渠珍公馆等。凤凰古城文化旅游公司与凤凰县政府于2001年签署的《湖南凤凰旅游景区经营权转让合同》规定：凤凰县政府将黄丝桥古城堡、南方长城、沈从文故居、熊希龄故居、奇梁洞、凤凰古城、沱江泛舟、虹桥风雨楼、杨家祠堂等 8 个旅游景点经营权转让给黄龙洞股份公司，由其经营 50 年。"中国南方长城"苗疆边墙建于明代嘉靖年间。苗疆边墙南起凤凰县黄合乡亭子关，北至吉首市喜鹊营，全长 200 多千米。2000 年，国家文物局古建筑专家组组长罗哲文亲临现场认定："苗疆边墙是中国南方长城，是中国北方长城的延续。"可供游览的"南方长城"位于凤凰县全胜营。2003 年，对长约 1.7 千米的廖家桥镇永兴坪屯堡遗址进行修复。"黄丝桥古城堡"位于凤凰县城西侧 30 千米处的阿拉营镇黄丝桥村，始建于唐代垂拱二年（686），为唐代渭阳县县治旧址。清代乾隆年间，朝廷把凤凰营迁至此处，并把古城土城墙改建为石城墙。黄丝桥古城堡系青石结构建筑，城墙高 5.6 米，厚 2.9 米，宽 2.4 米，东西长 153 米，南北长 190 米，周长 620 米。现存东、西、北三个城门，均有 10 多米高的清式建筑城楼。黄丝桥古城堡是全国保存最完整的石头城堡，保留清代衙署、兵营房和民房。1983 年，被列为省级文物保护单位。

二、乾州古城

乾州古城位于吉首市区万溶江畔。宋元时期，"溇溪蛮夷"不服朝廷管制，朝廷常派军队征剿。明清时期，朝廷在此修边墙、设兵营。炮台、长营、镇溪营、冲角营、强虎哨等军事设施互相呼应，为苗疆要塞之地。全城有"向日门""鸿文门""宜化门"三门。乾州古城风景如画，纵横交错的青石街巷，古香古色的民居九福堂，神圣的文庙，堪称奇美的"乾州八景"。乾州古城城内有十里古街，城外有十里边墙，古迹繁多，很有特色。如北城门、胡家塘、罗荣光故居、杨岳斌故居、抗日纪念馆、名人名将馆、文庙、城隍庙、观音阁、节孝牌楼、万溶江画舫、三王阁、风雨桥、天心庵等旅游景点。

三、里耶古镇

里耶古镇位于龙山县里耶镇酉水河畔，始建于战国时期。土家语里耶汉意是"开拓土地"的意思。早在距今 6 000 年前，里耶就有人类居住。

清代雍正年间设置里耶塘，渐成集市。1985 年，里耶泥瓦匠挖出战国时期陶器、兵器，揭开里耶考古发掘序幕。2002 年，湖南省考古研究所组织考古工作队进驻里耶进行抢救性发掘，数百座古墓葬重见天日。古城占地 1 万多平方米，有夯土城墙、护城河、古井、房屋建筑遗址、排水设施。从里耶古城出土的建筑材料、陶片、兵器来看，应是战国时期楚国修筑的军事城堡。一号古井出土秦代竹、木简牍 3.6 万多枚，文字达 20 多万字。有的写有"米、俊、蔡、德"等篆书体汉字；有的记有"六八四十八"等乘法口诀；有的写着"多问"隶书体汉字。里耶战国古城的发掘是 21 世纪考古惊世发现，遗址为战国至西汉时的城址。特别是 36 000 余枚秦简的出土，数量超过全国出土秦简数量总和，对于研究秦代历史具有重要的意义。因此，旅游界专家评价："北有西安兵马俑，南有里耶秦简牍。"里耶历史文化名镇和秦简的保护、开发得到党和国家领导人高度关心以及国家文物局等国家有关部门大力支持。湖南省委、省政府颁布《里耶古城遗址文物保护规划》，投资 1.13 亿元，完成考古遗址公园和里耶古城秦简博物馆建设。2002 年，里耶古城遗址被增补为全国第五批重点文物保护单位。2003 年，湖南省批准"里耶·乌龙山风景名胜区"为省级风景名胜区，2005 年，国家批准里耶为"中国历史文化名镇"。2010 年，里耶古城遗址公园正式开园。

四、芙蓉镇

芙蓉镇土家族转角楼、石板古街形成一幅精妙绝伦的民族风俗画卷，被誉为"土家族第一镇"。芙蓉镇原名为"王村"，是一座具有两千多年历史的古镇，曾为汉代酉阳县县治，现存汉代墓群、酉阳雄镇等名胜古迹。自从明代建立施溶州土司机构以来，王村一直是酉水流域码头，早有"楚蜀通津"之誉。清朝初年，王村街道已有铺面三百多个、饮食客栈一百余家。故清代《乾隆永顺县志》记载："王村市，在〔永顺〕县南，离城九十里。"后因著名作家古华编著的小说《芙蓉镇》在此拍摄电影而改名为"芙蓉镇"。电影《芙蓉镇》展现了风格独特的古镇风貌，令海内外游客慕名而至。2011 年，芙蓉镇被评为"中国十大美丽乡镇"。芙蓉镇由河畔街、商合街、半边街等组成一个睡狮形，一条青石板铺就的古街从酉水码头依山坡延伸到五里牌，街道两边一栋紧挨一栋的土家族转角楼把五里长街装扮成为两条昂首腾飞的巨龙。

五、南方故宫——"老司城"

"老司城"位于永顺县灵溪镇司城村。从五代后梁开平四年（910）彭瑊成为溪州刺史开始，历经五代而至宋元明清，历时818年，世袭27代。老司城分为宫殿区、衙署区、居住区、宗教区、墓葬区等遗址区，尚存土王祠、摆手堂、祖师殿、玉皇阁、皇经台、翼南牌坊、古城墙、古街道、烽火台、钓鱼台、土司王德政碑、土司王古墓群、若云书院等文物古迹。2001年，被国务院公布为第五批全国重点文物保护单位。2011年，老司城被列入全国第一批"国家考古遗址公园"立项名单。2015年7月4日，在德国波恩召开的联合国第39届世界遗产大会上，老司城遗址列入《世界遗产名录》，这是湖南首个世界文化遗产，也是中国第48处世界遗产。

六、边城镇

边城镇原名"茶峒"，是土家族、苗族杂居古镇。2005年，湖南省人民政府批准茶峒镇更名为边城镇。茶峒石堡城始建于清代嘉庆七年（1802），设有东南西北4门。文学大师沈从文的名著《边城》把茶峒优美的风景和善良的人性融为一体，吸引国内外文人骚客前来采风。边城旅游景点有保存完好的古城墙、石板街、吊脚楼、刘邓大军挺进西南地区宿营指挥所等，还有"龙凤呈祥""酉水回澜""水帘百尺""银泉涌翠""仙人石室""龟蛇献瑞""虹桥月影"、"石炉飘烟"等八大景点。

七、浦市古镇

浦市古镇位于湖南省泸溪县城南边35千米、沅江河畔。浦市镇历来是军事要点，因军事而立、因商业而兴。自明清时期至民国年间，修建3条商贸街、6座戏楼、13省会馆、20座码头、45条巷弄、50家窨字屋、72座寺观、90个作坊。目前，保存完整的还有浦市老街、周家大院、吉家院子、李家祠堂、天王宫、万寿宫和江东寺等文物古迹。2010年，"浦市古镇"被住房和城乡建设部、国家文物局授予第五批"中国历史文化名镇"荣誉称号。

八、洗车河镇

土家语洗车河原称"席泽",汉意为"草河"。洗车河镇是龙山县桥镇,全靠土家族凉亭桥、大河桥、小河桥把因两河汇流而形成的丫字形三岸连为一市。建于清代乾隆年间的大河桥系木廊式凉亭桥;建于清代光绪年间的小河桥系两台凉亭桥。土家先民用青石在沿河三岸砌成东平街、湾子湾、小河街和坡子街。洗车河镇建筑为土家民居,土家妹子时常伸出窗口,窥视过往客船。

九、双凤村古建筑群

双凤村是永顺县大坝乡的行政村,坐落在海拔 800 多米的山冈上,共有 325 人。全村除少数从外地嫁入的其他民族外,均为土家族,以彭、田两姓为主。这里保留着土家族的原始文化。1956 年,民族学家潘光旦来到永顺县双凤村考察,发现这是一个土家文化保存完整的山寨,这里的语言、建筑、习俗、文化等富有特点,双凤村为确立土家成为单一民族提供佐证,被民族学界誉为"中国土家第一村"。双凤村古建筑群非常独特,全为木质结构,故被湖南省政府公布为省级文物保护单位。

十、九溪卫古城址

九溪卫古城址是宋代索口寨遗址,是明清时期九溪卫城驻地。明朝初年,朝廷设置九溪卫。九溪卫指挥吕成、韩忠等人伐木采石,始筑卫城。九溪卫城共有四个城门,各有高楼。城里设有卫署、经历、儒学等官署。九溪卫城建筑林立,有兴国寺、文昌阁和文庙等 29 处。九溪古城南门和北门仍然保存完好,南北城墙芳草萋萋。南城门的明代青砖宽大厚实,城墙与城门两端相接,系用大块砂岩叠砌而成。北城门保存一段长约 1 500 米的古代石拱城墙。古城分为东、南、西、北四条街道。在街巷民居中,可见百年老宅、木雕窗、封火墙等十多栋明清时期土家建筑。2011 年,"九溪卫古城"被湖南省政府公布为省级文物保护单位。南岸状似蜈蚣的江垭镇素有"箭射蜈蚣"美喻,古街石板绵延,木屋老店林立。古街从溇江至跑马场,长达 1 500 米,包括用麻石铺路的东河街、丁字街和兴隆街等古街保留了陈能宽故居和唐承厚宅院等土家族古建筑。

十一、溪口古镇

溪口古镇位于慈利县西部，因位于杜家溪汇入澧水之口而得名。《民国慈利县志》记载："溪口者，蒙杜家溪口以为名也。"明朝初年，明军裨将朱思济因剿土家首领覃垕王龙岩寨而修筑溪口城堡，成为澧水名埠。因此，溪口曾经出土明代城建碑文。明清时期，溪口城堡沿河而建，青石板铺成的街道美丽而又神秘，土家建筑古朴而又大方。修建于清代的望江亭，春江花月，渔歌唱晚。修建于清代光绪年间的杜家溪"木屋花桥"，四角飞翘，雕梁画栋。清代光绪年间，约有货船六十只，运出特产到外地。溪口古镇土家族吊脚楼富有魅力。石板老街，光滑透亮；楼台庭园，鳞次栉比。

十二、土司古镇——"旧司城"

"旧司城"坐落在桑植县两河口乡。北有澧水环绕的八宝山，山腰为汉代墓群遗址。元代元统年间，桑植宣慰使向仲山在两河口旧街修建土司衙署，共有七进土司宫殿。从此，十几代桑植土司王在此管理各族人民。虽历五百余载，如今仍有"城门口""衙门口""主事殿"和"赛马坪"等古地名，仍然可见粉墙黛瓦的残垣断壁以及数十栋土家族封火墙古建筑。世居古城的百余户土家族人珍藏八步牙床、西朗卡普、竹制筒车、风车、水碾等生产生活工具。

十三、温塘镇茅冈村

温塘镇茅冈村为"茅冈长官司"衙署遗址。明朝初年，土家首领覃添佑当茅冈土司王后，在茅冈市修建土司衙署"七进王堂"，有三宫六院、箭台、戏台等。街市依水而建，王堂依山而造，条石砌墙，块石铺地。司城东部"覃氏园林"融人工建筑于自然景观之中。覃垕老宅屋场铺着块块岩石，屋场有座还没倒掉的岩屋，屋台留存的拱门、石柱还很清晰。如今永定区茅冈的温阳关、黑松关或砌石为堡，或筑土为墙。

十四、石堰坪村古建筑群

石堰坪村古建筑群是湖南省保存较好的土家村寨，堪称土家民居一绝。石堰坪村土家族建筑建于清代、民国时期，建筑格局为组合式转角楼群。全村现有 182 栋转角楼。石堰坪村转角楼有两种风格：一种是雅致的"挑廊式"，一种是粗犷的"干阑式"。石堰坪村土家建筑表现为屋脊、山墙、门窗、栏杆、柱础等处饰物和装饰图案。转角楼构造形式多样，有"7"字形、"山"字形、"一"字形、"双手推车"等造型。2012年，住房城乡建设部、文化部、国家文物局、财政部认定，永定区王家坪镇石堰坪村进入第一批中国传统村落名录。2013 年，"石堰坪村古建筑群"被国务院批准为全国重点文物保护单位。

十五、土家古镇苦竹寨

湖南省少数民族特色村寨"苦竹寨"位于桑植县利福塔镇，距九天洞 2.5 千米。土家古镇苦竹寨建于元代，盛于明清，是澧水上游"千帆林立的老码头、商贾云集的古集市、艄公荡魂的逍遥宫、明清社会的万花筒。"古老的封火墙、低矮的吊脚楼向游客展示着土家族人的聪明才智，一条条青石板、一声声咚咚喹、诉说着土家古镇曾有的辉煌。苦竹寨关帝庙巍然屹立，古戏台保存完整。

十六、黔阳古城

黔阳古城位于洪江市黔城镇。宋代元丰三年（1080），设置黔阳县。中华人民共和国成立前，一直是黔阳县治所在地。1997 年，国务院批准原黔阳县与洪江市合并，成立新的洪江市，市治设黔城镇。现在，已被国务院批准成为国家历史文化名城。芙蓉楼和南正街已被湖南省政府批准为重点文物保护单位。黔阳古城历史文化包括古建筑、古书院、古碑刻、古庙宇、古墓葬等。古建筑是指保存至今的明清建筑群，包括"楚南第一胜迹"芙蓉楼、明清古街"南正街"、龙标山"钟鼓楼"、西城砂石拱门"中正门"、高桥古塔"赤宝塔"等。这些古建筑，或飞檐卷垛，朱栏白墙，或雕梁画栋，古色古香，堪称湘西地区最完整的古建筑群之一。唐天宝七年（748），唐代诗人王昌龄由江宁丞谪贬为龙标县尉（今洪江市黔城镇），至今流传他的故事。后人建有芙蓉楼，成为纪念王昌龄胜地。黔城古代碑刻数以千计，芙蓉楼内建有碑廊厅，刊有颜真卿等碑刻一百多块，蔚为壮观。龙标书院和宝山书院构成书院文化主流。清乾隆十二年（1724）范德灏建排楼额曰"龙标书院"（今洪江市第三中学），同治八年（1869）复修。宝山书院一块石碑现立黔城小学内。黔城庙宇众多，至今尚存万寿宫、太平宫和文庙等。

十七、洪江古商城

洪江古商城坐落在怀化市洪江管理区，形成于明清时期，享有"西南都会"美称。明清时期建筑窨子屋、衙署、书院、驿站、客栈、寺庙、钱庄、镖局、商号、店铺、茶楼、戏楼、洋行、作坊、会馆等共计380多栋，总面积为10万平方米，是西南地区保存完整的古商城。窨子屋建筑群建于明末清初，为斗拱造型，形成"七冲、八巷、九条街"格局。洪江古商城是中国内陆地区资本主义萌芽的标本。2006年，"洪江古建筑群"被国务院颁布为第六批全国重点文物保护单位。

十八、龙潭古镇

龙潭古镇地处怀化市溆浦县南陲。宋代置龙潭堡，明清时期为龙潭巡检司。龙潭文物古迹较多，有清代同治皇帝亲笔题写的百岁坊，有全国保存完好的百年氏族书院，有以泥塑和壁画著称的寺庙、祠堂、民宅、戏楼、风雨桥等古建筑。1945年，中国人民对日抗战最后一战在龙潭结束。

十九、皇都侗文化村

皇都侗文化村位于通道县黄土乡，由头寨、尾寨、盘寨、新寨组成。相传古代夜郎国王从此经过，为浓郁风情陶醉，许言在此建都，"皇都"一名遂得。这里有侗族建筑"三宝"鼓楼、凉亭、风雨桥。这里侗民擅长手工艺，以侗锦、挑花手帕最为有名。鼓楼里铿锵的琵琶，寨巷里悠悠的侗笛，吊脚楼里动听的侗族歌声，构成一幅侗族文化画面。

二十、芋头侗寨

芋头侗寨位于通道县双江镇芋头村，面积约12万平方米。明代洪武元年（1368）至三十一年（1398）始建，明代嘉靖三年（1508），形成村落。芋头侗寨建筑群保留明清建筑182处，包括风雨桥2座、门楼1座、鼓楼4座、凉亭1座、萨岁坛1个、吊脚楼78座，被专家称为侗族建筑"实物博物馆"，被国务院于2001年公布为全国第五批重点文物保护单位。

二十一、高椅古村

高椅古村位于湖南省会同县高椅乡，素有"古民居建筑活化石"等美誉。元代至大四年（1311），南宋诰封"威远侯"杨再思五世孙杨盛隆、杨盛榜迁居此村，繁衍众多杨姓后代。至清代晚期，达到鼎盛，兴建的民居规模和水平都有发展。现在，村中保存明初至清末修建的民居104栋，建筑面积达19 416平方米。这些民居以"五通庙"为中心，分为老屋街、坎脚、大屋巷、田段、上下寨五个群落。民居具有侗家建筑风格，青砖封火高墙两端翘角，夹峙着一条条青石板铺就的小巷。院落都是木质的两层穿斗式小楼，厅堂、居室的门雕、栏杆十分精巧。2006年，"高椅村古建筑群"被国务院颁布为第六批全国重点文物保护单位。2012年，会同县高椅村被住房城乡建设部、文化部、国家文物局、财政部列入第一批中国传统村落名录。

二十二、荆坪古村

荆坪古村位于怀化市中方县中方镇舞水西岸，距怀化市区15千米。村内现有潘氏祠堂、伏波宫、文昌阁、观音阁、节孝坊、龙凤桥、五通神庙等20多处古代文化遗址。荆坪古村农家都是由院落组成的明清时期建筑群，更有古代石鱼、明代城墙。据《潘氏族谱》载，荆坪潘氏是北宋潘美后代，潘氏宗祠见证多年风雨。荆坪不能忽略的废墟是清代名将潘仕权住宅。沿着窨子屋墙角，穿过幽深狭长的巷道，就到了潘仕权故居。故居现只剩下几堵残墙，会客大门至今保留"居仁由义"题额。

二十三、唐崖土司城遗址

湖北省咸丰县尖山乡唐崖土司城遗址始建于元代，盛于明代，鼎盛时期的土王"帅府"拥有3街18巷36院，建有衙署、官言堂、营房、钱库、书院和靶场。大部分土家族建筑保存完好，是湘鄂渝黔土家地区保存完整的全国重点文物保护单位。城址东西长770米，南北宽750米，总面积57.725万平方米。上、中、下三街自城东始，从中部穿梭而出，全长880米。现存中街宽2.6米，上街、下街宽约2.2米。巷道遗址上下连通，以石铺道，宽约1.5米。覃鼎祠里所塑石人、石马和墓室浮雕，美术价值较高。建在唐崖河畔台地上的张飞庙现存石人、石马各一对，以整块砂岩凿成，有石人执辔侍立马旁，左右并立。中央的土司衙门石碑坊和后山的明代土王陵墓得以幸存，成为唐崖土司古城的古迹。1992年，唐崖土司城遗址被湖北省政府列为省级文物保护单位。2015年，唐崖土司城遗址被联合国教科文组织列入世界文化遗产名录。

二十四、施州古城遗址

施州古城遗址由位于湖北省恩施市六角亭办事处的施州城楼城墙遗址和位于恩施市舞阳坝办事处的柳州城遗址组成。施州城墙遗址始建于宋代，原为土城。明代洪武十四年（1381），施州卫指挥使朱永建砖石城墙，元明清各朝不断扩建，现仍保存西、南城楼及城门。柳州城为恩施土家覃氏发祥地，唐代于此设施州行军总管。元代，移施州州治于今址。柳州城仍保存城墙、石刻、马道、校场坝等遗迹。

二十五、土家古堡鱼木寨

鱼木寨位于利川市谋道乡，面积达2500平方米，东西长1千米，南北长2千米。曾是土司军队和白莲教起义军的军事要塞，有楹联云："鱼目两开张瞻前岩铁锁拱朝大小山寨齐拥挤，凤毛双济美顾后咏铜关鼎立上下石级皆惊愕。"上寨惊险，更有"三阳关""亮梯子"等栈道。鱼木寨建筑以石为基，寨楼墙壁用条石砌成，留有方形枪眼，门额上刻有"鱼木寨"三个字，顶部是瞭望台。寨保内部以木质建筑为主，采用巴国传统营造方法。寨楼、寨卡、寨墙的石与石、木与木、石与木之间以榫头连接，阴阳相扣。碑林是鱼木寨的一大景观。林中有碑，山顶有碑，屋内有碑，路上有碑，牌楼式、庭院式、牌坊式、塔式、圆顶式，精湛的雕刻使这里成为一个石碑艺术陈列馆。如成永高夫妇的"双寿居"石雕均在整块石料上雕成，"荣归图""迎亲图""双凤朝阳""五龙捧圣"等图案线条流畅，栩栩如生。又如钦赐诰封的向梓牌楼墓碑联云："鱼木当醒临吉壤；螺峰层出护佳城。"鱼木寨石文化分为实用型石文化和审美型石文化。实用型石文化又分用具类和建筑类，民居建筑是石文化的载体，现存8栋石构民居古建筑。审美型石文化分为居民石饰和陵墓石雕，鱼木寨现存3处清代建筑遗址及9座古墓葬。1992年，被公布为湖北省级文物保护单位，后被国务院批准为全国重点文物保护单位。

二十六、大水井古建筑群——李氏庄院

利川市水井乡保存着大水井古建筑群——李氏庄院。该庄院始建于1846年，由李氏庄园和李氏祠堂组成，占地7800平方米。李氏祠堂有三殿两厢、四排侧房、六个天井和数十间房屋。前殿大门匾书"李氏宗祠"，中殿是祭祀之地，后殿为供祖神坛。李氏庄院大小楼房共计100多间，内有大厅、客房、小姐楼、工匠房，屋连屋，栋连栋，层层叠叠，错落有致。天井、走廊、厅堂雕梁画栋，琳琅满目。彩楼、飞檐、门窗、家具五彩缤纷，令人赞叹。今日古建筑群依旧，故被定为全国重点文物保护单位。

二十七、濯水古镇

濯水古镇位于重庆市黔江区东南部。"濯河坝"初称"白鹤坝"，元明时期属于酉阳土司辖地。自清代起，成为川东南驿道、商道必经之路。此地商贾云集、店铺鳞次栉比。老字号"茂生园""宜宾栈""光顺号""同顺治"等商号与多个染房、酿房、刺绣坊等手工业作坊吸引武汉、南京等地客商。

二十八、龚滩古镇

龚滩古镇位于重庆市西阳土家族苗族自治县，是座具有1 700多年历史的古镇，蜀国在此设置涪陵郡汉复县。龚滩古镇现存长约3千米的石板街、150余堵别具一格的封火墙、200多个古朴幽静的四合院、50多座形态各异的吊脚楼。龚滩古镇是保存完好而且颇具规模的明清建筑群，面积达133平方千米。龚滩古镇是历史文化名镇，亦是国家4A级旅游景区，著名景点有锦楼、织女楼、鸳鸯楼、夏家院子、董家祠堂、川主庙、半边仓、巨人梯、桥重桥等。

二十九、千年古镇龙潭镇

龙潭镇位于重庆市西阳县，面积1.5平方千米。自蜀汉以来，龙潭相继为"县丞""县佐"所在地，已有1 700余年历史。龙潭古镇至今仍然保存石板老街，沿街全为店铺。公共建筑以巨木作梁柱，院落之间常见青砖花墙盖瓦。50多座吊脚楼飞檐翘角，150余堵封火墙把古镇隔出200多个幽静的四合院。古建筑有轩辕宫、禹王宫、天后宫、文昌宫、万寿宫、龙王庙、火神庙、春秋阁、天主教堂、祠堂、书院等。

三十、西沱古镇

早在清朝乾隆时期，这里"水陆贸易、烟火繁盛、俨然一郡邑。"西沱古镇引人瞩目的景点"云梯街"垂直长江，呈龙形向上，共有113个台阶、1 124步青石梯。云梯街是长江沿线唯一垂直江面的街道，专家称之为"万里长江第一街"。街道两旁保存土家族吊脚楼"禹王宫""万天宫""紫云宫""桂花园"等明清时期建筑，故被国家建设部、国家文物局评为首批中国历史文化名镇。

三十一、东山古建筑群

东山古建筑群位于贵州省铜仁市城东隅，占地约3万平方米。有明代正德十一年（1516）建的"澄江楼"、明代嘉靖二十二年（1543）建的"大观楼"、清代道光二年（1822）建的"奎星阁"以及其他清代建筑崇真观、崇仙宫、真武观、文昌宫、大雄殿、武侯祠、魁星楼、护国楼、二吴亭等明清建筑。山顶仅存雷神殿和真武殿，真武殿后还有大雄宝殿，现已辟为铜仁市博物馆。

三十二、思唐古建筑群

思唐古建筑群位于贵州省铜仁市思南县思唐镇。元代，在此设置"水特姜长官司"。明初，改为"水德江长官司"。洪武二十三年（1390），思南宣慰司迁此。永乐十一年（1413），废思南宣慰司，设思南府。现在存有文庙、会馆、寺院、衙署遗址、典型民居和著名商号等文物古迹。2006年，定为全国重点文物保护单位。著名景点有府文庙、万寿宫、周和顺盐号和旷继勋纪念馆等。

三十三、思南古城

"思南古城"位于贵州省东北部。元代设置思南宣慰司，明清两代设置思南府、安化县，这里曾是司、府、县治所。据《明史·贵州土司》载："思南宣慰使田仁智遣都事杨琛来归附，并纳元所授宣慰诰。帝以率先来归，俾仍为思南道宣慰使。"明代永乐十一年（1413），因为土官宣慰田宗鼎、田琛互相攻打，朝廷进行"改土归流"，改思南宣慰司为思南府，改思南宣慰田氏宗祠为思南府文庙。思南古城古迹颇多。思南文庙始建于元代，明代成化二十二年（1486）重建。现在的建筑建于清代嘉庆十二年（1807），为贵州省级文物保护单位。思南文庙坐落在思南县城北隅。过棂星门后至樟园，至大成门，门上悬有孔子庙三字匾，五间房平排。经大成门行入大院，便到四合大院桂园。再向后至桃园，桃园是文庙后院，崇圣祠、追封殿坐落其中。思南境内还有许多寺庙观宇、桥梁古渡、牌坊古井、亭阁楼台等古迹，如华严寺、永祥寺、万寿宫、王爷庙等各具特色。

第七节 医药文化

一、土家医药

土家族医药学是中华民族医药学的组成部分，是中国医药宝库的文化遗产。千百年来，土家先民在防病治病的历程中，发掘了许多医治各种疾病的土医疗法、土药土方，提出了土家族医药学基本理论"三元学说"，养成了良好的卫生保健习惯，留下了珍贵的土家医药文化，包括人文医药、巫医、药物和疗法。经过无数代土家人家传、师传、"口传心授"，以"口碑古籍"形式传承下来。

由于土家族有语言而无文字，也就没有土家文字记载的医药古籍，只有明清时期的地方志中零星记载的土家医药内容。通过整理"口碑古籍"和民间医药抄本，我们发现源于民间实践的土家医药经过"药匠"（土家人对医生的称呼）的探索，使之成为形式特殊、内容广博、民族气息浓厚的土家医药。从土家医药发展情况来看，分为秦汉至南北朝时期、五代至清代雍正年间以及清代雍正以来三个阶段。在秦汉至南北朝时期的漫长岁月中，土家先民在生产活动中"尝草识药"，治验疾病，经历本能经验积累、初期医疗活动以及巫医影响的过程；隋唐五代时期到清代雍正年间的几百年间，还是实践知识的累积阶段，只编有《土王真药本草》，尚未形成比较系统的医药体系。清代"改土归流"以后，土家有识之士在前人识药治病的基础上，进行理论的总结和实践的验证，编著《医学萃精》《二十四惊症》《三十六疾》《七十二症》《医方济世》《医方守约》《外科秘方》和《梧桐接骨术》等土家医药古籍，使土家医药进一步发展。土家族医药学的形成是土家先民与自然斗争的结果，山水文化、民俗文化、梯玛文化、观念文化等土家地区文化对土家族医药学发展产生重大影响。

从前，土家族人叫民间医生为"土医生"和"土郎中"，包括药匠、水师、"梯玛"三种，各成体系，相互配合，形成土家地区医疗队伍。土医生靠中草药、针灸针刺、推拿按摩、封刀接骨、梯玛法术为土家族人防病治病。药匠主治内科，主要疗法是推拿按摩。推拿疗法主治头痛、昏厥、呕吐、腹泻、腰痛、缩阴症、鼻出血等病。张家界市民族民间医药研究所土家医药是"庹氏中药祖传秘方",在创新"髓核中药溶解理论"基础上创立成型,是非手术治疗腰(颈)椎间盘突出的突破,为口服中药治疗方法。药物烫擦法分为药物干烫法和药物湿烫法,治疗皮肤麻痹、肌肉酸痛、关节痛、肚痛等病。成人感冒、身痛,药匠通过打火罐、烧灯火、刮痧,患者就会痊愈。拔罐适于治疗风湿麻木、跌打损伤、风寒感冒等病症。水师主治筋骨,疗法是封刀接骨。长疱、跌打损伤、骨折、断肢、筋扭以后,水师先喷一口水,令其一惊,出其不意,或者一刀,或者扳正部位,然后发药,口服加外敷,夹上夹板,数日痊愈。敷贴疗法常将药物制成膏药、软膏、水糊膏等,可治支气管哮喘、痛经、白喉、疥癣、烫火伤、肝炎、皮炎等病。水师正骨的秘诀在"药物"上,妙药"张氏麝骨精"吸收了水师许多秘方。梯玛疗法有手术外治疗法、药物疗法、精神疗法等,融药物、手术、精神疗法为一体,具有独特风格。手术外治疗法即开刀、扎针、止血、正骨等。针刺法可治脱肛、疟疾、失眠、遗精、血滞闭经、副鼻窦炎、咽喉肿痛等病,灸法可治腹泻、淋巴结肿大、小儿惊风、胃痛、带状疱疹、男性缩阴症等病。药物疗法既有内科的,也有外科的,所用药物品种繁多。

　　土家医生在长期临床实践中,积累独特的诊断方法。通过看诊、问诊、听诊、脉诊、摸诊"五诊法"了解疾病发生原因,判断疾病症结,得出疾病的正确诊断和治疗方法。看诊,就是土医生看神色、看形态、看面色、看眼睛、看鼻子、看嘴唇、看舌苔、看耳朵、看头发、看皮肤、看手指、看手掌、看背腹等。问诊是土家诊断组成部分,除询问病人的年龄、婚姻、职业、家属、籍贯、既往病史、主要病症、发病经过以及治疗效果等外,还包括问疼痛、问饮食、问二便、问筋脉、问骨节、问七窍、问妇女病等。听诊虽然不是主要诊病方法,但可作为治疗某些疾病的参考。如听说话声、听咳嗽声、听肚响声、听呼吸声。骨断以后,药匠将特制竹筒贴于病人伤处下端,用手敲击患处上端,听是否有骨断的"擦、擦"响声。脉诊之时,把号脉视为重要脉诊方法。流传在民间的脉有骨脉、命脉、芳脉、虎脉、肘关脉、踏地脉、鞋带脉、指缝脉、地支十二脉。摸诊通过药匠之手触摸病人病处,如摸体温、摸额头、摸疱疮、摸肚子、摸疼痛部位、摸骨头等,了解病情,诊断疾病。

土家地区中草药十分丰富，是中药王国药都、民族中草药生态园。土家药物品种包括动物药、植物药和矿物药，麝香、虎骨、熊掌、鹿茸、蛇胆、天麻、香仁、三七、中黄、吴芋、白薯、山姜、仙茅、麦冬、射干、黄柏、杜仲、厚朴、黄连、玄参、丹参、党参、灵芝、当归、贝母、半夏、木瓜、白芍、百合、枸杞、葛根、陈皮、金银花、何首乌、鱼腥草、银杏果、四两麻、山苍子、万年青等珍稀药物应有尽有，在全国产量占据首位。人们走进土家族人聚居的集贸市场，就会看见牌号不一、规模不等的药店、药铺。土医所用土药共有800多种，可治常见病、难治病。肚子痛，吃点捣烂的蒜头；腹泻，喝点醋水；感冒，喝碗姜汤；长疱，摘蛤蟆叶敷；睑膜炎，用茶叶水洗；风湿性关节炎，用猴子皮作护节。这些土药土方不仅为土家族人带来了"福音"，而且也为中华民族医药宝库增添了新的血液。"金银花"作为中药名，最早出现在北宋时期编撰的医学古籍《苏沈良方》之中。南宋时期，王玠在《履巉岩本草》记载："鹭鸶藤，性温无毒，治筋骨疼痛，名金银花。"宋代以来，"金银花"名称被人们沿用下来。在中国历史文献中，湘鄂渝黔等省市仍可看见许多有关金银花及其药效的记载。明代正德年间，湖北药学家李时珍在《本草纲目》中详细描述："金银花，又名金银藤、鸳鸯藤、鹭鸶藤、老翁须、左缠藤、金钗股、通灵草、蜜桶藤。"明代万历年间，陈光前在湖南《万历慈利县志》卷七中明确说明金银花产于中国南方："金银花、半夏、香附、黄连、细辛、焙子皆楚产也，均可入药。"

土家医生用药具有四个特点：一是喜用鲜药。鲜药鲜用是土家医生用药的特色，对无毒或毒性小的药物，一般不经过特殊处理，直接用于病人，以获得最佳临床疗效。二是讲究药物配伍。土家族医药学认为，各种病症的临床表现、形成原因是不相同的，所以必须选择不相同的治疗药物组成土家方剂治疗，而组成方剂的药物必须按照主药、配药、引子药的原则进行组方。三是善用药引。土家医药很多处方标明药引，如治内肠伤方：三两银、三两金、五加皮、牛膝、退血草、搜山虎、女儿红，灯草七根为引。四是讲究剂型变化。土家药匠在长期的临床实践中，创造了各种适合临床病情需要和适合药物特性的剂型，使方剂更好地发挥药效。主要剂型有汤剂、炖蒸剂、散剂、酒剂、丸剂、煎膏剂、磨汁剂、鲜汁剂、佩挂剂、外搽剂、外敷剂、包裹剂等。

二、苗族医药

(一) 医学

苗族医学形式特殊，内容丰富，自成体系，成效显著。在辨病立症上，把人体的疾病分为内科 36 症、外科 72 疾，共计 108 种病症，故民间有"药有 3 300 种，病有 108 样"。它包括人体的消化、呼吸、神经、生殖、内分泌等十大系统，也包括内科、外科、妇科、儿科、伤科、五官科、皮肤科、传染科、精神科等疾病分科。2011 年，凤凰县和花垣县申报的《苗医药》被国务院列入国家级非物质文化遗产扩展项目名录。

苗医诊断病情有"四诊"，即看望、号脉、问诊、触摸。看望就是观察病人掌心、外耳等部位的神色、征兆。号脉是号手脉或足脉，将脉象分为 11 种。问诊就是询问病情表现、病史等。触摸就是触摸病人有关部位。苗医诊病歌诀是："一主神态二主色，三视女男当有别，四望年龄看四季，五取腕部细号脉，第六细问再触摸，百病疑难有诀窍。"这些口诀是苗医多年诊断病情的经验总结。

苗医学立症以民族习惯、所见所闻为基础，形象具体，易于对症下药。如蛤蟆症（肠梗阻）、老鼠症（霍乱）、飞蛾症（肺炎）、黄彭症（肝病引起水肿）、撮箕症（肝硬化腹水）、黄肿症（钩虫病）、鬼见症（肋间神经痛）、哑巴症（破伤风）、翻眼症（颅内肿瘤）、鲤鱼症（泌尿系统结石）、勾手勾脚症（乙型脑炎）、水症（糖尿病）等。病名不仅形象，而且分类细致，分为经类、症类、翻类、胎病类、抽病类、丹毒类、花类、疗类、疮类等 10 大类。在外科 72 种疾病中，疮类分 23 种，疽类分 9 种，痈类分 8 种，疗类分 5 种。苗医学认为，同一种病生长部位不同，病因不同，用药不同，因而见效也不同。

苗医学在长期的实践中，创造了简便、速效的治疗方法 20 余种。妇产科有"坐产分娩法"；治脓肿有"打火针疗法"，用针引脓；治小伤小病有"桐油点烧法"，既可治病，又可防止感染；治骨折有"背椅法""双胳膊悬吊法""悬梯移凳法"。其他还有"煲法""蒸熏法""针灸法""药热敷法""刮痧疗法""巴附罐疗法"以及"体育疗法""气功疗法""挑刺法""推摩按捏法""饮食疗法""保健养生法"等,临床效果很好。苗族医学的最高成是骨科和伤科。凡属跌打损伤、刀伤枪伤,一经医治,见效甚速。湘西苗族医师的伤科医术特别著名,有"刀伤枪伤,痛不可支;一经敷药,血痛立止;肿胀渐消,不数日而愈"的技术。枪伤经敷药后,不但可使肌肉再生,而且可使弹丸退出。苗医伤科的"正骨"特别有名,疗程短,疗效高。正骨原则是抢救生命第一,恢复功能第二,保持肢形第三。方法简便,仅用夹板固定,敷以伤药。一般骨折,一个月即可痊愈;粉碎性骨折也可在二至三个月愈合。

(二)药学

苗药品种类繁多,包括植物、动物、矿物和微生物类共计一千余味。1989年,欧志安在岳麓书社出版的《湘西苗药汇编》一书收录苗族药物500种。苗药学发端久远,命名形象而具体,剂型多样,分类特殊。立方灵活,加工简易,具有鲜明的民族特点。

苗药学对药物的命名,有的突出药物的特殊形貌,有的反映药物的特殊气味,有的根据药物的特殊功效……总的特点是注重实际,命名贴切。

苗药学主张多用生药、鲜药,现采现用。原因是生药药性好,见效快。苗药采药原则是按季节按物种摘取生药中药性最高部分。对不易采集而又有特效的药物,或采之晾干储存,或在庭园栽培,以备急需。对有毒药物或治疗需要加工药物,炮制方法很多,有"蒸熟曝晒法",如对"黄精""天冬"的炮制,减其猛性,使味变甘;"开水烫淋法",如对"八角香"的炮制,去其毒性,又使果子不炸开;"石灰水渍法",如对"三不跳""草乌"的炮制,目的是去其毒性。此外还有"火烤法""火燎法""夜露法""酒制法""醋制法"等十多种,最特殊的是"身背汗蚀法",就是将所采鲜药洗净擦干,装包放在贴身之处,利用人体温度将药物燥干。对怕曝晒、怕火热的珍贵药物,如"百味莲""雪里见""八角莲"等,多用此法加工。

苗药学的剂型与中医略同,也是根据病情、药性和条件"定型",但是具有简易、灵活、速效等特点。苗药处方主张"立方扼要""一方一病"。一般是三药为一方,少数九味药为一方。如"白辣蓼(凤凰蛇药)专治五步蛇咬伤,"交馍降"(九木香丸)专治气管炎,"大蒜泥"(鼻嗅法)专治小儿肺结核等,体现苗药学的民族特色。苗药单方很多,民间有"三千苗药、八百单方"的说法。滕建甲编著的《苗家实用药方》收录苗族药方近千。苗族药方有急症药、定根药、凉药、麻药、拐子药、隔稀药、不生药、陈伤药、拔弹药、吊胎药、喜药、神打药、点打药、见血封喉药、迷魂药、补药。

三、侗族医药

侗族医药都靠口传心授,或以长歌形式代代相传,明末清初才有侗族医药文字记载。侗族医药学学术思想起源于侗族巫术和侗歌巫词。对于药物性味,侗医认为"药苦能退热,药涩能止泻,药香能清肿止痛,关节痛要用药叶为生"。侗药有六性六味理论,给侗医临床用药提供理论基础及用药依据。用药先要掌握六性六味,再根据疾病临床表现确定用药。如冷病用热药,热病用冷药,用药才能对症。

(一)侗医诊病

侗医对疾病的命名和分类,多以疾病形象命名,分为12个门类和568种病症,如钩虫病和锁喉症等。侗医诊病有问病、望诊、摸审、切脉四个方法。

问病:侗医询问发病情况、发病原因和痛的部位。问病时必须掌握病变部位。如因饮食过量,脐眼以下疼痛是犯米;脐眼以上疼痛是犯水、酒、鱼、肉;胸口疼痛是犯酒、肉和酸。侗医以此作为诊断、治疗的依据。

望诊:望脸色、皮色。脸色青是冷病;脸色黄是潮病,或是犯男人、犯女人;脸色紫是五劳七伤;脸色红是热病;脸色白是虚弱病。

摸审:摸头顶及皮肤发不发烧、是冷病还是热病。如为外伤,摸其有无伤筋、断骨、错位、错缝。

切脉:有八脉、两候。八脉为平和脉、粗脉、细脉、长脉、短脉、快脉、慢脉、空脉;两候为冷病、热病。

(二)治病方法

侗医治疗疾病方法有推拿法、爆灸法、拔罐法、针刺法、熏蒸法、敷药法、吹沫法、热烙法、服药法和复位法等18种。

退热法:退热法包括滚蛋法和热刮法。滚蛋疗法是用艾叶煎水煮蛋,在全身各个部位，以胸腹部为主，来回滚动。热刮法是以热退热，用上述药物，煎水煮蛋，除去蛋黄将蛋白揉烂，放入银器或者银扣，用布包好，趁热在身体各个部位来回滚动，反复多次。滚后取出银器，观察颜色。红色为火热，蓝色为风热。药水擦洗法是对火热不退者，用凉寒苦味药物，煎水擦洗退热。

除寒法：用桐油加热后，浸泡草纸，将草纸糊在脐眼周围。

熨热法：用石片擦上桐油，置于火上加热，用布包好，贴在腹部，冷后重新加热又熨。

发汗法：有内服发汗和外擦发汗两种。内服发汗多用热药，如木姜子、拜亚辣蓼、生姜、红糖煎水内服；或生姜、辣椒炒牛肉，服后卧床盖被取汗。外擦发汗是用辣蓼、八角枫、生姜煎水擦澡。

补法：凡因气、水、血引起的疾病都用补法。根据不同病因、气、水、血选用块根药物或者味甜肉质药物，煮或蒸肉类服用。

手术疗法：缝合术用于骨折或皮肤肌肉撕裂等，用普通针线进行缝合。骨折复位术根据骨折部位、骨折情况，对骨折进行手术整复。

（三）常用制剂

2004年，岳麓书社出版萧成纹编著的《侗族医药探秘》。2006年，民族出版社出版吴国生编著的《侗药大观》。侗族聚居地区药源丰富，侗药有687个品种。侗族药物分为解表退热药、止咳化痰药、清热药、芳香开窍药、安神镇静药、祛风湿药、祛寒药、清导药、驱虫杀虫药、泻下药、润下药、排石利尿药、理气药、活血药、止血药、滋阴药、壮阳药、固涩药、烧烫伤药、肾病药、骨伤药和外用药等。侗药加工炮制比较简便，制作方法有丸剂、膏剂、粉剂、酒剂、药鱼等十多种。具有特色的侗药验方是剂世良方，共计1 769个。经过临床实践，疗效较好。

丹药：丹药炼制基本操作与中药方法大致相似。

膏药：根据用药的不同目的进行提炼，如风湿药膏、跌打药膏、疱疮药膏等。药膏基质是桐油或菜油。配制时，将油置于火上熬至起青烟，再熬至药成暗红色时。离火过滤除去药渣，再将油熬至滴水成珠。离火加入所需药物，搅拌均匀，冷后放入器皿中备用。

酒药：将配方药物备齐，切片称量以后，加入高度白酒。5～7天后，作内服或者外用。

粉剂：将药物切成饮片，碾成细粉，根据处方将各种药粉配伍制成散剂。

打刀烟：用于毒性较大药物，如八角枫、雷公藤等药物。制法是将药物鲜枝、根茎切为60厘米长，一端置于火中燃烧，待其将呈炭时把未烧的一端置于冷的菜刀。烧过的一端向上，鲜枝、根茎流出黑色糊状液体，将糊状物收集瓶中，治疗毒蛇咬伤。

第三章 武陵文化利用

武陵地区处在西部开发和中部崛起的结合部。因此，要实施各级党委、政府出台的优惠政策，发挥武陵地区在区域经济和区域文化发展中的桥梁作用。在旅游产业中，任何一项旅游经济活动都以文化方式进行。文化是旅游资源的魅力所在，是旅游企业兴旺发达的源泉，是旅游产业发展的增长点。任何一个地区发展旅游产业，必须以一定的旅游资源为基础，旅游资源基础作用的发挥需要人为因素的介入。人为力量介入的过程就是对旅游资源进行开发利用的过程。旅游资源的开发利用就是人们以旅游资源为对象所从事的开拓与建设活动。武陵地区熔优美的自然风光与浓郁的民族风情于一炉，种类齐全，景点繁多，不仅拥有世界一流的极品旅游资源，而且具有底蕴深厚、源远流长的文物古迹、民族文化、宗教文化、文学艺术和红色文化等人文旅游资源，在全国旅游产业中具有重要的地位和作用。如何开发利用武陵地区人文旅游资源，使其成为具有旅游功能的吸引物呢？我们建议：以张家界市为旅游中心，辐射"武陵山旅游圈"。合力打造名胜文化，科学开发民族文化，合理利用宗教文化，努力繁荣城市文化。通过挖掘文化生态旅游资源，做大做强文化旅游产业，促进区域经济一体化，把武陵地区建设成为国际知名生态文化旅游区。

第一节 合力打造旅游文化

旅游业是服务业的重要组成部分，是拉动区域经济发展的动力。中国旅游行业经过多年发展，进入了大众化旅游的瓶颈阶段，因而中央政府最近出台了发展"全域旅游"理论政策。2016年,国家旅游局局长李金早提出"全域旅游"概念。"全域旅游"是指在一定区域内,以旅游业为优势产业,通过对区域内经济社会资源尤其是旅游资源、相关产业、生态环境、公共服务、体制机制、政策法规、文明素质等进行全方位、系统化的优化提升,实现区域资源有机整合、产业融合发展、社会共建共享,以旅游业带动和促进经济社会协调发展的一种新的区域协调发展理念和模式。所以,国家旅游局决定开展"国家全域旅游示范区"创建工作,推进全域旅游改革创新,推进旅游业由"景区旅游"向"全域旅游"发展模式转变,构建新型旅游发展格局。深入推进旅游+行动,包括旅游+休闲度假、旅游+健康养生、旅游+购物等,培育发展全域旅游新业态。在实施国务院《关于加快发展旅游业的意见》《关于促进旅游业改革发展的若干意见》以及文化部、国家旅游局下发的《关于促进文化与旅游结合发展的指导意见》时,武陵地区各级党委、政府以及旅游局、住建局、规划局、财政局、国土局、林业局、文化局、发改委和民委要加强相互之间协作,创建国家全域旅游示范区,建立武陵地区旅游合作机制,共同推动武陵地区旅游产业协调发展,合力打造"武陵山旅游圈"。旅游资源开发利用分为单项开发利用和多项开发利用。一般情况下单项开发利用的情况很少,更多的是多项开发利用,即对整个旅游地区进行综合性的开发利用。武陵地区旅游资源开发利用是一项综合性工作,它的主要内容有以下五个方面。

一、制定旅游产业发展规划

旅游资源开发利用要落实到某个景区或者景点,所以,必须科学地制订景区或景点开发规划,做到环境保护与合理开发并重,保障旅游资源的可持续利用。合理开发旅游资源必须以制订规划为先导。制订景区开发规划是旅游资源开发的基础和关键,保护风景名胜区是核心和主题。因此,要深化改革,大胆创新,探索符合武陵地区开发特点的景区保护路子,实现可持续发展。武陵地区在开发旅游资源时,一定要坚持开发与保护并重方针,遵循生态平衡原则、独特性原则、经济原则、综合开发原则和市场原则,以确保旅游资源长期开发,实施可持续发展战略。为了防止旅游资源开发建设的盲目性,做到保护、开发、利用、建设协调发展，经济效益、环保效益同步提高，各级旅游局要组织专门班子对旅游资源进行全面系统的分类普查，掌握历史文化资源、古镇古居资源、民俗风情资源和宗教文化资源等各类旅游资源的分布情况。在实施旅游产业发展总体规划的基础上推进包括总体规划和景区详细规划在内的多层次旅游规划管理体系建设，形成"以省旅游发展规划为指导，以市（州）旅游发展规划为基础，以旅游景区（点）详细规划为重点"的旅游规划体系。在总体规划制定以后，要对旅游资源开发项目进行可行性研究，为投资决策提供可靠的依据。1991年，建设部报国务院审定同意，批准《武陵源风景名胜区总体规划》。从此，武陵源区政府执行《总体规划》，规范建设项目审批程序。但是，武陵源风景名胜区出现城市化倾向。张家界市政府和武陵源区政府于2001年花费大量人力、财力拆迁水绕四门、天子山、袁家界影响景区的建筑，整治景区环境。今后还要实施第二期拆迁方案，还要按照国务院要求治理锣鼓塔出现的问题。2001年，武陵源区政府上报湖南省建设厅和建设部批准，对《武陵源风景名胜区总体规划》进行了修编。新修编的《武陵源风景名胜区总体规划（2005—2020）》共分十八章、九十四条。武陵源风景名胜区总面积调整为397.5平方公里，功能分区划为核心区、缓冲区和建设区。为了吸取景区开发教训，增强世界遗产保护意识，张家界市政府、武陵源区政府必须严格执行《湖南省旅游管理条例》《湖南省武陵源世界自然遗产保护条例》和建设部2005年下发的《关于武陵源风景名胜区总体规划的批复》。在武陵源风景名胜区范围内不得建设有损生态环境和自然景观的工程；在核心景区内严禁建设与景区保护无关的工程。中共怀化市委、市政府编制了《怀化市2001—2010年旅游业发展规划》。经过几年努力，建成以怀化市区为中心、以通道及沅陵为两翼的旅游区，形成"抗战胜利纪念之旅""秦黔中郡历史文化之旅"和"古城古村民俗风情文化之旅"三条精品旅游线路，将怀化建设成为湖南西部地区自然风光、民族风情和历史文化相融合的旅游胜地。近年来，通道县委、县政府出台了《百里侗文化长廊申报世界文化遗产方案》和《侗族原生态文化保护方法》，对全县侗文化遗产进行了整合，并创造性地把独具民族特色的风雨桥群、寨门群和鼓楼群进行"捆绑式申报"，为打造"侗族文化圣地"打下了坚实基础，保护了大批具有旅游价值的物质和非物质文化遗产，使通道县跻身于"全国民族文化大县"之列。目前，通道县已有全国重点文物保护单位3处、省级文物保护单位6处；大戊梁歌会、侗族琵琶歌、侗族芦笙、侗戏、侗锦被公布为首批省级非物质文化遗产。宜昌市以建设世界旅游名城为目标，将自然风光、历史遗迹、民族文化、现代工程融为一体，打造"中国顶级、世界精品"旅游产品。为了实现"建设巴楚文化的开发战略"，宜昌市推出了"三峡四大民间文艺"，结出了丰硕成果。土家族舞蹈剧《土里巴人》和电视剧《家在三峡》等7件作品荣获中宣部"五个一"工程奖。

抓紧启动《武陵山片区全域旅游发展规划》编制工作。2016年以来，湘西州、张家界市、怀化市、恩施州和秭归、长阳、五峰、新宁、城步、石门、安化、涟源、武隆分两批列入国家全域旅游示范区创建单位，贵州省更是列为全域旅游示范省创建单位，武陵山片区71个县（市、区）中有58个县（市、区）列入国家全域旅游示范区创建单位，占比达81.7%。走全域旅游发展路子，符合国家对武陵山片区的发展定位，是武陵山片区脱贫攻坚的最佳途径。与片区相关的各省、市和片区内各市州区县，要强化全域旅游发展理念，努力探索全域旅游与精准扶贫一体化发展的"武陵山模式"，共同推动武陵山片区旅游扶贫实现跨越发展，为集中连片特困地区提供可复制、可推广的经验。打破行政区域分割，在国家全域旅游示范区创建中深化合作，加强统筹，打造具有市场影响力的武陵山区国家生态文化旅游目的地，要坚持规划先行。科学编制和实施片区全域旅游发展规划，要把旅游基础设施的完善、三次产业的融合、公共服务的覆盖、生态环境的保护、文化资源的发掘、民众素质的提升等，作为经济社会发展核心内容，明确目标、步骤与指标，争取一年一个样、年年有进步。建议由国家民委牵头，民族、林业、文化、旅游等部门参与配合，协调武陵山片区各省市和相关市州区、县（市、区），突出整体设计、区域联合、资源整合。要依托各地旅游资源禀赋，坚持差异发展、错位经营、避免重复建设、无序开发，使各地的旅游产品和旅游品牌互为补充、相得益彰、打造优势、形成品牌。通过合力推进武陵山片区全域旅游发展规划的制定和实施，加强合作，增进交流，让武陵山片区成为全域旅游扶贫脱贫攻坚示范区，成为境内外游客的目的地。确定以龙头景区资源带动，全域景区联动，城市乡村互动，产业深度融合的全域旅游规划定位，让武陵山片区旅游发展规划和经济社会发展规划、产业发展规划、城乡建设规划、土地使用规划无缝对接，推进片区旅游产业一体化发展。

二、加快旅游景点和旅游线路的开发

旅游线路是旅行社或者其他旅游经营部门利用交通线路为旅游者设计的串联若干景点或者旅游城市的合理走向。旅游产品是由若干景点串联而成的旅游线路，旅行社向外推销和旅游者购买的是旅游线路。因此，旅游资源开发需要做到点线结合。旅游线路的形成受到景区景点、交通条件、旅游时间和旅游市场等因素制约。可在一个旅游区域自成体系，也可进行旅游区域之间的协作。旅游线路形成对于提高旅游产业经营效益具有极大作用。中共湖南省委、省政府决定："以长沙为中心、张家界为重点，分层次加快旅游景点开发和配套设施建设，积极发展大众化旅游休闲项目和假日旅游，提高旅游业的品位和效益。"根据湖南省委、省政府及省旅游局提出的加快全省旅游产业发展的意见，首先，要全面实施以张家界为龙头的旅游精品战略，加快开发建设步伐，以交通建设带路，探索出一条以景区带动旅游城市发展的路子，把张家界建设成为带动全省旅游产业快速发展的龙头、全国一流的旅游景区，使张家界在景区建设、行业管理和市场促销等方面为全省提供示范经验。在新世纪新阶段，张家界市要根据省委提出的新要求，把建设"世界旅游精品"作为新的奋斗目标，统揽经济社会发展。要加速推进旅游产业提质升级，加强旅游产品建设。开发多元旅游产品，加快推进旅游产品由单一观光型向观光休闲度假复合型转变。要加快旅游产业建设，突出发展高星级酒店、规范发展汽车旅馆。大力发展传统风味、地方特色的美食街、美食城。深入挖掘旅游文化，包装地方文化和民俗风情旅游产品。今后一个时期，武陵地区旅游资源开发利用要围绕"张家界"这块金字招牌，开发富有特色的旅游景点，开拓专业旅游之路。其次，要抓好长沙市至桃花源至张家界至猛洞河至凤凰县名山风情游精品旅游线路的开发。常德市、张家界市、湘西州应该按照"分区开发、联手打造、共闯市场"的思路，借鉴外省旅游开发的成功经验，同心协力，争取主动，联手打造"武陵山旅游圈"。2006年，张家界市政府和常德市政府签订了《共同构建旅游经济一体化协议书》，就加强旅游区域战略合作达成五大方面的协议。同年，吉首市政府以租赁期20年的特惠政策与中国苗族博物馆馆长龙文玉签约，在乾州古城区杨家祠堂修建九福堂苗族博物馆，共设四个展厅，为融苗族历史文化展览、湘西民族工艺展示、湘西民族民间曲艺展演、湘西民族民间工艺品展销"四展"为一体的民族文化交流窗口，占地 800 平方米。再次，抓好张家界至吉首至凤凰至怀化至洪江至靖州以及崀山至城步至通道至桂林两条黄金旅游线路的开发。两条新的黄金旅游线路贯穿了武陵地区几个高品位、富有民族特色的旅游区。加快两条黄金旅游线路的开发建设不仅可以改变武陵地区旅游产业发展不平衡的状况，而且可以促进民族地区经济发展、文化繁荣。其中，猛洞河、德夯苗寨、凤凰古城、苗疆南方长城和黄丝桥古城是具有民族特色的旅游景点。所以，开辟这两条新的黄金旅游线路对丰富武陵地区旅游产品，提高武陵地区旅游产业整体水平和加快外省客源市场的开拓具有积极作用。最后，要扩展重庆至长江三峡至宜昌至石门至张家界至永顺至凤凰至怀化至通道山水风光、民俗文化游以及张家界至吉首至凤凰至铜仁、名胜古迹、民族风情游两条跨省精品旅游线路，共同打造世界一流的"长江三峡—张家界—梵净山"武陵山旅游金三角。总之，武陵地区要实施旅游精品战略，开发"湖南旅游黄金通道"，形成自然景观和人文景观、景点开发和旅游线路联通、资源利用和产品开发相结合的旅游开发格局。

2015 年，国家 13 个部委联合出台《建立国家公园体制试点方案》将浙江、福建、湖北、湖南、云南作为体制建设试点，每个省市分别选取一个区域开展工作。经过甄选，确定八达岭、伊春、长白山、开化、武夷山、神农架、城步、玛多、普达措等 9 个区域为试点区。国家公园应该怎么建？方案给出指导性意见："试点省份要对现有各类保护地的管理体制机制进行整合，明确管理机构，整合管理资源，实行统一有效的保护和管理""实现'一个保护地一个牌子、一个管理机构'，由省级政府垂直管理"。在实践中，多个国家公园试点区结合自身条件，迈出创新体制步伐。如青海玛多三江源国家公园试点整合园区国土、环保、水利、农牧等部门编制、职能及执法力量，建立覆盖省、州、县、乡的 4 级统筹式"大部制"生态保护机构。我国国家公园以保护自然生态和文化遗产原真性、完整性为第一要务，但在保护的同时，也将突出公共属性，为科学、教育、娱乐及旅游等活动提供公共基地。从已有的国家公园试点建设中可以看出，多地选择"分区管理"，在不同区域按照不同的保护发展策略进行"差异化管理"。因此，武陵地区知名景区政府应向国家 13 个部委申报建立国家公园，促进景区保护与开发。

三、切实保护文物古迹旅游资源

文物古迹是古代人类遗留下来的文明遗迹、古代建筑、古典园林以及保存的宗教寺观教堂等。文物古迹是民族历史发展的物证，是人文旅游资源的重要组成部分。对文物古迹旅游资源保护与利用的情况如何直接影响并且制约旅游业发展。因此，保护和利用文物古迹不仅是考古学、历史学等学科的重要课题，旅游界也应对此多加关注，使文物古迹旅游资源在现代旅游活动中发挥更大的作用。

《中华人民共和国文物保护法》对文物古迹及其包含的内容以法律形式固定下来，使我们对文物古迹旅游资源的保护与利用有了法律依据。在中国境内具有历史、艺术、科学价值的文物均受国家保护。革命遗址、纪念建筑物、古文化遗址、古墓葬、古建筑、石窟寺、石刻等文物应当根据它们的历史、艺术、科学价值，分别由各级人民政府核定公布为全国重点文物保护单位、省（直辖市）级和县（市）级文物保护单位。馆藏文化根据文化部颁发的《文物藏品定级标准》定级为一级文物、二级文物和三级文物。各级文物保护单位分别由省、自治区、直辖市人民政府和县、自治县、市人民政府划定必要的保护范围，作出标志说明，建立记录档案，并区别情况分别设置专门机构或者专人负责管理。

文物古迹的旅游功能是多方面的，可以吸引各界人士前来参观、获得美的享受。文物古迹旅游作为旅游产业的一个方面直接促进旅游经济文化发展。对文物还可做些开发利用，如制作复制品、仿制品、纪念章、工艺品等旅游纪念品出售，获得旅游收入。文物古迹的开发利用可使它的旅游功能得到充分发挥。

文化底蕴深厚的文物古迹是开展旅游活动的必要条件。因此，正确处理文物管理与旅游开发的关系是文物保护工作的重要内容，维修古代建筑是文物保护工作的重要方面。《文物保护法》规定："核定为文物保护单位的革命遗址、纪念建筑物、古墓葬、古建筑、石窟寺、石刻等，在进行修缮、保养、迁移的时候，必须遵守不改变文物原状的原则。"经历自然和人为破坏的旅游资源若不加以整修就会衰败。因此，整修旅游资源也是旅游资源开发的内容之一。整修旅游资源不仅对旅游资源具有保护作用，而且可以增强它对旅游者的吸引力。但是，整修旅游资源要坚持"整旧如旧"原则，力求形式、结构、材料、工艺等方面都与原始风貌保持一致。

在 21 世纪初期，张家界市旅游产业发展要以《张家界市旅游产业发展规划》为指导，在旅游资源利用上坚持"保护第一、开发第二"原则。对已开发的景区景点从构建精品上下功夫，完善游道和标牌系统。对已被破坏的旅游资源要及时整修，加以保护。要维修贺龙故居、湘鄂川黔革命根据地纪念馆、普光寺古建筑、兴国寺古建筑、五雷山古建筑、苦竹寨古建筑、杜心五故居等文物古迹。要保护张家界市城区沿河街历史风貌，把沿河街建设成为土家风格与现代建筑相结合的民族文化街、土家饮食街和土特产品街。对市辖区尚未开发的旅游资源要依据规划要求，该保护的要保护；对张家界老院子、江垭古城和天门山国家森林公园等可以开发的要坚持"先规划后开发"原则，进行高水准开发。2002 年，龙山县里耶镇古城址发掘了战国时期的数百座古墓和几口古井，出土了 3 万多枚秦简，字数达 30 多万字，填补了秦代古城考古的空白。因此，国务院批准里耶古城遗址为全国重点文物保护单位。为此，要把里耶古城的保护、整修作为发展文化旅游产业的重点工程，将秦简保护、研究、展示列入国家经费预算，将修建龙山里耶古城博物馆列入国家文物局建设项目和国家文物遗址保护工程。对里耶镇的所有古建筑、古遗址进行保护，为旅游文化建设打好基础。中国城市规划设计院为里耶·乌龙山风景名胜区修编了总体规划，古城保护包括里耶战国古城和大板汉代古城等。各级政府要实施总体规划，科学开发里耶古城。建设里耶古城遗址保护工程、里耶古街、长潭土家族部落等工程。力争把里耶古城打造成为国家级风景名胜区和世界文化遗产。

四、开发利用古代文化遗址

古代文化遗址是古代人类各种活动留下的遗迹，既包括城堡、官署、村寨和民居等人类为了不同用途所营建的建筑群体，也包括人类对自然环境利用而遗留的洞穴、矿坑等场所。古代文化遗址不仅具有历史价值，对发展旅游产业也有作用。因此，除了进行科学研究之外，还应对之进行开发利用。

首先要考虑古代文化遗址的旅游价值，是否具有游览的吸引力。只有被公认或经论证具有较大旅游价值的古代文化遗址才能用于旅游开发。其次，要考虑在当前经济和技术条件下进行旅游开发的可行性。有些古代文化遗址具有旅游开发的价值，技术条件也能满足，但是由于地处偏僻，和其他旅游景点相距甚远，交通也不方便，这样的古代文化遗址不宜旅游开发，这是制约武陵地区人文景观开发利用的瓶颈。因此，必须加快旅游交通基础设施建设，提高武陵地区可进入性。永顺县老司城始建于公元 680 年，曾为元明清时期永顺土司都城，现存土王祠、金銮殿和祖师殿等古建筑，是省级重点文物保护单位。由于交通不便，虽然县委、县政府几经努力，但是游客寥寥无几。因此，必须改善旅游交通条件。咸丰县尖山乡的唐崖土司遗址是武陵地区保存完整的土司衙城之一，如古代城墙、三街十八巷、衙署建筑、石牌坊、石人石马、石墓葬等遗迹、遗物，故被列入湖北省级文物保护单位。建立唐崖土司民俗村不仅要加快交通建设，而且要开发有关项目。再次，对古文化遗址的开发利用一般采用原地原状陈列和复原陈列的办法，以确保其真实性，与之相伴的陈列则可丰富游人的知识。澧县城头山遗址是座距今 6 000 多年的古文化遗址，是中国迄今发现唯一年代最早、保存最完整、文物最丰富的古城址。在该古城址中，发现了距今 6 500 年前的水稻田遗址，这是世界上发现的历史最早的水稻田遗址，证实长江流域也是中国文化的摇篮。1992 年被评为全国十大考古新发现。1996 年，城头山新石器时代遗址被国务院公布为全国重点文物保护单位。现在，已由湖南省计委立项，国家计委补助 8 000 万元专项经费在原地修建了城头山遗址博物馆。最后，对古文化遗址开发利用时，应当注意保护。如对古文化遗址进行复原陈列，只能采用拱棚式，使展厅从遗址上跨过。原址陈列的遗物虽在厅内，但易腐朽、风化。因此，必须对文物采取防腐、抗风化的措施，以确保文物古迹安然无恙，这样才能延续古文化遗址的旅游价值。2002 年，慈利县零阳镇石板村骑龙岗发掘战国墓葬 120 座，出土文物 1 200 多件。石板村共有战国古墓 3 000 多座，在全国极为罕见。慈利县委、县政府决定以兴建石板战国古墓博物馆为龙头，逐步建成与张家界核心景区相得益彰的东线人文景观旅游区。

五、开发利用文学艺术旅游资源

文学艺术可以提高对观赏对象的吸引力，帮助游人提高素养、扩大知识面，具有多项旅游功能。在旅游分类中，有人把文艺旅游单独列为一个类别，由此可见文学艺术旅游资源在旅游产业中的重要地位。文学艺术旅游资源的开发形式分为三大类别。第一，作为其他旅游资源的补充内容进行开发，主要是指包含在景点之内的直观的碑刻、楹联和匾额等文学艺术旅游资源。张家界国家森林公园把许多党和国家领导人及著名诗人吟咏张家界的名诗刻在风景区石碑上，形成了一道独特的风景。其次，作为新的旅游资源来开发。近年来，常德市委、市政府组织文人在新建的沅水防洪墙外侧创建了"中国常德诗墙"，占地面积约为 14 000 平方米，成为具有地方特色的文化工程。诗墙全长 3 公里，分为《百代沧桑》《名贤题咏》《武陵佳致》《兰芷风华》《华夏新声》和《五洲撷英》六大篇章，共刻自先秦以来有关常德的诗词 1 267 首。诗词用书法形式表现，由全国 948 名书法家书写，被誉为"中华一绝""诗国长城"。诗墙以其丰富的文化内涵吸引着无数游客。2000 年，吉尼斯总部把常德诗墙命名为"世界最长的诗书画刻艺术墙"，使它载入了世界文化工程的史册。为了防洪护城，创建与韶山毛泽东诗词碑林相媲美的人文景观，丰富旅游文化内涵，张家界市委常委会议于 2002 年 10 月研究决定在市区防洪堤上创建《中国张家界历史文化长廊》，市委办发文抽调李书泰、戴楚洲和赵辉廷等人组成编辑组，整理材料，绘制图案。经过一年艰苦细致的工作，编出结构完整、内容全面的脚本。然后于 2003 年 12 月刻在澧水防洪大堤 1 800 多块石碑上，构成市区一道亮丽的风景线。长廊西起手巾岩，经观音大桥，东至宝塔岗，全长近 3 000 米，共计 20 多万字，为湘西北最丰富的历史文化长廊。长廊由史事纪略、民族文化、神奇山水和诗词吟咏四大部分组成，纲目清晰，图文并茂。不仅可供海内外游客漫步观览，而且能够帮助市民熟悉历史文化家底，加深对故乡的眷念之情。

第二，作为宣传景区的依据。以陶渊明的《桃花源记》、胡世安的《游天门山记》、许湄的《游夹山灵泉记》以及何景明的《秦人洞》、王昌龄的《芙蓉楼送辛渐》等历代名人名篇作为宣传的依据，必然会提高武陵地区景区景点的知名度，也会激发游人前往观赏的兴趣，收到极好的宣传效果。跟景区有关的诗词、散文、民间故事、轶闻趣事和影视作品是很好的导游资料。导游员的生动讲解对丰富游客的知识、提高游人的旅游鉴赏水平也有重要作用。永顺县土家古镇王村因拍摄电影《芙蓉镇》而闻名天下。永定区茅岩河因拍摄电影《边城》而驰名中外。龙山县乌龙山和八面山风景区因拍摄电视剧《乌龙山剿匪记》和《湘西往事》而成为旅游开发热点。龙山县里耶镇、古丈县红石林、栖凤湖和张家界老院子因拍摄电视剧《血色湘西》而成为旅游新亮点。

六、成立武陵山片区旅游发展联盟

旅游产业是武陵山片区优势产业，片区里的所有市州区县都有非常丰富的旅游资源，都有壮大旅游产业的强烈愿望，都有把旅游产业作为支柱产业的发展规划和重大行动。为了整合武陵山片区旅游资源，凸显区域旅游特色和整体优势，促进片区内旅游产业一体化发展和错位发展，避免同质竞争和重复建设，联合做大做强、做优做精武陵山片区"大旅游"产业，打造武陵山旅游圈知名品牌，建议共同发起组建"中国武陵山片区旅游发展联盟"，培育优质旅游产品，打造旅游节庆品牌，联合开拓国际国内市场，实行产品互补、线路互联、客源互送、线路互通、政策互惠、信息共享，建设无障碍旅游片区。要把"武陵山片区国际知名生态文化旅游胜地"作为整体的建设目标和战略定位，抱团发展，联手打造特色旅游项目。通过建立武陵山片区旅游发展联盟，增强联系联动紧密度，推进旅游景区整体市场营销，构建交通互联互通机制，协调解决旅游秩序矛盾，为中外游客提供更多内容的旅游消费，创造安全、文明、卫生、舒畅的旅游环境。要向国家旅游局争取设立武陵山片区旅游发展基金，保证规划项目落地，探索武陵山片区生态文化旅游跨省合作、协同发展路径把武陵山片区建设成为国内外知名的旅游目的地。

七、加强政府之间合作，促进旅游产业发展

第一，在基础设施建设、市场开发开放、区域资源整合、生态环境保护等方面，选取条件成熟的领域开展实质性合作。第二，强化大整合、大合作、大市场观念，在不同层面上形成合作协调机制，实现武陵山片区旅游产业整体推进，助推区域脱贫和可持续发展。第三，共同研究制定旅游市场开发的具体措施，共同协调和管理跨市州旅游市场，实行旅游车辆在区域内无障碍通行，健全区域旅游投诉和应急救援机制。第四，深化旅游品牌打造，推出片区联动旅游线路。要协调处理好区域整体形

象定位与各自景区特色之间的关系，打造"武陵山"旅游品牌，把握"生态和民俗"两大主题，"绿色和健康"两大方向，突出"奇山异水、民俗古镇"两大优势，依托高速公路等景观通道，按照"点、线、面、带"发展逻辑，形成高品位、多层次、互相补充、交相辉映的旅游线路，打造黔张常旅游带、张吉怀旅游带和张崀桂旅游走廊。第五，建立武陵山片区全域旅游联动机制。由片区内各市州区县政府牵头，各地旅游局和有关部门参与，在武陵山片区旅游发展联盟框架下，定期召开全域旅游联动发展协调会议，把全域旅游联动发展作为常规性的工作来抓。建立区内旅游市场治理监控协调机构，加强旅游市场管理和环境的综合整治，健全投诉、理赔、稽查、安全救援系统，解决游客旅游过程中的重大纠纷和投诉问题，为游客提供良好的旅游服务环境。鼓励成立武陵山片区全域旅游市场联盟，由各个景区、交通运输公司、旅行社、宾馆、旅游商品等旅游服务主体组成旅游市场主体专业联盟，促成"吃住行游购娱"等旅游要素供给在区域间无缝对接。第六，加速信息化建设，实现区域旅游信息共享。建立武陵山区域旅游信息库，建立成套旅游信息采集机制，掌握最原始的旅游信息源，推进武陵山片区旅游政务网、旅游资讯网、办公自动化网和旅游综合数据库"三网一库"建设，构建覆盖整个片区的旅游信息高速路。各地要抓好流域生态保护、集镇污染防控与治理、乡村环境治理等工作，发展生态旅游。总之，要强化政府主导和管理引导，全面优化旅游要素、基础设施、旅游功能和产业布局，实现基础设施和公共服务的全域一体化、品牌一体化、服务一体化，以游客体验为中心，以提高游客满意度为目标，优化旅游服务全过程，提供全过程体验产品，形成全域化旅游产品业态。

八、打造生态文化、民族文化、红色文化三个文化旅游品牌

（1）合力打造"武陵山旅游圈"，建设国际知名生态文化旅游胜地。武陵山片区有国家自然保护区18个、国家地质公园4个、国家森林公园50余个、国家湿地公园60余个、国家水利风景区80余个、国家全域旅游示范区创建单位58个，打造"武陵山片区国际知名生态文化旅游胜地"基础扎实，切实可行。因此，要把发展全域旅游和旅游扶贫结合起来，

开展全域旅游示范县和旅游扶贫示范县"双创"工作。也要正视武陵山片区生态脆弱的实际，重视生态文明建设，保持和强化片区生态优势。

（2）合力打造武陵山片区民族文化旅游品牌。将文体活动与节日庆典、旅游资源与民俗文化有机结合，支持武陵山片区持续举办民族文化艺术节，为武陵山片区文化旅游产业发展造势。定期举办全国土家族苗族文化论坛，全面系统研究武陵山片区民族历史文化，适时出版《武陵山片区民族文化丛书》，努力把武陵山片区打造成为全国土家族、苗族文化知名品牌。

（3）合力打造湘鄂川（渝）黔老区红色文化旅游品牌。建议重庆、湖北、湖南、贵州四个省市政协联合向全国政协提交《关于振兴发展湘鄂川（渝）黔革命老区的建议》的提案，突出"红色政权、革命老区"主题。贯彻落实中共中央办公厅、国务院办公厅《关于加大脱贫攻坚力度支持革命老区开发建设的指导意见》，加大扶持力度，加快老区开发建设步伐，让老区人民过上更加幸福美好的生活。完善交通互联互通，支持涉及的区县修建支线机场、高速铁路、高速公路等旅游交通基础设施，加快建设知名旅游景区、旅游线路的网络信息设施等，支持红色文化旅游景区开发，把红色旅游集中打造成为武陵山片区产业融合发展的新名片。

第二节　科学开发民族文化

民族文化旅游资源不仅可以开发专项的旅游产品，也可作为普遍性的一种旅游资源，用于其他旅游产品的配套、旅游环境的营造、旅游文化品位的提升。但是，民族文化的旅游开发需要遵循旅游经济基本规律。

一、选准突破"亮点"，实施集中开发

选准"亮点"区域，实施集中开发，带动周边区域的旅游资源开发，是国内外发展旅游的重要经验。民族地区的旅游业之所以处于"温冷状态"，除了一些共性的困难外，一个重要原因是选择的发展突破口不准。"亮点"的选择要综合考虑各方面的条件，既要考虑交通通达条件、城市

的依托性，也要避免简单的城市中心论；既要考虑资源品位和特色，也要注意开发的难度与对周边区域的带动；既要考虑民族文化的积淀、民俗民风的浓郁程度，也要考虑对自然景观、其他优势资源的依托；既要考虑资源开发的最初引爆点，也要考虑持续发展的效应与后劲。总之，要通过一个亮点的突破，实现对一个地区的综合带动，使这一地区尽快成为旅游热线中的一个点或者一条线。通道县的"亮点"是百里侗文化长廊，从县城双江镇出发，沿坪坦河而上，转陇城到坪阳，是民俗旅游的一个重点景区。这一带有芋头侗寨、坪坦风雨桥和马田鼓楼3个全国重点文物保护单位，有坪坦普济桥等10多座风雨桥，有阳烂鼓楼和横岭鼓楼等30多座鼓楼。龙山县的"亮点"是洗车河土家族原生态文化保护区。洗车河民族民间文化积淀丰厚，被称为土家族原生态文化的"博物馆"，洗车河镇、苗儿滩镇和隆头镇保留着独特的土家语言、古朴的土家族摆手舞、欢快的土家族打镏子、色彩斑斓的土家织锦以及被称为土家戏剧"活化石"的茅古斯。

二、实施高起点、新思路的发展战略

这是宏观层面的发展思路，属于一个地区民族文化旅游资源开发的指导思想。高起点，应首先是在策划、设计方面，然后才是具体的开发；新思路，主要是指发展模式、策划理念。很多地区旅游资源品位很高，但由于策划、规划、开发、管理不到位，不少景区建设存在档次不高的问题。例如：有的地方无视旅游规划的存在，三个月"开发"了几处景观；在民族文化资源的开发中，乱建乱造、画蛇添足的现象非常普遍；一些地方认为开发民族文化就是建设民族村、民俗园，就是唱歌跳舞、展示生活器具；一些地方把民族节庆搞成了农民歌咏比赛、体育比赛、商品交易会。要避免或解决现实中的这些问题，关键是要高起点、新思路，也就是不落俗套子、不走老路子。一些民族文化旅游资源的开发，可采取经营权有偿转让、宣传促销委托独家代理等方式，也可以采取有关地区、投资者联合开发的方式，也可以保护为切入点实施适度规模的开发。1998年，恩施州政府向全州发出《关于建设民族风情走廊和民族文化标志工程的通知》，并且将此列入全州社会事业发展规划。2003年，恩施州政府工作报告正式提出：弘扬优秀民族文化，推进民族文化艺术与民族经济的整合，努力建设文化大州。近年来，恩施州委、州政府高屋建瓴地提出"旅游兴州"战略，将恩施州旅游产业发展的形象定位为"中国健康旅游基地——生态恩施州、土（家）苗风情园"，并确定了到"十一五"期末把恩施州建成为全省、全国旅游目的地这一发展目标。

三、突出地域文化的民族特色

突出文化资源的民族特色是增强旅游产品竞争力的重要方面。如何深入挖掘民族文化资源是一个值得深入研究的问题。一是表现形式。现在国内外主要是搞一些民俗村、民族园，我国西双版纳的傣族园、锦绣中华民俗村等将民族文化的各方面浓缩化、集中化，其中较有生命力的是以现实村落为基础搞成的民族村镇，如吉首德夯苗寨和永顺王村等。二是民族文化与其他旅游资源的有机组合。这在民族文化的开发中极为普遍，一般是与山水风光类产品结合一起，如桑植土家古镇苦竹寨和慈利江垭古城等，但较多的情况是开发深度不够、表现形式单一，成为观光类产品的一种点缀或填充，单独可与山水风光并列的民族文化类产品较少。三是进行深度挖掘，形成民族文化旅游产品的系列。较为成功的案例是云南丽江古城反映是纳西族的建筑文化、民俗生态。上述的三种表现形式，从实际情况出发，无所谓谁高谁低，关键是看对民族文化的挖掘和利用深度，也要看民族文化类旅游产品的市场需求。但注意突出特色、提高表现品位、增强吸引力，应是共同追求的主题。

四、办好民族节会活动

民俗节会活动是对外集中展示民族文化的机会和场合，由于这些活动历史悠久、有深厚的文化底蕴、广泛的群众参与基础，因此，虽然持续时间一般不长，但由于媒体的关注报道和外地游人商旅的参与，成为促销民族文化的一个重要机会。现在民族地区这类节会很多，具有全国知名度的如回族的古尔邦节、土家族的舍巴节、苗族的赶秋节、侗族的芦笙节、白族的三月三等；至于区域的民族节会就更多了，如土家族的情人节"女儿会"等。每个民族在举办节会期间，都要举行一些民俗活动，如歌舞表演、祈福迎祥等。从现在各地举办民俗节庆活动的实践看，要成功举办一次民俗节庆活动,首先是要保持和弘扬原生态的民族文化,不宜随意进行附加,把一个很有特色的民俗活动搞成一个农民歌舞调演、农贸集市。其次,要加强民族节会与旅游业的结合,既要使民俗节庆成为旅游活动的亮点,也要使参与活动的外地人成为旅游者,尽量延长参观停留的时间。由国家旅游局和安徽省政府联袂主办、安徽省旅游局和黄山市政府共同承办的中国黄山国际旅游节暨徽州文化节是安徽省规格最高、规模最大、商机最好的盛大节庆活动,已经举行了十一届,在国内外影响很大,引来了八方游客。建议张家界市委、市政府每两年举办一次"中国张家界国际森林保护节暨武陵文化节",向黄山市学习,更新节会内容,增加节会文化内涵,提高节会文化品位,扩大节会影响。最后,应本着群众自发与市场化运作相结合的原则,逐步实现政府部门的退出。

五、申报各级非物质文化遗产代表作

民族文化旅游资源是有生命力的,能够成为文化旅游产业的支撑点。然而,民族文化旅游资源消失严重,部分民间艺术大师逐渐死亡。所以,亟待寻访、抢救、传承和保护。2003年,联合国教科文组织颁布了《保护非物质文化遗产公约》。2005年,国务院办公厅印发了《关于加强我国非物质文化遗产保护工作的意见》和《国家级非物质文化遗产代表作申报评定暂行办法》,湖南省政府办也印发了《关于加强非物质文化遗产保护工作的意见》。2006年,国务院印发了《关于公布第一批国家级非物质文化遗产名录的通知》。2008年,国务院印发了《关于公布第二批国家级非物质文化遗产名录和第一批国家级非物质文化遗产扩展项目名录的通知》。2011年,第十一届全国人民代表大会常务委员会第十九次会议通过《中华人民共和国非物质文化遗产法》。因此,武陵地区各级政府及其文化主管部门要做好非物质文化遗产的普查摸底工作,积极向省文化厅、文化部申报省级、国家级非物质文化遗产代表项目及其传承人,市、县政府也要批准一批市级、县级非物质文化遗产代表作名录,建立国家级、省级、市级、县级非物质文化遗产名录体系四级"档案",建立非物质文化遗产保护传承制度和评估体系。市、县政府要加大保护资金投入,市、县文化局要明确职责,制定规划,分步实施,为传承人活动和文化人才培养提供资助。此外,各级文化部门和旅游景区、旅游企业要保护、利用土家语言、桑植民歌、薅草锣鼓歌、土家民间故事、澧水船工号子、南溪号子、打镏子、摆手舞、撒叶儿嗬、茅古斯、傩愿戏、花灯戏、阳戏、目连戏、泼水龙灯、板板龙灯、鬼谷神功、土家织锦、挑花、木雕、石刻和苗族古歌、苗族鼓舞、芦笙舞、苗绣、苗族蜡染、苗族服饰、苗族银饰以及白族绕三灵、白族扎染等国家、省级非物质文化遗产。要把民族文化旅游产品开发纳入规范化轨道,完善文化旅游产业体系。自2007年来,国家文化部发文批准18个国家级文化生态保护实验区,包括闽南文化、徽州文化和大理文化生态保护实验区。其目的是为了在文化产生、发展、传承的区域,开展以非物质文化遗产保护为主的整体性保护。因此,我们建议武陵地区各级政府向省文化厅、省文联和中国文联、中国民间文艺家协会申报国家级、省级文化生态保护区和"中国民间文艺之乡"。把中国民协命名"中国非物质文化之乡"作为推动非物质文化遗产保护、打造地域文化品牌、发展旅游产业的重要举措。

六、开展中国少数民族特色村寨命名挂牌工作

保护和发展少数民族特色村寨是推动民族地区美丽乡村建设和全面建成小康社会的重要举措。中国少数民族特色村寨是指民居特色突出、产业支撑有力、民族文化浓郁、人居环境优美、民族关系和谐的少数民族村寨。这些少数民族特色村寨在民居式样、产业结构、村寨风貌以及风俗习惯等方面体现少数民族经济社会发展特点和文化特色,是传承民族文化的载体,是加快少数民族和民族地区发展的资源。为了发挥少数民族特色村寨的品牌效应,促进全国少数民族特色村寨的保护与发展,2013年,国家民委发出《关于印发开展中国少数民族特色村寨命名挂牌工作意见的通知》,各级民族事务委员会要认真组织实施,积极申报各级少数民族特色村寨。掌握申报中国少数民族特色村寨应该具备的基本条件,提交申报中国少数民族特色村寨材料。按照工作程序,由少数民族特色村寨所在县级人民政府提出申请,省级民族工作部门对本地符合条件的特色村寨组织检查验收,将检查验收结果为优秀的特色村寨向国家民委推荐。国家民委组织中国少数民族特色村寨保护与发展专家委员会对各地申报的特色村寨材料进行评审,提出专家评审意见。国家民委召

开会议审议拟命名挂牌的中国少数民族特色村寨名单。国家民委负责中国少数民族特色村寨的命名挂牌、监督检查等工作，地方各级民族工作部门负责中国少数民族特色村寨的考核、推荐和日常管理工作。国家民委对命名的中国少数民族特色村寨在工作指导、宣传推广、资金安排上予以支持，地方各级民族工作部门要在职责范围内予以指导，并且协调地方政府和有关部门加大对少数民族特色村寨的投入和支持。中国少数民族特色村寨所在县级人民政府制定村寨中长期保护与发展规划，完善领导机制，加强资金整合，提升建设质量，将少数民族特色村寨的保护发展纳入城镇化总体规划，保持民族建筑特色，促进少数民族特色村寨可持续发展。要按照产业融合发展要求，将文化旅游产业开发与民族村寨传统文化保护结合起来，科学规划布局，完善民族村寨乡村旅游功能。以"大旅游、大产业"为宗旨，实现少数民族特色村寨文化旅游产业持续发展。要以民族村寨文化魅力呈现为目标，构建民族特色文化旅游产品体系，扩大民族村寨文化旅游产业规模，壮大民族村寨文化旅游产业。

七、加强武陵地区区域协作

民族文化资源的开发，虽然存在地域间、民族间的雷同与竞争的问题，但由于旅游市场的统一性、旅游客源流动的关联性，就决定了无法关起门来搞开发，也不宜单方面考虑延长游客停留时间。目前，从国家层面来说，中国加入世贸组织以后已经逐步实现了国内外市场的一体化；从东南沿海来看，大协作已经蔚然成风，如粤港澳旅游圈、环渤海旅游圈等。这是一个大的趋势，唯有联合、协作，才能使各方面共赢。武陵地区各市州要加强协作，联手打造"武陵山旅游圈"。但是武陵地区各地之间在加强联合与协作方面存在的问题还很突出。有的地方推行带有强制色彩的A线B线，或是在交通工具的发车时间上有意延长游客停留时间；有的对于两州之间相邻景区景点的道路连接不热心；有的对于外地州、县的旅游团在导游、车辆进入方面设置障碍；应该彻底地消除人为的旅游发展阻碍，把主要心思用在提高当地旅游产品的吸引力上。

旅游产业是武陵山片区重点培育的支柱产业，在扩内需、稳增长、增就业、减贫困、惠民生中发挥着独特作用。武陵山片区旅游资源富集，旅游业发展迅猛，旅游合作深化，旅游扶贫方兴未艾。推进片区旅游减贫致富与协同发展，是连片特困地区破解发展难题、厚植发展优势，促进区域旅游一体化发展、打造经济新增长极的重要途径；是统筹城乡和区域协调发展、加快转变经济发展方式，深入实施精准扶贫方略、助力全面小康的重要抓手；是促进各民族交往交流交融、推进民族团结进步事业，构筑各民族共有精神家园、构建和谐社会的重要举措。湖北、湖南、重庆、贵州省（市）人民政府应该贯彻落实《国家民委、国家旅游局、全国工商联、国家开发银行关于推进武陵山片区旅游减贫致富与协同发展的意见》和《关于推进武陵山片区旅游减贫致富与协同发展合作协议》，实现武陵山片区脱贫攻坚和"国际知名生态文化旅游区"目标，探索连片特困地区旅游扶贫、区域旅游合作和跨省交界欠发达地区经济一体化发展的新路子。

总之，民族文化与旅游经济是密切相关的，只有科学处理互为依托、互相促进的关系，才能将民族文化的资源优势转化为旅游经济的优势，进而推动武陵源地区经济发展、民族进步、文化繁荣，为民族地区脱贫致富、实现小康目标做出应有的贡献。

八、大力营造民族文化氛围

保护民族文化，不仅是进行开发利用的基础，也是实现其自身可持续发展的前提。各地对民族文化资源的开发利用，不仅是对其典型的开发，也要做好民族文化氛围的营造。利用民族文化发展旅游业，主要是挖掘和利用有价值的民族文化符号，使旅游产品、服务的各个方面增加文化内涵。中外民族文化开发成功的实践证明，那种"围栏"里的民族文化开发有很大的局限性，最好还是要营造一种开放的民族文化环境，如云南丽江、吉首德夯和凤凰古城都是比较好的典型。要通过政府倡导、舆论引导、媒体宣传，在全社会形成热爱民族文化、尊重民族文化、保护民族文化的良好氛围。在建筑方面，一是旅游景区内的建筑必须保持民族特色。二是对于景区内的不作为旅游吸引物的建筑要尽量使之符合当地建筑特点。三是对于民族地区的城镇、路边的民居，一切旅游通道上视线走廊的地方，应该体现出民族化的建设风格，应在交通便利的城区或者景区附近建立民族文化旅游项目基地。张家界土家风情园开了先河之后，恩施土司城、宣恩县小茅坡营苗族文化村、咸丰县皇城民俗村、来凤县舍米湖摆手堂、怀化市侗族文化城和通道县独岩公园也在开发旅游景点。此外，要提倡穿着民族服饰，对于经商者、旅游从业者应明确要求；要不断研究改进民族服装，使之美观、实用、多样、价廉，让普通百姓都有条件穿着，并进而向旅游商品化方向发展。

第三节　合理利用宗教文化

武陵地区各级党委、政府及统战部、宗教局要贯彻落实中共中央、国务院中发〔2002〕3号《关于加强宗教工作的决定》，研究宗教工作面临的新情况、新问题，明确任务，采取对策，合理利用宗教文化，做好21世纪的宗教工作，为改革发展稳定的大局服务。要妥善处理做好宗教工作与发展宗教文化旅游的关系。发展宗教文化旅游为宗教工作围绕中心、服务大局提供了平台。又快又好地发展宗教文化旅游历史性地摆在政府宗教工作部门和宗教界人士的面前。

一、加强各级党委和政府对宗教工作的领导

宗教工作是各级党委和政府工作的组成部分，按照宗教政策法规做好宗教工作，对于维护社会稳定、繁荣旅游事业尤为重要。各级党委和政府要按照党中央、国务院制定的各项宗教政策法规，做好宗教工作。要切实加强对宗教工作的领导，把宗教工作列入议事日程，定期研究宗教工作，解决重大问题，完善有关政策措施。要明确分管领导，建立宗教工作领导小组，召开宗教工作会议，部署宗教工作。

二、依法管理宗教事务

要实施国务院公布的《宗教事务条例》，依法对宗教事务进行管理，把对宗教事务的管理纳入法制化轨道。要依法保护寺观教堂和宗教团体的合法权益，保护宗教教职人员履行正常的教务活动，保护信教群众正常的宗教活动。

要依法加强对宗教活动场所的管理。设立宗教活动场所要严格报批。宗教活动场所要依法登记，自觉接受政府宗教工作部门的行政管理。2005年4月，国家宗教事务局通过的《宗教活动场所设立审批和登记办法》规定："筹备设立宗教活动场所，一般应当由设立地的县宗教团体提出申请……宗教活动场所完成筹备后，由该场所管理组织负责向所在地县级人民政府宗教事务部门申请登记。"武陵地区各市（州）、区（县）政府宗教工作部门要认真实施宗教法规，依法登记宗教活动场所。

三、正确处理旅游景区与宗教活动场所的关系

宗教文化是旅游资源不可或缺的内容，宗教文化旅游是旅游产业的重要组成部分。挖掘利用宗教文化旅游资源，积极发展宗教文化旅游，是坚持"发展是第一要务"的必然要求，也是引导宗教为促进社会和谐发挥积极作用的良好平台。武陵地区开展宗教文化旅游必须妥善处理四大关系。即要妥善处理做好宗教工作与发展宗教文化旅游的关系；要慎重处理宗教活动场所与旅游景点"两个身份"的关系；要细致处理信众与游客的关系；要恰当处理教务活动与旅游经营的关系。今后一个时期，要重点加强四个方面的工作：一是做好普查规划，二是抓好典型示范，三是培育文化精品，四是加强政策指导。

党的十一届三中全会以来，各级党委、政府逐年落实党的各项宗教政策。中共中央中发〔1982〕19号《关于我国社会主义时期宗教问题的基本观点和基本政策》指出："合理安排宗教活动的场所，是落实党的宗教政策，使宗教活动正常化的重要物质条件……在历史上有名的宗教活动胜地，在教徒聚居的地方，特别是在少数民族地区，应当有计划有步骤地恢复一些寺观教堂。"中共中央国务院中发〔1991〕6号《关于进一步做好宗教工作若干问题的通知》又指出："在宗教活动场所过少的地方，要解决好正常宗教活动所必需的场所，要妥善处理历史遗留的宗教房产问题，以有利于团结广大信教群众。"张家界市普光寺在历史上是有名的宗教活动胜地，少数民族教徒较多，属于落实党的宗教政策范围。普光寺的根本问题是管理体制不顺，所有权和管理权分离。所以，要加大普光寺文化体制改革力度，把普光寺全部开放为宗教活动场所，由文物部

门管理移交市佛教协会管理使用，符合宗教政策法规。要帮助普光寺解决僧人食宿困难，争取创建 3A 级旅游景区。为了理顺五雷山道场活动场所管理体制，建议从二天门以上的金顶划为道观区，由道教团体管理，接受县政府宗教事务部门的行政管理。

武陵地区佛教、道教名山有着丰富的旅游资源，利用宗教界的对外联系开展宗教文化旅游具有重要意义。发展宗教文化旅游有利于宣传国家的宗教信仰自由政策，扩大对外文化交流。发展宗教文化旅游，有利于传承民族传统文化，促进形成"和而不同"的和谐文化建设氛围。发展宗教文化旅游，有利于建立合法有序的宗教秩序，加快宗教适应社会主义社会的步伐。武陵地区旅游景区管理部门、文物保护管理部门和宗教工作部门要在党委、政府领导下，明确职责，各司其职，互相支持，互相配合，共同促进旅游经济文化发展。武陵地区佛教名胜夹山寺、药山寺、观音岩寺、大兴禅寺、钦山寺、菩提寺、桂香寺、乾明寺、普光寺、准提庵、天门山寺、太平山寺、仙佛寺、香山寺、真武观、镇国寺、护国寺、龙泉寺、太平寺、天庆寺和道教圣地五雷山道观、紫霞观、天后宫、白衣观、九龙观、中武当等宗教文化景点要依法依规开展宗教活动，合理利用宗教文化，为繁荣旅游文化做出贡献。慈利县委、县政府要理顺五雷山道观区管理体制，将道教宫观交给五雷山道观观务委员会管理，充实全真派道教教职人员。紫霞观要创建斋菜馆，完善旅游设施。

四、支持宗教团体加强自身建设

宗教团体是党和政府联系、团结、教育宗教界人士和信教群众的桥梁。充分发挥宗教团体的积极作用，是贯彻党的宗教政策，使宗教活动正常化的组织保证。要指导、帮助宗教团体加强思想、组织、制度等方面的建设，鼓励和支持他们办好以自养为目的的生产、服务和社会公益事业。

各级党委统战部、宗教局要加强同宗教界代表人士的联系，帮助宗教团体加强领导班子和工作班子建设，积极培养后备力量，做好宗教教职人员的培养、安排工作，巩固和发展党同宗教界的爱国统一战线。因此，各级党委统战部要安排佛教协会、道教协会和基督教协会会长等负责人为政协委员。

五、加强宗教工作部门干部队伍建设

市州、区（县）要在党委统一领导下，建立和完善由统战部负责的宗教工作协调机制。统战部作为党委的职能部门，要加强对涉及宗教方面重大问题的研究和协调。宗教工作部门作为政府的职能部门和行政执法的主体，要加强宗教工作执法主体建设，依法加强对宗教事务的管理。武陵地区各级党委统战部和政府宗教事务局要培养宗教工作"三支队伍"，特别是加强宗教工作干部队伍建设，要物色具有较高政治素质、较高理论政策水平和丰富的宗教专业知识的年轻干部充实到宗教工作部门。要加强宗教工作人员的培训，不断提高他们的综合素质和业务水平。各级党委和政府要在政治上、工作上、生活上关心宗教工作干部，该提拔的要提拔、该交流的交流，宗教工作干部的选拔、交流等应与其他党政干部一视同仁。加强宗教工作就必须加大经费投入，宗教工作经费要按照党中央、国务院"保证执法部门必要经费"的要求列入各级财政预算。各级党委和政府要帮助宗教工作部门解决办公场所、交通工具和信息网络等问题，使宗教工作正常运转。

第四节　努力繁荣城镇文化

城镇是社会生产力发展到一定历史阶段的产物，是一个地方政治、经济、文化的中心，在社会发展和人们的生活过程中，发挥着巨大作用。在旅游产业飞速发展的时代，城镇的旅游功能引起了决策者和投资者的关注，城镇旅游开发和文化建设日益成为许多地区经济文化发展战略的重点。城镇是旅游文化的中心、游客的活动中心，大力发展城镇文化，构建具有地方民族特色的城镇文化体系，是优秀旅游城市发展的趋势。努力繁荣城镇文化，提升城镇文化品位，开发城镇文化旅游产业，不仅可以推动旅游城镇建设，而且可以促进旅游经济文化持续发展。因此，城镇建设要突出地域特色，展示历史文化。旅游城镇更要突出旅游观光、休闲功能，提高城镇的旅游观赏价值，提高旅游承载能力。

一、完善旅游文化配套设施

作为提供旅游服务的旅游城镇，除了景点、饭店、购物商店、旅行社等基本单位的旅游文化建设外，应当更加注重文化配套设施：一是客运广场游客集散中心。这是游客进入城市的第一场地、第一印象，应该加强旅游接待设施的文化建设，为游客设立城市、景区的旅游信息咨询机构或电子网络导向系统。二是城市国际标准化公共信息图形符号，如道路交通、街道等标示牌。三是旅游经营部门的主要国际语言标识。

二、增添城镇景观，显露旅游意蕴

城镇旅游景观主要是城市开放的大众景观，可以是整个城市风貌，可以是某一广场、某一街道、某一建筑、某一雕塑，其功能是美化城市、张扬个性。

城镇景观应该成为城市亮点，根据城市布局的不同性质在不同区域设置相应景观，所有城市景观尽量表现旅游的内涵。如在游客集散广场树立旅游城市标志，在桥头建造山水微型雕塑，在河边码头建造土家族转角楼、侗族风雨桥等。要建设一批体现本地民族风格的精品建筑，让游客有置身城市即至景区的感受。

三、开发城镇文化旅游产业

文化旅游产业虽以市场导向为主，但是政府应该加以引导，逐步打造具有规模效益的城市文化品牌。武陵地区土家文化虽然逐渐衰弱，但其内涵丰富，依然具有文化价值、美学价值，如土家建筑、土家饮食、土家服饰、土家织锦、土家歌舞、土家体育、土家风俗等。但是，开发土家文化不能随意取舍、随意歪曲，不能流于展示表演的表面层次，应该系统地开发。文化旅游重在参与，因此，可在城区修建集生产、生活、参观、购物、娱乐等多功能于一体的土家建筑群、土家生活街或土家文化园。

四、完善城镇休闲娱乐设施，满足市民文化需求

随着社会的发展，人们越来越注意闲暇时的休闲和娱乐。因此，武陵地区中心城市和县城都应重视休闲娱乐设施建设。在城市规划和经济社会发展规划中，要对休闲娱乐设施建设给以适当安排。在经费许可的情况下，修建城市公园、主题公园、群众艺术馆、文化馆、图书馆、博物馆、体育馆、纪念馆、影剧院和城市文化广场，为广大市民和游客的休闲娱乐活动提供必要的条件和场所。黔江文体中心是标志性城市景观建筑，包括民族博物馆、民族文化宫、体育馆和体育场等四大建筑。西沙步行街南起黔江西山、北至大众广场，两侧房屋全部仿照土家族转角楼建造，中间有土家族图腾柱和石板路等，呈现一派繁华景象。黔江区文体中心为武陵地区城市文化建设起了示范作用。位于滨河大道旁边的恩施清江文化广场不仅具有浓厚的民族文化氛围，而且修建了清和园风雨桥，便于广大市民开展群众文化活动。

城市公共文化设施最能反映城市物质文明和精神文明水平，也能体现一个城市人性化的程度。城市的美誉度也只能先有本地市民的满意才会形成。张家界城市的公共文化设施建设，一要方便大众参与，二要突出地方特色，三要起点高。大众参与是指文化设施向普通市民和游客开放，提高使用率；地方特色不仅是指场所外观，更是指内在的文化内容应该表现本地文化传统与文化成就。起点高是宜精不宜乱，成熟一个建一个，采用高标准建设，务必满足高级别文化交流活动的开展。

五、保护历史文化名城名镇名村

《中华人民共和国文物保护法》规定："保存文物特别丰富、具有重大历史价值和革命意义的城市，由国家文化行政管理部门会同城乡建设环境保护部门报国务院核定公布为历史文化名城。"这既是公布历史文化名城的法律依据，也是保护文物的法律措施。做好历史文化名城的利用与保护工作也是发展旅游产业的重要任务之一。

2008年4月，国务院公布的第524号令《历史文化名城名镇名村保护条例》提出："申报历史文化名城，由省、自治区、直辖市人民政府提

出申请，经国务院建设主管部门会同国务院文物主管部门组织有关部门、专家进行论证，提出审查意见，报国务院批准公布。申请历史文化名镇名村，由所在地县级人民政府提出申请，经省、自治区、直辖市人民政府确定的保护主管部门会同同级文物主管部门组织有关部门、专家进行论证，提出审查意见，报省、自治区、直辖市人民政府批准公布。"武陵地区古城古镇古村历史悠久，具有历史价值。可惜只有凤凰县被国务院公布为中国历史文化名城，洪江市和恩施市被省政府公布为省级历史文化名城，龙山县里耶镇和石柱土家族苗族自治县西沱镇被建设部和国家文物局公布为中国历史文化名镇。常德市、张家界市和铜仁市政府及建设局、文物局向省政府及建设厅、文物局呈报请示后，很有可能被批为省级历史文化名城甚至国家历史文化名城。张家界市城区始建于汉代，至今已有 2 200 多年历史。金克剑在《人文张家界》一书中考证：汉代，设武陵郡充县，因崇山而得名，县治在今永定区城古城堤，谓之充城，为张家界市城区最早的治城。古"充"读"崇"，汉代许慎在《说文解字》中说："崇，充也，音近假借，〔充〕以崇山名。"湖南省文物考古研究所和中国文物研究所在《湖南张家界古人堤遗址与出土简牍概述》一文写道：10 号汉简文字为"充长之印，兵曹掾猛使福以邮行，〔东汉〕永元元年十二月廿日辛丑，起廷"。北魏郦道元在《水经注》中说："澧水出武陵〔郡〕充县西历山，东过其县南……充县废省，临澧县即其地。临澧县之故治，临侧澧水，即为县名，晋太康四年置。"清代《光绪永定县乡土志》载："晋太康四年（283），充县废省，临澧即其地。县即充县之故治，治古城堤。"据《中国古今地名大辞典》载："充，汉置，晋改为临澧，南朝梁以后省。故治在今湖南大庸县西。"三国吴永安六年（263），嵩梁山崩石成洞，朝廷设置天门郡，郡治仍设充城。隋开皇十八年（598），置崇义县，县治仍设充城。唐高宗麟德元年（664），崇义县并入慈利县。至明代洪武二十三年（1390），设置永定卫。明清时期，此城一直是永定卫城。清代《同治直隶澧州志》载："吴时置天门郡，相传郡址在旧卫城。"永定卫城与汉代充县县治及三国时期天门郡郡治一脉相承。清代雍正十三年（1735），更永定卫为永定县，卫城成为县城。民国三年（1914），改永定县为大庸县，县城有所发展。中华人民共和国成立以后，大庸县城面貌一新。张家界市城区是中共湘鄂川黔省委、省革委、省军区诞生地，故湘鄂川黔革命根据地旧址纪念馆于 2006 年被国务院公布为全国重点文物保护单位。此外，还有张家界老院子、普光寺、玉皇洞石窟三家省级重点文物保护单位和战国青铜剑、明代土家女尸等数百件珍贵文物，基本符合呈报历史文化名城条件，属于无牌有实的历史文化名城。因此，张家界市要抓紧修编城市总体规划，精心编制详细规划，规划建设具有浓郁民族特色和鲜明城市特色的城市建筑，加快建设面向国际的风景旅游城市。

根据历史和现状，结合经济社会发展需要，按照历史文化名城建设要求，武陵地区在建设城市过程中要考虑以下三个方面的因素：

第一，尊重地方历史。武陵地区虽有许多古城址，但是难以找到历史痕迹和具有代表性的历史文化街区、标志建筑物。因此，建议在城市规划中，把以转角楼、吊脚楼、鼓楼、风雨楼和封火墙、六角亭为核心的老城保留下来。根据修旧如旧原则，分期恢复老城风貌，把老城建筑逐步按照原样恢复，形成以民族建筑为主体的建筑物群。

第二，体现民族特色。游人了解一个地方首先是从浮在表层上的建筑文化、服饰文化感受到的。因此，在城市建设中，要尽量体现土家族、苗族、侗族、回族、白族的建筑特色。除了恢复老城外，可以修建民族建筑一条街，也可修建具有民族建筑风格的宾馆、饭店、酒店和商店等。

第三，赋予人文因素。除在建筑和街道、广场等处赋予人文因素外，在车站、机场、公园、住宅小区等处应该考虑设置一些富有民族特色、地方特色的雕塑或其他标志物；在城市规划中，要从整体上考虑文化、教育机构的设置，使每个社区都有文气；城市建设还要考虑与城郊传统文化、名胜古迹的关联性，使之构成一个整体，显示城乡文化功能的互补性，把富有民族特色的民间艺术、民间工艺移植到城市建设中，吸引更多游客，带动文化旅游产业发展。

参考文献

[1] 张岱年,方克立. 中国文化概论(修订版)[M]. 北京:北京师范大学出版社,2006.

[2] 马敏. 中国文化教程[M]. 武汉:华中师范大学,2003.

[3] 王宁. 中国文化概论[M]. 长沙:湖南师范大学出版社,2000.

[4] 萧克. 中华文化通志[M]. 上海:上海人民出版社,2010.

[5] 冯天瑜,杨华. 中国文化发展轨迹[M]. 上海:上海人民出版社,2000.

[6] 冯国超. 中华文明史[M]. 北京:光明日报出版社,2003.

[7] 江应梁. 中国民族史[M]. 北京:民族出版社,1990.

[8] 《土家族简史》编写组. 土家族简史[M]. 长沙:湖南人民出版社,1986.

[9] 湖南省旅游局. 湖南省旅游地图集[M]. 长沙:湖南地图出版社,2007.

[10] 聂荣华,万里. 湖湘文化通论[M]. 长沙:湖南大学出版社,2005.

[11] 伍新福. 湖南民族关系史[M]. 北京:民族出版社,2006.

[12] 柴焕波. 武陵山区古代文化概论[M]. 长沙:岳麓书社,2004.

[13] 彭万廷,冯万林. 巴楚文化源流[M]. 长沙:湖北教育出版社,2003.

[14] 戴楚洲. 张家界旅游指南[M]. 北京:华文出版社,2001.

[15] 陈致远. 常德古代历史研究[M]. 北京:北京图书馆出版社,1999.

[16] 湖南省志·民族志[M]. 长沙:湖南人民出版社,1998.

[17] 湖南省志·宗教志[M]. 长沙:湖南人民出版社,1999.

[18] 湖南省志·文物志[M]. 长沙:湖南出版社,1995.

[19] 湖北省志·民族[M]. 武汉:湖北人民出版社,1997.

[20] 湘西自治州志丛书·民族志[M]. 长沙：人民出版社，1999.
[21] 恩施州民委. 恩施自治州民族志[M]. 北京：民族出版社，2003.
[22] 黄柏权，覃章厚，戴楚洲. 湘鄂西土家族[M]. 北京：民族出版社，2003.
[23] 李绍明. 川东酉水土家[M]. 成都：成都出版社，1993.
[24] 贵州省土家学研究会. 贵州土家族[M]. 贵阳：贵州民族出版社，1999.
[25] 谭其骧. 简明中国历史地图册[M]. 北京：中国地图出版社，1991.
[26] 袁行霈，陈进玉，于来山. 中国地域文化通览[M]. 北京：中华书局，2014.
[27] 朱炳祥. 土家族文化的发生学阐释[M]. 北京：中央民族大学出版社，1999.
[28] 文选德. 湖湘文化古今谈[M]. 长沙：湖南人民出版社，2006.
[29] 朱汉民. 湖湘文化通史[M]. 长沙：岳麓书社，2014.
[30] 戴楚洲，赵葛. 世界奇观张家界[M]. 西安：西北工业大学出版社，2015.
[31] 丁孟春，罗先明，熊柏隆. 中华人类与远古文明探源[M]. 郑州：大象出版社，2012.
[32] 林耀华. 民族学通论[M]. 北京：中央民族大学出版社，2007.
[33] 庄孔韶. 人类学概论[M]. 北京：中国人民大学出版社，2006.
[34] 白九江. 巴人寻根[M]. 重庆：重庆出版社，2007.
[35] 朱世学. 巴文化考古发现与探索[M]. 武汉：湖北人民出版社，2011.
[36] 邓辉. 土家族区域的考古文化[M]. 北京：中央民族大学出版社，1999.
[37] [清]曾国荃，等. 光绪湖南通志：地理志四[M]. 扬州：江苏古籍刻印社，1986.
[38] [宋]祝穆. 方舆胜览：常德府[M]. 施和金，点校. 北京：中华书局，2003.
[39] [东汉]班固. 汉书：地理志[M]. 北京：中华书局，2012.
[40] [南朝宋]范晔. 后汉书：郡国志四[M]. 北京：中华书局，1965.
[41] [唐]房玄龄. 晋书：地理志第五[M]. 北京：中华书局，1974.
[42] [后晋]刘昫，等. 旧唐书：地理三[M]. 北京：中华书局，1975.

[43] 中共桑植县党史办公室. 桑植起义[M]. 武汉：中共地质大学出版社，1990.

[44] 《湘鄂西革命根据地史》编写组. 湘鄂西革命根据地史[M]. 长沙：湖南人民出版社，1988.

[45] 《湘鄂川黔革命根据地史稿》编写组. 湘鄂川黔革命根据地史稿[M]. 长沙：湖南人民出版社，1985.

[46] 《贺龙传》编写组. 贺龙传[M]. 北京：当代中国出版社，1993.

[47] 李烈. 贺龙年谱[M]. 北京：人民出版社，1996.

[48] 中共张家界市委党史办公室. 张家界红色记忆[M]. 北京：中央文献出版社，2016.

附　录

附录一　武陵山片区市州和县区名单

省（市）	市、州	县（市、区）
湖北省 （11个） （10个★，1个△，10个※）	宜昌市	秭归县★、长阳土家族自治县★※、五峰土家族自治县△※
	恩施土家族苗族自治州	恩施市★※、利川市★※、建始县★※、巴东县★※、宣恩县★※、咸丰县★※、来凤县★※、鹤峰县★※
湖南省 （37个） （15个★，12个△，14个※）	邵阳市	新邵县△、邵阳县★、隆回县★、洞口县、绥宁县、新宁县△、城步苗族自治县★※、武冈市
	常德市	石门县△
	张家界市	慈利县△、桑植县★、武陵源区△、永定区△
	益阳市	安化县★
	怀化市	中方县、沅陵县★、辰溪县△、溆浦县、会同县、麻阳苗族自治县△※、新晃侗族自治县△※、芷江侗族自治县△※、靖州苗族侗族自治县※、通道侗族自治县★※、鹤城区、洪江市
	娄底市	新化县★、涟源市△、冷水江市
	湘西土家族苗族自治州	泸溪县★※、凤凰县★※、保靖县★※、古丈县★※、永顺县★※、龙山县★※、花垣县★※、吉首市△※

续表

省（市）	市、州	县（市、区）
重庆市（7个）（7个★，4个※）		丰都县★、石柱土家族自治县★※、秀山土家族苗族自治县★※、酉阳土家族苗族自治县★※、彭水苗族土家族自治县★※、黔江区★、武隆区★
贵州省（16个）（10个★，6个※）	遵义市	正安县★、道真仡佬族苗族自治县★※、务川仡佬族苗族自治县★※、凤冈县、湄潭县、余庆县
	铜仁市	碧江区、江口县★、玉屏侗族自治县※、石阡县★、思南县★、印江土家族苗族自治县★※、德江县★、沿河土家族自治县★※、松桃苗族自治县★※、万山区

注：其中，标★号的是42个国家扶贫开发重点县，标△号的是13个省级扶贫重点县，标※号的是34个民族自治地方县。

附录二 武陵山片区民族乡名单

来源：国家民委经济发展司　　发布日期：2012年3月16日

省	市	县	乡
湖北（4）	恩施土家族苗族自治州	恩施市	芭蕉侗族乡
		宣恩县	长潭河侗族乡
			晓关侗族乡
		鹤峰县	铁炉白族乡
湖南（57）	怀化市	辰溪县	罗子山瑶族乡
			苏木溪瑶族乡
			上蒲溪瑶族乡
			后塘瑶族乡
			仙人湾瑶族乡
		洪江市	深渡苗族乡
			龙船塘瑶族乡
		会同县	炮团侗族苗族乡
			宝田侗族苗族乡
			蒲稳侗族苗族乡
			金子岩侗族苗族乡
			漠滨侗族苗族乡
			青朗侗族苗族乡
		沅陵县	二酉苗族乡
			火场土家族乡
		中方县	蒿吉坪瑶族乡
		通道侗族自治县	大高坪苗族乡
			锅冲苗族乡
			传素瑶族乡

续表

省	市	县	乡
湖南（57）	怀化市	通道侗族自治县	步头降苗族乡
			米贝苗族乡
	邵阳市	绥宁县	党坪苗族乡
			河口苗族乡
			麻塘苗族乡
			竹江舟苗族乡
			东山侗族乡
			朝仪侗族乡
			鹅公岭侗族苗族乡
			寨市苗族侗族乡
			乐安铺苗族侗族乡
			联民苗族侗族乡
			枫木团苗族侗族乡
			黄桑坪苗族乡
			关峡苗族乡
			长铺子苗族乡
		隆回县	山界回族乡
			虎形山瑶族乡
		洞口县	那溪瑶族乡
			大屋瑶族乡
			长塘瑶族乡
		新宁县	黄金瑶族乡
			麻林瑶族乡
	张家界市	桑植县	刘家坪白族乡
			马合口白族乡
			走马坪白族乡
			淋溪河白族乡
			芙蓉桥白族乡

续表

省	市	县	乡
湖南（57）	张家界市	桑植县	麦地坪白族乡
			洪家关白族乡
		武陵源区	索溪峪土家族乡
		慈利县	三官寺土家族乡
			高峰土家族乡
			金岩土家族乡
			许家坊土家族乡
			阳和土家族乡
			甘堰土家族乡
			赵家岗土家族乡
贵州（61）	遵义市	正安县	谢坝仡佬苗族乡
			市坪苗族仡佬族乡
		道真仡佬族苗族自治县	上坝土家族乡
		余庆县	花山苗族乡
	铜仁市	碧江区	桐木坪侗族乡
			鱼塘侗族土家族苗族乡
			大坪侗族土家族苗族乡
			和平土家族侗族乡
			滑石侗族苗族土家族乡
			瓦屋侗族乡
			六龙山侗族土家族乡
		江口县	太坪土家族苗族乡
			桃映土家族苗族乡
			民和侗族土家族苗族乡
			德旺土家族苗族乡
			官和侗族土家族苗族乡
			怒溪土家族苗族乡
			坝盘土家族侗族苗族乡

续表

省	市	县	乡
贵州（61）	铜仁市	石阡县	青羊苗族仡佬族侗族乡
			枫香仡佬族侗族乡
			坪地仡佬族侗族乡
			龙井侗族仡佬族乡
			石固仡佬族侗族乡
			坪山仡佬族侗族乡
			甘溪仡佬族侗族乡
			聚凤仡佬族侗族乡
			大沙坝土家族苗族乡
			大河坝土家族苗族乡
		思南县	大河坝土家族苗族乡
			思林土家族苗族乡
			东华土家族苗族乡
			胡家湾苗族土家族乡
			宽坪土家族苗族乡
			亭子坝土家族苗族乡
			枫芸土家族苗族乡
			香坝土家族苗族乡
			长坝苗族土家族乡
			板桥苗族土家族乡
			三道水土家族苗族乡
			天桥土家族苗族乡
			兴隆土家族苗族乡
			杨家坳乡
		德江县	泉口土家族乡
			楠杆土家族乡
			复兴土家族乡
			合兴土家族乡

续表

省	市	县	乡
贵州（61）	铜仁市	德江县	沙溪土家族乡
			长堡土家族乡
			桶井土家族乡
			共和土家族乡
			荆角土家族乡
			长丰土家族乡
			平原土家族乡
			高山土家族乡
			钱家土家族乡
			龙泉土家族乡
			堰塘土家族乡
		万山区	下溪侗族乡
			敖寨侗族乡
			高楼坪侗族乡
			黄道侗族乡

注：武陵山片区内71个县共有122个民族乡。其中，民族自治地方内的民族乡10个，民族自治地方以外的民族乡112个。

附录三 武陵地区茶文化源流考述

茶树是多年生的常绿木本植物，茶叶是以茶树新梢的鲜叶为原料加工制成的饮料。茶业是茶叶生产、流通所涉行业种植、加工、贸易的总称。茶文化是指以茶为中心的物质文化和精神文化的总和，内容包括茶史、茶技、茶类、茶具、茶艺、茶俗和茶道等诸多方面。我国的民族古籍和现代调研报告，不仅确认中国南方是茶树的原产地，而且明确指出中国西南地区是茶树原产地的中心。先秦时期，位于西南地区的巴国是中国最早的产茶地区，茶文化最初是在巴国发生、发展起来的。

"武陵地区"是指以武陵山脉为主线的湘鄂渝黔边境邻近地区构成的一个地理区域。镶嵌在北纬30度附近的武陵山脉自古以来就是适宜茶树生长的高山茶区，素有"黄金产茶地带之称"。武陵山脉层峦叠嶂，土壤富硒，气候温暖，雨水充足，所产茶叶品质优良。历代世居武陵地区各族祖先利用茶树，创造了历史悠久、内涵独特的茶文化。

一、六朝以前武陵地区茶业起源秘史

中国茶业发端于奴隶社会，战国时期初具规模，秦汉时期逐渐壮大。数百年来，史学界学者或说茶饮始于战国时期，或说茶饮始于秦汉时期，可谓众说纷纭，莫衷一是。至于中国茶业究竟起源于哪个地区更无确定说法。南京农业大学中国农业遗产研究室专家朱自振研究员长期从事茶史研究，在其编纂的《中国茶叶历史资料选辑》一书（于1981年由农业出版社出版）中做出许多富有创见的阐述，从而论证巴、蜀是我国茶饮文化的摇篮。朱自振经过考证认为：先秦之时，巴、蜀乃是两个国家，一个由巴人血统形成的巴国，一个是由蜀人血统形成的蜀国。现今重庆市一带即是巴族聚居领域，现今成都市一带则是蜀族聚居领域。巴人祖居清江流域，起源地在今湖北省长阳县境内；其中巴人的一支就是由这里沿大溪移居渝东南的。巴人和蜀人在形成茗饮文化的历史进程中，仍有孰先、孰后之别。"从巴蜀来说，巴人无疑在茶的发现、利用上，关系比蜀人要密切。"这是朱自振根据汉代以后的种种记载而做出的推论。他的结论是:"我国茗饮早在秦朝以前在巴、蜀就已有较长的发展历史;我国茶叶的生产、制造,由茶叶的产、制和饮用构建的茶饮文化,不是别的什么地方,而正是在巴山蜀水这个摇篮里度过它们的初年的。"这一结论虽非定论,但在考古未能为茶之起源发现和提供直接的证据之前,起到开拓和推进的作用。复旦大学旅游学研究专家沈祖祥教授在我国第一部全面地从旅游角度、以旅游为主导研究中国文化的理论著作《旅游与中国文化》一书中写道:"巴蜀常被称为中国茶业和茶文化的摇篮。六朝以前的茶史资料表明,中国茶业最初兴起于巴蜀。茶文化的形成,与巴蜀地区早期的政治、风俗及茶叶饮用有着密切的关系。"其实,最早栽培茶树、制作茶叶的古代民族为武陵地区巴人,中国茶业起源于西周时期巴国南部涪陵一带(在今渝东南)。西周时期,土家族祖先"巴人"早已种茶、制茶和饮茶,致使武陵地区成为中国茶业摇篮、茶文化发祥地,古丈县白鹤湾先秦墓群出土罕见茶具。东晋常璩早在《华阳国志·巴志》中就明确地说:"武王既克殷,以其宗姬封于巴,爵之以子……茶、蜜、灵龟、巨犀、山鸡、白雉、黄润、鲜粉,皆纳贡之。其果实之珍者,树有荔枝,蔓有辛蒟,园有芳蒻(竹)、香茗[1]。"早在三千多年前的西周初期,武陵地区巴人已把茶叶作为献给周武王的贡品,所贡特产茶叶,"园有芳蒻、香茗",不是采之野生,而是人工栽培的茶园茶树[2]。

秦汉魏晋时期,武陵地区仍是中国茶业发展中心,制茶工艺特别,名茶倍出。魏国张揖所撰《广雅》亦载:"荆、巴间采茶作饼,叶老者饼成以米膏出之,欲煮茗饮,先炙令赤色。捣末置瓷器中,以汤浇覆之。"该书记载的巴人后裔居住地区(即今湖北省西南部、重庆市东南部交界的土家族聚居区)把茶汤称作"茗饮",饮茶方法比较特别,饼茶制法比较明确。《华阳国志·巴志》还载:"涪陵郡,巴之南鄙,惟出茶、丹、漆、蜜、腊。"一个"出"字说明魏晋时期巴人后裔居住地区存在"茶事",包括茶叶的生产、加工、贩运和品饮等过程。晋代无名氏《荆州土地记》还载:"武陵七县通出茶,最好。"其中,武陵七县包括今武陵地区著名的产茶县。南北朝时期,《桐君录》云:"巴东别有真香茗,煎饮令人不眠。"《述异记》亦云:"巴东有真香茗,其花白色如蔷薇,煎服令人不眠。"北魏末年农业科学家贾思勰在《齐民要术》中高度评价武陵地区出产的名茶:"浮〔武〕陵茶最好。"

二、六朝以后武陵地区绿茶发展脉络

巴人移居的渝东南以及迁渝之前原住的鄂西南不但在六朝以前就已成为中国历史茶区，而且至唐朝中期，武陵地区黔中道野生茶树仍然可见，茶业已有较大规模，于是首征茶税。唐代茶圣陆羽撰写的第一部茶叶专著《茶经》记载："茶者，南方之嘉木也。一尺、二尺乃至数十尺；其巴山、峡川有两人合抱者，伐而掇之。"[3]两人合抱的茶树树龄在千年以上，应为战国以前生长的茶树。可见，"巴山、峡川"是中国茶树分布中心，茶叶种类较多。《茶经》还载唐代制茶工艺为"蒸之、捣之、拍之、焙之、穿之、封之，茶之干矣"。从工艺过程看，唐代仍有蒸青绿茶制茶方法。

唐代武陵地区出现炒青绿茶制茶法，成为炒青绿茶起源地。著名诗人刘禹锡的《西山兰若试茶歌》最早记载炒青绿茶。诗中说："山僧后檐茶数丛，春来映竹抽新茸。宛然为客振衣起，自旁芳丛摘鹰嘴。斯时炒成满室香，便酌沏下金沙水。"其中，"斯时炒成满室香"正是描写炒青绿茶制茶法。《西山兰若试茶歌》一诗是刘禹锡任朗州（在今湖南省常德市）司马时所作，西山寺在今常德市郊谢家铺镇一带。据唐代《括地志》记载："辰州溆浦县西北三百五十里无射山，彼蛮俗当喜庆之时，亲友会集歌舞于山上，山多茶树。"唐代杜佑所撰《通典》曾说：唐代天授年间，溪州灵溪郡贡茶。唐僖宗咸通年间，高僧善会卓锡武陵之尾夹山寺十余年。据宋朝释普济所撰《五灯会元》载：善会吃茶毕，自烹一碗，过与侍者。侍者拟接，师乃缩手。曰："是甚么？"侍者无对。善会遂在禅房之侧树碑立碣，题额"茶禅一味"。众僧醍醐灌顶，恍然而悟茶中有禅、纯洁秀美。一日，善会禅师于禅茶祖庭夹山寺茶园采撷新芽，看见茶园之外有两牛牴角相触。善会遂选园中一芽一叶者，将其杀青炒压、理条造形而成牛角形状，泡入碗中。但见那茶叶柄朝下，芽尖向上，叶叶相碰宛如两牛牴角。禅师饮之甚喜，遂将此茶名曰"牛牴茶"。宋代蔡襄所撰《茶录》亦载，石门县八坪峪牛牴山（在今石门县二都乡）出产皇家贡品牛牴茶。清代《湖南通志》引《一统志》又载："澧州石门牛牴山产茶，谓之牛牴茶。"

宋代茶叶产地改团、饼紧压茶为生产散茶。团、饼一类的紧压茶称为"片茶"，对蒸而不碎、碎而不折的散状蒸青茶和蒸青末茶称为"散茶"。

据历史文献记载，宋代生产片茶的地区有辰州（湖南沅陵）、澧州（湖南津市）、鼎州（湖南常德）等地。出产散茶的地区有归州（湖北秭归）和江南等地。宋代政和年间，名僧圆悟住持夹山禅院，传承善会祖师"茶禅一味"理念，致使《碧岩录》成为中日茶道源头。

　　元明清土司时期武陵地区茶业比较兴盛。元代至元年间，设立澧洲和常德榷茶提举司，管理石门县、慈利县和武陵县等地种茶和制茶事务。位于鄂西南的容美土司所产绿茶被统称为"容美贡茶"或者"容美峒茶"，是土司王向朝廷进贡的上乘贡品，驮路从容美土司中府（在今容美镇）通往邬阳关、金鸡口。清初著名诗人顾彩采访容美土司以后，留下"惊世鹤之峰、绝代容美茶"名句。据《清代鹤峰州志》载："容美贡茗，遍地生植，惟署后数株所产最佳。署前有七井，相去半里许，汲一井而诸井皆动，其水清洌、甘美异常。离城五十里，土司分守留驾、神仙茶园二处所产者，味极清腴，取泉水烹服，驱火除瘴，清心散气，驱胀止烦。"改进制茶工艺以后，容美土司茶叶质量得以提高。"上品者每斤钱一贯，中品者楚省之所通用，亦曰湘潭茶。"现在，鹤峰县流传着用白鹤井水冲泡容美峒茶，杯中似一只只白鹤张翅腾飞，故有"容美司的茶、白鹤井的水"之说。容美土司水浕源长官司（在今五峰县）加工的"水仙茗品"是土司时期土家先民向土司王纳贡的珍贵贡品。"三峡南岸后花园"五峰县渔阳关精制的龙井茶和珍眉茶以其清香、汁浓而著称。据明代《万历慈利县志》载："有茶、椒、漆、蜜之利，暇则摘茶、采蜜、割漆、捋椒，以图贸易。"[4]明代天启年间，武昌王子朱如烩因避乱而迁到澧水流域茅坪（在今永定区大悲庵村）居住，在大悲庵两侧种植多株茶叶树，传其制做贡茶"茅坪毛尖"。清代中期，永定县诗人丁启性写了一首反映茶俗、见证历史的竹枝词："清溪一曲几人家，谷雨疏疏唱采茶。径合遗经补桑苎，冰瓯雪碗试新芽。"清代何磷修、黄宜中纂《乾隆澧州志林》亦载："云朝山，〔慈利〕邑南九十里，高数十仞，高顶种有茶树，青香异味，昔人评之曰云雾仙品。"清代《嘉庆慈利县志》又载："慈地家园亦种茶，以出西莲地方者为上。"[5]清代《光绪慈利县图志》还载："茶唯饭甑山有名。"[6]陈宗瀛在《民国九溪卫志》中说："茶则麻寮著名。"慈利县土家族傩愿戏保留用甑蒸茶的古老工艺："年年有个三月三，姊妹三人进茶园。三月三，四月八，姊妹三人采细茶。大姐进园采四两，二姐进园采半斤，三姐采茶不用称，四十八两共三斤。摘起进来用锅炒，甑子蒸，篓篓炕，烟上熏。红带缠，绿带捆，箱中搁，柜中存。"桑植县土家族古歌描写采茶场景："三月采茶茶叶青，身背茶篓进茶林。茶山处处收成好，笑在眉头喜在心。"溇水流域广泛流传具有地方特色的五句子采茶古歌："姐儿门前一苑茶，年年摘来年年发。头铺摘到斤四两，二铺摘到八两八，送给情郎小冤家。"元明清时期，慈利县西北部和桑植县东北部的麻寮土司历代土家祖先栽培茶树、制作绿茶，牧羊冲里保存完好的洪家大院土家天井木房曾是清代中期茶叶加工作坊。据慈利县土家族长者回忆：土家先民使用骡马驮着绿茶从牧羊冲往南走旱路，登上茶马古道穿弓背、大岩屋、曹家山和杨家塔，经过杉木桥、通津铺、黎家坡、长峪铺，翻越九寨坡和垭门关，运到慈利县城交货。从牧羊冲往北走，经过石门县罗坪、南北镇及鹤峰县走马镇等地，再过五峰县渔洋关，然后用船运到长江商埠汉口。牧羊冲南边旱路耸立的清代乾隆和道光年间土家祖先捐钱修路的十多块功德碑佐证茶马古道的信史，牧羊冲边仍然保留清代中期许多运茶民夫餐宿的土家族转角楼"安宿驿站""范氏驿站""黎家客栈"屋基条石以及制茶器具等文物古迹。"保靖黄金茶"是保靖县古老的茶树品种。据《保靖县志》载，清朝嘉庆年间，某道台巡视保靖县，路经两岔河，品尝茶叶以后赏给黄金一两。后人将该茶取名为"黄金茶"，该地亦改名为黄金寨，仍有两百多年的茶树。"黄金茶"具有"高氨基酸、高茶多酚"等特点，故"一两黄金一两茶"深入人心。1906年，《古丈坪厅志》记载："茶之利大矣哉。古丈坪厅之茶，种于山者甚少，皆人家园圃所产及以园为业者所种。清明、谷雨前捡摘，清香馥郁，有洞庭君山之胜、夫界亭之品。"1920年，杨琢臣在古丈坪青云山开茶园，外号"青云银峰"，又称"白毛尖茶"。清代，沅陵县碣滩山毛尖茶曾被朝廷列为贡品。清代《辰州府志》记载："邑中出茶处多，先以碣滩产者为最。"清代《同治沅陵县志》亦载："邑中出茶处多，先以碣滩产者为最，后界亭茶盛行。极先摘者名曰毛尖，今且以之充土贡矣。"以此说明沅陵县以产碣滩茶最多，而官庄界亭茶亦较盛行。

明代，湖北省利川雾洞茶名声远播，明成祖受贡亲赐："此茶生来出雾洞，弟兄结拜在虚空。今夜敬茶同饮后，品茗满园辅朝忠。"清代《同治利川县志》载明雾洞茶生长环境："当地土人遍种其茶，其茶清香坚实，经久而泡，向异他处，亦地气然也！"可见，古人已视其茶品质特异为生长环境之缘由。雾洞茶属条形烘青绿茶，产于利川市忠路镇雾洞坡一带，其茶色泽翠绿,锋苗显露,故名"雾洞绿峰"。清代康熙年间,恩施芭蕉黄连溪蓝姓茶商自垒茶灶,亲自焙茶,所制茶叶外形紧圆,色绿如玉,故名恩施玉绿。1936年,湖北省民生公司在玉绿基础上研制的绿茶毫白如玉,格外显露,故改名为恩施玉露。据《明实录》载:"思州方物茶为上。"印江县永义乡团龙村系朗西蛮夷长官司所辖,隶属思州。深居梵净山间的永义乡所产团龙茶可追溯到15世纪,明代永乐九年(1411)进贡皇家,被赐封为贡茶。清代《贵州通志》还载:"茶出婺川,名高树茶……石阡茶、湄潭茶均为贡茶。"

中华人民共和国成立以来武陵地区制茶企业获得许多奖项和商标。1955年,古丈县古阳镇思源桥茶农将古丈毛尖茶寄给北京毛泽东主席,毛主席品尝以后备加称赞,希望古丈人民大力发展。慈利县饭甑山生产的传统名茶也曾被呈送给毛主席,受到赞赏。1983年,"甑山银毫"被湖南省农业厅评为省优质茶。1982年,三岔茶业公司利用传统工艺研制的大庸毛尖茶更名为"青岩茗翠"后,获得国家优质名茶称号。1986年,"龙虾花茶"被评为全国优质名茶。1988年,慈利县庄塔茶厂研制的"五雷月眉"获得湖南省优质茶奖。20世纪90年代以来,石门县实施名茶开发战略,研制出石门银峰茶、东山秀峰、西山毛峰、白云银毫和泰仙野毫等知名品牌茶叶,被湖南省农业厅列为优质品牌茶开发基地,还被国家环境保护部列为有机茶叶出口生产基地。东峰牌"东山秀峰茶"参加全国名茶评比,荣获国优产品银质奖章,并且获得国家第一批绿色食品认证。20世纪90年代,鹤峰县被国家农业综合开发办公室列入富硒茶基地建设项目重点县,走马茶场的"官鼎茶"、走马茶叶中学的"清心翠茗"和北佳农特站的"绿林翠峰"获得"中国陆羽奖"。2012年8月,湖北省"鹤峰茶"经国家质检总局批准,成为地理标志保护产品,范围为鹤峰县铁炉白族乡和走马镇9个乡(镇)。张家界市灵洁公司、湘小伍家公司、龙鑫公司、西莲茶业公司和天子茶业公司等旅游商品企业获得"湖南省著名商标",茅岩莓公司获得"中国驰名商标"和"国家农产品地理标志"称号。张家界茶业公司荣获张家界牌注册商标和湖南省著名商标。胡锦涛曾经来张家界市视察,品饮西莲茶后,连说:"清香、好茶。"2005年,古丈县毛尖茶在国家工商总局商标局注册"国家地理标志证明商标"。2007年,古丈毛尖申报为国家地理标志保护产品。2011年,"古丈毛尖"获得国家工商总局"中国驰名商标"。"溪洲莓茶"俗称溪洲藤茶,因永顺县古为溪州而得名。在农业部及省农业厅扶持下，永顺县毛坝、润雅、万坪、砂坝、官坝、塔卧、首车等10多个乡镇建有莓茶基地10 000亩，并在国家工商总局注册"溪洲牌"莓茶商标，通过了无公害农产品认证。2005年，国家质量监督检验检疫总局批准对溪洲莓茶实施国家地理标志产品保护。1984年，胡耀邦视察湖北省宣恩县品尝万寨乡伍家台村贡茶以后赞叹不已。2008年，"伍家台贡茶"成为国家地理标志保护产品。2009年，农业部颁发《伍家台贡茶农产品地理标志登记》。2010年，"伍家台贡茶"在中国茶业国际博览会上荣获金奖。"伍家台贡茶"获得国家工商总局《国家地理标志证明商标》。五峰县的绿珠牌"采花毛尖茶"和"天麻剑毫茶"获得湖北省名牌产品称号，"五峰绿茶"成为国家地理标志证明商标。2007年，国家质检总局批准对恩施市玉露茶实施地理标志产品保护。2009年，恩施市玉露茶被国家工商总局商标局核准为国家地理标志证明商标。印江县开发"梵净山贡茶""梵净山佛光茶""梵净山翠芽""梵净山雪峰"等名优茶。2005年，"梵净山翠峰茶"成为国家地理标志保护产品。2006年，荣获第六届"中绿杯"中国名优绿茶评比"金奖"；2007年，荣获第七届"中茶杯"中国名优茶评比一等奖。

　　武陵地区各级政府及其职能部门大力发展茶叶产业。张家界市委、市政府出台《关于加快茶叶产业发展的意见》，将茶叶产业列为市级农业产业化专项资金支持产业。全市主产茶区集中在10多个乡（镇），共有茶园10多万亩，已有茶叶生产、加工企业80多家。支持张家界云雾王茶业公司、白鹤井茶业公司、张家界茶业发展公司、龙鑫公司和西莲茶业公司扩建高山云雾绿茶加工厂。促使茅岩莓公司、一碗水果茶公司、灵洁公司、仙踪林公司、湘小伍家公司和五雷月眉茶叶公司等有影响力的旅游商品骨干企业制造高档名茶系列产品。2003年，汤亚雄看中三岔乡生态茶园，以2 000万元的注册资本建立"白鹤井"品牌。慈利县三合口乡小溪峪村仍然保留约200亩古茶园，牧羊冲高家老屋门前至今耸立着巨大的"龙凤香茶树"。这株古老茶树生长在武陵山脉龙凤山，树高4.18米，树幅5.26米。经解剖叶片机构，海绵组织发达，具有世界茶树罕见的解剖学特征，是我国古茶树原生地的活见证。2015年，慈利县政府为其立了"古树名木保护牌"。2008年，保靖黄金茶公司制作的"保靖黄金茶"在"全国绿茶高峰论坛"上被评为金奖。2009年，保靖县委、县政府出台《关于进一步加快黄金村产业发展的意见》。2009年，保靖黄金茶被中国绿色食品发展中心认证为绿色食品。2009年10月，保靖县因发展黄金茶荣获"中国茶叶百强县"称号。2009年12月，保靖县黄金村古茶树经湖南省林业科学院童方平、李锡泉和侯伯鑫研究员鉴定，最大的1号样株年龄为402年左右。2009年12月，"黄金茶"获得农业部颁发的《中华人民共和国农产品地理标志登记证书》，保护范围为葫芦镇、夯沙乡、水田河镇现辖行政区域。2010年，继黄金绿茶之后，试制出黄金红茶、黄金白茶等系列新产品。沅陵县有茶叶面积8.3万亩（1亩≈666平方米），有加工企业40家。2011年，沅陵县碣滩茶成为国家地理标志保护产品。2013年，沅陵县申报的碣滩茶两项省级地方标准通过湖南省质量技术监督局审查。2017年，第九届湖南茶业博览会组委会在全省开展"十佳茶旅景区"张家界茅岩莓特色产业园、永定区白鹤井茶庄园、慈利县牧羊冲茶马古道景区、常德市春峰富硒茶业生态观光园、石门县白云山有机茶旅景区、桃源县百尼茶庵崖边野茶生态园的推介、表彰、颁奖活动。

三、近代武陵地区红茶兴盛轨迹

红茶属于发酵茶类，发酵使茶叶多酚类物质在多酚氧化酶作用下形成氧化聚合产物。在冲泡后形成红色茶汤，故名"红茶"。红茶种类包括工夫红茶和红碎茶。其中，湘鄂西所产早期"宜红工夫茶"品质优异，对中国工夫红茶发展发挥了历史作用，被列为世界名茶之一。

宜红工夫茶诞生在清代末期。清代道光年间，广东省商人钧大福带领江西省制茶技工在五峰县渔洋关开始传授工夫红茶制作技术，设庄收购精制红茶，用船运往汉口出口国外。清代咸丰四年（1854），高炳三等广东帮茶商收购石门县和慈利县红毛茶以后，雇请民夫肩挑或者骡马驮至五峰县渔洋关进行精加工。清代咸丰八年（1858）签订的中英《天津条约》增开汉口为通商口岸，英国人随即在此设置洋行，并把工夫红茶销往英国、俄国、德国和美国等国际市场，五峰县采花乡至今保留英商"宝顺和"茶庄招牌。清代同治三年（1864），俄商在汉口收购红茶。从宜昌用船沿着长江转运汉口的红茶取名"宜红茶"，品形俱佳。清代光绪二年（1876），林紫宸等广东省商人前来鹤峰县三路口、五里坪、南村和桑植县、慈利县、大庸县等地开设"谦慎安号"等茶庄，采办精制的"宜红茶"。在鹤峰县留驾司集中包装红茶以后，经过鹤峰县走马和江口，沿着溇水汇入澧水。路过桑植县和慈利县时，又在其水运码头把当地红茶装上木船，进入洞庭湖，运达长江中游城市汉口以后出口俄国。清代光绪十三年（1887），广东省客商卢次伦从我国著名红茶产地安徽省祁门县聘请几名红茶制作技师在石门县选用中叶茶树鲜叶加工成宜红茶。清代光绪十五年（1889），在石门县宜市（又名泥市、在今石门县壶瓶山镇）创建"泰和合茶号"红茶厂，厂房主楼建筑前、后三进，中间"三泰楼"雕梁画栋，装有机器设备。"泰和合茶号"下设工厂管理和分庄等10多个部门，并在长阳、五峰、鹤峰、石门、慈利、桑植等产红茶县设数十家茶庄，办理收购、运输事务，又在湖南津市、湖北汉口设立分号，办理转运、销售茶叶等贸易业务。各个茶庄制作的红茶运到宜市泰和合茶号打包装箱，产品包装茶箱商标中书"宜红"二字，再转运销给汉口英商"怡和洋行"，最后出口英国、俄国、德国和美国等欧美国家。如土家学者吴恭亨于清代光绪二十三年（1897）在《慈利县图志》说："西莲有作红茶者，贩之辄获倍值。于是，人稍稍知种茶之利。""泰和合茶号"在鼎盛时期年产"宜红茶"30多万斤，拥有员工6 000多人，受雇茶农1万余人，共有水运茶船300多条、旱运骡马1 000多匹。为了保证水陆道路畅通，卢次伦聘请民工以宜市为中心，把向北至杨柳坪及鹤峰、向东到澧县及津市的700多里山间小道改为能过骡马的青石板大路，疏通溇水200多里险滩礁石，成为湘西北的"茶船古道"。此外，还修通各茶区山间驮路500余里。慈利县三合口茶农使用骡马驮着红茶从牧羊冲出发，经过庄塔和国太桥，运到磨市、所街乡水南渡村码头、宜市交货，或者经过临澧县和澧县，送到津市码头，再用木船过洞庭湖运往汉口。1917年，卢次伦关闭"泰和合红茶号"，并将泰和合茶号残余设施和鹤峰等地分庄转让给鹤峰县人张佐臣等惨淡经营，改名为"圣记张永顺茶号"。在鹤峰县设初制厂，初制以后转运宜市和渔洋关精制。据民国时期出版的《湖南之茶》记载：石门县为湖南省15个茶叶主产县之一。《民国慈利县志》又载："西莲有作红茶者，贩之辄获倍值。"《大庸市览》也载："慈利工夫红名茶，亦系历史传统产品，主产于华岳山脉。"慈利县三合镇牧羊冲村唐珍初和洪六初等老人都说，清朝末期，我们的祖先把红茶运到石门县"泰和合红茶号"，转运到汉口后销往俄国。制茶后人传唱的《采茶歌》反映当年贩茶情况："采茶归去不自尝，妇姑烘焙终朝忙。须臾盛得青满筐，肥其贩者湖广商。"

宜红工夫茶发展于中华人民共和国成立初期。1951年，成立中国茶叶公司宜都茶厂和石门泥沙红茶初制厂，在五峰县、鹤峰县和慈利县、桑植县、大庸县等宜红工夫茶生产区收购初制茶叶，再由宜都茶厂精制工夫红茶。1952年，石门县马先立、陈洁先在慈利县三合口乡唐家院子茶庄唐化吾家传播红茶制作技术；后于1954年在三合口乡汪家院子茶庄汪辉吾家采购红茶。1958年至20世纪70年代，三合口乡小溪峪合作社一直收购红茶。1966年，三合口乡小溪峪大队创办企业制作红茶。20世纪70年代，大庸县在侯家湾、金山和黄坡建立三个社办红碎茶厂，共有10多栋，年产红茶100多吨，多数出口国外。张家界建市初期，永定区曾建邢家巷红碎茶厂、二家河红碎茶厂、三坪金山红碎茶厂和官坪红碎茶厂。

宜红工夫茶繁荣于改革开放新时期。1980年，利用慈利县三合口乡华岳山脉牧羊冲古茶树生长的龙凤茶制作的"工夫红茶"荣获全国食品博览会工夫红茶三套样银质奖。1982年，又获得湖南省优质名茶奖。1985年，慈利县土产公司在三合口乡创办小溪峪红茶初制厂。1985年，大庸市红碎茶被农业部评为优质名茶产品。21世纪以来，张家界市各级政府及其职能部门培育"张家界市旅游商品产业集群"，支持企业发展红茶产业，创建茶叶知名品牌。位于慈利县零阳镇的云雾王茶业公司于2003年把精制的"慈姑红"投入旅游市场，赢得消费者认可，取得"武云"注册商标。2015年，位于慈利县三合镇的茗园茶业公司制作的"白洋湾"红茶和牧羊冲古茶公司制作的"牧羊冲"红茶取得国家工商总局商标局颁发的商标注册证书，茶业茗园公司制作的"白洋湾"红茶于2016年取得国家富硒产品质量监督检验中心颁发的检验报告。2015年，位于慈利县三合镇的湘西红富硒茶业公司制作的"湘西红芽"红茶荣获湖南省茶业协会颁发的第七届湖南茶业博览会"茶祖神农杯"名优茶评选金奖，其"三降养生富硒红茶及其制备方法"取得国家知识产权局颁发的发明专利证书。2015年注册的古道源茶业公司制作的"姊妹峰"红茶已经取得国家富硒产品质量监督检验中心颁发的检验报告。2016年，古道源茶业公司制作的红碎茶取得湖南省食品药品监督管理局颁发的食品生产许可证和食品及食品相关产品许可证检验的检验报告，并且荣获湖南省茶业协会颁发的第八届湖南茶业博览会"茶祖神农杯"名优茶评选金奖。

桑植县的西莲茶业公司三鹤茶园于 1994 年荣获"湖南省名茶基地"称号。该公司现有红茶生产线 1 条，精制西莲红茯砖茶，所产"西莲红"红茶荣获 2012 中国国际茶业博览会"中国名茶"评比金奖。2016 年，西莲茶业公司制作的西莲牌花香红茶和燕落春茶业公司制作的元帅红牌红茶荣获湖南省茶叶学会颁发的首届湖南省"潇湘杯"名优茶评比一等奖。龙鑫生态农业公司在桑植县廖家村镇建设红茶砖生产线一条，产品通过 ISO9001—2008 质量管理体系认证。2013 年，龙鑫生态农业公司取得湖南省著名商标"湘陵春"。2014 年，所产"湘陵红"红茶产品荣获中国中部国际农博会金奖。天子茶业公司利用武陵源区袁家界茶场 1 600 亩茶树加工而成的"天子茗红"红茶于 2009 年获得《有机产品认证证书》，通过 ISO9001—2000 质量管理体系认证。所产"天子茗翠"茶叶产品是经国家认证的无农残、无公害的高山有机茶。"天子茗翠"名茶制作工艺技术较高，一级以上以手工炒制为主，二级以下由机械加工。2012 年，"天子茗翠"荣获湖南省著名商标。武陵源头茶业公司已经制作名山茗茶"天门红茶"，在旅游市场畅销。支持慈利县三合镇湘西红富硒茶业公司和茗正缘顺茶业公司开发红茶新产品。整合茶叶生产、加工企业，使武陵源区白虎堂村、田富茶园基地进行股份合作，由武陵源头茶业公司实行统一生产制作名山茗茶"武陵春茶"和"天门红茶"。湖南省茶业集团、张家界市供销联社与武陵源区政府合作，成立张家界金毛猴茶业公司，投资 1 000 万元，在向家台村建设 500 亩（1 亩≈666 平方米）天子山御茶园，合作开发"金毛猴"红茶系列产品，在袁家界建设集种植和加工于一体的"金毛猴"茶文化博览园。位于永定区的张家界茗正缘顺公司利用罗水乡云朝山生产的有机茶叶开发的新产品"金湘红"红茶，经过多年历练获得"中国茶产业十大名牌"和"国际茶文化节大红袍金奖"等荣誉。

【参考文献】

[1] [东晋]常璩. 华阳国志：卷一：巴志[M]. 成都：四川大学出版社，1990.

[2] 桑楚. 中国文化全知道[M]. 汕头：汕头大学出版社，2016.

[3] [唐]陆羽. 茶经：卷上：一之源[M]. 北京：九州出版社，2016.

[4] [明]陈光前.万历慈利县志[M].呼和浩特:内蒙古人民出版社,2006.

[5] [清]皇甫如森.嘉庆慈利县志[M].呼和浩特:内蒙古人民出版社,2006.

[6] [清]吴恭亨.光绪慈利县图志[M].呼和浩特:内蒙古人民出版社,2006.

(2017年撰稿)

附录四　武陵山片区民族文化产业发展研究
——以湖南省武陵山民族地区为例

湖南省武陵山民族地区是土家族、苗族、侗族和白族聚居区，包括张家界市、湘西土家族苗族自治州和怀化市等地。近年来，这些市（州）政府贯彻落实民族政策，发挥民族文化旅游资源优势，促进民族文化和旅游产业融合发展，"民族文化产业"发展势头较好。但受资金、技术、人才和交通等因素制约，总体规模较小，竞争力不强。在新世纪新阶段，湖南省武陵山民族地区各级政府必须全面实施国务院批复的《武陵山片区区域发展与扶贫攻坚规划》，加大政府投入，加大金融支持，降低准入门槛，落实税收政策，加快发展"民族文化产业"。

一、民族文化旅游资源十分丰富

在漫长的历史发展过程中，湖南省武陵山民族地区形成以土家族、苗族、侗族、白族历史文化为特色的多民族地域文化，民族风情非常浓郁，物质和非物质文化遗产十分丰富。

（一）国家级非物质文化遗产

湖南省武陵山民族地区被国务院列入国家级非物质文化遗产名录的有张家界阳戏、桑植民歌、白族仗鼓舞、土家族梯玛歌、土家族打溜子、土家族咚咚喹、土家族摆手舞、土家族毛古斯舞、土家族哭嫁歌、土家族吊脚楼营造技艺、土家年、三棒鼓、酉水船工号子、辰河高腔、花灯戏、目连戏、傩戏、挑花、土家族织锦技艺、苗族古歌、苗族民歌、湘西苗族鼓舞、苗族银饰锻制技艺、蓝印花布印染技艺、苗族服饰、盘瓠传说、苗画、苗族蜡染技艺、踏虎凿花、彩扎、苗族四月八、苗医药、靖州苗族歌鼟、侗族芦笙音乐、侗戏、侗锦织造技艺、辰溪县茶山号子、龙舞、赛龙舟等。

（二）全国重点文物保护单位

湖南省武陵山民族地区被国务院列入全国重点文物保护单位的有溪州铜柱、芋头侗寨古建筑群、马田鼓楼、龙兴寺、里耶古城遗址、老司城遗址、高庙遗址、高椅村古建筑群、洪江古建筑群、坪坦风雨桥、凤凰古城堡、湘鄂川黔革命根据地旧址、抗日胜利芷江洽降旧址、贺龙故居、沈从文故居等。

（三）中国历史文化名城名镇名村

湖南省武陵山民族地区被建设部、国家文物局公布为中国历史文化名城名镇名村的有凤凰县、龙山县里耶镇、永顺县芙蓉镇、泸溪县浦市镇、会同县高椅乡高椅村和辰溪县上蒲溪瑶族乡五宝田村等。

（四）中国民间文化艺术之乡

湖南省武陵山民族地区被文化部授予"中国民间文化艺术之乡"的有永定区罗水乡（项目名称：土家族茅古斯）、永定区王家坪镇（诗社）、桑植县瑞塔铺镇（土家族花灯戏）、慈利县龙潭河镇（板板龙灯）、永顺县大坝乡（毛古斯舞）、永顺县砂坝镇（土家族山歌）、保靖县葫芦镇（苗族鼓舞）、龙山县农车乡（土家族摆手舞）、龙山县靛房镇（土家族打溜子）、龙山县兴隆街乡（三棒鼓）、龙山县苗儿滩镇（土家织锦）、古丈县默戎镇（苗族鼓舞）、吉首市丹青乡（苗族山歌）、吉首市寨阳乡（苗鼓）、吉首市社塘坡乡（苗鼓）、吉首市双塘镇（阳戏）、凤凰县柳薄乡（苗族银饰锻制）、凤凰县山江镇（花鼓）、泸溪县合水镇（踏虎凿花）、花垣县（苗绣、织锦）、麻阳苗族自治县（绘画）、靖州苗族侗族自治县三锹乡（苗族歌鼟）、靖州苗族侗族自治县藕团乡（芦笙）、通道侗族自治县坪坦乡（侗族芦笙）会同县沙溪乡（唢呐）、溆浦县低庄镇（辰河戏）、中方县铜湾镇（霸王鞭）等。

（五）少数民族特色村寨

2009年，湖南省民委对全省40个村寨授予"湖南少数民族特色村寨"称号，湖南武陵山民族地区被湖南省民委确定的少数民族特色村寨建设联系点为：龙山县苗儿滩镇捞车河村、花垣县边城镇隘门村、凤凰县山江镇冬就村、凤凰县落潮井乡沟良村、靖州苗族侗族自治县三锹乡地笋村、新晃侗族自治县凉伞镇冲首村、桑植县利福塔乡苦竹寨村和永定区王家坪镇石堰坪村。

二、民族文化产业发展现状

"十一五"时期以来，张家界市民族演艺业一枝独秀，涌现《张家界·魅力湘西》《烟雨张家界》《武陵魂·梯玛神歌》《天门狐仙·新刘海砍樵》《西朗卡普》等一批全国高端的演艺节目。张家界市演艺业作为新型创意文化产业融入旅游，盘活了旅游市场，服务了当地经济，增加了旅游业的文化含量，延伸了文化产业链，提高了附加值。如今在张家界，"白天看美景，晚上赏大戏"已经成为新的文化消费方式。张家界市演艺业始于20世纪90年代，到目前为止，全市共有演艺剧场11个，座位1.2万个，演艺节目8台。张家界市旅游演艺产品除剧院类、实景类、景区综艺类之外，两年一届的"张家界国际乡村音乐周"更是让张家界市整体知名度得到提升。2008年，魅力湘西旅游有限公司被评为全国第三批文化产业示范基地；2010年，文化部和国家旅游局评出35家"国家文化旅游重点项目旅游演出类"第一批名录，张家界市《天门狐仙·新刘海砍樵》《张家界·魅力湘西》名列其中；2012年初，张家界魅力湘西艺术团的民族舞蹈《追爱》节目成功登台央视春晚。2012年2月，中共中央政治局常委李长春做出批示，充分肯定中央电视台龙年春晚湖南省送演节目《追爱》，对张家界魅力神歌文化传播集团及《追爱》节目组表示祝贺。《追爱》取材于湖南民间，在月亮升起的时候，武陵山脉瑶族小伙就会三五成群聚集在钟情女孩的楼下，用歌谣和舞蹈表达对爱情的追求。节目形式新颖，具有丰富的民族韵味和很强的艺术感染力，受到广大观众的喜爱。李长春观看《追爱》演出以后，给予充分肯定，提出殷切期望。张家界魅力神歌文化传播集团对节目进行提炼，并在央视龙年春晚上成功演出。李长春专门做出重要批示："衷心祝愿你们神歌远扬、魅力四射。"2012年5月，从湖南省文化厅获悉，经过逐层推荐、专家评审和媒体公示，张家界魅力湘西旅游开发有限责任公司和张家界天元山水旅游文化有限公司脱颖而出，入选全省文化企业30强。据统计，2010年，张家界市文化产业增加值达到19.39亿元，占地区生产总值的比重达到8%，文化产业在张家界市国民经济体系中的地位越来越突出，已经成为张家界市支柱产业。2011年，张家界市旅游演艺业总产值超过4亿元，接待观众200万人，慕"戏"而来重游张家界市的"回头客"占游客总数的30.5%。张家界市民族文化演艺产业已经融入旅游，助推旅游经济发展，成为张家界市旅游的"另一道风景"，成为新的经济增长点。

首先，得天独厚的旅游资源是演艺业形成的基石。张家界市不仅有无与伦比的自然风光，还有底蕴深厚、多姿多彩的民族文化。正是凭借其世界独有的264平方公里的石英砂岩峰林峡谷地貌，张家界市靠旅游延伸文化的外延，让文化充实旅游的内涵，向世界展示了"城市宜人、山水迷人、文化诱人、市民感人"的美好形象，为演艺业提供源源不断的客源。

其次，不断创新的文化产品是演艺业成功的关键。张家界市演艺节目呈现四大鲜明特色：一是立足本土文化，弘扬民族文化。为了不断推出和更新原生态节目，一批创作人员常年从事民间采风工作，如《张家界·魅力湘西》中欢快的"土家族摆手舞"、奔放的"湘西苗鼓"、多情的"女儿会"、深情的"桑植民歌"等优秀剧目深受观众喜爱。二是雅俗共赏，贴近游客。既有给人以高雅艺术享受的民族歌舞，又有原生态的民风表演，如"土家哭嫁""苗家呷酒"等，满足游客不同层面的需求。三是室内外相结合，强化旅游体验。室内部分以文艺晚会的形式诠释民族文化内涵，室外部分通过篝火晚会的形式，表演土家硬气功以及湘西的上刀山、下火海、走铁犁等，让游客近距离体验湘西文化。四是名家担纲，发挥"名人效应"。比如《武陵魂·梯玛神歌》实景演出就有"两岸三地"的专家参与创作。《天门狐仙·新刘海砍樵》聘请谭盾做音乐总监。"第二次来张家界，就是为了看戏！"张家界市旅游局抽样调查显示，慕"戏"而来的"回头客"高达30.5%。

再次，成功的市场运作模式是演艺业壮大的引擎。这种模式经过三个发展阶段：第一阶段是民间文化投资商+专业剧团模式，其特点是投资主体多元化，利益共享，风险共担，剧院与专业剧团实现双赢。第二阶段是民间投资商+专业剧团+旅行社模式，三位一体，各司其职，文化投资商负责经营管理，专业剧团负责节目生产，旅行社负责宣传。第三阶段是民间投资商+专业剧团+旅行社+名人的运作模式，它的出现使张家界演艺节目水准出现质的飞跃，逐渐向品牌化迈进。

最后，科学管理方法是演艺业发展的保障。省、市成立专门机构，拟定《张家界市文化产业发展规划（2011—2020）》，确立发展方向和目标；实行优惠政策，提供优质服务，引进外地演艺团体来张家界投资兴业；做好协调工作，针对营业性演出场所存在的竞相削价问题，引导他们组建演艺行业协会，使演艺企业集中精力搞好硬件设施改造，抓好演出节目等软件的提质升级。张家界市从制定产业发展规划、加强宏观指导、整合现有资源、拓展本土文化、扩大对外交流、健全行业协会、打造演艺品牌等方面入手，力争将张家界市建设成为"中国演艺之都"。张家界市演艺业也存在一些亟待解决的问题，比如规划滞后，产品过多；同质竞争制约行业健康发展；政策扶持力度还有待加强等。

湘西土家族苗族自治州出台优惠政策，形成一批文化产业聚居区。在有条件的县市建设若干文化产业园，打造文化产业链，促进产业结构调整。目前，湘西土家族苗族自治州已有吉首乾州文化园、吉首德夯文化园、凤凰县文化园、永顺县芙蓉镇文化园等各具特色的文化旅游聚集园区。龙山县打造秦文化、民俗文化和红色文化等三大文化品牌，保靖、永顺、花垣等县剧团成功举办旅游文艺晚会演出。泸溪县发展辰河高腔、踏虎凿花等非物质文化遗产品牌。天下凤凰篝火堂"寻梦凤凰"民俗歌舞晚会走产业化经营路子，年接待游客50万人次，创收200多万元。

2011年，怀化市文化产业总产出达到45亿元，比上年度同比增长29%。目前，怀化市已形成娱乐、演出、音像、印刷、图书、文物、网络等九大文化产业门类，拥有文化经营单位3 000余家，从业人员2万余人。2011年，全市文化工作进入全省先进行业，新闻出版工作再夺桂冠。市本级文化项目建设取得重大进展，市图书馆顺利开馆，全市免费开放的6家博物馆、纪念馆接待观众达189.8万人次。推进雪峰书市、家电城音像超市和银河电脑城三大出版物市场整合；推进金鹰文化大厦、昌顺广场、老街坊古玩市场和河西印刷工业园等项目建设。此外，历史题材电影《通道转兵》被评为全国建党90周年28部重点作品之一。

三、发展民族文化产业措施

2003年，文化部制定下发的《关于支持和促进文化产业发展的若干意见》将新兴产业"文化产业"界定为："从事文化产品生产和提供文化服务的经营性行业。文化产业是与文化事业相对应的概念，两者都是社会主义文化建设的重要组成部分。"[1]2004年，国家统计局印发的《文化及相关产业分类》明确我国文化产业统一的分类标准，按照文化活动重要性分为文化服务和相关文化服务两大部分，根据文化活动特点分为九大类，依据产业链分为24个中类。[2]2007年，党的十七大报告指出："大力发展文化产业，实施重大文化产业项目带动战略，加快文化产业基地和区域性特色文化产业群建设，培育文化产业骨干企业和战略投资者，繁荣文化市场。"[3]《文化部"十二五"时期文化产业倍增计划》，明确"十二五"期间的11个重点行业为演艺业、娱乐业、动漫业、游戏业、文化旅游业、艺术品业、工艺美术业、文化会展业、创意设计业、网络文化业、数字文化服务业。2011年，湖南省文化体制改革和文化产业发展领导小组出台《关于加快大湘西文化产业发展的若干意见》，重点打造7大产业：① 创意设计业。发展以民族文化、非物质文化遗产等原生态文化为特点，并与当代社会内容需求和创意形式有机结合的设计产业；② 现代传媒业。以数字化生产、网络化传达为特征，打造2至3个影视基地，建设1至2个科技印刷工业园；③ 文化旅游业。依托旅游平台，展示展销民族文化、历史文化、民俗文化、红色文化；④ 演艺培训业。张家界、凤凰、洪江等旅游景区景点，打造富有国际水平和地方文化特色的演艺项目；⑤ 休闲娱乐业。扶持具有自主知识产权、科技含量高、富有地方文化特色的主题公园；⑥ 文博会展业。支持具有国际影响的文化会展活动；⑦ 工艺美术业。支持具有民族激进文化特色的设计产品。

"民族文化产业"发展潜力很大，前景十分广阔。推进民族文化产业跨越式发展：一要把握好民族文化自身发展规律，编制湖南武陵民族地区文化产业总体规划。二要发挥民族文化资源优势，鼓励民族文化产业多样化发展，把民族地区文化资源优势转化成为文化产业优势。三要搭建湖南武陵民族地区文化产业发展投融资平台，确定重点发展民族文化产业门类，推出一批具有战略性、引导性和带动性的民族文化产业重大项目，建设一批民族文化产业园区、聚集区或者基地。民族文化产业发展问题是个重大问题，虽然各级政府民委不是文化工作主管部门，也不从事文化产业推动工作，但是可从民族工作角度向各级党委、政府建议采取如下政策措施：

（1）加快民族文化产业和民族传统体育基地建设，加快发展具有地域特色的民族文化产业集群和民族文化产业骨干企业。加强对民族文化产业园区和民族传统体育基地布局的统筹规划，促进各种资源合理配置和产业分工。对符合规划的产业园区和基地，在基础设施建设、项目建设、土地使用、税收政策等方面给予支持。加快建设张家界老院子文化产业园区和桑植县老观潭民族文化产业园区。吉首市"武陵山民族文化产业园"项目得到湖南省文化产业办高度重视，被确定为全省文化产业重大项目。2012年7月，"武陵山民族文化产业园"进入湖南省"十二五"时期文化创意产业重点园区名录，已被列为湘西土家族苗族自治州文化产业1号工程。"武陵山民族文化产业园"位于吉首市乾州新区文峰山境内，项目建设占地6.19平方公里，总投资约15.2亿元。依托吉首市整合文化资源，建设集会展中心、演艺中心、湘西国家非物质文化遗产园、博物馆、旅游产品加工园、文化遗产产业一条街于一体，把园区打造成为国家级文化产业示范园区、武陵山区民族文化会展中心、武陵山区非物质文化遗产传习中心、武陵山区旅游商品博览中心、武陵山区民族文化影视拍摄中心。投资10亿元，建设已被湖南省委、省政府列入《湖南省十二五规划重大项目表》的"武陵山区（湘西）土家族苗族文化生态保护区项目"，建设土家族文化生态保护基地和苗族文化生态保护基地，保护特色民居，修建博物馆等。

（2）大力发展音乐、舞蹈、戏剧、曲艺等民族文化演艺行业，加快形成一批民族文化演艺集团，加强演出网络建设，促进演艺主体多元化。培育演艺中心，推进湘西州民族歌舞团改制，组建演艺集团，在凤凰县、吉首市办好民族演艺节目。为了加强凤凰古城保护与开发，已被列入湖南省文化产业重点建设项目的"烟雨凤凰文化旅游产业城"建设周期3年。一座总投资为55亿元的"烟雨凤凰文化旅游产业城"将崛起于沱江上游。共分为民族文化部落、山水实景演出、生态休闲庄园、休闲度假山庄、福田村等5个部分。建成之日，"烟雨凤凰"将成为国际化旅游目的地。组建企业化管理的怀化市演艺联盟，完成以影视艺术、大型演艺为主的怀化市影剧中心建设。

（3）积极发展民族文化旅游产业，开发利用少数民族优秀文化，打造历史悠久、内涵丰富的民族文化景区景点，把武陵山片区建设成为国际知名生态文化旅游区。打造吉首至德夯民族文化峡谷，保护古村落文化，展示桥文化。2012年3月，总投资20亿元的矮寨旅游扶贫开发项目正式启动,成为湖南省武陵山片区区域发展和扶贫攻坚启动实施的第一个重点项目。吉首市以"矮寨奇观景区"为核心,打造具有"百年路桥奇观、千年苗寨风情、万年峡谷风光"特色的"文化大峡谷"。矮寨奇观景区由峒河、矮寨、德夯、小龙洞四部分组成,拥有一级景点18个,并已获得国家重点风景名胜区和国家湿地公园称号。这些景点处于一条总面积108平方公里的峡谷之中。矮寨特大悬索桥高悬峡谷之上,古老的苗寨在峡谷中如彩线串珠,色彩斑斓的民族盛装在溪水边时隐时现。在德夯峡谷演出《湘西风雅颂》,展示湘西世居民族浪漫爱情和传奇故事。投资60亿元,建设矮寨奇观景区幸福度假区项目。科学开发"乾州古城",发展民族文化旅游产业。投入资金2亿元,建设旅游基础设施,完成乾州文庙、杨岳斌故居、罗荣光故居、九福堂、观音阁和城隍庙的修缮,对76栋有保护价值的古代民居实施挂牌保护。2012年,"中国第一古商城"洪江古商城迎来"新生"。洪江古商城文化旅游产业发展股份有限公司入主洪江古商城,致力于保护洪江古商城,开发旅游文化资源,通过整合旅游、传媒、产业等各方面资源,形成集文物保护、旅游开发、媒体传播于一体的"黄金组合",修缮古商城,挖掘古城文化,营销洪江古商城。

(4)精心打造民族文化旅游品牌,保护和展示物质和非物质文化遗产,传承和弘扬少数民族传统文化,把武陵山片区建设成为民族团结进步模范区。组建各级非物质文化遗产保护传承中心,建设一批非物质文化遗产商品展示中心和营销市场。加强凤凰古城、老司城遗址、洪江古商城、通道侗族古建筑群、会同高椅古村、新化梅山武术、龙山里耶秦简、傩戏、土家族摆手舞、慈利板板龙灯、苗族"四月八"、张家界阳戏和桑植民歌等物质和非物质文化遗产保护工作。打造芙蓉镇景点圈,整合芙蓉镇、猛洞河、不二门和老司城等景点。老司城遗址位于永顺县灵溪河畔,是湘鄂渝黔土家地区保存情况最好的土司城址。老司城遗址已被列入全国第一批国家考古遗址公园立项名单,并且准备申报世界文化遗产。老司城遗址是极为珍贵的少数民族历史文化瑰宝,一定要保护管理好、规划建设好。要严格控制保护范围,明确相关部门保护责任。根据国家文物局《关于老司城遗址抢救保护工程方案的批复》,城墙遗址以现状保护为主,确保遗址安全。建设通道侗文化旅游基地,以芋头侗寨、皇都侗文化村、坪坦风雨桥群为核心做好保护性开发。

（5）扶持民族文化精品工程，实施民族文化产业项目，发展少数民族节会产业，尝试民族文化实景演出。积极扶持武陵山民族文化节、张家界国际乡村音乐节、中国·凤凰苗族银饰文化节、芷江和平文化节、通道侗族芦笙文化艺术节、大戊梁歌会、沅陵全国龙舟赛、张家界·魅力湘西、宝峰湖·梯玛神歌和天门狐仙·新刘海砍樵等大型山水实景及精品演出，建设旅游演艺基地。建设"芷江海峡两岸交流基地"，完善和平文化产业园、妈祖文化产业园、抗战文化产业园和台商产业园等基础建设。建设"张家界特色画院"，新建砂石画、玻璃画制作基地。"桑植故事"合作开发项目签约仪式于 2011 年在桑植县举行。"桑植故事"项目旨在彰显浓郁的民族风情，传承和发展优秀民族文化，打造极具民族特色的人文景观和宜居兴业地产作品，实现与老观潭文化产业园项目对接与互补。"桑植故事"项目位于桑植县澧源镇何家坪区域，项目总投资 6 亿元，规划占地 500 亩。

（6）加强民族博物馆、民族美术馆、民族图书馆、民族群艺馆、民族文化宫和民族剧院等城镇文化基础设施建设，实施民族文化惠民工程，完善公共文化服务体系。投资 10 亿元，建设已被湖南省委、省政府列入《湖南省十二五规划重大项目表》的"张家界市民族文化中心"，分为四大功能区。其中，民族文化宫是张家界市民委直属事业单位，内设民族展览馆、民族图书馆等。民族剧院表演民间歌曲、传统器乐，民俗表演土家婚俗、白族仗鼓舞和苗族鼓舞。民族服饰设计生产基地设计导游员、饭店服务员等一百多种款式土家服装。民族团结进步教育基地为摆手堂和民居等土家建筑。金凤凰经济文化开发有限责任公司建好凤凰县山江镇苗族文化公园的三大实体：山江苗族博物馆、"边边场山庄"、苗族祭祀文化区。

（7）抢救濒临失传的民族工艺品，传承民间绝技织锦、挑花、绣花、印染、雕刻、编织和制陶等。资助民族工艺品传承人，提速民族工艺品资产化，为国内外游客提供精美实用的旅游纪念品。重点支持蜡染、制银、织锦、刺绣、根雕、石雕、民间剪纸、西朗卡普、傩戏面具等民族工艺品的发展。"湘西坊"锦绣乾城旅游商品街在吉首市集乾州古城旅游观光、旅游商品加工展销、非物质文化遗产保护展示、休闲娱乐"四位一体"，是一个民间工艺人才培养基地、旅游商品展销基地、民族文化保护开发基地。"湘西坊"已获评为"湖南省旅游商品示范点"。"湘西坊"

共有 100 余商户进驻，不少商户是国家级、省级工艺美术大师。乾州古城保护开发有限责任公司建设"湘西坊"文化旅游创业园，展示展销湘西民族文化、民间工艺品、文化旅游商品、湘西土特产品。

（8）科学规划，合理开发，保护少数民族特色村寨，建设具有民族风格的旅游城镇和街区，完善历史文化名城名镇名村保护设施。推进特色民族村寨保护与开发，改造建设中心城市及具有民族特色的重点城镇民族文化艺术馆，支持建设民族文化影视中心。重点支持全国重点文物保护单位、中国历史文化名城名镇名村保护设施建设，推进非物质文化遗产保护利用设施建设。贯彻落实《湘西州里耶古城保护条例》，指导里耶镇政府依法实施古镇、古村、古迹、古址"四古"保护工程。到 2012 年 5 月，累计投资 3 亿元，用于古城保护与建设，形成"一带、一址、一村、十二景点"格局，使该镇成为一颗闪亮的文物保护明珠。"一带"指打造沿酉水河历史风貌景观带。以古城池、古墓群为重点，彰显历史景点与历史特色，控制沿河的生态环境；加大完整保护和修复整治力度，把酉水河古城段建成生态、文化和景观走廊风光带。"一址"即最核心景点——里耶战国秦简古城遗址，发掘出 3.7 万枚秦国简牍的一号古井，涵盖古城遗址公园等若干反映秦简历史的点、线、片建设项目。"一村"即长春村落，整个村落建筑依山水而建，不同群组再现姿态各异的空间形象和聚落景观，该村 285 栋乡土民居建筑，是晚清、民国时期的建筑群，历史风格保存较完整、土家民族文化习俗传承较好。"十二景点"是战国、西汉、东汉三座城池和与三处古城池时代相对应的数以千计的古墓群，太平天国翼王石达开母亲墓地、明清古街区建筑群、绿园民俗广场、万寿宫、里耶秦简博物馆等。

【参考文献】

[1][2] 韩骏伟，胡晓明. 文化产业概论[M]. 广州：中山大学出版社，2009.

[3] 胡锦涛. 高举中国特色社会主义伟大旗帜，为夺取全面建设小康社会新胜利而奋斗[M]. 北京：人民出版社，2007.

（2011 年撰稿）

后 记

中国"区域文化"发展经历部落文化、方国文化和地域文化三个阶段。为求中国传统文化研究深化，非进入"地域文化"领域不可。党的十一届三中全会以来，在"百花齐放、百家争鸣"方针指引下，中国地域文化研究取得丰硕成果，尤以俞晓群主编、辽宁教育出版社出版的《中国地域文化丛书》涵盖最广，包括《徽州文化》和《黔贵文化》等24本著作。但是，令人遗憾的是该丛书主编遗忘早已形成并且产生深远影响的区域文化"武陵文化"。有鉴于此，湖北民族学院黄柏权教授在《广西民族研究》2002年第四期公开发表第一篇研讨武陵文化的学术论文《论武陵文化》，在公开刊物上首次提出"武陵文化"这个概念。为了深入研究武陵地区区域文化，我们费时十多年，考察武陵地区所有市（州），首次撰写系统研究武陵文化的学术著作《中国武陵文化》一书，以期弥补学术界区域文化研究的不足，从而达到繁荣武陵文化、发展武陵地区文化产业的目的。在该书曲折而又艰难的编著过程中，得到刘力伟、汪业元、彭红、周双全、杨敬初、唐伟、张登巧、罗维庆、黄柏权、陈沛照、李良品、曾超、彭福荣、余继平、梁正海和祁素玲等领导和专家的指导、帮助，在此一并致谢！

编 者

2017年12月